大眾傳播
理論與實證

翁秀琪　著

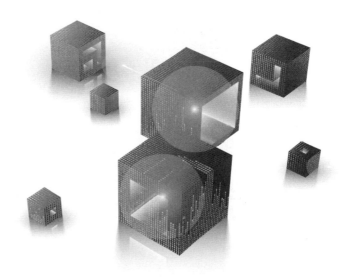

三民書局

四版說明

　　在臺灣，凡修讀傳播科系的學生，或對傳播領域有興趣的一般讀者，對於翁秀琪教授的《大眾傳播理論與實證》一書應該都不陌生。作者融匯歐美傳播理論與國內實證研究的深厚學養，使本書長年以來一直是坊間同類書籍中的典範。

　　此次再版，重新設計版式，不唯美觀，而且大方；並梳理文句，使字詞行文更臻完美，期望能讓讀者在閱讀時更加流暢與舒適。

三民書局編輯部

2019 年 12 月

徐　序

　　大眾傳播理論似乎是諸種社會科學中，演變得最為詭譎的一個領域。遠在幾乎半個世紀之前，吾師已故的宣韋伯先生 (Wilbur Schramm) 曾把傳播研究比喻為許多不同學門的學者從不同的地方，走到了一個交叉路口，停下來逗留了一會兒，又朝向他們各自原來的方向遠離而去。不過有一些人留了下來，使宣韋伯先生感到樂觀，認為大家可以從這個交叉口，開闢一條新路。

　　假使所謂新路是指一條相當平坦，相當獨立，朝著一個固定方向，向前伸展的道路的話，則這條新路到今天都還沒有開闢出來。我們從這個交叉口試行闢出另一條道路的人——傳播研究者，必須承認這一點。有一位傑出的前輩，甚至斷言：新路是開闢不了啦！他是伯納・貝勒森 (Bernard Berelson)。他說：傳播研究「正在凋零」。宣韋伯不敢苟同，認為傳播研究沒有凋零。但他再也沒有用一條新路來作比喻，而把傳播研究形容為在一片綠洲的四周建立的村莊——人們放棄遊牧生活而開始農耕的新土。就像他在史密斯桑尼恩博物館 (Smithsonian Institution) 展出中看見的那座 5,000 年前座落於死海東邊一塊綠洲上的巴厄查 (Bab elh-Dhra)。

　　宣韋伯列述美國大學傳播研究單位有如雨後春筍般地出現，似乎暗指它們便是這個村莊的房舍。但是巴厄查活存 1,000 年後就消失了，傳播研究的命運又將如何？為什麼宣韋伯不再堅持要建立一條路——一門獨立的學科？

　　跟傳播有關的學科或行業實在太多。國際傳播學會 (International Communication Association) 的分組一直在增加，已經達到今天的 16 個組和興趣範圍。站在不同基地上企圖建造傳播理論的人愈來愈多，培植生機的已經不是一塊單純的綠洲了。各類繁殖迅速的菌子都進入了同一個空間，這將產生什麼結局呢？

　　所以，傳播研究這個領域被形容為「正在發酵」。但是這將「醞釀」出一

種什麼東西來？或者是否會有「一種東西」被醞釀出來？（檢討傳播研究的第33卷第3期 《傳播學報》 *(Journal of Communication)* 就冠名為 "Ferment in the Field"）

我追述這些演進，目的在於說明一點：撰寫一本書來綜述「大眾傳播理論」，隨著時日的前進，是愈來愈不容易，而愈來愈需要學術上的功力了。但是在今天說中文的世界裡，值此愈難把這門「學問」說得清楚的時日，這樣一本異於坊間已有的同樣篇名的著作的新書，則是愈有迫切的需要。今日傳播教育發達，成群的學生和研究者，都需要有人帶著去探訪這個「村莊」。

幸運得很，一位有功力的學者產生了這樣一本著作作為導遊。翁秀琪教授親身接受過美國和西歐兩個傳統的學術薰陶，她的這本作品恰好彌補了今日臺灣傳播理論的觀念主要是由美國輸入的缺憾。

翁女士深知今日傳播理論的現實情態，沒有試行在本書中描畫一頭並不存在的「完整的豹子」。她似乎誠實地承認了「全豹」的缺乏，而用了詳簡不一的方式，描畫了一群各具自己生命的「理論」。因為一門可以與心理學、社會學、經濟學等老資格學科構成「並聯」關係的傳播學尚不存在，但「綠洲」上則實實在在已被耕作出來了一棵棵高矮不一、強弱互異的單獨作物。你可以稱它們是「一片一片」關於傳播的理論，但還沒有辦法說它們構成了一個整合一塊自成體系的理論實體。翁女士目前用這個方式處理是很恰當。假使要吹毛求疵的話，你可以問一聲，她所檢閱的理論是不是已夠周全，有無遺漏？我相信，如果有遺漏的話，可能是翁女士認為被捨棄的觀念還沒有成長為一個理論。

本書前面兩章對傳播研究的演進和不同學術傳統下傳播理論建構過程的描述，則為讀者提供了其他同類著作未能顧到的寶貴資訊，是本書另一項對中文讀者的獨特貢獻。

但這也不是一本純粹介紹理論的書。後半部稱為「實證」，內容是書中所述幾則理論在臺灣地區被作為基礎而作的實徵研究的報告。假使這些研究沒有達到充實或修正從西方社會所誕生的有關理論的話，至少它們初步探究了這些理論在另一文化環境中的適用性。它們一方面豐富了今日臺灣傳播研究

的成果，一方面因為刊在本書中，與前半部的內容產生了對讀者十分有用的呼應作用。對於研究生而言，則有示範性。

總之，這是今日我國傳播學術界應該熱烈歡迎的一本新著作。

徐佳士

1992 年 3 月 6 日

一版自序

大眾傳播理論自 1970 年代起，20 幾年來的發展，使得傳播研究的重鎮從美國快速地向歐洲延伸。

當代歐洲傳播研究的重鎮，舉其犖犖大者，例如：英國伯明罕大學的伯明罕當代文化研究中心 (Birmingham Centre of Contemporary Cultural Studies)，代表人物首推當代文化研究大師賀爾 (S. Hall)；李斯特大學的李斯特大眾傳播研究中心 (Leicester Centre for Mass Communication Research)，代表人物為政治經濟學派大師莫多克 (G. Murdock) 和高汀 (P. Golding)；倫敦大學苟德史密斯學院 (Goldsmiths' College, University of London) 以科倫 (J. Curran) 為首的傳播研究群，其中寫 《「全國」 觀眾》 (The "Nationwide" Audience: Structure and Decoding, 1980) 和 《家庭電視》 (Family Television: Culture Power and Domestic Leisure, 1986) 的摩利 (D. Morley)，更是關心閱聽人研究的學者所耳熟能詳的。瑞典有以羅森袞 (K. E. Rosengren) 為首，以「文化指標」 研究而著稱的蘭德與斯德哥爾摩大學 (the Universities of Lund and Stockholm)。荷蘭則有以寫《大眾傳播理論》(Mass Communication Theory. An Introduction) 而聞名的馬奎爾 (D. McQuail) 和以編寫 4 大冊《論域分析手冊》(Handbook of Discourse Analysis) 而著稱的范狄克 (T. A. Van Dijk)。德國當推以發展出「沉默螺旋理論」的諾爾紐曼 (E. Noelle-Neumann) 領導主持的曼茵茲大學的傳播研究群為主。 另外，丹麥的簡生 (K. B. Jensen) 和挪威的拉森 (P. Larsan) 亦有盛名。

總結上述歐陸大眾傳播理論發展的脈絡，英國傳播學者科倫 (J. Curran) 發表在 1990 年出版的 《歐洲傳播季刊》 第 5 卷 (European Journal of Communication, 5: 135–164) 中的一篇論文〈大眾傳播研究的新修正主義：重新評估〉 (The New Revisionism in Mass Communication Research: A

Reappraisal)，就把過去 15 年來在歐陸，特別是英國的傳播與文化研究趨勢稱為「新修正主義」。

科倫指出，這種「新修正主義」在權力及意識型態表徵的問題上受到傅柯 (M. Foucault) 很大的影響，因此強調權力是分散的而非集中的，強調媒介呼應的社會情境是父權中心而非階級剝削的。影響所及，所謂「符號民主」(semiotic democracy) 及「消費者主權的多元主義」(sovereign consumer pluralism) 也引起了相當熱烈的討論。而實證多元傳統的研究也拋棄效果研究，轉而研究社會認同、媒介與社會變遷等論題。介於兩者之間的，則更有閱聽人研究中的新趨勢——接收分析 (reception analysis)，強調(1)文本的內在衝突與差距；(2)閱聽人是文本的主動釋義者；(3)大眾媒介之所以受歡迎，不因政治因素或剝削宰制，而是源於閱聽人的「愉悅」(pleasure) 需求。其間的代表人物有摩利、費斯克 (J. Fiske) 和安 (I. Ang) 等人。

其實，科倫也認為，這種新修正主義的作法等於是繞了一個大圈，是新瓶裝舊酒，了無新意。因為早在拉查斯菲 (P. Lazarsfeld) 等人的選舉研究中就發現了：媒介效果很小，閱聽人非同質大眾，會以預存立場及社區次文化立場解讀訊息。過去許多有關選擇性暴露、理解及記憶的研究，更揭示了閱聽人是主動的；使用與滿足理論近期的發展則更一再強調閱聽人的主動性。

似乎，我們又回到傳播研究的原點？其實，科倫一文給我們的啟示是，當我們在傳播研究的領域裡勇往直前開闢新途徑的當兒，似乎應該隨時停下來反思一下，到底我們是真的在開闢新路，還是我們正像一頭追逐自己尾巴的貓在繞圈子走路？

我們只有在了解自己是從哪裡來的以後，才可能知道自己是要往哪裡去。

翁秀琪

1992 年 3 月 8 日

於國立政治大學新聞研究所

大眾傳播理論與實證

四版說明

徐　序

一版自序

第一篇　理論部分

第一章　緒　論

第一節　美國與歐陸傳播研究之特色 4

第二節　理論分類 8

第三節　本書結構 31

第二章　理論與理論建構

第一節　理論的定義及結構 34

第二節　理論建構的主要名詞界定 35

第三節　演繹式理論的建構 39

第四節　歸納式理論的建構 41

第五節　社會科學質的研究的探討 42

第三章　媒介大效果理論——宣傳

第一節　源　起 48

第二節　宣傳的歷史背景 49

第三節　宣傳的定義 49

第四節　宣傳的 7 種技術 50

第五節　宣傳的效果 52

第六節　納粹宣傳的效果 53

第四章　恐慌研究──火星人會再度攻佔地球嗎？

第一節　火星人入侵記 56

第二節　火星人入侵時的社會背景 56

第三節　堪垂爾的研究 57

第四節　堪垂爾的研究發現 58

第五節　易受煽惑的情況 59

第六節　堪垂爾研究的意義 60

第七節　火星人會再度攻佔地球嗎？ 61

第八節　中廣童丐事件帶來的省思 61

第五章　親身影響──兩級傳播理論的起源與發展

第一節　源　起 68

第二節　有關人際影響的早期研究 69

第三節　兩級傳播理論的發展 69

第六章　創新傳布

第一節　前　言 82

第二節　創新傳布的模式 83

第三節　創新傳布過程的元素 83

第四節　創新傳布研究的貢獻 90

第五節　創新傳布研究的反省批判 90

第七章　耶魯研究──尋找一串開啟人類心靈的鑰匙

第一節　源　起 94

第二節　賀夫蘭的耶魯研究簡介 95

第三節　耶魯研究的特色與研究方法 96

第四節　研究結果與發現 98

第五節　相關研究與後續發展 102

第八章　傳播者研究

第一節　前　言 106

第二節　守門人理論 107

第三節　媒介組織對媒介從業人員的影響 ⋯⋯⋯ 108

第四節　新聞室的社會控制 ⋯⋯⋯⋯⋯⋯⋯⋯⋯ 109

第五節　新聞價值 ⋯⋯⋯⋯⋯⋯⋯⋯⋯⋯⋯⋯⋯ 111

第六節　新聞從業人員的專業化研究 ⋯⋯⋯⋯⋯ 113

第七節　假事件與相關效果 ⋯⋯⋯⋯⋯⋯⋯⋯⋯ 115

第八節　客觀真實、符號真實、主觀真實 ⋯⋯⋯ 116

第九節　記者與訊息來源人物 ⋯⋯⋯⋯⋯⋯⋯⋯ 118

第十節　媒介霸權論 ⋯⋯⋯⋯⋯⋯⋯⋯⋯⋯⋯⋯ 121

第九章　閱聽人研究

第一節　前　言 ⋯⋯⋯⋯⋯⋯⋯⋯⋯⋯⋯⋯⋯⋯ 124

第二節　效果研究 ⋯⋯⋯⋯⋯⋯⋯⋯⋯⋯⋯⋯⋯ 125

第三節　文學批評 ⋯⋯⋯⋯⋯⋯⋯⋯⋯⋯⋯⋯⋯ 125

第四節　文化研究 ⋯⋯⋯⋯⋯⋯⋯⋯⋯⋯⋯⋯⋯ 126

第五節　使用與滿足研究 ⋯⋯⋯⋯⋯⋯⋯⋯⋯⋯ 128

第六節　接收分析 ⋯⋯⋯⋯⋯⋯⋯⋯⋯⋯⋯⋯⋯ 137

第七節　未來的閱聽人研究方向 ⋯⋯⋯⋯⋯⋯⋯ 138

第十章　議題設定理論

第一節　源　起 ⋯⋯⋯⋯⋯⋯⋯⋯⋯⋯⋯⋯⋯⋯ 142

第二節　議題設定理論的內涵 ⋯⋯⋯⋯⋯⋯⋯⋯ 143

第三節　議題設定理論的研究類型與設計 ⋯⋯⋯ 145

第四節　討論與批判 ⋯⋯⋯⋯⋯⋯⋯⋯⋯⋯⋯⋯ 149

第五節　結　論 ⋯⋯⋯⋯⋯⋯⋯⋯⋯⋯⋯⋯⋯⋯ 150

第十一章　議題建構理論

第一節　前　言 ⋯⋯⋯⋯⋯⋯⋯⋯⋯⋯⋯⋯⋯⋯ 154

第二節　議題建構理論一些概念上的問題 ⋯⋯⋯ 155

第三節　議題的類別 ⋯⋯⋯⋯⋯⋯⋯⋯⋯⋯⋯⋯ 156

第四節　為什麼水門事件未能成為重要議題？ ⋯ 157

第五節　水門事件如何成為重要議題？ ⋯⋯⋯⋯ 159

第六節　事件與飽和報導⋯⋯⋯⋯⋯⋯⋯⋯⋯⋯⋯⋯⋯⋯⋯⋯　160

第七節　媒介環境⋯⋯⋯⋯⋯⋯⋯⋯⋯⋯⋯⋯⋯⋯⋯⋯⋯⋯⋯　160

第八節　議題建構⋯⋯⋯⋯⋯⋯⋯⋯⋯⋯⋯⋯⋯⋯⋯⋯⋯⋯⋯　161

第九節　後續研究⋯⋯⋯⋯⋯⋯⋯⋯⋯⋯⋯⋯⋯⋯⋯⋯⋯⋯⋯　162

第十二章　葛柏納和他的涵化理論

第一節　源　起⋯⋯⋯⋯⋯⋯⋯⋯⋯⋯⋯⋯⋯⋯⋯⋯⋯⋯⋯　166

第二節　理論背景探討⋯⋯⋯⋯⋯⋯⋯⋯⋯⋯⋯⋯⋯⋯⋯⋯　167

第三節　對訊息系統的分析⋯⋯⋯⋯⋯⋯⋯⋯⋯⋯⋯⋯⋯⋯　168

第四節　涵化分析⋯⋯⋯⋯⋯⋯⋯⋯⋯⋯⋯⋯⋯⋯⋯⋯⋯⋯　176

第五節　主流效果研究⋯⋯⋯⋯⋯⋯⋯⋯⋯⋯⋯⋯⋯⋯⋯⋯　177

第六節　批評與結論⋯⋯⋯⋯⋯⋯⋯⋯⋯⋯⋯⋯⋯⋯⋯⋯⋯　179

第十三章　瑞典的文化指標研究

第一節　羅森袞的文化——社會關係類型說⋯⋯⋯⋯⋯⋯　182

第二節　戰後瑞典的一般情況⋯⋯⋯⋯⋯⋯⋯⋯⋯⋯⋯⋯　184

第三節　瑞典文化指標研究的理論背景⋯⋯⋯⋯⋯⋯⋯⋯　184

第四節　瑞典文化指標 (CISSS) 研究計畫的初步結果⋯⋯　187

第五節　結　論⋯⋯⋯⋯⋯⋯⋯⋯⋯⋯⋯⋯⋯⋯⋯⋯⋯⋯⋯　188

第十四章　知溝理論

第一節　前　言⋯⋯⋯⋯⋯⋯⋯⋯⋯⋯⋯⋯⋯⋯⋯⋯⋯⋯⋯　190

第二節　理論背景⋯⋯⋯⋯⋯⋯⋯⋯⋯⋯⋯⋯⋯⋯⋯⋯⋯⋯　190

第三節　實證研究⋯⋯⋯⋯⋯⋯⋯⋯⋯⋯⋯⋯⋯⋯⋯⋯⋯⋯　194

第四節　對知溝研究的批評及檢討⋯⋯⋯⋯⋯⋯⋯⋯⋯⋯　199

第十五章　民意與大眾傳播研究的結合——諾爾紐曼和她的沉默螺旋理論

第一節　諾爾紐曼其人其事⋯⋯⋯⋯⋯⋯⋯⋯⋯⋯⋯⋯⋯　202

第二節　沉默螺旋理論的源起⋯⋯⋯⋯⋯⋯⋯⋯⋯⋯⋯⋯　203

第三節　理論的架構及內涵⋯⋯⋯⋯⋯⋯⋯⋯⋯⋯⋯⋯⋯　211

第四節　沉默螺旋理論的實證研究⋯⋯⋯⋯⋯⋯⋯⋯⋯⋯　214

第五節　對沉默螺旋理論的批評⸺⸺⸺⸺⸺⸺⸺216

第六節　國內的相關研究⸺⸺⸺⸺⸺⸺⸺⸺217

第七節　結　論⸺⸺⸺⸺⸺⸺⸺⸺⸺⸺⸺218

第十六章　閱聽人研究的新趨勢⸺⸺接收分析的理論與方法

第一節　閱聽人研究質的與量的傳統⸺⸺⸺⸺220

第二節　解釋和批判的爭論⸺⸺⸺⸺⸺⸺⸺224

第三節　接收分析三大流派和接收的三種型態⸺226

第四節　接收分析方法上的問題⸺⸺⸺⸺⸺⸺230

第五節　結論：未來的發展方向⸺⸺⸺⸺⸺⸺232

第十七章　批判理論與文化研究對傳播研究的貢獻⸺⸺代結語

第一節　從 1961 年杜賓根的方法論辯論談起⸺236

第二節　批判理論⸺⸺⸺⸺⸺⸺⸺⸺⸺⸺⸺239

第三節　美國的批判理論傳統⸺⸺⸺⸺⸺⸺⸺244

第四節　文化研究對當代傳播研究的貢獻⸺⸺⸺249

第五節　結　論⸺⸺⸺⸺⸺⸺⸺⸺⸺⸺⸺252

「理論部分」參考書目⸺⸺⸺⸺⸺⸺⸺⸺254

第二篇　實證與專論部分

閱聽人研究實例

國小、國中和高中學生的公視收視行為、滿意程度和休閒活動區隔化分析

第一節　研究動機與價值⸺⸺⸺⸺⸺⸺⸺⸺274

第二節　研究方法⸺⸺⸺⸺⸺⸺⸺⸺⸺⸺⸺274

第三節　本研究主要發現及摘述⸺⸺⸺⸺⸺⸺275

第四節　建　議⸺⸺⸺⸺⸺⸺⸺⸺⸺⸺⸺287

電視與兒童研究實例：專論

從研究取向及方法看「電視與兒童」

第一節　前　言⸺⸺⸺⸺⸺⸺⸺⸺⸺⸺⸺290

第二節　4 種研究取向 ⋯⋯⋯⋯⋯⋯⋯⋯⋯⋯⋯⋯⋯⋯⋯⋯⋯ 291

第三節　國內相關研究簡介 ⋯⋯⋯⋯⋯⋯⋯⋯⋯⋯⋯⋯⋯⋯ 301

第四節　研究方法之探討 ⋯⋯⋯⋯⋯⋯⋯⋯⋯⋯⋯⋯⋯⋯⋯ 304

參考書目 ⋯⋯⋯⋯⋯⋯⋯⋯⋯⋯⋯⋯⋯⋯⋯⋯⋯⋯⋯⋯⋯⋯ 307

傳播者研究實例：專論

西德新聞記者的養成教育、工作權及內部新聞自由

第一節　新聞法保障個人辦報及從事新聞事業之自由 ⋯⋯ 312

第二節　新聞記者進入報社工作之途徑 ⋯⋯⋯⋯⋯⋯⋯⋯ 313

第三節　記者同業組織 ⋯⋯⋯⋯⋯⋯⋯⋯⋯⋯⋯⋯⋯⋯⋯⋯ 315

第四節　記者的教育和在職訓練 ⋯⋯⋯⋯⋯⋯⋯⋯⋯⋯⋯ 316

第五節　記者的待遇和工作時數 ⋯⋯⋯⋯⋯⋯⋯⋯⋯⋯⋯ 317

第六節　記者與報老闆間的關係 ⋯⋯⋯⋯⋯⋯⋯⋯⋯⋯⋯ 318

第七節　報業的內部新聞自由 ⋯⋯⋯⋯⋯⋯⋯⋯⋯⋯⋯⋯ 319

第八節　報業集中及其因應之道 ⋯⋯⋯⋯⋯⋯⋯⋯⋯⋯⋯ 321

第九節　記者的工作權 ⋯⋯⋯⋯⋯⋯⋯⋯⋯⋯⋯⋯⋯⋯⋯⋯ 324

第十節　記者編輯的罷工權 ⋯⋯⋯⋯⋯⋯⋯⋯⋯⋯⋯⋯⋯ 325

參考書目 ⋯⋯⋯⋯⋯⋯⋯⋯⋯⋯⋯⋯⋯⋯⋯⋯⋯⋯⋯⋯⋯⋯ 327

知溝研究實例

知溝模式在臺灣地區之初探——以 1989 年選舉期間之選舉、股票知識為例

摘　要 ⋯⋯⋯⋯⋯⋯⋯⋯⋯⋯⋯⋯⋯⋯⋯⋯⋯⋯⋯⋯⋯⋯⋯ 330

第一節　緒　論 ⋯⋯⋯⋯⋯⋯⋯⋯⋯⋯⋯⋯⋯⋯⋯⋯⋯⋯⋯ 331

第二節　文獻探討及研究架構 ⋯⋯⋯⋯⋯⋯⋯⋯⋯⋯⋯⋯ 332

第三節　研究方法 ⋯⋯⋯⋯⋯⋯⋯⋯⋯⋯⋯⋯⋯⋯⋯⋯⋯⋯ 345

第四節　結論與建議 ⋯⋯⋯⋯⋯⋯⋯⋯⋯⋯⋯⋯⋯⋯⋯⋯⋯ 347

參考書目 ⋯⋯⋯⋯⋯⋯⋯⋯⋯⋯⋯⋯⋯⋯⋯⋯⋯⋯⋯⋯⋯⋯ 361

大眾傳播與社會變遷研究實例

傳播內容與社會價值變遷──以報紙對勞工運動的報導為例

第一節　緒　論 ————————————————————————— 366

第二節　理論建構與文獻探討 ——————————————— 383

第三節　研究方法 ———————————————————————— 401

第四節　資料的分析和解釋 ——————————————————— 419

第五節　結論與討論 —————————————————————— 445

參考書目 ———————————————————————————————— 459

附錄一　樣本登錄簿 —————————————————————— 463

附錄二　樣本登錄表 —————————————————————— 485

附錄三　臺灣勞工運動大事紀 —————————————— 490

第一篇

理論部分

第一章

緒　論

美國與歐陸傳播研究之特色

一、美國與歐陸的傳播研究

由於發展的歷史情境不同，導致歐陸和美國的大眾傳播研究有極不同的風貌。美國的傳播研究是在一個商業的傳播體制下發展，而歐陸傳播研究的萌芽及茁壯時期則正是歐陸公共廣播制度蓬勃發展的時期 (Blumler, 1985: 185)。正是這樣截然不同的發展情境，導致歐陸傳播學者們對批判研究及政策研究產生較大的興趣。

自從 1970 年代末期以來，闡釋兩派差異，提出整合兩派研究的呼聲甚囂塵上 (Blumler, 1980, 1981, 1982, 1985; Carey, 1979; Lang, 1979; Rogers and Balle, 1985)。

布魯勒 (Jay G. Blumler) 即指出，今後美國學者們應多著重於大眾傳播的整體情境，而歐陸的學者們亦應多蒐集實證資料以支持其所提出之理論觀點 (Blumler, 1985: 185)。

事實上，隨著時間的演進及傳播研究成果數量的累積，純粹以地理（歐陸或美國）來劃分傳播研究已愈來愈困難。不過，比較歐陸和美國的傳統，還是可以看出其間的差異。

二、歐陸大眾傳播研究的特色

歐陸的大眾傳播研究約源起於 1960 年代中期 (Blumler, 1980, 1981, 1982, 1985)，受到克拉柏 (Joseph Klapper) 的經典之作 《大眾傳播的效果》 (*The Effects of Mass Communication*, 1960) 的影響頗深。從克拉柏的著作中，歐陸的學者們形成了對美國傳播研究的刻板印象：只注重閱聽人研究、效果研究，研究方法主要採取調查訪問法及實驗法。這種純粹量化的研究取向，並未能贏得歐陸學者們的青睞。誠如瑞典學者羅森袞 (K. E. Rosengren) 的觀

察，1960 年代中期的歐陸正面臨了社會科學研究的驟變時期 (Rosengren, 1980)，在美國發展出來的行為主義、實證主義、經驗主義正席捲歐陸 (Carey, 1979)。不過，在將近 20 年以後，源起於歐陸的馬克思主義傳統又重新在傳播研究領域中獲得重視；同時，一些原本就植根於歐陸豐饒人文哲學土壤的學術傳統也開始進軍傳播領域，包括：符號學、結構主義、象徵互動理論、社會語言學和當代的文化研究等。

也就是上述的學術傳統導致歐陸的傳播研究具備以下特色 (Blumler, 1985: 187–188)：

㈠歐陸的研究是全觀取向的研究 (holistic approach) (Nordenstreng, 1976)。換言之，研究大眾傳播，不能只研究傳播機構及過程，尚須注意其與整個社會秩序間的關聯。因此，政經學派的兩位大師級人物高汀 (P. Golding) 和莫多克 (G. Murdock) 才會說：「我們不需要一個大眾傳播理論，而是需要一個社會理論……」(Golding and Murdock, 1978)。這樣的一種研究導向自然是受到馬克思主義的影響；但在歐陸也有不少非馬克思主義的研究者，例如：

1. 德國女傳播研究者諾爾紐曼 (E. Noelle-Neumann) 的沉默螺旋理論 (Noelle-Neumann, 1980a)。其理論的核心思想是，當新聞記者一再強調某些社會價值或趨勢而摒棄其他社會價值或趨勢時，則會形成意見氣候，進而影響公眾的發表意願及意見形成 （對於沉默螺旋理論的進一步資料詳見翁秀琪 (1990)，王婷玉 (1988)，林淑敏 (1991) 及本書第十五章）。

2. 瑞典學者羅森袞及其同儕在文化指標上的研究。他們比較媒介內容和媒介外的社會趨勢資料，來探討媒介內容和社會變遷之間的關係 (Rosengren, 1981a, 1981b, 1984; Block, 1984; Goldmann, 1984; Nowak, 1984)。

3. 英國學者布魯勒和古勒維奇 (M. Gurevitch) 所做的一系列選舉研究 (Blumler and Gurevitch, 1979, 1982)。

綜合上述討論，可知美國的傳播研究多半以微觀的個人為研究對象（如賀夫蘭 (Carl Iver Hovland) 的傳播與勸服研究），而歐陸研究則以鉅觀角度探討個人與社會的關聯性。

㈡歐陸傳播研究的另一特色是採取多重的研究設計。例如，諾爾紐曼的

沉默螺旋研究即結合了內容分析、調查訪問法和小樣本多次訪問法 (panel) 等多種社會科學的研究方法 (Noelle-Neumann, 1980b)。另如針對 1979 年歐洲共同市場議會大選所做的跨 9 國選舉研究中，研究者亦結合了內容分析（分析各政黨的競選文宣資料）、調查訪問法（訪問廣電媒體的高級主管和記者；選後針對閱聽人的反應作調查訪問） 和小樣本多次訪問法 （選前和選後的 panel） (Blumler and Gurevitch, 1979; Blumler and Fox, 1982; Blumler, 1983)。

　　㈢早期的歐陸研究較少重視閱聽人研究 (Blumler, 1985: 188)，但自 1980 年代以後，歐陸學者們重拾美國實證研究者「使用與滿足理論」的取向，發展出「接收分析」的理論和研究方法，同時注重媒介內容和閱聽人接收媒介內容的分析 (Jensen and Rosengren, 1990; Morley, 1980, 1986; Jensen, 1990; Morley and Silverstone, 1990)。

　　除了上述研究取向、研究方法和研究重點上的差異外，歐陸和美國的傳播研究尚有如下的差異：

　　㈠美國是純商業的傳播體系，而歐陸的許多國家均行公營傳播制度，這使得前者的傳播研究多少帶有商業的「工具性」取向，而後者多半直入政治核心，以政經結構、意識型態、權力宰制等為研究重點。

　　㈡美國自詡是個自由多元的社會：人種多元、價值多元……。因此，美國的傳播研究者多半將大眾傳播媒介視為：1.社會變遷的動力之一，而非全部 (Paisley and Rice, 1981)； 2.權威的消息來源 (DeFleur and Ball-Rokeach, 1975) 和 3.政客們在權力遊戲中競相爭逐掌握的工具 (Patterson, 1980)。而在歐陸，特別是馬克思思想傳統的傳播研究者，多半將大眾傳播媒介視為社會控制的工具，既得利益者或權力把持者將其用來達成劇烈的社會變遷或用以維持現狀 (Golding and Murdock, 1978)。

三、歐陸和美國的傳播研究有交會的可能性嗎？

　　根據以上的討論，我們了解歐陸和美國的傳播研究的確有相當不同的基礎，希望兩者全無芥蒂地結合在一起幾乎是不可能的。但是，兩者之間也不是完全沒有可能合作的。布魯勒即指出，美國和歐陸應各自彌補自己研究上

的缺點，如此才有合作的可能性 (Blumler, 1985: 191–196)。

　　布魯勒指出美國傳播研究應努力的方向有以下數端：

　　㈠必須強調閱聽人研究；同時，除了了解媒介內容外，更應系統性地研究媒介組織，以了解為什麼媒介會生產出某些特定的內容來。布魯勒引述美國政治傳播巨擘查菲 (S. Chaffee) 的話說：「議題設定理論是這個研究領域中，兩個或三個最好的研究想法之一。」(Chaffee, 1978: 25–28) 然而布魯勒指出，議題設定理論雖佳，但研究者如不追究議題到底是如何被塑造出來的，一味以為媒介「自動地」就有議題設定的功能，則未免失之天真 (Blumler, 1985: 192)。

　　㈡美國的研究者須走出其狹窄的文化死胡同。美國的研究者難免在做研究時有文化沙文主義的趨向，認為美國的傳播情境就是一般的傳播情境。

　　㈢美國的傳播研究者應多注意傳播政策的研究，並以學術的研究結果來引導政府傳播政策的走向，而不應像雷夫斯 (B. Reeves) 和包曼 (J. L. Baughman) 所批評的，政府影響研究的可能性較研究結果形成政策的可能性為大 (Reeves and Baughman, 1983)。

　　而歐陸研究應努力的方向，有以下數端：

　　㈠歐陸理論導向的批判傳播研究須要累積更多的「事實」，以證實其理論的正確性。例如，英國文化研究的大師級人物賀爾 (S. Hall) 在探討「意識型態」時指出，批判典範在研究「意識型態」時提出了兩個核心的問題 (Hall, 1982)：

　　1.意識型態如何運作？它的機制是什麼？

　　2.意識型態在一個社會中和其他活動 (other practices) 間的關係如何？

　　布魯勒批評這樣的研究問題還缺少很重要的一些問題，例如：大眾傳播媒介如何、多常（或不常）以某種（某幾種）特殊的意識型態來主導其報導？

　　換言之，特別對於那些批判研究的懷疑者，更多事實的累積是有必要的。

　　㈡歐陸的學者們應更重視閱聽人的研究。前面曾指出，1980 年代以後，歐陸發展出一個閱聽人研究的新傳統，稱為「接收分析」。然而，批判學者們對閱聽人的研究多半採取人類學的觀察法，亦缺乏明確的操作指標，因此不

免落入「過度主觀」的批評中，例如：摩利 (D. Morley) 在《「全國」觀眾》
(*The "Nationwide" Audience: Structure and Decoding*, 1980) 中研究不同社會階
層的閱聽人如何觀賞 BBC「全國」節目時所使用的分析方法，即缺乏標準化
操作指標，使後來的研究者若要複製同類型研究即遭遇了極大的困難。

四、小　結

　　透過以上的討論，我們了解了歐陸和美國的傳播研究雖然在發展環境、
研究取向、研究方法和研究主旨上存有極大的差異，但也不是兩條永遠無法
交合的平行線，而是各自有向對方學習的必要性和可能性。美國的傳播研究
者未來在研究上必須㈠考慮傳播的整體社會情境；㈡跳脫出文化沙文心態；
㈢多重視政策研究，並以學術研究回饋實際傳播政策的制定。而歐陸的批判
傳播學者們，則必須對實證的研究方法和研究結果給予較多的重視，累積事
實以證實其理論的正確性。

第二節　理論分類

　　1980 年以來，有許多傳播學者試圖從不同角度替現有的傳播理論分類；
有些觀點是獨特的，但也有許多是重複的 (Bennett, 1984[3]; Curran et al., 1984[3];
Rogers, 1985; Rosengren, 1985; McQuail, 1987[2]; Curran, 1990)。這類文章有助
於系統性地了解大眾傳播理論，因此選出以下五篇介紹之。

一、班奈特的分類及討論

　　班奈特 (T. Bennett) 在〈媒介理論，社會理論〉(Theories of the Media,
Theories of Society) 中將大眾傳播理論分為 (Bennett, 1984[3])：

　　㈠大眾社會理論 (the mass society tradition)：此派理論悲觀地認為大眾傳
播媒介的發展會威脅到精緻文化和民主的活力。

㈡自由多元派理論 (the liberal-pluralist schools)：此派與大眾社會理論相反，視大眾傳播媒介為第四階級（或稱第四公權力），是與政府及利益團體相制衡的力量。

㈢法蘭克福學派 (the Frankfurt school)：此派以馬克思理論的架構來檢視大眾社會。

㈣意識型態理論 (the general theory of ideology)：探討統治階級如何透過大眾傳播媒介進行意識型態的宰制。

班奈特在其宏文中，對這些派別的來龍去脈做了極詳盡的分析。

㈠大眾社會理論

1.與大眾社會理論相關之理論

⑴文化理論，主要代表人物有阿諾德 (Matthew Arnold)、艾略特 (T. S. Eliot)、尼采 (Friedrich Nietzsche) 和嘉塞特 (José Ortega y Gasset) 等人。

⑵政治理論，主要代表人物有彌爾 (John Stuart Mill) 和托克威爾 (Alexis de Tocqueville) 等人。

⑶群眾或大眾心理理論，代表人物有勒龐 (Gustav le Bon)、賴希 (Wilhelm Reich) 和鄂蘭 (Hannah Arendt) 等人。

⑷義大利社會學派，代表人物有帕雷托 (Vilfredo Pareto) 和莫斯卡 (Gaetano Mosca) 等人。

2.大眾社會理論的主旨

主要在於對工業化、都市化、政治民主化、教育普及和大眾傳播持否定及悲觀的看法，其中對⑴有機社區的衰微 (the decline of the "organic community")；⑵大眾文化的興起 (the rise of mass culture) 和⑶「大眾人」的社會原子化 (the social atomization of "mass man") 的討論，更形成大眾社會理論的主旨 (Bennett, 1984[3]: 32)。

3.大眾社會興起的原因

班奈特指出大眾社會興起的原因有：

⑴藉公民權 (the franchaise) 的擴張使大眾與政府合一。

⑵平頭 (levelling) 和同質 (homogenizing) 的市場經濟效果。

⑶報業的發達，使得普通人的意見能逐漸佔有優勢。

4.對大眾社會的疑懼

一般而言，大眾社會理論的學者們對大眾社會的到來抱持以下的疑慮：

⑴商品標準化及大量生產，對精緻文化產生莫大的威脅。

⑵政治民主易造成非理性的力量，即所謂的群眾心理。

⑶群眾原子化的結果，使之易受精英所操縱。

5.大眾社會理論的五個核心論題

綜觀之，大眾社會理論環繞著五大核心論題：⑴自由主義的緊張狀態 (the tension of liberalism)；⑵大眾文化威脅精緻文化；⑶大眾與道德脫序 (moral disorder)；⑷大眾與極權主義；⑸大眾文化與民俗文化。

班奈特對這些核心議題亦分別提出討論。首先，他指出：

⑴自由主義的緊張狀態：英國政治學者彌爾認為民主政治是新的獨裁方式，易產生多數的暴政 (the tyranny of the majority)，使一般人對社會的均質化產生莫大的恐懼。彌爾認為，市場的發展、教育普及與新的溝通方式和工具，使階級、地區、職業上的界限逐漸模糊，造成道德和知識的規格化 (moral and intellectual uniformity)，尤其中產階級陷入最深，這是大眾社會的危機。

班奈特接著又分別深入討論其餘的四個論題：

⑵大眾文化威脅精緻文化：英國的社會及文化學者（如彌爾等）從社會及文化層面上定義大眾與精英；歐陸的學者（如尼采及嘉塞特）具反民主的作風，多以人在先天上即有強弱優劣之別來定義大眾與精英。大眾社會理論者擔心精英會因民主社會的來臨、報業的發展、教育的普及與傳統社會關係的解體而受到威脅。

⑶大眾與道德脫序：本來有關道德脫序和個人與社會的關聯等議題應是社會學討論的重點，但根據安德森 (P. Anderson) 的看法，英國對社會秩序的整合問題的探討，類屬於文學及文化批評，代表人物有阿諾德、艾略特和利維斯 (E. R. Leavis) 等人。他們將社會的無政府狀態視為文化無政府狀態的結

果，而文化的無政府狀態是指不同的階級或社會團體所代表的文化彼此互相競爭而非共存、互補 (Anderson, 1969)。而對無政府狀態的恐懼，尤以阿諾德為甚，這可以從他將社會脫序的政治問題定義為文化問題略窺一二。阿諾德更指出，當整個系統的價值被破壞後，不同的階級即會追求各自的利益，而不屈服於一個權威中心（Arnold, 1971: 65，轉引自 Bennett, 1984[3]: 35）。

(4)大眾與極權主義：是大眾社會理論中最悲觀的論調，代表人物是鄂蘭和佛里德里屈 (C. Friedrich)。他們指出，納粹主義和史達林主義之所以能存在的主要原因，無非是原子化的大眾受精英操縱的結果，使非理性的力量得以在民主時代產生。他們認為，19 世紀的人類見證了社會結構的全部解體；而為了達到一個沒有階級和團體差異的理想，20 世紀的人類卻必須面臨絕對的孤立和疏離。正由於人們在心理上的無根、寂寞和缺乏方向，所以使人輕信極權主義，希望以群眾運動來克服自己的卑微感。

(5)大眾文化與民俗文化：大眾社會理論者認為，大眾社會的形成亦導致了大眾文化的產生，也威脅了精緻文化和民俗文化。民俗文化是堅強的、自立的、自創的；大眾文化卻是衰弱的、乏味的，是為了商業目的而創造出來的，主要目的在於符合大眾消極的消費。

㈡自由多元派理論

大眾社會理論的學者們以一種與歷史作比較的方式提出其對現代大眾社會的批評。這些學者指出，工業革命以前的社會關係是雞犬相聞的緊密關係；精英與大眾之間的界限也是十分明確的。產業革命以後，工業長足發展，原先以為人類可以因為工業發展而獲得更大的自由，沒想到卻帶來了脫序與疏離；民主變成一種新形式的獨裁，而文化也因為大眾文化的侵蝕而變成道德和美學上的野蠻。

針對上述批評，貝爾 (D. Bell) 提出反駁。他首先認為，大眾社會理論是 1960 年代西方最具影響力的理論，但接著指出理論中對於一些關鍵性的概念卻極端模糊，例如：通常將精英和大眾定義為負面意義的相反詞，而不針對單一的概念做正面的、客觀的、具有社會特性的定義。而且理論對於所有過

去的東西抱持一種浪漫的憧憬，把過去的一切都予以美化。貝爾嚴厲地批評大眾社會理論「未能告訴我們社會當中各環節的關聯何在，以及變遷的動因何在？」(Bell, 1960: 38) 到底在整個社會變遷的過程中，精英為何會失去主控力？社會為何會解體？這些都是無法用單一的原因來解釋的，因此，一味地將社會的解體歸咎於有機社區的消失、民主的興起、教育的普及與大眾傳播媒介的發展是不具說服力的，除非能蒐集到更多的事實證據。

美國學者們對於大眾社會理論的辯論，有別於英國由文學及文化批評學者引領風騷的情況，美國在這方面的討論是由社會學者所導引。因此，討論的方向與英國亦有極大的不同，具體而言有兩大特色：1.討論重點集中於「社會組織」，而不再在文化層面上探究原因；2.在方法上則以量化的經驗研究蒐集事實的證據。

美國的學者們對大眾社會理論的研究有以下具體的成果：

1.維迪奇 (A. J. Vidich) 和班色曼 (J. Benseman) 在《大眾社會裡的小鎮》(*Small Town in Mass Society*, 1960) 一書中，似乎證實了大眾社會的中心理論：大眾媒介無所不在，影響小鎮的民意形成，使得小鎮在政治上屈服於環繞於它的大眾社會（Vidich and Benseman, 1960，轉引自 Bennett, 1984[3]: 39）。

2.拉查斯菲 (P. Lazarsfeld) 和肯德爾 (P. Kendall)，則指出個人絕非孤立無援，而是屬於各種團體的成員，而家庭、教會、工會等亦並非如大眾社會理論所言已瀕滅亡，而是介於個人與大眾傳播媒介之間的「濾網」(filters)（Lazarsfeld and Kendall, 1949，轉引自 Bennett, 1984[3]: 39）。

總之，閱聽人並不「同質」，大眾傳播媒體也不「同質」。

3.亞諾維茲 (M. Janowitz) 也在研究中指出，大眾傳播媒介不僅沒有摧毀社區，反而扮演了維繫社區的重要角色（Janowitz, 1952，轉引自 Bennett, 1984[3]: 39）。

4.席爾斯 (E. Shils) 因此建議將大眾社會由負面意義變成一具有正面意義的概念，將之視為促成自由多元化社會的必要條件 (Shils, 1962)。

5.綜言之，自由多元派學者認為，大眾傳播媒介中所呈現的意見是多元的，是「第四階級」，因此使得社會中的精英在統治時不得不依賴多數意見；

同時，教育普及以後，大眾傳播媒介使得精緻文化得為大眾所共享。而 1940 至 1950 年代，美國社會學者們的實證研究結果對大眾社會理論的假設提出強烈質疑，但仍有可議之處：(1)太遷就美國政治現狀；(2)仍受馬克思與精英論者的批評；(3)未探究媒介所有權的結構問題。

(三)法蘭克福學派

大眾社會理論雖然說是一種相當保守的理論，但它亦影響了以馬克思思想為基礎的媒介理論，例如法蘭克福學派的理論即受其影響，代表人物有阿多諾 (Theodor W. Adorno)、馬庫色 (Herbert Marcuse) 和霍克海默 (Max Horkheimer)，其理論的三大歷史經驗淵源為：1.對 1917 年的革命未能廣及西歐感到失望；2.法西斯主義的經驗影響他們的作品及於戰後；3.他們急於替戰後西方社會的穩定狀態找尋意識型態上的理由。

法蘭克福學派的學者們對大眾傳播媒介的批判可綜合如下：

1.馬庫色在《單向度的人》(*One Dimensional Man*, 1968) 裡認為，資本主義使其本身免受批評的方法是使消費者產生虛假意識 (false consciousness)，使思想和行為只由一個方向產生，個人因而喪失了批判的精神。

2.大眾傳播媒介引發的對公共事物的討論，只注意如何管理社會系統的技術層面，因此大眾傳播媒介在這方面阻礙了對話的進行。

3.大眾傳播媒介替我們定義了如何去「想」（或「不去想」）這個世界，因此，大眾傳播媒介制約了我們的整個知識型貌 (entire intellectual gestalt)。

4.藝術只有在拒絕與現實妥協時，才能作為一種「反對的力量」。當藝術大眾化以後，即喪失其批判性。

法蘭克福學派受人批評之處，在於其批判了現實，卻沒有提出改善現實的具體建議。

(四)意識型態理論：階級、意識型態與媒介

近來對於馬克思思想的研究，多在探討媒介意識型態的角色，是一個不同於過去的新領域。

馬克思對意識型態這個概念起碼有以下兩種解釋：

1.馬克思稱意識型態為「社會意識的特定形式」(definite forms of social consciousness)，與法律、政治構成上層結構。而在《政治經濟學批判大綱》(*Grundrisse*) 一書中亦認為，意識型態有其相對自主性及特質，並非完全附屬於下層結構。

2.意識型態的概念包含了對事實的蓄意曲解。而在我們沒有察覺的情況下，產生並建構我們的認知。

意識型態探討的是跨越階級分際下的意義系統的轉換過程。它經由經濟優勢階級的控制物質的優勢，轉而控制他人的心靈。所以優勢階級可透過具體的方法維持既存的階級主導關係。

意識型態概念探討媒體問題的角度是：

1.對媒介的社會控制的本質：包括媒介所有權的結構、統治階級控制媒體運作的方式與程度。

2.意義符號系統如何達成其「錯誤認知」的效果。

3.媒體（特別是國營的）所持的批評立場。政治、經濟與意識型態會交互影響媒介。

同樣是馬克思主義者，但彼此之間對意識型態的解釋卻極為紛歧，茲以陸卡斯 (Georg Lukács) 及阿圖塞 (Louis Althusser) 的論點為例說明之：

陸卡斯對意識型態的研究是透過「唯物論者的轉化」(materialist inversion) 的架構。馬克思曾指出「是人的存在決定其意識，而非人的意識決定其存在」(Bottomore and Rubel, 1965: 67)。而存在如何決定意識？陸卡斯認為，是階級關係決定社會存在的結構，社會存在的結構再決定意識型態的結構。而意識型態就是不同階級的既定認知之下的產物。

阿圖塞則採用馬克思的「再生產觀點」，認為每一個社會在生產的同時，都必須對生產條件（生產力、勞動力、生產關係）進行再生產，否則生產即無法持續進行下去。生產材料的再生產可藉由企業之間的供需獲得，但生產條件的再生產則是在企業外進行，它必須藉由意識型態及意識型態國家機器的運作才能獲得保障。阿圖塞認為，國家機器可分為兩大類：1.壓制性的國

家機器，例如：政府、行政機關、軍隊、法庭和監獄等；2.意識型態的國家
機器，例如：教會、學校、家庭、法律、政治、工會、傳播媒體等
(Althusser, 1971)。

　　綜觀阿圖塞的分析，意識型態並非知識上的抽象概念，而是在意識型態
國家機器中進行的具體社會過程。

　　他人對阿圖塞論說的批評包括：

　　1.意識型態的作用多為輔助、配合經濟的需求，自主性不夠。

　　2.最受批評的一點是他把媒體、家庭、宗教組織都納入「意識型態國家
機器」，使國家與非國家之間的界限模糊了。

　　因此，許多研究馬克思的人轉而研究葛蘭姆西 (Antonio Gramsci) 的著
作，即所謂的媒介霸權論。然而，阿圖塞的研究的確替媒體研究樹立了一個
新的里程碑。

二、科倫等人的分類及討論

　　以上介紹的即是班奈特對媒介研究的分類及分析。接下來要介紹的是科
倫 (J. Curran) 等人對媒介理論的分析及討論 (Curran et al., 1984[3])。

　　科倫等人的分析，環繞著「大眾媒介的力量」 (the power of the mass
media) 此一核心論題而進行，並將媒介理論粗分為自由多元論與馬克思主義
取向 (liberal-pluralist vs. Marxist)，分析架構則分三部分：第一部分討論自由
多元論者與馬克思主義者對「大眾媒介的力量」的不同處理方式；第二部分
闡述兩派在分析媒介機構 (media institutions) 時的不同取向；第三部分論述社
會理論的嬗變。

㈠大眾媒介的力量

　　科倫等人首先指出，不論是自由多元論者或馬克思主義者，基本上都認
為媒介是非常強而有力的。而兩派共識的基礎有以下數端：

　　1.新科技的發明，產生了所謂的閱聽大眾 (mass audience)，這種現象是
新科技發明以前未曾有過的，知識、資訊變成一種人人可以享用的產品。

2.都市化和工業化造成了不穩定的、無根的、疏離的社會，同時使得生活其中的人們易受宰制。

3.現代人的社會關係鬆散，沒有如早期部落社會的傳統堅強信念之支持，很容易受大眾傳播媒介的影響。

4.從第一次世界大戰的經驗中，有識之士體驗到大眾傳播媒介對人有一種洗腦的作用，直接、間接促成了歐洲法西斯主義的興起。

結論是：大眾傳播媒介是強而有力的宣傳機構，將被動、毫無抵抗力的閱聽人洗腦。研究者所要做的只是去測量傳播科技滲入的深度和多少而已。

接著，在 1940 年代末期、1950 年代及 1960 年代，大眾媒介效果有限論興起。這時期最重要的著作之一是克拉柏的《大眾傳播的效果》。克拉柏在書中摘要了數十年的實證研究結果，得到的結論是「大眾傳播不是閱聽人效果必要且充分的原因」。之後有許多的實證研究在此典範的引導下，以實驗法、調查訪問等方法蒐集實證資料，提出了人們是選擇性暴露、選擇性了解及選擇性記憶的。接下來，又發展成「使用與滿足」的理論。

這一連串的實證資料否定了過去對大眾社會下媒介力量的看法。大眾社會裡的個人其實並不如大眾社會理論者所宣稱的那麼孤立無援，而是活在一個如蜂巢的小團體形成的人際網絡中，而且來自團體的壓力足以使個人抵擋來自大眾傳播媒介的影響。這種強調小團體力量的說法也導致「權力多元」的模式 (a diffusionist model of power)，例如：凱茲 (E. Katz) 和拉查斯菲在《親身影響》(*Personal Influence*, 1955) 中的某一段結論「某些具有高社經地位的人只有極少的影響力，而某些低社經地位的人卻有相當的人際影響力」(Curran et al., 1984[3]: 12)。

似乎財富和權力在西方民主社會中並無建構民意的潛力。

總結這段時期的傳播研究是：大眾傳播媒介的效果有限。

而在 1960 年代末期和 1970 年代的傳播研究，則是實證研究的再出發，也就是英國傳播學者布魯勒所謂的大眾傳播研究的 「新風貌」 (the "new look" in mass communications research) (Curran et al., 1984[3]: 13)：

1.凱茲、拉查斯菲和克拉柏指出以下的情況，大眾傳播媒介可能還是可

以有勸服的效果：當閱聽人的注意力被挑起時，當涉及的是資訊而非態度或意見的改變時，當消息來源可信度高時，當資訊系統被壟斷時，當議題距閱聽人的直接經驗較遠時，或當閱聽人處於交叉壓力底下時。

2.另一批學者如貝克等人 (L. Becker et al., 1975) 及吉特林 (T. Gitlin, 1978) 重新檢視過去的研究假設，發現大眾傳播媒介是有影響力的。

1970 年以後，一些馬克思主義及新馬克思主義的傳播研究者在傳播方面的研究逐漸受到重視，他們激烈抨擊這種媒介效果有限論。他們指出，大眾傳播媒介是一種意識型態的機構 (ideological agencies)，在統治階級維持其階級獨佔性的過程中扮演了極重要的角色。因此，所有否認大眾傳播媒介影響力或效果的研究不僅理論架構貧乏，而且根本不值一駁，甚至不值一讀。

兩派對「暴力」和「投票」主題也有不同的處理方式。馬克思主義者及批判派學者都認為大眾傳播媒介在加強強勢的社會規範和價值上扮演了一個戰略性的角色，大眾傳播媒介被用來合理化目前的社會系統。舉例來說，大多數英國採馬克思主義觀點的傳播學者在研究大眾傳播媒介中的暴力問題時，都會站在以下的角度來考慮問題：大眾傳播媒介中所呈現的暴力是否對法律和秩序予以合理化 ？ 是否用來剷除異己 ？ (Hall, 1974; Cohen, 1973; Murdock, 1973; Chibnell, 1977; Whannel, 1979)

因此 ， 大眾傳播媒介的效力是用來維持現有的優勢文化 (dominant culture)，而不是用來創造它們。

在同一範疇（有關「暴力」）的研究中，美式的自由多元研究者則著重於探討大眾傳播媒介所呈現的暴力，對人們日常生活的影響如何。

至於在對「選舉」主題的研究上，馬克思主義者認為，美式的大眾傳播媒介在報導選舉時，主要也在合理化自由民主社會的權力結構，幫助維繫代議民主、政治平等及共同決策等神話。換言之，就是在維繫一些現存的政治價值。

至於美國早期的選舉研究，例如拉查斯菲等人 (Lazarsfeld et al., 1948)、貝勒森等人 (B. Berelson et al., 1954) 和馬奎爾等人 (D. McQuail and J. Trenaman, 1961) 則認為，大眾傳播媒介在影響人們的投票行為上只有很小的

影響力。科倫指出，美國選舉研究的初期，正值黨派忠誠掛帥時期，所以這時期的結論多半都會以強而有力的團體規範來解釋為何大眾傳播媒介無法對人的投票行為產生影響力。

　　科倫更進一步指出，一般人有一種錯誤的看法，總以為馬克思主義者全以理論為出發點，而自由多元派則以實證資料為出發點而全然不顧理論的建構。其實，這樣的二分法是不妥當的，自由多元論者還是有他們的理論架構，只是通常未在他們的研究中特別強調罷了。

　　至於馬克思主義者之間對於問題的看法也有出入，例如：早期馬庫色對於大眾傳播媒介持全然否定的看法，指大眾傳播媒介是一種使人迷失的、全盤壓制性的力量 (Marcuse, 1972)；之後，馬空 (R. McCron) 轉為較謹慎的評價，認為優勢的意義系統在大眾傳播媒介中被塑造，進而轉達給閱聽大眾 (McCron, 1976)。科倫即指出，馬空的論述方向即多少受實證研究傳統的影響 (Curran et al., 1984[3]: 15)。這個研究傳統一直被延續下去，因此最近也有不少馬克思主義者採用調查方式探究閱聽大眾如何接受大眾傳播媒介所散佈的意識型態 (Hartman, 1979; Morley, 1980)。馬克思主義者認為，研究大眾傳播媒介的影響力應該將注意力集中於對大眾傳播媒介在建構意識型態類目和提供人類了解環境的架構上的影響力的探討。

㈡媒介機構

　　在近 20 年以來，有關媒介機構的研究逐漸成為大眾傳播研究的主流。研究者在這個範疇內至少發展出以下幾個不同的重點：
　　1.媒介機構的組織和角色關係。
　　2.媒介機構的政治經濟。
　　3.專業意理和實際工作情況。
　　4.媒介機構和社會政治環境間的互動。
　　研究的源起乃因：1.對於媒介效果研究的醒悟；2.對於媒介研究的理論發展過於狹隘的醒悟；3.社會學對於組織架構、行為的研究及其分析工具等可取來作為研究媒介組織之用；4.受馬克思主義的影響；5.政治學逐漸重視

大眾傳播媒介角色的研究，益凸顯二者之間的關聯性。

在此一範疇內努力的學者們都有一個基本的共識：只要能對大眾傳播媒介的政經結構、組織和從業人員的專業因素有所了解，即可增加對大眾傳播媒介影響力的了解。以下就上述四點分別做進一步闡述：

1.媒介機構的組織和角色關係

大多數的研究均著眼於媒介機構的內在組織和角色關係的探討。

例如：守門人研究、同儕之間的相互控制屬之。另外，有關新聞室的社會控制亦屬這個研究範疇。

2.媒介機構的政治經濟

這裡著重於分析媒介的所有權和控制的問題。

馬克思主義者在這方面的基本出發點是：我們只能從媒介機構的經濟決定條件去了解這個「文化生產工業」。這是馬克思主義經濟決定論的翻版，因此大眾傳播媒介內容和訊息的意義，必須從製造它們的機構的經濟基礎做出發點來探討。同時，商業的大眾傳播媒介必須迎合廣告的需求，製造出吸引最多閱聽人的產品。而大眾傳播機構的收益又被宰制的政治機構、中產階級或共識的核心所控制。因此，媒介內容通常反映媒介組織和其他機構的意識型態，所以主張在經濟決定論和媒介內容之間，尚須針對傳播的意識型態做研究。

3.專業意理和實際工作情況

自由多元論者在這方面的研究，主要是一些大眾傳播媒介從業人員專業化的研究，強調新聞專業的自主性及報導的客觀性。因此主張專業人員應該完全自主，免於外力之干擾。

而馬克思主義者則懷疑這種客觀的專業意理是否存在。他們認為，媒介只是支持現有優勢文化的工具，因此必會對媒介的生產過程加以控制。

4.媒介機構和社會政治環境間的互動

這裡探討的是媒介機構和其環境中其他機構之間的互動。例如：在處理傳播者與其消息來源間的關係時，自由多元論者和馬克思主義者的關心點自有不同。前者認為傳播者與其消息來源之間存在著一種互相依賴的關係；馬

克思主義者則懷疑傳播者在整個過程中的自主成分，他們認為大眾傳播媒介根本是被鎖定在政治系統中的一環，因此多半只能跟隨大環境中的其他主要機構來行動，是處於附屬而非主導的地位 (Gurevitch and Blumler, 1977)。

　　從以上的分析看來，由於兩派的觀點仍處對立，所以對於媒介機構力量的問題，仍不太可能光靠實證研究就能解決，尚待進一步的理論和意識型態爭論之補強，以獲得進一步的了解。

㈢社會理論中對變遷動力的不同觀點

　　從以上的討論中，我們可以看出大眾傳播理論的關注點，從早期注重媒介「效果」，轉而注意媒介組織（機構）運作對媒介內容所可能產生的影響。另一個值得討論的重點是不同理論對變遷動力的不同觀點，也就是大眾傳播媒介究竟是消極的反映真實者，還是積極的塑造真實者？

　　自由多元論者主張「媒介是反映真實的鏡子」的理由，主要來自於主流新聞學所主張的客觀專業意理。同時，它也是多元社會的產物；在多元價值的社會中，大眾傳播媒介多半被視為是不同社會、政治、經濟力量的角逐場，因此，媒介被期許為客觀反映真實的場所，不得有任何的扭曲。馬克思主義的「鏡子理論者」則認為媒介所反映的是「假意識」(false consciousness)，因為媒介內容是由社會中居統治階級的政治及經濟團體所模塑和控制的；因此，康乃爾 (Ian Connell) 才指出，媒介只不過是「擴聲器」(a kind of megaphone)，用來強化統治階級的想法罷了 (Connell, 1979)。

　　然而，近十幾年以來，以上這種對媒介的觀點已有所改變。原因除了馬克思主義者內部的發展帶動了這種改變外，另一個原因是受到其他理論的影響。最重要的改變之一是：不論是自由多元論者或馬克思主義者都重新將注意力置於媒介論域 (media discourse) 的問題。這無疑地是受到符號學和語言學對傳播研究的影響，因為媒介研究者深刻體會到過去單從效果或媒介機構的角度去探討傳播問題的不足。最近則有英國以「文化」觀點來研究大眾傳播媒介的角度，代表人物為賀爾與威廉士 (Raymond Williams) 等人，以及歐洲的「結構主義」角度，代表人物為阿圖塞、葛蘭姆西、李維史陀 (Claude

Lévi-Strauss) 與拉岡 (Jacques Lacan) 等人。另外，馬克思主義者之間的不同，在於他們對大眾傳播媒介決定論的說明不同，以及對大眾傳播媒介意識型態的本質和力量的解釋不同。科倫等人討論了其中幾種理論變遷：

1.結構主義者對媒介的研究

⑴結構主義的思想淵源很多，包括索緒爾 (Ferdinand de Saussure) 的語言學，李維史陀的結構人類學，巴特 (Roland Barthes) 的符號學和拉岡的精神分析學等。

⑵其分析的重點在媒介的「文本」(text)，例如：電影、照片、電視節目和文學作品的內容等。

⑶阿圖塞對「意識型態」的處理，是馬克思思想的一大轉變。阿圖塞認為意識型態是「個人對其生存的真實情況想像關係的一種表徵」 (a representation of the imaginary relationship of individuals with the real conditions of their existence) (Curran et al., 1984[3]: 24)。對阿圖塞而言，意識型態有其「物質存在」(material existence)，表現於意識型態國家機器的運作中。因此，媒介的有效性和影響力，不在於它們提供了「假意識」(傳統馬克思主義者和政經學派的想法)，也不在於它們能否改變態度 (自由多元論者的論點)，而是在於它們呈現的意識型態類目，可以影響閱聽人如何去看待一些事物。

2.政治經濟學對媒介的研究

政治經濟學派的學者們認為媒介的力量主要來自於：經濟過程和媒介生產的結構。這是回復到傳統馬克思主義下層結構影響上層結構的想法。他們認為經濟是較意識型態更重要的一個決定因素。他們將意識型態的解釋回歸到「假意識」，並否認有所謂「相對自主性」的存在。這一派的學者可以莫多克和高汀為代表。媒介的角色被視為是：擁有和控制媒體的階級透過「假意識」的生產來合理化現狀。因此此派學者們最關心的是：文化工業如何被壟斷的問題。

科倫等人認為，政治經濟學派的學者們似乎也將媒介視為一面扭曲事實的鏡子，一扇透視事實的窗子，只不過，透過這扇窗所見到的事實卻是不正確的 (Curran et al., 1984[3]: 26)。因此，科倫等人認為，就這點而言，政治經濟

學派的作法倒是和自由多元派頗為類似。

3.文化主義者對媒介的研究

文化主義的研究取向通常被拿來和結構主義及政治經濟學派鼎足而論。

文化主義植根於英國以威廉士、湯普森 (E. P. Thompson) 和何嘉特 (Richard Hoggart) 為首的文化研究 (cultural studies)。前述結構主義者將討論重點置於媒介論域的自主性和結合 (the autonomy and articulation of media discourses) (Curran et al., 1984[3]: 27)，而文化主義者則將媒介與其他部門的運作放在一個複雜的社會中來觀察。

像最近文化主義大師賀爾就企圖結合文化主義和結構主義的觀點 (Hall et al., 1978)。例如：在對新聞的解釋上，媒介的定義只不過是「次級的」(secondary) (Curran et al., 1984[3]: 27)，新聞最主要的定義者是那些得以接近媒介的消息來源 (Hall et al., 1978)。

綜合上述討論，馬克思主義者認為，媒介影響力的主要來源在於「意識型態」，只是各派對意識型態的定義不同，因此也導致了不同的理論取向。

三、瑞典傳播學者的觀點──一個或四個研究典範？

瑞典傳播學者羅森袞在〈傳播研究：一個或四個典範〉(Communication Research: One Paradigm or Four) 一文中，首先借用兩位社會學者布雷 (G. Burrell) 和摩根 (G. Morgan) 的說法（參見圖 1-1），將傳播研究區分為四大典範：㈠激進的人文主義者 (the radical humanist)；㈡激進的結構主義者 (the radical structuralist)；㈢解釋性研究 (the interpretive) 及㈣功能主義者 (the functionalist)（Burrell and Morgan, 1979，轉引自 Rosengren, 1985: 238）。

接下來，羅森袞指出彼此之間的矛盾及克服的方法，並具體建議可行的研究方向：㈠對新聞的研究；㈡傳播與文化；㈢大眾媒介使用。羅森袞並指出在以上的研究方向中，實證研究都可以提供具體的事實證據。因此，他質疑到底是四個研究典範，還是只有一個研究典範？

以下，針對羅森袞所提出的研究方向分別加以說明。

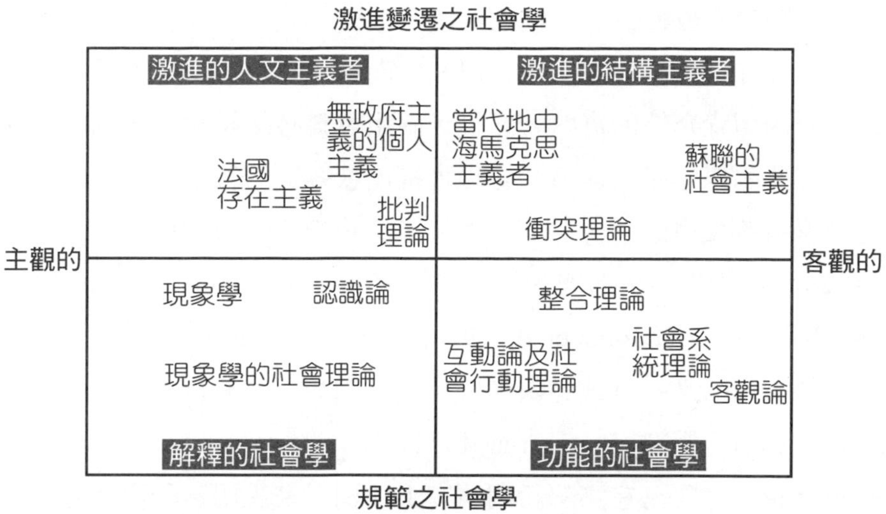

激進變遷之社會學

激進的人文主義者	激進的結構主義者

無政府主義的個人主義

法國存在主義

批判理論

當代地中海馬克思主義者

蘇聯的社會主義

衝突理論

主觀的　　　　　　　　　　　　　　　　　　　　　　　　　客觀的

現象學　　　認識論

現象學的社會理論

整合理論

互動論及社會行動理論

社會系統理論

客觀論

解釋的社會學	功能的社會學

規範之社會學

圖 1-1　布雷和摩根的社會學分類圖
（資料來源：Rosengren, 1985: 238）

㈠對新聞的研究

1.在大眾傳播研究的領域裡，這是相當重要的一個研究取向，一般將其歸納於以下幾個類目之下：守門人研究、新聞傳散、國際新聞的研究等。事實上，以上各類型的研究，其主要目的都是在探究：媒介如何建構社會真實？因此，研究重點多從個人心理、組織情境、鉅觀的政經影響等因素來探討其對於新聞產出之影響。

但是，這樣的研究取向也受到兩種主要的批評。其一，或可稱之為「主觀論調者」，他們認為大眾傳播研究者不應浪費時間去探討媒介真實和社會真實之間的差異，而應該將重點放在探究新聞的本質，因為新聞報導建構並創造了一個自己的真實。其二，或可稱之為「激進的政經學派者」，他們則批評此一研究取向未能關注到，新聞的產出在國家和國際的層面 (national and international scene) 其實都會受到扭曲。媒介的政治、經濟結構才是新聞扭曲的主因。新聞之所以會受到扭曲，也是為了要服務現有的權力，以維持現狀。因此，大眾傳播研究者的主要職責應在於揭發扭曲的主因，批判隱藏於後的

權力，最終則應導致整個媒介結構的劇烈改變。

　　2.在媒介如何建構社會真實的研究取向裡，研究方法上大體需要兩組資料，即媒介內與媒介外的資料。而且，兩組資料必須是相互獨立的，則比較兩者後，方能對媒介如何建構社會現實提出較客觀的答案。這樣的方法在過去有許多學者都使用過，例如：使用歷史資料 (Lewis, 1960; Lippmann and Merz, 1920)、訪談出現於新聞報導中的人 (Charnley, 1936; Scanlon, 1972)、實地觀察以獲取資料 (Halloran et al., 1970; Lang and Lang, 1953)，其他目的之調查訪問資料 (Owen, 1957) 或特為研究目的而蒐集的調查訪問資料 (Rosengren et al., 1975) 和官方資料 (Rosengren, 1974) 等。

　　羅森袞特別以自己在國際新聞研究上的例子來說明這種研究方法的可行性 (Rosengren, 1974, 1977)，例如：它可以探討(1)某國產製新聞的能力和(2)某國傳散國際新聞的能力。而這是光靠蒐集或研究媒介內的資料無法完成的任務，勢必要透過媒介內與媒介外資料的比較方能竟其功。

㈡傳播與文化

　　文化與傳播這兩個領域實是互相交錯，難以清楚劃分。因此，文化問題也幾乎一直是所有傳播典範所關懷的問題。特別是激進人文主義者及激進結構主義者更是重視文化的研究。

1.對批判問題的實證研究

　　從人文的馬克思觀點出發，法蘭克福學派的學者及其後續學者，如霍克海默、馬庫色、阿多諾和哈柏瑪斯等人一再強調具有解放及自由化能力的精緻文化已受到大眾社會裡透過大眾傳播媒介傳散的大眾文化的殘害，最終結果是產生一群疏離的閱聽人。

　　另有一派馬克思主義者，布雷和摩根稱其為「當代地中海馬克思主義者」(contemporary mediterranean Marxism) (Burrell and Morgan, 1979)，例如：阿圖塞、波蘭查 (Nicos Poulantzas)、克雷堤 (Lucio Colletti) 等人，則將大眾傳播媒介和學校、教會等視為「意識型態的國家機器」，是一種控制的機制。大眾傳播媒介創造和傳散各種意識型態、價值觀、信仰等，來合理化現狀，並再

製現有的社會秩序。因此，大眾傳播媒介代表了「社會中的小資產階級霸權」 (the bourgeois hegemony in society) (Rosengren, 1985: 246)。

法蘭克福學派有關大眾文化殘害精緻文化的辯證極難以實證資料佐證。

至於激進的結構主義者（指阿圖塞等人）的論述則有羅文塔 (Leo Lowenthal) 做過內容分析，研究大眾傳播媒介中的意識型態內容（羅文塔研究通俗文化中的英雄人物）(Lowenthal, 1961)。

足見，早期對批判問題的實證研究真是鳳毛麟爪。

2.文化指標

文化實際上是一種鉅觀的現象，必須在社會層次上來研究。而馬克思主義的傳播研究者總是將文化與其他鉅觀現象如經濟、政治和科技等放在一起討論。截至晚近，才有所謂文化指標的研究。

文化指標一辭為葛柏納 (George Gerbner) 首創，他最為人所樂道的文化指標就是「暴力素描」(violence profile)（詳見本書第十二章「涵化理論」）(Gerbner et al., 1980)。

1980 年，國際傳播學會 (International Communication Association) 的年會於墨西哥的阿卡撲扣 (Acapulco) 市舉行，主題即為「文化指標與已開發社會之未來」，不同種類的文化指標研究者共聚一堂，商討有關文化指標研究的共同問題和解決方法。1982 年，在奧地利的維也納又舉辦了一場以「比較文化研究的文化指標研究」為主題的學術研討會，至此，有關「文化指標」的研究才慢慢在學術界受到重視 (Rosengren, 1985: 248–249)。

除了美國葛柏納對文化指標所做的涵化研究外，另一值得重視的文化指標研究是以瑞典蘭德和斯德哥爾摩大學 (the Universities of Lund and Stockholm) 為研究重鎮的瑞典文化指標研究，其中最有名的是 CISSS 研究 (Cultural Indicators: The Swedish Symbol System, 1945–1975)（有關瑞典文化指標的進一步介紹，詳見本書第十三章「瑞典的文化指標研究」）。

㈢大眾媒介使用

使用與滿足理論的核心概念是：自願論相對於決定論、結局論相對於因

果關係論。例如：早期的刺激－反應理論代表的是一種決定論，而使用與滿足理論則代表一種自願論。相對於早期的效果理論，使用與滿足理論認為閱聽人不全然是被動的，他們也會有意識地、主動地去尋找、發現並使用大眾媒介的內容，來滿足他們的需求。批判理論學者艾略特 (P. Elliott) 則批評，使用與滿足理論忽略了造成閱聽人個人需求的社會階級因素及政治經濟因素 (Elliott, 1974)。新的統計方法，如 LISREL (linear structural relations) 和 PLS (partial least squares) 的發明，使得使用與滿足理論的學者們在分析閱聽人時，多了兩大分析利器，例如：有關社會階級對閱聽人個人需求的可能影響，可以用收入、職業和教育等作為模式中的控制變項，特別將 LISREL、PLS 和 panel 交互使用，更可對決定論或自願論的討論尋求更多的實證支持。

㈣小　結

　　羅森袞在文章中先介紹了布雷和摩根的四大典範，再介紹大眾傳播領域中的幾個研究方向：1.對新聞的研究；2.傳播與文化；3.大眾媒介的使用，並指出在這些研究方向中，研究方法的進步使得實證資料的取得更加容易，例如在對新聞的研究取向中，可以比較媒介內資料和媒介外資料；在對傳播與文化的研究取向中，有「文化指標」研究的異軍突起；而在對大眾媒介使用的探討方面，則有 LISREL、 PLS 及 panel 等方法的協助。因此，羅森袞建議與其將布雷和摩根的四大典範視為截然不可混淆的典範，不如將其置於一連續線上，視為一種程度上的不同。所有典範中提出的問題，似乎也都可以找到實證資料的支持。這樣看來，大眾傳播理論與其說有四個典範，不如說只有一個典範，是否更正確？

　　羅森袞拋給傳播研究者一個很大的問題：批判理論與自由多元的實證理論能否結合？如果可以的話，該如何去做？

　　這的確是一個值得深思，而且在短期內也不會有具體答案的大問題。

四、馬奎爾的理論分類

㈠大眾傳播理論的基本類型

自由多元派的傳播學者馬奎爾在其名著 《大眾傳播理論》 (*Mass Communication Theory. An Introduction*, 1987[2]) 一書裡，開宗明義於第一章中將大眾傳播理論分為 (McQuail, 1987[2]: 4–5)：

1.社會科學理論 (social scientific theory)

這類理論多半來自系統而客觀的觀察，理論內涵在於對大眾傳播的本質、運作和效果作一般性的陳述。

2.規範性理論 (normative theory)

這類理論旨在探討，在特定的社會價值規範之下，媒介該如何運作的問題。這類理論相當重要，因為它有助於媒介組織之形成。

3.工作理論 (working theory)

在某種程度上，它亦有規範性色彩，但大多屬實用層面，為媒介工作者所發展和維繫。這類理論因為是實務導向，故其內涵多半在解答大眾傳播工作實務上的一些問題，例如：閱聽人喜歡什麼？什麼樣的內容才是有效的？什麼樣的報導具有新聞價值？新聞工作者的責任何在？

4.常識性理論 (common sense theory)

這類理論指涉的是閱聽人直接從接觸大眾傳播媒介的經驗中所獲取的知識，例如：報紙的讀者或電視的觀眾，他們可以從每日閱報及觀賞電視的經驗中獲知：什麼是報紙（電視）？它對閱聽人的作用何在？該如何去閱讀報紙（看電視）？報紙（電視）和閱聽人社會生活的其他部分之間的關係何在？透過這些經驗性知識的累積，每一位閱聽人多半可以發展出自己的一套與大眾傳播媒介互動的關係。

㈡大眾媒介理論與社會理論

在闡明大眾傳播理論的基本類型後，馬奎爾進一步從以下幾個不同層面

綜合各種理論在探討大眾傳播媒介與社會的關係時之觀點（參見圖 1–2）。

1.單元對應多元 (dominance vs. pluralism)

單元論者認為，大眾傳播媒介掌握於少數或優勢階級手中，表現於大眾傳播媒介的是：權力集中、資訊來源由少數人控制、標準化的內容以及大眾對媒介內容的極度依賴等。

多元論者則以為資訊來源及內容均相當多元，個人可依興趣及需要選擇媒介內容 (McQuail, 1987[2]: 58–59)。

2.大眾傳播媒介的離心和向心趨勢 (centrifugal vs. centripetal tendencies of media)

依研究者不同的價值觀點及實證觀察結果而發展出大眾傳播媒介具有向心及離心傾向等兩種完全不同的看法。主張大眾傳播媒介具有向心力者認為，往正面想，大眾傳播媒介內容具有促進社會整合，帶給社會安定秩序的功能；往負面看，則是在進行社會控制。主張大眾傳播媒介具有離心力者則認為，往好處講，大眾傳播媒介內容可以促進現代化、傳播新知；從壞處講，是大眾傳播媒介內容製造了疏離、價值解體及社會脫序等。馬奎爾同時指出要結合這兩種不同觀點的困難性 (McQuail, 1987[2]: 59–60)。

3.媒介先變還是社會先變 (media or society as first mover)

該觀點指出兩種理論趨勢：⑴以大眾傳播媒介為中心；⑵以社會為中心。

前者以為媒介是改變的原動力，原因則是傳播科技的改變或傳播內容的帶動；後者則認為社會中的政經變化才是帶動社會變遷的主力。最有名的媒介科技掛帥論是加拿大的多倫多學派 (Innis, 1951; McLuhan, 1962) 以及後續的學者如苟德納 (A. Gouldner, 1976)、費布爾等人 (L. Febvre and H. J. Martin, 1984) 及艾森斯坦 (E. Eisenstein, 1978) 等人。

而持媒介中心理論的另一派則並不那麼極端地認為媒介科技或內容是帶動變遷的惟一力量，他們認為媒介在某種情況下可以帶動某些社會變遷。

至於葛柏納的「涵化理論」(Gerbner et al., 1980a, 1980b) 在近期的發展中似乎傾向於認為「優勢的訊息系統」(dominant message systems) 主要來自社會組織力量的運作而非單純地來自大眾傳播媒介（主要指電視），因此結合了

媒介中心與社會中心兩種觀點 (McQuail, 1987[2]: 61)。

　　社會中心理論也是眾說紛紜，因為對於社會動力的解釋不同，有人強調鉅觀的階級、文化和社會結構，也有人強調微觀的個人動機、興趣、需求等。

　　馬奎爾更將大眾傳播理論依其為宰制論者或多元論者，媒介中心論者或社會中心論者分別將之定位，對於系統性地了解大眾傳播理論頗有助益：

　　圖 1-2 左上角的理論可統稱為極端的人文主義理論，右上角為極端的結構主義理論，左下角為社會學裡的詮釋派，右下角為社會學裡的功能論者。此分類法與布雷和摩根的分類法 (Rosengren, 1985: 238) 頗有異曲同工之妙。

　　以上的分析方法也有學者（例如瑞典學者羅森袞的文化指標研究）以上層結構或下層結構主導、唯心或唯物主導的辯證關係來解釋大眾傳播媒介與社會間的關係 (Rosengren, 1981a, 1981b, 1981c)。

　　足見，在社會變遷的過程中，究竟以大眾傳播媒介為中心抑或以社會為中心，截至目前為止並無定論，有待進一步實證資料的蒐集及檢證。

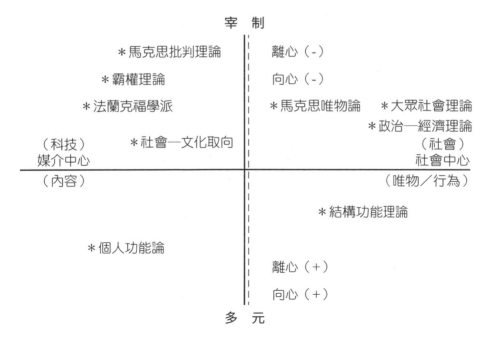

圖 1-2　主要理論層次及大眾傳播理論定位
（資料來源：McQuail, 1987[2]: 59）

五、羅吉斯的分類：傳播研究的經驗學派和批判學派

羅吉斯 (E. M. Rogers) 將大眾傳播理論簡單分為經驗學派和批判學派 (Rogers, 1982, 1985)。經驗學派通常包括經驗論、功能論和實證論 (empiricism, functionalism and positivism) (Rogers, 1985: 219)，這派學者通常將研究重點置於傳播的直接效果，較少關注大眾傳播媒介所植基的社會文化背景。而批判學派則較重視大眾傳播理論所植基的社會結構，認為如果沒有社會理論的話，大眾傳播理論是無法單獨存在的；其研究重點多半側重：誰在控制大眾傳播系統。

經驗學派和批判學派對「傳播與國家發展」及「傳播新科技」也有不同看法。例如：兩派學者最大的差異在於其對於傳播與社會變遷間的關係所持的樂觀與悲觀見解。歐洲的馬克思理論批判學派學者多半將大眾傳播媒介視為社會控制的機構，被統治階級運用來維持現狀並避免過激的社會變遷。美國的經驗學派學者則多半認為大眾傳播媒介有時可對社會變遷有所貢獻，例如：大眾傳播媒介提供社會問題的相關資訊，可作為改善社會問題的第一步。

許多批判學派的學者對於「傳播新科技」的發展付予高度關切，例如：衛星廣播（電視）、電腦、有線電視系統等對第三世界國家所可能產生的影響。批判學派的學者多半認為，這類新科技多半操控於美國或其他工業國家所控制的跨國公司，因此它們只會加大已開發和開發中國家之間的差距。而經驗學派的學者則認為，新科技可以解放已開發國家和第三世界民眾免於受到中央控制 (the potential of decentralized control to the public) (Rogers, 1985: 228)。

羅吉斯於文中呼籲兩派學者應捐棄己見，給予對方更大的尊重；同時，代表兩派的學術期刊亦應放棄門閥之見，廣錄不同於自己立場的學術文章。惟有如此，兩派間的對話、了解，甚至合作方有可能。

六、小　結

　　本節從理論分類的觀點，分別以文章發表年代的先後介紹了班奈特、科倫等人、羅森袞、馬奎爾及羅吉斯等幾位學者對大眾傳播理論的分類，其中班奈特及科倫等人代表批判學派學者之分類，馬奎爾及羅吉斯則代表經驗學派學者之分類，至於羅森袞則為致力於結合兩派理論的學者。就學者們所代表的地區而言，班奈特、科倫、羅森袞和馬奎爾為歐洲學者，而羅吉斯則為美國學者。他們所代表的地區及學派雖各有不同，但對理論的分類則英雄所見略同。本書作者特別在第一章中不嫌辭費地將之介紹，無非希望讀者能藉此對於大眾傳播理論有一宏觀的、系統性的了解。

第三節　本書結構

　　本書共分兩大部分。第一部分按年代先後介紹歐美各種大眾傳播理論，舉凡各理論之源起、理論內涵、理論中重要概念之介紹及對各理論之批判與反省等，均予著墨。本書第二部分則收錄作者歷年來在大眾傳播領域所做之研究及學術論文，計有「閱聽人研究」、「電視與兒童研究」、「傳播者研究」、「知溝研究」及「大眾傳播與社會變遷研究」各一則，以實例輝映理論之探討，並藉此為讀者提供一個較完整的大眾傳播理論面貌。

第二章

理論與理論建構

第一節　理論的定義及結構

近年來，學術界一個爭論未定的問題是，社會學、政治學、社會心理學、經濟學、大眾傳播學等類屬社會科學的學科，基本上是研究人類行為的科學，究竟是否能以探究自然科學的方法來探究之？社會科學家裡的經驗學派 (empiricism) 和實證學派 (positivism) 認為，人類行為可以像自然科學一樣用系統性的方法來研究；而另一些學者，例如某些人類學家、現象學學者、象徵互動論者，則認為人類行為無法以自然科學的方法獲知，因此提出社會科學的質的研究方法。

本章即針對以上社會科學裡量與質的研究在理論建構上的內涵提出介紹及討論。

何謂社會科學的理論？林南 (Nan Lin) 指出，理論是一組相互關聯的命題 (propositions)，其中某些命題可以被驗證 (Lin, 1976: 17)。透納 (J. Turner) 則定義理論為一種心靈的活動，是一個發展出觀念的過程，以便使得科學家能夠解釋為什麼事件會如此發生（Turner, 1974，此處轉引自馬康莊譯文，1985: 3）。

理論有別於定律。定律是放諸四海而皆準的，理論則不一定；許多理論只適用於某種狀況，另一種狀況即不適用。

理論由幾個基本要素構成：一、概念 (concepts)；二、變項 (variables)；三、陳述 (statements)；四、形構 (formats) (Turner, 1974; Babbie, 1983[3])。下文分別說明之。

第二節 理論建構的主要名詞界定

在進一步探討社會科學中兩種最基本的理論建構模式，演繹式理論的建構和歸納式理論的建構以前，有一些重要的名詞界定必須先予釐清。

一、真實 (reality)

數千年以來，哲學家們對於「何謂真實？」這個問題一直爭論不休，迄今仍無定論。

哲學家們爭論的核心是：世界上到底有沒有任何事物是獨立於人類的經驗而存在的？你手中捧握正在閱讀的一本書是「真實的」(real)，還是它只不過是你心靈的一個產物？你的心靈告訴你，你的手正感覺到書的存在，但你的心靈不也一再欺騙過你嗎？

不論是專家（哲學家、科學家）或門外漢都無法確切地告訴我們到底這個問題的答案是什麼，因此截至目前為止，許多人都假定有所謂獨立於人類經驗世界的「真實」存在。

二、客觀與主觀 (objectivity and subjectivity)

探討「真實」問題的另一種方法是從客觀和主觀著手。在日常生活中，我們發現有些事物是和我們的態度、意見與觀點有關的，例如：當我們在比較貝多芬 (Ludwig van Beethoven) 和莫札特 (Wolfgang Amadeus Mozart) 誰是較傑出的作曲家時，這就牽涉到「主觀」的判斷。但是，我們通常會認為在你手中捧握的那本書是一種「客觀」的存在，它是獨立於你對書本的經驗之外的。但是，極端矛盾的是，當我們把客觀定義為「獨立於心靈之外的」時，對於某事物的是否「客觀」存在，我們卻必須透過心靈來感知。

這使得問題變得極端棘手。科學家們如何解決這種兩難的困局呢？接下來要談的概念可能對我們有一些幫助。

三、相互主觀 (intersubjectivity)

科學家們為了解決上述兩難的困局，因此以「相互主觀」這個概念取代了客觀。如果我們當中的許多人都同意你手中捧握的那本書是存在的，那麼我們就假設它是客觀存在的。因此，在實證的量化研究中，當兩個不同的研究者在研究同一個問題而獲致同一結果時，我們即稱之為相互主觀。我們通常也認為這樣的研究結果是客觀的。因此，當不同的觀察者各本其互不相同的主觀觀點來觀察某事物，並認定其為「真實」時，我們即認為此事物為「客觀真實的」(objectively true)。

四、觀　　察

人類如何去「經驗」某事物是否真實地存在，主要須仰賴人類的感官來幫助他蒐集資料，在社會科學的領域裡，這些感官通常侷限於視覺、聽覺和觸覺。因此社會科學裡所謂的觀察，就是指人類運用其視覺、聽覺和觸覺等感官來蒐集資料的過程。

五、事　　實

社會科學裡所指陳的事實，是指那些可以透過感官來觀察的現象，例如：人類登陸月球是一個事實； 1960 年甘迺迪 (John F. Kennedy) 擊敗尼克森 (Richard M. Nixon) 當選美國總統也是一個事實。

六、定　　律

科普蘭 (A. Kaplan) 給定律下的定義是：「對於事實的一般性結論。」(Babbie, 1983: 37) 例如：萬有引力定律。

定律必須真的是放諸四海而皆準的，不可是偶而碰巧遇上的，例如：某人研究 1920 年到 1960 年的美國總統大選，結果發現所有總統當選人的名字都比對手要長，當然這不能稱為定律。定律不是科學家們創造出來的，因此我們不說愛因斯坦 (Albert Einstein) 發明了相對論，而說愛因斯坦發現了相對

論。同時，定律不能用來解釋任何現象，它只是綜合了事物存在的本質而已。

　　解釋現象是理論的功能，因此我們常說某人創造某種理論，用以解釋某種現象。以下就來談理論建構的要素：概念、變項、陳述和形構。

七、概　念

　　透納稱概念是「理論的基本建材」(Turner, 1974: 3)。理論是由概念建構成的，而概念通常是人類將現象界中的事物抽象化後予以命名的結果，例如：自然界中的原子、質子、中子等都是概念。在社會科學的領域中，團體、權力、規範、互動、角色、地位、社會化等都是建構社會科學理論的重要概念。

　　不同的理論會使用不同的概念，因此也提供了對現象不同的解釋，例如：結構功能論者和衝突論者使用不同的概念來建構其理論，對社會現象自然提供了不同的解釋。

八、變　項

　　變項是概念的一種重要類型，又可依其性質而分為獨立變項、中介變項、依變項、名類變項、連續變項等。

九、陳　述

　　概念之間的關聯，形成了理論陳述，例如：愛因斯坦有名的公式 $E = mc^2$ 解釋了能量、光和物質這幾個概念之間的關係。

　　理論陳述可能是真實的，也可能不是真實的，然而科學家透過操作性定義 (operational definition) 就可以替每一個抽象概念在經驗世界中找到一個指標而加以驗證。假如證實了，則理論陳述被接受的可能性就提高了。

十、形　構

　　理論陳述可以不同的形構來表達。在社會科學中有數種主要的形構可以用來組織理論陳述：公設的形構 (axiomatic)、因果過程的形構 (causal process) 與類型學或分類的形構 (typological or classificatory)。透納指出，所

有的形構都必須符合以下條件：

　　1. 它們必須以抽象的概念來建構。

　　2. 因果關係的陳述。

　　3. 必須使人對所陳述者有全面之了解。

十一、典　範

　　巴比 (E. Babbie) 將典範 (paradigm) 定義為「組織吾人對事物觀點的一種基本模式或設計」(Babbie, 1983[3]: 38)。雖然典範不一定能提供答案，但它提供了一個尋找問題的方向。

　　孔恩 (T. Kuhn) 在討論典範的重要性時曾指出：「……科學社群透過典範所從事的諸多事項之一就是經由典範的指引來選擇研究的問題，由於典範被視為理所當然，因此也被假設為循典範去做即能獲得解決問題的方法。在絕大多數情況底下，這些問題也是惟一被科學社群視為科學的問題，進而鼓勵它的成員去探討。除此以外的問題，包括以前被視為標準的問題，會以諸多理由被拒於門外，例如：被指為玄學、其他學門的領域或不值耗費時間探索的問題。」(Kuhn, 1970: 37)

　　由於理論建構不是一件簡單的事，以下略述其步驟：

　　一、必須確定研究的題目。

　　二、明確認清理論所要解釋的現象的範圍，例如：這個理論是與人類的社會生活有關的，還是只限於中國人的社會生活。

　　三、要確定理論中的重要概念和變項。

　　四、蒐集所有與理論中所要處理的概念和變項間關係有關的現有知識。

　　五、根據現有的知識，對你所要處理的問題，就變項間的可能關係作邏輯性的推論。

 **第三節　演繹式理論的建構**

演繹是由一般性原則導至某一特例的邏輯思維方式，例如：一個常被使用的例子是「人皆有死；蘇格拉底 (Socrates) 是人；所以蘇格拉底會死」。為了證明這個命題是真，你必須觀察蘇格拉底的死活。

歸納與演繹正好相反。譬如說，你觀察到蘇格拉底死了，康德 (Immanuel Kant) 死了，黑格爾 (G. W. F. Hegel) 死了，馬克思 (Karl H. Marx) 死了，還有許許多多的人到頭來都死了，因此你得到了「人皆有死」的一般性結論。

演繹和歸納是理論建構的兩個最基本的模式。在演繹的過程中，我們先推理後觀察；而在歸納的過程中，我們先觀察後推理。

以下介紹一個有關演繹式理論建構的例子：「政治暴力行為的研究」(Babbie, 1983[3]: 41–42)。

在美國 1950 年代的民權運動中，可稱相當平和，即使有暴力行為，多半也是白人對黑人施加暴力，當時的黑人一般而言是非暴力的。但是這種情形到了 1965 年有了很大的轉變。1965 年 8 月 11 日，位於洛杉磯近郊的瓦茲 (Watts) 有 31 個人死亡，1 週內也由於暴動而導致近 2 億美元的財物損失。

雖然瓦茲暴動起始於一個黑人居民和白人警察之間的意外事件，但接下來的暴亂卻與此事件並無直接關聯。究竟是哪些人參與了這些暴動事件呢？許多人都在問這個問題。當時，就有一位社會學家蘭斯福 (H. E. Ransford) 致力於研究這個問題，並提出可能的解答 (Ransford, 1968)。

蘭斯福首先在文獻中發現了解釋極端政治行為的理論。許多學者將「孤立」和「無權力感」視為與政治暴力有關的兩個變項。蘭斯福在研究瓦茲暴動時，認為孤立和無權力感是兩個解釋人們為什麼要參與暴動事件的合理變項。那些被社會主流所孤立的黑人自覺沒有溝通的機會；同時，心理上的無權力感，更促使他們採取暴力手段來達到自己的目的。因此，蘭斯福假設那

些被主流孤立的黑人會比已被主流整合的黑人更易參與暴動；同時，那些心理上具有無權力感的黑人也會比那些覺得已有其他改善現狀方法的黑人更易採取暴力的行動。因此，他假設孤立和無權力感是導致政治暴力的兩個重要變項。

但是，目前為止，這些都是假設，是否能成立，有待實證資料的佐證。

蘭斯福選了瓦茲的黑人居民作為他訪問的對象。為了確定他的受訪者是否為孤立的，蘭斯福要訪員們詢問受訪者在工作中、在鄰居間、在組織中和各種情況下和白人的交往情形。

至於無權力感則以其他方法來測量，例如：受訪者被詢問對以下陳述表示贊同或反對：「世界掌握在有權有勢的人手中，小人物是毫無辦法的。」

這樣的操作方式使得蘭斯福能將他的受訪者劃分為高孤立群、低孤立群、高無權力感群和低無權力感群。

至於這些分群和暴動之間的關係又是如何呢？

直接問受訪者是否參與瓦茲暴動是不可行的，因為受訪者多半害怕遭受法律制裁。因此，蘭斯福以兩個問題來問受訪者：㈠「為了爭取黑人民權，您願意使用暴力嗎？」約有四分之一的受訪者回答他們願意；㈡「是否真的使用過暴力以爭取黑人民權？」則只有 5% 的受訪者的答案是肯定的。

如果蘭斯福的理論是正確的，那麼高孤立群和高無權力感群的受訪者應該更會回答他們願意以暴力來爭取黑人民權，並且也真的使用過暴力。

蘭斯福的實證資料的確支持了他的理論性假設。在高孤立群中，有 44% 表示他們願意使用暴力，而在低孤立群中只有 17% 表示願意使用暴力。在高無權力感群中，有 41% 表示他們願意使用暴力，而在低無權力感群中只有 16% 表示願意這樣做。

因此，蘭斯福的研究結論既有邏輯上的支持（理論的支持），也有了實證資料的支持。由此例中我們可以很清楚地看到，在科學中有兩個極為重要的因素：無懈可擊的邏輯和經驗資料的證實。兩者對於科學性的探索和發現都極為重要；兩者相輔相成，缺一不可。

第四節 歸納式理論的建構

第三節說過，歸納的過程是先觀察後推論，也就是觀察許多特例後，再經由邏輯推論得出一般性原則。在社會科學的領域裡，有許多社會科學家在建構其理論時，即會先觀察人類社會生活的種種面向，再歸納出一般性原則。

巴比認為實地研究法 (field research) 是從事歸納式理論建構的理想方法 (Babbie, 1983[3]: 43)。

以下介紹一個有關歸納式理論建構的例子：「為什麼有些人愛抽大麻？」(Babbie, 1983[3]: 43–45)

在 1960 年代和 1970 年代，美國大學校園裡大麻煙的盛行一直是報章雜誌熱烈討論的對象。有些人憂心忡忡，有些人則樂見其蔓延。問題是：為什麼有些人愛抽大麻？有些人卻不抽大麻？夏威夷大學的一份研究報告提供了可能的解答（Takeuchi, 1974，轉引自 Babbie, 1983[3]: 44–45）。

在這份研究報告進行的當時，對於吸食大麻煙的成因有許多的理論，例如：有人認為吸食大麻的大學生通常是功課很差的學生，因無法承受學校課業的壓力，所以藉吸食來逃避；另一些對大麻有好感的人則認為，吸食大麻煙多半是唾棄中產階級虛偽價值觀的一種反叛行為。

竹內 (David Takeuchi) 在 1974 年對夏威夷大學學生所做的研究卻未能證實以上任何一種假設。那些吸食大麻的學生的功課和不吸食者一樣好，而且也大半積極參與學校各項社團活動，亦頗能認同當時一般大學生的價值觀。倒是他發現了吸食者具有以下特徵：

一、女學生較少吸食大麻。

二、東方學生較非東方學生少吸食大麻。

三、住在家裡的學生比在外租屋居住的學生少吸食大麻。

大約只有 10% 的住在家裡的女學生吸食大麻，而有 80% 在外租屋的男學生吸食大麻。研究者在做結論時並未探討什麼原因導致大學生吸食大麻；反之，他將探討的重點置於「為什麼有些人不吸食大麻」。研究者假設年輕的大學生基本上都是好奇的，其實都很想嘗試新奇的事物，之所以有些人不嘗試吸食大麻，主要因為他們遭受到更多的「社會干預」。就美國社會而言，男性在從事社會所認定的偏差行為時所遭受到的干預較女性為少，例如：當一大群男學生喝得爛醉如泥而大聲喧鬧時，他們遭受的干預與譴責一定比女學生少，這是為什麼女性較少吸食大麻的可能原因。

　　其次，居住在家裡的學生所遭受到的干預顯然比獨自在外租屋居住者多。最後，東方文化講究守法，較不認同於社會中的次文化，這也是為什麼較少東方學生嘗試大麻的原因。

第五節　社會科學質的研究的探討

　　質的研究取向在社會科學的領域裡其實已經有相當悠久的歷史，例如：懷特 (W. F. Whyte, 1943)、甘斯 (H. J. Gans, 1962)、達爾通 (M. Dalton, 1959)、羅伊 (D. Roy, 1960) 和拉普滕 (T. Lupton, 1963) 等社會科學研究者，即曾以參與觀察等方法對不同的主題做過研究。論者一般將這種研究取向歸功於上世紀初人類學家馬林諾夫斯基 (Bronislaw Malinowski) 的大力提倡，他呼籲人類學家應「走下臺階和土著們一起生活」(Bryman, 1988: 45)。尤其到了 1960 年代以後，對量化研究極限的體驗、孔恩等人著作的影響和 1960 年代以後現象學思想的散布，都導致了社會科學家們對質化研究的高度關切。

　　社會科學質的研究法除了參與觀察法外，還有無結構訪談、生命史方法（the life history method，這種方法是根據日記、自傳等資料來重建某人或某些人的生命史）和群體討論法（嚴格說起來，這也是一種無結構訪談，只不過訪談的對象是一群人罷了）。

一、質的研究法的學術承傳

一般認為質的研究法有五大學術承傳：現象學 (phenomenology)、象徵互動理論 (symbolic interactionism)、韋伯 (Max Weber) 的了解 (verstehen)、自然主義 (naturalism) 和民族性格源生學 (ethogenic)，以下分別介紹之。

㈠現象學

胡塞爾 (Edmund Husserl) 通常被認為是現象學之父，他於 20 世紀初致力於研究人類是如何了解世界的。胡塞爾認為，人類在了解事物時通常會受制於事物的「外形」和「內容」而不加以質疑（他稱之為「自然態度」，the natural attitude），因此胡塞爾建議人們應將此自然態度去除後，才能以最純淨、未受污染的主觀經驗來認識世界。胡塞爾稱這種去除自然態度的過程為「現象的化約」(phenomenological reduction)。

德國學者休茲 (Alfred Schütz) 對胡塞爾現象學的闡述，引發了社會學者對現象學的注意。休茲的論述事實上是結合了胡塞爾的現象學和韋伯的了解 (verstehen) 概念。他的論述有兩個重點：

1. 社會科學所研究的主題——人和他們所處的社會真實，與自然科學所探究的主題有極大的差異。

2. 對社會真實的了解必須建基於人對那個社會真實的經驗上才有意義。

休茲認為社會科學家在研究人類的社會行為時，通常是不自知地將之「知識化」(intellectualizing) 了；這樣一來，所得之社會真實可能就與真正的社會真實之間有了差距 (Bryman, 1988: 52)。因此，休茲強調社會學者在研究社會行動時，一定要植基於行動者自己對他的行動的解釋上；而現象學者的任務就是要抓住人類如何詮釋世界的過程。

㈡象徵互動理論

象徵互動理論源起於美國，視社會生活為：個人詮釋他所處的環境，並依此詮釋而為社會行動。可見該理論有兩大核心概念：對情境的詮釋 (the definition of the situation) 和社會自我 (the social self) (Bryman, 1988: 54)。

美國最有名的象徵互動理論學者米德 (G. H. Mead) 曾區分「他我」(me) 和「自我」(I) (Mead, 1934)。「他我」指的是透過別人的觀點來看自己，也就是庫里 (Charles H. Cooley) 所謂的「鏡中之我」(looking-glass self) (Cooley, 1902)；而「自我」指的是不受任何束縛的自己。

布魯默 (H. Blumer) 指出象徵互動理論有三大前提 (Blumer, 1969: 2)：

1. 人類對事物的行動取決於該事物對他的意義。

2. 事物的意義來自於人類及其同儕間的互動。

3. 事物的意義也取決於人類在面對這類事物時的詮釋過程。

㈢韋伯的「了解」

韋伯將「了解」區分為兩種不同的類型 (Weber, 1947: 94–95)：

1. 個人對某一行動主觀、直接觀察所得之了解。

2. 「解釋性」或「動機性」的了解指的是，個人在行動過程中對行動原因的了解。

例如：當我們看到某種面部表情時，我們了解某人是在生氣了，這屬於第一類的了解；而當我們進一步探究某人生氣的理由時，我們即是在進行第二類型的了解。

韋伯對了解的探討，主要在於強調人類對社會的探究須要有別於對自然科學的探究。

㈣自然主義

自然主義學者馬札 (D. Matza) 指出，自然主義的社會科學研究者以最自然的態度面對他們所研究的現象。因此，人們參與他們認為對他們有意義的活動，也因而創造了他們自己的「社會真實」(Matza, 1969: 8)。

自然主義的社會學者具有兩種特性：1. 不採取任何不自然的、足以扭曲社會真實圖像的研究方法；2. 就社會行動者個人的觀點來了解社會真實。

㈤民族性格源生學

民族性格源生學的主要代表人物是社會心理學家哈雷 (R. Harré)，他反對使用實驗法來研究人類行為。他認為實證科學不足以描繪科學活動的全貌；尤有甚者，實證科學裡所建構的諸多假設反而束縛了研究者的觀察視角 (Harré, 1974, 1979, 1986)。

民族性格源生學的方法主要是研究社會生活的主要情節 (episodes)，而所謂的情節指的是個人行動的聯結。民族性格源生學者的主要任務在於透過研究行動者賦予行動的意義來發掘這些情節的深層結構。質言之，研究者必須建構起一套信仰系統的假設來說明行動者為何在某一重要社會情節中做出某種行動來。

二、質的研究與理論建構

透過以上的討論，我們大致可以了解為何質的研究者通常在研究以前不願先形成任何理論或概念來拘束他們研究工作的進行 (Bryman, 1988: 68)。布魯默即曾為文大力批評實證研究中將概念事先嚴格定義，並給予標準化操作性定義的缺失 (Blumer, 1954)。為了彌補這樣的缺失，布魯默建議以「有感概念」 (sensitizing concepts) 來取代量化研究中的概念，例如：布區爾 (R. Bucher) 研究美國醫學院裡的權力時，不對權力做事先的文義性及操作性定義；他經由參與觀察，從學校內、學校與外界的互動中去發掘權力的諸多面向 (Bucher, 1970: 26)。

第三章

媒介大效果理論——
宣傳

第一節　源　起

　　當拉斯威爾 (H. D. Lasswell) 的博士論文 《世界大戰中的宣傳技術》(*Propaganda Technique in the World War*, 1927) 以書的形式出版時 ，杜勒斯 (F. R. Dulles) 認為它應該「馬上被銷毀」(Dulles, 1928: 105–107)。這個反應很足以代表第一次世界大戰以後一般人對「宣傳」(propaganda) 所持的心態──認為宣傳的威力銳不可當，敬畏中多少帶點負面的評價。

　　介於兩次世界大戰中，許多有關宣傳的書問世了，它們的內容有許多都牽涉到傳播的效果問題。雖然現在看來，當時的許多說法相當幼稚，但不可否認地 ，大眾傳播理論中有兩個相當重要的根源是植基於宣傳研究的 (Severin and Tankard, 1988: 103)：

　　㈠有關態度變遷 (attitude change) 的研究，例如：宣傳研究對「什麼是改變人們態度最有效的方法？」提出了一些初步的解答。

　　㈡有關大眾傳播效果的問題，例如：大眾傳播對個人和社會能產生什麼樣的效果？這些效果是如何產生的？

　　因此，我們可以說第一次世界大戰以後有關宣傳的研究，引出了有關大眾傳播效果的一些早期的基本理論。一般稱這一時期的理論為「子彈理論」(bullet theory) (Schramm, 1971: 3–53)、「皮下注射針理論」(hypodermic-needle theory) (Berlo, 1960) 或 「刺激反應理論」 (stimulus-response theory) (DeFleur and Ball-Rokeach, 1982: 161)。不論所用的是什麼名稱，指的卻都是相同的內涵：人們極容易受到大眾傳播媒介的影響；也就是說，只要大眾傳播內容能射中目標，通常就能達到預期目的，而且效果相當直接、強勁。

第二節 宣傳的歷史背景

宣傳這個字源自於 Congregatio de propaganda fide （英文譯為 Congregation of the propagantion of faith），是天主教在 1622 年所創的名詞 (Severin and Tankard, 1988: 104)。這時正值宗教改革 (Reformation) 的時期，而 Congregation 正是天主教反改革潮流中的一支。當時的科學界和宗教界都在爭取知識來源的主導權，其中一位主導人物就是伽俐略 (Galileo Galilei)。他透過望遠鏡的觀察，率先提出地球繞日的說法，而這種說法正好與教會的主張相反。伽俐略因為這個科學主張而在 1633 年的宗教裁判中被判有罪，教會並要他更正說法。天主教在這個例子中是在強調一個在科學上已被證明是錯誤的觀點，也許「宣傳」這個字所給人的負面印象多少與這段歷史有關。據弗來明 (L. Fleming) 的說法，羅馬教廷曾於 1980 年大做翻案文章，重新檢討伽俐略當時的作法是否真的應被宣判為異教徒；此舉的目的自然是想重建教會在文化和科學上的主導地位 (Fleming, 1980)。

有關作戰時的宣傳手法，最早可追溯至中國的《孫子兵法》。但近代的研究則始自第一次世界大戰以後；人們在 1913 年版的 《大英百科全書》(*Encyclopedia Britannica*) 上還找不到 propaganda 這一名詞即為明證 (Read, 1941)。那麼，宣傳的定義是什麼？它究竟有什麼目的呢？

第三節 宣傳的定義

拉斯威爾在其經典名著《世界大戰中的宣傳技術》中，曾對宣傳做過如下的定義：「使用重要的符號來控制意見；換言之，就是使用故事、謠言、報導、圖片和其他形式的社會傳播來控制意見。」(Lasswell, 1927: 9) 數年後，

拉斯威爾又提出一個略為不同的定義：「廣義地說，宣傳就是透過對象徵符號的操控以達影響人類行動的目的。而這些象徵的符號可以言語的、書寫的、圖畫的或音樂的形式出現。」(Lasswell, 1934: 521–522)

根據上述兩個定義，似乎「廣告」和任何形式的「勸服」(persuasion) 都可以被包括在宣傳的範圍裡。拉斯威爾自己就曾經說過：「廣告和宣傳 (publicity) 都可以算是 propaganda。」(Lasswell, 1934: 522)

拉斯威爾認為宣傳有以下目的：

一、動員對敵人的仇恨。

二、保持盟友對我們的友誼。

三、保持中立者對我們的友誼；如果可能，更要爭取他們和我們合作。

四、敗壞敵人的士氣。

很顯然地，拉斯威爾在這裡強調的是戰時的宣傳，而非和平時期廣告和勸服的功能。

作戰宣傳中極有用的一種技倆就是散布敵軍的暴行故事，例如：第一次大戰期間，盟軍廣為運用的一個宣傳技倆就是宣稱德軍把比利時小孩的手砍斷，這個故事有效地引發一般人對德軍的憤恨，因而產生同仇敵愾的心理。

第四節　宣傳的 7 種技術

美國著名的社會心理學家堪垂爾 (H. Cantril) 曾在一本書的前言中說明美國「宣傳分析機構」(the Institute for Propaganda Analysis) 成立的經過：1930 年代某日，他曾在波士頓一家電臺上大談宣傳。結果，第二天他就接到 20 世紀基金會創辦人費蘭尼 (Edward A. Filene) 的電話。費蘭尼想教人們如何去思考 (how to think)，邀請堪垂爾與他共度一個晚上來談談這個主題。後來，他們討論的結果發現，與其教人如何去思考，不如教人如何不去思考 (how not to think)。因此，他們就在 1937 年創立了「宣傳分析機構」，堪垂爾也成

了此機構的第一任主席。該機構十分關懷的一個問題就是納粹在德國的崛起，以及納粹的宣傳在美國可能產生什麼樣的影響力。他們也十分關切，是否會有一個希特勒型的人物在美國崛起 (Cantril, 1965)。

　　該機構出版過的最有名的一本書可能是李氏夫婦 (A. M. Lee and E. B. Lee) 合著的 《宣傳的藝術》 (*The Fine Art of Propaganda: A Study of Father Coughlin's Speeches*, 1939)。書中列舉了宣傳最常使用的 7 種技術：

一、咒罵法，或稱鬥倒鬥臭法 (name calling)

　　給一個觀念或人冠上一個惡名，則一般人會不經仔細驗證就相信那個觀念或那個人是壞的。這種方法經常出現於政治鬥爭中用來鬥倒鬥臭對手，例如：某某是共產黨的同路人、一小撮陰謀分子等。

二、粉飾法 (glittering generality)

　　給宣傳、運動掛上一個冠冕堂皇的名字，則一般人很容易認為它是好的而接受它，例如：環保署的「藍波行動」。

三、轉移法 (transfer)

　　利用人類會「聯想」的心理，將權威、賞罰或物件用另一種較易為人接受的人、事、物來取代，例如：香水廣告中的美女或明星讓消費者以為自己使用了這種香水後就會變成廣告中的美女或明星。

四、證言法 (testimonial)

　　要可愛的、可信的人說一些要人相信的話；要討厭的、可恨的人說一些要人不相信的話，例如：影星孫越做公益廣告、馮鵬年做熱水器廣告等，都是運用了證言法的技巧。

五、平民法 (plain folks)

　　這種方法以前常用在政治宣傳，近年用在廣告者日多，例如：歌星蔡琴

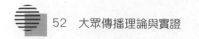
拍洗衣粉廣告就是融合了平民法和證言法兩種技巧。

六、堆牌法 (card stacking)

依宣傳者的目的，蓄意地選擇有利或不利的資訊做單方面的強調，例如：巴游首領阿拉法特的兄弟曾經給美聯社的記者看兩個被以色列人殺害的小孩的屍體，強調以色列人的殘忍。

七、樂隊車法 (band wagon)

針對一般人的「從眾」心理做訴求，每個人都這樣做，因此你也該這麼做，例如：大家都喝可口可樂，因此你也該喝；如果你不喝，那你就落伍了。

第五節　宣傳的效果

「宣傳分析機構」似乎只對宣傳有哪些技術感到興趣，至於這些技術是否有效，則並未加以探究；倒是以後的一些研究，例如耶魯學派的「傳播與勸服」研究或團體壓力的研究，則或多或少證實了宣傳技巧的效果：

一、耶魯研究中有關單面說詞或雙面說詞何者較有效的研究中，單面說詞就類似宣傳研究中的堆牌法。研究發現，單面說詞對那些本來就贊同你的人及教育程度較低的人較有效；而雙面說詞對那些本來反對你的人及教育程度較高的人較有效。

二、耶魯研究中有關傳播來源可信度的研究即類似宣傳研究中的證言法。研究發現，可信度愈高的傳播來源所說的話，其勸服能力愈強。

三、社會心理學中有關團體壓力的研究，可支持樂隊車法的效果。團體壓力以及要求一致的作法，使得團體中的成員不得不附從。

 **第六節 納粹宣傳的效果**

　　納粹在德國的崛起，是宣傳研究在一次大戰以後在美國如此受到重視的主要原因。但是，不可否認地，美國的情形跟德國比起來還是有許多基本上的不同，例如：納粹統治時期的傳播媒體是全面受到控制的，根本不允許不同的聲音出現；然而，最大的不同在於納粹德國的宣傳有恐怖 (terror) 和武力 (force) 做後盾。納粹的宣傳部長戈柏斯 (Joseph Goebbels) 曾說過這樣的話：「如果一個宣傳要有效，它後面永遠必須有一把尖銳的劍支撐著。」(Bramsted, 1965: 450)

　　但是，1940 年代以後在美國進行的一連串實證研究並未能證實宣傳（大眾傳播）的效果真如子彈一般無堅不摧及無遠弗屆。主要因為美國是一個多元價值得以同時並存的社會；而且，在美國社會你頂多只能「勸服」，而不能「洗腦」。

第四章

恐慌研究──火星人
會再度攻佔地球嗎？

第一節 火星人入侵記

　　1938 年 10 月 30 日晚上 8 點到 9 點，當時正值萬聖節，美國的哥倫比亞廣播網 （Columbia Broadcasting System，簡稱 CBS） 在其 "Mercury Theatre on the Air" 節目中播出由柯屈 (Howard Koch) 所寫的劇本《世界之戰》(*War of the Worlds*) 所改編的《火星人入侵記》(*The Invasion from Mars*)，該劇由奧森·威爾斯 (Orson Welles) 導演。成千上萬的美國人在聽了這個節目以後，都驚慌失措得不得了。據估計，約 600 萬的聽眾中，至少有 100 萬人感到恐懼不安 (Lowery and DeFleur, 1983)。在整個節目進行的 1 小時中，CBS 曾在播出的開始、中場休息前（廣告時間）、中場休息後（廣告結束）及廣播劇結束時 4 次告訴聽眾說，這只是虛構的，但是為什麼還有這麼多人信以為真？這件罕見的事提供社會科學家一個研究「群眾行為」的好機會。

第二節 火星人入侵時的社會背景

　　當時，美國收音機的擁有率相當高，全美 3,200 萬個家庭中，有 2,700 萬個家庭擁有收音機，擁有率高過電話、汽車、報紙、雜誌等。收音機快速報導最新消息的特性，使得民眾特別信賴它。例如：當時的英國首相張伯倫 (Arthur N. Chamberlain) 曾利用收音機解釋慕尼黑會談的讓步；美國的羅斯福 (Franklin D. Roosevelt) 總統則藉收音機與民眾圍爐閒話。再加上希特勒 (Adolf Hitler) 的血腥主義、慕尼黑的讓步危機、1930 年代美國的經濟恐慌等，對美國人而言可說是餘悸猶存。國內外動盪的局勢，加上收音機快速傳達訊息的特性，使得美國人常守機旁。

第三節　**堪垂爾的研究**

事情發生以後，普林斯頓廣播研究中心 (Princeton University's Broadcast Center) 迅即展開調查，研究結果由堪垂爾 (Hadley Cantril) 完成，並於 1940 年出版《火星人進攻記》(*The Invasion from Mars: A Study in the Psychology of Panic*) (Cantril et al., 1940; Cantril, 1958)。

該研究的研究目的有：

一、恐慌的程度到底有多大？(有多少人驚惶失措)

二、何以這個廣播劇令人恐慌，而別的科幻節目則否？

三、為何有些人會恐慌？而另一些人則不會恐慌？

當時的研究方法有：

一、個別訪問法

廣播結束 1 週後，針對紐澤西州附近的 135 人做個別的訪談，結果發現在 135 人中，有 107 人受驚嚇，而有 28 人未受驚嚇。

二、調查法

針對全國性樣本 920 人做調查；當時，美國民意測驗學會 (American Institute of Public Opinion) 也在廣播播出的 6 週後做了調查。

三、對報紙的報導量及郵件量加以統計

當時使用的研究方法，優點是採多重研究法 (multi-approach methods)，從不同的角度切入探討問題癥結所在。缺點是研究開始的時間太遲了，可能受訪者已經未能清楚記憶事發當時的真實狀況；而且個別訪問的樣本太小 (S = 135 人)，恐不具代表性。

第四節　堪垂爾的研究發現

針對前述的研究問題，計有如下的發現：

一、驚慌的程度有多大？

美國民意測驗學會估計有 900 萬成人收聽該節目，胡白公司 (C. E. Hooper, Inc.) 則估計有 400 萬人，堪垂爾折衷以上兩數字，認為有 600 萬人收聽了該節目，其中有 28% 的人（約 170 萬人）認為是新聞報導，而他們中又有 70% 的人（120 萬人）受到驚嚇 (Lowery and DeFleur, 1983)。

二、為何其他廣播不會造成驚慌，惟有此廣播特別具有威力？

研究發現：

㈠廣播劇描寫逼真，情節細膩，音效極佳。

㈡收音機在當時民眾的心目中可信度極高。

㈢廣播劇當中運用了「專家」的呼籲：天文學家、教授、國務卿、內政部長和紅十字會副主席等。人們在束手無策時，特別容易仰賴專家。

㈣劇中的城鎮、街道等，均是聽眾熟悉的地點，增加了逼真的臨場感。

㈤遲開收音機或轉臺太遲，也是重要因素。

㈥人們對戰爭及經濟大恐慌餘悸猶存，也是重要的因素。

三、何以人們的反應不同？

堪垂爾將當時的聽眾分為：

㈠從廣播本身求證的人，大部分認為該劇與一般虛構故事一樣，不會受到驚嚇。

㈡向其他新聞來源求證的人，例如：有人查證報紙。

㈢先求證，但事後卻又信以為真。這一類人的求證方法多半是：打開窗

子看看，與鄰居共謀對策。這類型的求證方法，有時更加深了求證者原先的恐懼。

㈣根本不求證的人。這一類人嚇得來不及求證，以為世界末日已到，也有人認為是德軍來襲。

研究結果顯示，求證成功的人能保持冷靜，求證失敗的人則陷入驚恐。主要原因在於個人的人格差異，有人易受煽動 (susceptibility)，有人較具批判性 (critical)，兩者的分界點在教育程度。另外，不同宗教信仰也是造成人們反應迥異的原因，例如：有宗教信仰的人在預有的參考架構上，認為世界末日是遲早會發生的事，便毫不思索地信以為真。其餘如情緒不安、恐懼症、缺乏自信及宿命論者亦易受煽動。此外，如求證親友之可信度及情境因素，亦會影響求證結果。

第五節　易受煽惑的情況

堪垂爾更進一步以「判斷標準」概念來說明聽眾可能受煽惑暗示的情況：

一、心中存在一種既有的判斷標準或參考架構，用以衡量衝擊而來的刺激，例如：有宗教信仰的人在預有的參考架構上，認為世界末日是遲早會發生的事，便毫不思索地信以為真。

二、判斷標準不夠標準，可能的原因是：

㈠查得的資料不可靠，例如：以開窗望窗外或詢問親友來查證。

㈡將正確資料扭曲為不正確資料，例如：有些人電詢別家電臺，別家電臺要他們冷靜，他們卻以為是善意的欺騙。

㈢無法判斷資料。

三、舊有的判斷標準太少，不足以應付新發生的狀況。

第六節　堪垂爾研究的意義

　　即使堪垂爾的研究在研究方法上仍有可議之處，但它對於往後的媒介及社會研究仍具有如下的積極意義：

　　一、它是第一個針對大眾媒介所引起的恐慌行為所做的研究，而且迄今仍是惟一的研究。可惜堪垂爾只站在社會及心理的角度去分析恐慌行為，而未能站在傳播媒介的角度去探討。

　　二、堪垂爾發現不同性格的人有不同的反應，這與往後發展出的「選擇性認知、理解、記憶」等理論，已有雷同之處，也與狄佛勒等人 (M. L. DeFleur and S. Ball-Rokeach, 1975: 199–217) 點出的影響傳播效果的三個「緩衝體」中的「個人差異說」若合符節。

　　三、堪垂爾發現不同社會類群 (social categories) 的人，反應亦異，例如：教育程度、宗教信仰不同的人，其判斷能力及參考架構便有差異，進而影響其接受內容的情況，這又與狄佛勒等人所提出的「社會範疇說」不謀而合。

　　四、堪垂爾發現社會關係也是重要的決定因素，例如：親友、鄰居的看法會影響他們的判斷，這又吻合狄佛勒等人所提出的「社會關係說」。

　　綜合上述說法，堪垂爾雖未直接指陳媒介效果受到以上因素的影響，但其實已隱約勾勒出「媒介效果有限論」的架構來。事實上，《世界之戰》這齣廣播劇已經使得數以百萬計的美國人應聲倒地，其威力之大，已證實了媒介大效果說；然而，同樣也有數以百萬計的美國人不受影響，卻能充分地求證，這似乎又暗示了媒介效果有限的論調。

第七節　火星人會再度攻佔地球嗎？

《世界之戰》落幕以後數年，又在智利及秘魯兩地重演。一樣是火星人領銜主演，一樣是廣播劇，一樣逼真，一樣也警告過是開玩笑，也一樣沒有人注意到那些警告，因此也一樣地造成驚惶。

不一樣的是，智利民眾要求電臺關門、編劇下臺；秘魯群眾則更火燒電臺，以洩其憤。

火星人其實已經再度攻佔地球了。

火星人會不會三度攻佔地球？

上世紀分隔了兩個時代，兩種不同的媒介（廣播和電視），兩種不同的媒介可信度，再加上不同的社會和文化背景，究竟火星人會不會第三度攻佔地球，其實倒真是個值得深思的問題。

第八節　中廣童丐事件帶來的省思

中國廣播公司在 1990 年 9 月 4 日早晨的「全國聯播熱線」單元，播出一位自稱「35 歲，住臺北縣，為職業婦女」的聽眾投訴，其內容為（新聞評議會，1990: 3–5）：

　　……就在今天我同事告訴我們，他一個朋友的小孩兩個月前失蹤了。做父母的非常焦急，到處去找都找不到。後來他們去行天宮祈求神明時，就在走出大門的那一刻，看到一個小孩在旁邊乞討，那竟然是他們尋找了兩個月的兒子（啜泣）。那個小孩才 4 歲大，但是他的雙手已被剁了，舌頭也被剪斷了，根本沒有辦法說話，但是

這個孩子還認得他媽媽。

在今天的社會上，小孩所面臨的危險和威脅已經到了如此的地步，在此特別呼籲社會大眾，要照顧好自己的小孩，但是也請留心身旁傷殘的幼兒並給予他們幫助，因為他們可能就是你我所認識的朋友的小孩。希望有關單位多多地組織起來，用盡方法迅速偵查此一喪心病狂的集團，予以最嚴厲的制裁。另外對於受到迫害的那些幼童和家屬，我們應給予耐心、愛心以及實際行動幫助他們。

希望我這段話能播出來，讓所有的人都能聽到這個殘忍不幸的事件，因為它可能會發生在我們的身上。我們的社會所需要的不是那些打鬧的立法委員，我們需要的是你們研擬一些實際上的辦法出來。你們如果把我們的後代殘害了，我們還有將來嗎？中華民國的生命是靠我們每一個人的。所以我今天打這個電話，希望你們大家都能聽到這一個不幸的消息，再見！

這一段投訴電話播出後，各類媒體紛紛加以追蹤報導；臺北市政府社會局也動員了 40、50 名義工上街找尋遊童、童丐；媒體接獲的投訴電話不斷；臺北市警察局也派了 12 組人員到常有乞丐出現的夜市、寺廟查訪殘障童丐；專家學者們亦紛紛大力呼籲正視兒童福利問題，並制定遊民收容辦法等。

但在臺北市警方全力追查消息來源以後，發現這個令人悲憤髮指的投訴內容，竟是從股市傳出的第 18 手傳播，未能證明有任何的事實根據。以下就是消息來源關係圖：

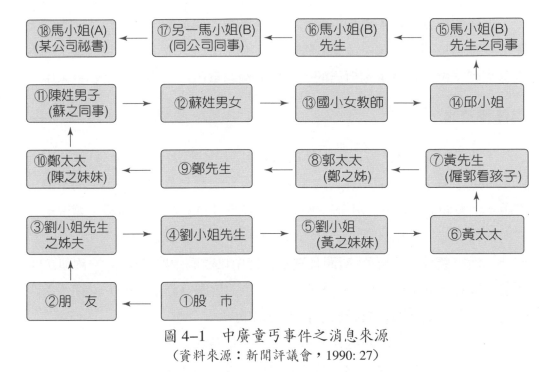

圖 4-1　中廣童丐事件之消息來源
（資料來源：新聞評議會，1990: 27）

一、事件發生當時的社會背景及造成恐慌的可能因素

以下就社會背景及傳播通道兩個角度對造成恐慌的可能因素提出討論。

㈠社會背景

在童丐事件發生之前，臺灣社會已存在下列事實：

1.根據 1988 年臺灣地區社會指標統計顯示，1980 年犯罪人口為 4 萬 4 千人，到 1988 年增為 8 萬 1 千人，幾乎成倍數增加，顯示治安惡化急速（行政院主計處，1988）。

2. 1987 年 12 月間，新竹的國小學童陸正遭綁票並被撕票的悲劇，使得社會上有幼年子女的家庭惶惶不安。

3.根據內政部警政署的調查統計，1989 年間全國各地向警方報案協尋失蹤幼童的案例高達 100 餘件。

4.童丐事件發生前的 1990 年 1 月至 8 月，發生了 50 餘起幼童失蹤案。

這樣的社會氣氛，再加上童丐事件的影響，使得事件後的隔天，就有大批家長趕到校門口接孩子放學。同年 9 月 15 日的《民眾日報》更刊載了一則消息：有一位家長為了怕自己的 4 名幼兒淪為童丐，而將他們反鎖在家中。

㈡傳播通道

1.報禁解除以後，登記的報社由原有的 31 家激增為 126 家（行政院主計處，1988）。在強大的競爭壓力之下，報社及記者往往為求贏得競爭而忽略了查證，使得錯誤報導層出不窮，例如：1989 年年底臺北縣長選舉及臺南縣長選舉的報導錯誤，以及六四天安門事件時的許多小道消息等。

2.潘家慶等人發現，新聞性廣播節目中以收聽中廣者居多，約佔 72%（潘家慶等，1990: 69，表 9），與居第二位的警廣（約佔 16%）之間的差距頗大，足見中廣新聞在廣播族心目中的地位。

3.童丐事件在中廣熱線播出以後，雖然主持人一再強調此事仍待查證，但當日的印刷及廣電媒體卻紛紛加入追蹤報導行列，使得整個事件的影響面更形擴大。

4.事件發生以後，當晚的電視新聞曾追蹤報導此一消息，可能也是引起民眾恐慌的因素之一。根據前引潘家慶等人的研究發現，在民眾的使用媒介習慣及訊息獲得管道的調查結果中，臺灣地區民眾將電視列為首要新聞來源管道的佔 52.1%（潘家慶等，1990: 72，表 12），而對電視媒介的信賴程度亦高達 71.3%（潘家慶等，1990: 74，表 12）。

5.再根據鄭瑞城的研究，臺灣地區的電視普及率已從 1966 年的 8.6% 升到 1986 年的 93.2%；每百人擁有的報紙份數在 1966 年為 6.7%，1986 年則為 20.6%；而雜誌家數則從 1966 年的 953 家增加到 1986 年的 3,090 家（鄭瑞城，1988: 23、26、28）。

足見，童丐事件透過廣播的報導，及電視和報紙等媒介的連續炒作，迅速傳遍全省，吸引了廣大閱聽人的注意，影響層面極廣。

二、事件對社會的影響

童丐事件凸顯了我國大眾傳播媒體守門過程中的缺失，但它也帶動了社會各部門對兒童保護的注意，例如（新聞評議會，1990: 29-35）：

㈠9月5日，內政部表示，民眾可使用「婦幼保護專線」獲得諮詢服務。

㈡臺北、臺中、高雄、嘉義、花蓮等縣市成立了「兒童保護網路」。

㈢法務部指出，若擄綁兒童行乞，最高可處死刑。

㈣內政部審查通過《殘障福利機構設立及獎勵辦法》。警政署發函各縣市警局，全面清查取締乞丐。

㈤省社會處指出，由於沿街乞討迄今無法取締，應研擬遊民辦法管理之。

㈥學者呼籲國內應速通過《兒童福利法》修正案。

㈦伊甸殘障基金會成立專線電話，呼籲民眾檢舉非法利用殘障兒童行乞。

三、童丐事件之責任歸屬

童丐事件究其原始播出形式應屬廣播中的「讀者投書」。我國對「讀者投書」的法律定位雖未明文規定，但根據《著作權法》有關條文，可推定讀者投書亦屬著述創作，其著作人享有著作權；從《出版法》相關條文，也可推定讀者投書不論單獨出版或交付新聞紙、雜誌出版，或利用廣播電視播出均可視為出版品，因此自可引用《出版法》中類似的更正、啟事、辯駁書等項，進而分析其法律責任。

《出版法》第四條第五項規定：「出版品所登載廣告、啟事，以委託登載人為著作人。如委託登載人不明或無負民事責任之能力者，以發行人為著作人。」惟媒體在刊登（播出）讀者投書、啟事或辯駁書時，並未享有免責權，發行人亦須負連帶的責任，因為畢竟是在媒體刊播後，才發生效力的。

中廣的童丐事件再一次證明了大眾傳播媒介的強大威力，作者特於介紹恐慌研究的此章中，引介發生於本國的這一個活生生的例子，足為從事大眾傳播工作者及研習大眾傳播理論者戒。

第五章

親身影響──兩級傳
播理論的起源與發展

第一節　源　起

　　社會學家涂尼斯 (F. Tönnies) 稱產業革命之前的社會為「禮俗社會」(gemeinschaft)，產業革命之後的社會為「法治社會」(gesellschaft)。而工業革命後，分工日細，人際關係愈加疏離，形成了所謂的「烏合之眾的社會」或稱「大眾社會」(mass society)（Tönnies, 1957；李金銓，1983: 106）。

　　社會學家布魯默 (Herbert Blumer) 將烏合之眾定義為 (Blumer, 1946)：

一、成員來自社會各階層。

二、他們都是不具名的 (anonymous)。

三、他們之間很少有互動的情況。

四、他們之間的組織非常鬆散。

　　基於以上觀點，因此在傳播效果理論中產生了「皮下注射」(hypodermic needle) 的傳播效果模式。但是，實證結果卻發現，傳播媒介的效果相當有限，它只能加強受眾的預存立場 (veinforcement)，很難改變態度和行為。原因是，後來發現所謂的烏合之眾者其實和社會團體（如家庭、同儕團體）間保持著密切的關係。這些團體往往會影響他們對於媒介的接觸，以及接受訊息後的解釋方式與行為改變。因此，找出媒介與受眾間的緩衝體便成為 1950 年代和 1960 年代傳播研究的主要活動。

　　拉查斯菲 (P. Lazarsfeld)、貝勒森 (B. Berelson) 和高德 (H. Gaudet) 於 1940 年總統大選的研究中發現了人際親身影響 (personal influence) 的重要性 (Lazarsfeld et al., 1948)。這一觀念在凱茲 (E. Katz) 與拉查斯菲合著的《親身影響》(*Personal Influence*, 1955) 一書中獲得印證。同時，鄉村社會學也注意到人際傳播在散布農業資訊中的重要性。後來，凱茲和孟哲 (H. Menzel) 研究醫生採用新藥的方式，將研究帶入新的領域 (Menzel and Katz, 1958)。至此，「兩級傳播」支配傳播研究歷 30 年，成為最具影響力的典範。

 ## 第二節　有關人際影響的早期研究

　　約自 1930 年代開始，即陸續有研究結果顯示初級團體 (primary group) 對於人們行為的影響。

　　一、羅德里斯柏格 (F. J. Rothlisberger) 與狄克森 (W. J. Dickson) 曾對西屋電器公司的工人做研究，結果發現按件計酬並不能提高生產力，生產力主要取決於團體的期望與團體規範 （Rothlisberger and Dickson, 1939 ， 轉引自 Lowery and DeFleur, 1983: 181）。

　　二、二次大戰的美國軍人研究結果顯示，親密的人際關係與美軍的戰鬥動機有很大的關係。士兵們往往是為了保衛朋友或符合家人的期望而參戰；更令人驚訝的是 ， 這種動機通常強於痛恨敵人或政治意識型態不同等原因（Stauffer et al., 1948，轉引自 Lowery and DeFleur, 1983）。

 ## 第三節　兩級傳播理論的發展

一、凱茲與拉查斯菲的大眾傳播媒介和個人親身影響之兩級傳播模式

　　從早期的大眾傳播模式中，我們可以看出大眾傳播媒介與構成大眾的個人之間是一種直接的關係；而兩級傳播模式中的大眾媒介與個人的關係通常會透過意見領袖的中介 (McQuail and Windahl, 1981: 49；楊志弘、莫季雍譯，1988: 85)。

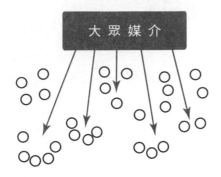

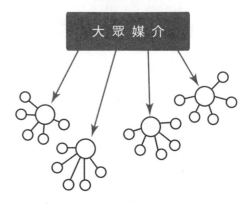

早期的大眾傳播模式

兩級傳播模式

○＝構成大眾的個人

○＝意見領袖

○＝與一個意見領袖
　　有社會接觸的人

圖 5-1

（資料來源：McQuail and Windahl, 1981: 49）

二、人們的抉擇

㈠本研究的歷史背景

　　1940 年的美國總統大選對於美國選民而言格外重要，因為這次選舉的時間恰好介於經濟大恐慌的末期與第二次世界大戰的前期。當時經濟大恐慌的陰影尚未完全除去，美國國內尚面臨許多的經濟問題，接踵而來的是美國又面臨了到底該不該支援歐洲盟邦作戰的困擾。這時的美國正需要一位大有為的領袖來領導。

　　當時兩黨的總統候選人，一位是打算第三度坐上總統寶座的民主黨候選人羅斯福 (Franklin D. Roosevelt)；另一位則是毫無政治經驗的共和黨候選人威爾基 (Wendell L. Willkie)。

　　羅斯福主張適度地援助英國以對抗德國，並主張大力推行福利政策，照

顧勞工平民階級。威爾基則主張保持中立，盡量避免捲入歐洲戰爭的漩渦，同時主張優先照顧工商企業界人士，認為如果工商界發達了，勞工平民自然受惠。

　　兩派界線分明的政見自然各有其支持者。而這兩種意見透過傳播管道到達不同背景的投票人口後究竟能產生什麼樣的影響呢？會不會改變人們的投票行為呢？整個過程引起了拉查斯菲等人的興趣，乃在 1940 年的 5 月至 11 月間，選定俄亥俄州的艾瑞鎮 (Erie County) 作為研究的地點。

㈡研究目的

　　由拉查斯菲、貝勒森、高德合著的《人們的抉擇》(*The People's Choise*, 1948) 中有個副標題叫做「在總統選舉中，投票者是如何下決定的」(How the voter makes up his mind in a presidential campaign)，正好說明了本研究的主要目的。研究者所想要知道的是：哪些因素影響了人們的投票行為？

㈢研究過程

　　選定艾瑞鎮作為研究地點的主要原因是，該鎮的居民在文化上具有極高的同質性，而且該鎮的人口數目在 40 年來一直處於極穩定的狀態。該鎮居民幾乎全為白人，職業型態的分布也十分平均，農業與工業人口約各佔半數。當地的報紙及廣播事業均極發達。同時該鎮數 10 年來的投票型態最接近於全國平均投票型態。

　　確定了抽樣母體之後，本研究採用系統抽樣的方法，每隔 4 戶人家抽取 1 戶為代表，接受一群經過特別訓練的訪員訪問。用這種方法總共抽取了 3,000 個樣本作為代表，這些樣本在年齡、性別、居住地區、教育程度、籍貫、汽車及電話擁有率上均能代表全部人口的情形。這 3,000 人在 5 月分時全部接受了訪問。

　　本研究首次採取了 panel 的方法。把已抽出的 3,000 個樣本，再用分層抽樣的方法抽出 4 組各含 600 人的小組，每組的特質都力求相同，其中有 1 組是實驗組，另外 3 組是控制組。實驗組從 5 月到 11 月每隔 1 個月訪問 1 次；

而控制組在這段期間總共只接受 1 次訪問，其中 1 組在 7 月分接受訪問，1組在 8 月分接受訪問，另 1 組則在 10 月分接受訪問。這種設計可以從實驗組與控制組的差異中測出實驗組的反應是否受到訪問次數過多的影響。

㈣研究結果

本研究發現有許多因素影響了民眾的投票行為，除了受訪者本身的社會背景與心理因素外，大眾媒介的宣傳效果、人際間的說服效果都是。這些因素之間彼此錯綜複雜，難以釐清一個順序關係。以下就這些因素逐一討論：

1.社會背景

研究中所謂的社會背景包括：受訪者的社會經濟地位、宗教信仰、居住地區、年齡及職業別。其中測量社經地位的指標是：住家環境、傢俱設備、服飾和金錢等。結果發現艾瑞鎮的居民中有 3% 列為最上等的社經地位；而居社經地位最下層者佔 20%。社經地位與投票意向之間的關係是社經地位愈高的人愈可能投票給共和黨（威爾基），而社經地位愈低的人愈可能投給民主黨（羅斯福）。

比起社經地位來，職業的影響力較小；特別是在控制社經地位這一變項後，職業別對投票行為所能產生的影響力便極為有限了。

宗教信仰此一變項的影響則與社經地位一樣重要。有 60% 的新教徒傾向於共和黨（威爾基），而天主教徒中卻只有 23% 的人傾向於共和黨。從移民時期起，天主教便與民主黨有較親密的關係，有不少民主黨的領袖都是天主教徒。

年齡也是另一影響政治傾向的因素。年紀大者傾向於共和黨，年紀輕者傾向於民主黨。根據當年 5 月分的調查，45 歲以下的人只有半數願意投票給共和黨；但 45 歲以上的人當中卻有 55% 傾向於共和黨。

居住地區也會影響投票傾向，居住在郊區的人比住在市區的人較傾向於投票給共和黨。

其中社經地位、宗教及居住地區是影響選民政治預存立場及投票傾向的最重要變項。

2.兩黨在意識型態上的差異

羅斯福的民主黨，代表勞工階級及一般老百姓，注重公共事務，主張適度地支援英國，強調辦好社會福利的重要，較獲勞工階級支持。

威爾基的共和黨，代表工、商界人士，主張美國在國際政治舞臺上應採取孤立主義，較獲白領階級的支持。

3.群眾對選舉活動的興趣

群眾中並不是每個人都對選舉活動感到興趣；由於興趣大小不同，群眾對候選人所持的政見、媒介的報導，甚至連對投票活動都有不同程度的反應，例如：對政治活動有較高興趣的人較常參與政治活動，較常接觸媒介，較常發表意見，所以他們在這類事務上往往成為別人諮詢的對象——他們是「意見領袖」。

對選舉活動興趣的大小也會影響投票行為的決定時間。興趣大者，在選戰初期即已決定投票給誰，而且大多一決定投給誰即很少變卦；反之，對選舉活動興趣小者，不但決定投給誰的時間慢，而且容易受外在因素的影響而改變主張。

4.宣傳活動的效果

宣傳活動的效果主要有：

(1)激起群眾意願：大量的宣傳使得一些原先對選舉不感興趣的人開始注意到這類的訊息。從 5 月至 10 月這段期間，對政治活動不感興趣的人口，由原來的 13% 降為 7%；有強烈興趣者，由 28% 升為 38%。而媒介暴露程度較高的人當中，有 21% 由中等興趣變為強烈興趣；而媒介暴露程度低者，卻只有 8% 的人由中等興趣變為強烈興趣。這裡有另一項重要的發現：會使用大眾傳播媒介的幾乎是同一群人，亦即使用報紙多的人，他使用雜誌、廣播的機會也多。而最常接近政治訊息的人，就是對政治極感興趣、意志力堅強、教育程度高、社經地位高、年齡大以及居住在城市的人。

(2)強化 (reinforce) 群眾思想：各黨的選舉人大多只接觸與自己預存立場相同的訊息。

(3)改變群眾思想：可能性極小。

5.人際間的親身影響 (personal influence)

在選舉期間，透過人際管道取得政治訊息的人比透過大眾傳播媒介取得訊息的人多。選舉期間意見有改變的人，多半是和親朋討論後的結果。

三、後續研究

㈠原團體的再發現

最能支持人際親身影響的社會學發現是庫里 (Charles H. Cooley) 所提的「原團體」(primary group) 的概念。而「原團體」的功能，經由兩級傳播的發現及深入研究，產生了更精細的分析。因此，我們也可以說，兩級傳播的研究，其實也是原團體的再發現，兩者相輔相成 (Lowery and DeFleur, 1983)。

在人類社會化的過程當中，「原團體」扮演著重要的角色。因為原團體是一種緊密的社會關聯，是人類獲得人性的根據地之一，也是人類學習事物、形成意見、接受傳播的極重要因素。

原團體是一個較小的緊密團體，人們在其所屬的小團體裡充分地互動，施與受。為了能在這個小團體裡繼續地互動，繼續地施與受、傳播與被傳播，遵從團體規範無疑地是必要的。正因為這種遵從團體規範的必要性，團體的意識、意見、態度，往往無形中給予人壓力，個人也就有意無意地不得不接受團體的指導。

因此，在團體中互享而形成的價值，提供了人們意義，以便作為解釋及反應各種社會現象的參考。因此，不同的個人，隸屬於不同的小團體，接受了不同的意義及社會現實，形成了不同的意見、價值及接受傳播的能力與方式。來自大眾傳播媒介或其他來源的傳播能否打動人心，個人所屬的「參考團體」似乎必須先予打動。

㈡「笛卡圖」研究

「笛卡圖」研究 (Decatur study) (Katz and Lazarsfeld, 1955) 是兩級傳播「人們的執擇」的後續研究，由哥倫比亞大學應用社會研究局 (the Bureau of

Applied Social Research of Columbia University) 所贊助，研究著重於日常生活中對 1.市場消費（購物）(marketing)；2.時髦打扮 (the world of fashion)；3.公共事物 (public affairs)；4.選看電影 (the selection of movies to see) 之研究。研究旨在發現：人們在日常生活中做這些事時，究竟是誰影響了誰？

1.研究過程

⑴本研究在美國中西部選擇一個人口在 5 至 8 萬之間，非衛星城市，且在人口組成、經濟地位、商業活動、使用媒介型態及一般生活水準上較具代表性的城市，作為研究的地點。最後選上了「笛卡圖」這個位於伊利諾州的城市，因此以後提起這個研究時，人們均稱之為「笛卡圖」研究。

⑵採事後回溯設計 (ex-post-facto design)，以問卷方式於 1954 年 6 月及 8 月各做 1 次面訪，觀察其間的變化。

⑶樣本人數為 800 人，對象為每戶中 16 歲以上的女性，採隨機抽樣的抽樣方法。

2.人際影響的定義

何謂人際影響必須先予定義及定位，以方便研究時的測量及分析。

研究者分別以下述層面對人際影響加以定位：

⑴一般影響：受訪者被要求回答下列問題：「你認為在你附近的人群中，誰消息最靈通？你最信任誰提供你訊息？」研究發現，男友、丈夫、父親是其消息主要來源。

⑵特別影響：前面提及受訪者分別在 6 月及 8 月接受 2 次訪問，以便察覺受訪者在論題上的意見是否有改變？倘有，則繼續探查她們與何人討論這些論題，受了何人影響。研究發現，男人是主要因素。

⑶日常接觸：受訪者被詢問日常接觸及討論事務的人多為何人。研究發現，家人最重要。

⑷自我判斷影響力：要求受訪者說出何人曾要求你提供意見等。研究者再追蹤詢問受訪者所指的「要求者」以便確定。研究發現許多「要求者」是笛城以外的人，不能列入研究範疇，最後只有 634 人適於本研究，其中三分之二確定了影響力的來源，但也有四分之一不確定，十分之一根本否認。

3.意見領袖的特性

研究者以下述層面測定意見領袖：

(1)生命週期的位置 (position in the life cycle)：一般認為年輕未婚的女性對時髦打扮上的知識較豐富。研究者將受試者分為「單身女郎」（35 歲以下）、「小家庭主婦」（已婚，45 歲以下，至少 1 個小孩）、「大家庭主婦」（已婚，45 歲以下，育有 2 個以上小孩），及「老婦人」（已婚，45 歲以上，大部分的小孩已逾 15 歲）。

(2)社經地位：根據樣本的教育程度及收支情形，分成高、中、低三層。

(3)社會接觸：研究者以「群集性」(gregariousness) 的指標來測知受訪者接觸社會的頻次。「群集性」則是根據以下指標來測定：在社區中經常接觸的人數及所屬團體或組織的數量。

4.研究發現

本研究的主要研究發現如下：

(1)愈年輕的婦女愈可能成為「時髦打扮」及「選看電影」議題上的意見領袖。在「購物」此議題上，則愈年長的婦女有愈多購物的經驗，所以愈可能成為意見領袖。

(2)對婦女而言，有關公共政策的論題較不感興趣；她們對公共事務的了解，多半得自男士。

(3)社經地位似乎不是很重要的變項，研究發現都不顯著。研究者的解釋是，資訊的流通多半是水平進行的；所謂物以類聚，人們喜歡找相同社經地位的人談天，較少與社經地位懸殊的人交往。

(4)社會接觸愈頻繁者，愈可能成為意見領袖；但就選看電影而言，兩者的關係並不顯著。研究者的解釋是：影響一個人去看電影的因素很多，但很少人會自己去看電影而不找同伴一起去，因此影響一個人選看電影的因素應該是她較親密的家人或朋友，而不在於她社交圈的大小。

(5)在「購物」、「選看電影」及「時髦打扮」上，親身接觸的影響強過大眾傳播的影響。

而這些議題上的意見領袖亦各有特色，分別說明如下：

(1)「購物」意見領袖的特色

　　①意見領袖呈水平流動，每一社經地位層各有其意見領袖存在。

　　②「大家庭主婦」在購物上的影響力最大，這凸顯了「生命週期的位置」這一變項在購物上的影響。

　　③社會接觸愈多，「群集性」愈高者，影響力愈大。

(2)「時髦打扮」意見領袖的特色

　　①年齡愈小，在「時髦打扮」的影響力愈大。

　　②社會接觸愈頻繁者，在「時髦打扮」上愈有影響力。

(3)「公共事務」意見領袖的特色

　　社會地位、教育程度及收入愈高者，愈有影響力。

(4)「選看電影」意見領袖的特色

　　①年紀愈輕的受訪者的影響力愈大。

　　②與社會接觸，「群集性」的關係較小。

5.研究貢獻

整體而言，笛卡圖研究有以下貢獻：

(1)不因循過去強調個人差異與社會範疇的研究取向，而找出社會關係此一全新的研究取向。

(2)屬媒介小效果理論，稍微疏解了人們視大眾傳播媒介為惡魔的恐懼。

四、國內研究

　　兩級傳播及意見領袖的現象，雖然在美國及若干低度開發國家所做的研究中都獲得相當程度的支持，但在我國的情況又如何？恐怕是國內學者及大眾更為關切的。

　　自 1961 年以來，陸續有朱謙、漆敬堯、徐佳士、林安吉、王端正、施長要、皇甫河旺等人，做過有關傳播過程的研究，但他們的研究結果相當分歧，並未能看出「兩級傳播」或「意見領袖」的觀念是否適用於我國。

　　規模較大的一項研究是由國科會所資助，名為「臺灣地區大眾傳播過程與民眾反應之研究」。由徐佳士任計畫主持人，楊孝濚、潘家慶協同研究（徐

佳士等，1976）。

　　這個研究採立意及隨機抽樣法，抽選新竹市、臺北縣鶯歌鎮、臺南縣楠西鄉及雲林縣西螺鎮，分別代表典型的臺灣都市、城鎮、鄉村及農業專業區，自 1975 年 9 月 1 日開始訪問，每一地區訪問 250 人，共得樣本 1,000 人。

　　此研究以公共事務、採納新事物、維護傳統、市場和地區性的特殊事情等訊息測試臺灣地區大眾傳播的過程和這些訊息在民眾間可能引起的反應。

　　結果有下列重要發現（徐佳士等，1976）：

　　㈠重大公共事務的主要消息來源是大眾傳播媒介，又以電視為主。

　　㈡三分之二的臺灣民眾是從大眾傳播媒介上最早獲知各類消息，其餘三分之一的民眾是從親身傳播中知道各類消息。但維護傳統觀念的消息多半來自親身傳播。

　　㈢親身傳播方面，「家人」以傳遞傳統觀念為主，公家機構人員及朋友則以傳散新事物訊息及地區特殊消息為主。

　　㈣一半以上的臺灣民眾在人際傳播中，都會把自己所知道的消息告知別人；不轉告消息的「非告知者」只佔一小半。

　　㈤「告知者」與「非告知者」相比，他們的教育程度及職業水準都較高，經濟力較強，較趨於現代化，較可能住在城鎮或都市。

　　㈥「告知者」比「非告知者」更常接觸大眾媒介，並且較偏好大眾媒介中的硬性內容。

　　㈦「告知者」的社交活動較「非告知者」為頻繁。

　　㈧傳播活躍分子（被受訪者指稱為「告知」或「影響」來源至少 1 次而受到追蹤訪問者）在大眾傳播過程中扮演比一般「告知者」更積極的角色。

　　㈨傳播活躍分子男性多於女性。

　　㈩傳播活躍分子接觸大眾傳播媒介的時間不一定多過一般民眾，但是他們比較喜歡媒介中的硬性材料。

　　㈠傳播活躍分子比一般民眾較常參與親身傳播與社交活動。

　　㈡傳播活躍分子以積極有利的態度對新事物流傳的影響與幫助最大；而對公共事務消息的傳播影響較小。

五、對兩級傳播和親身影響的批評

　　兩級傳播及親身影響理論帶給大眾傳播研究者最大的啟示是：大眾傳播媒介不是在真空中運作的，而是處於一個十分複雜的社會關係網中，並且要與其他思想、知識和權力的來源進行競爭。

　　兩級傳播和親身影響的研究典範影響了傳播研究將近 20 年，但是學者對這個研究典範也有很嚴屬的批評 ， 茲擇要敘述如下 (McQuail and Windahl, 1981: 50–51)：

　　㈠這個研究典範截然劃分了傳播過程中的積極角色和消極角色，但在複雜的傳播過程中，有些人在某些問題上可能是「追隨者」，在另一些問題上則可能是「領袖」。

　　㈡除了「領導者」與「追隨者」外，尚有第三類型的人存在；這種人既不接觸大眾媒介，也鮮與接觸大眾媒介的人交談。他們是思想傳播的非參與者，這類人的人數可能也相當地多。

　　㈢「意見領袖」這個術語容易產生誤解，因為它指陳的並不是那些真正提出思想的人。

　　㈣後續研究（例如「新事物的傳散」研究）發現，大眾傳播媒介影響個人的過程可能不止兩個階段。變化可以在好幾個階段上發生，即所謂多級傳播 (multi-stage communication)。大眾傳播媒介首先影響一些有影響力的個人，然後影響那些進入相關社會圈的人，最後影響那些較孤獨的人或很少與人接觸的人。

　　㈤大眾傳播媒介仍然可以直接對接觸它的個人發生影響，而並不一定須要透過意見領袖這一關。

　　㈥這個典範假設大眾傳播媒介是思想、資訊的惟一來源，但其實除了大眾傳播媒介外，還有其他的資訊來源，例如：工作組織、地方政治或經濟經驗等。

　　㈦這個典範最適用於正常社會條件之下的先進社會。但對於那些缺少大眾傳播媒介的傳統社會，或先進社會中充滿危機和不安定的環境則不適用。

第六章

創新傳布

第一節　前　言

　　「傳播」是一種促進人們彼此間共享資訊，以達成相互了解的過程。如果傳播涉及一項新事物，由一方傳達至另一方，並使其接受採用，那麼我們就稱這種傳播為「創新傳布」(diffusion of innovations)。

　　當 1962 年傳播學者羅吉斯 (Everett M. Rogers) 綜合了 405 篇研究案例而出版《創新傳布》(*Diffusion of Innovations*) 一書時，真不啻為當時最具活力的研究典範。雖然如此，羅吉斯隨後在 1971 年、1983 年陸續發行第二版和第三版時，批評、剖析、修正的文字卻紛至沓來，少有間歇，逼得作者本人都要在第三版的序言中為自己辯護 (Rogers, 1983: preface XV)。儘管如此，創新傳布到了 1970 年代後已經被批評得體無完膚了 (Rogers, 1962; Rogers and Shoemaker, 1971; Rogers, 1983)。

　　奇怪的是批評不斷，有關創新傳布的研究卻迅速地累積增加，從出書時的 405 篇，到 1971 年的 2,699 篇，再到 1983 年的 3,085 篇，20 多年間的成長率相當驚人。如果說，創新傳布不再重要了，為何又能引發如此多的實證研究？而且創新傳布的擴散層面相當廣泛，從民主先進國家到第三世界，從傳播到地理學、市場學、廣告行銷、社會學、高科技等推展到其他相關的領域都可以運用，誠如作者羅吉斯所言，創新傳布的發展已具有世界性。究竟創新傳布的重要性如何？理論本身存在著哪些問題？批評者的論據何在？這些都是我們要探討的問題。

第二節　創新傳布的模式

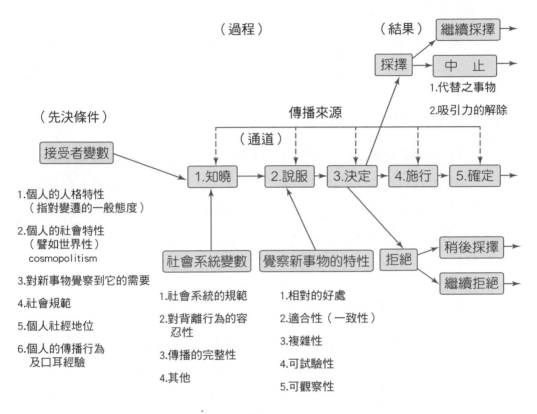

圖 6-1

（資料來源：綜合自 Rogers and Shoemaker, 1971; Rogers, 1983 ；另請參考 McQuail and Windahl, 1981: 53）

第三節　創新傳布過程的元素

　　羅吉斯指出，創新傳布過程中主要有以下元素 (Rogers, 1983: 10–37)：

一、某新事物；二、透過某管道；三、歷經一段時間；四、在某社會體系內的人們之間的運作。部分學者又加上「人」這個元素。以下就這些元素加以討論。

一、新事物

所謂新事物可包括新發明、新知識或新觀念。一般人在決定是否採用某新事物時，通常會考慮以下因素 (Rogers, 1983: 14–16)：

㈠相對利益 (relative advantage)

孟子有一次去見梁惠王，梁惠王說：「老先生，您不遠千里趕來，該有什麼妙計能使梁國得利吧？」孟子答道：「王何必說利呢？除了利還有仁義，我們談談好了。」孟子的陳義很高，但由這個例子我們不難看出追求利益乃人之常情，不分古今中外，無論貴賤貧富。因此，一樣新事物如果人們使用後得利愈多，則被採納的可能性愈高，速度也愈快。

㈡相容性 (compatibility)

指新事物與過去價值及經驗一致與否的程度。當基督教傳入中國之初，曾遭到極大的阻力，因為基督教教義中指示不得崇拜偶像，故亦不能祭祖。這與中國人慎終追遠的觀念相互牴觸，故難被接受。因此，一項新事物或觀念如果與個人（或團體）的價值體系、過去經驗能相協調時，就較易被採納。

㈢複雜性 (complexity)

曾有人在秘魯的洛斯莫里諾斯 (Los Molinos) 跟當地鄉民宣導飲用開水以改善衛生狀況。宣導人員從細菌原理的角度解釋為什麼水要燒開以後才能喝，結果沒有一個鄉民知道宣導人員在說什麼，因為「細菌」實在是超出了他們的理解範圍。因此，如果新事物或新觀念太複雜難懂時，人們接納的情形自然就稀少而緩慢了。

㈣可試驗性 (triability)

衣索匹亞曾推廣一種適用於學齡前兒童的營養保健品 「花花營養粉」 (Faffa porridge)，含有豐富的維他命和礦物質。家庭主婦可以很容易先買一些來餵給孩子吃吃看，但是這個因素要和下一個因素合起來評估，方知效果究竟如何。

㈤可觀察性 (observability)

衣索匹亞的小孩吃了花花營養粉後，是否能明顯地長高長壯；如果是，則主婦採納的意願會加高，否則即會降低。

其餘的影響因素還有：傳布者的努力程度及技巧、個人決定事情的型態、傳布過程的其他干擾、社會系統的規範以及人際聯繫的是否緊密等，都會影響新事物的傳布。

二、傳播管道

㈠大眾傳播與人際傳播

1.就消息流動而言，大眾傳播屬單向傳播，回饋較困難；人際傳播則屬雙向傳播，回饋較易。

2.就傳播情形而言，大眾傳播是透過組織的間接傳播；人際傳播則屬面對面的直接傳播。

3.就回饋量而言，大眾傳播的回饋量低；人際傳播的回饋量高。

4.人際傳播較能克服「選擇性暴露」的過程；大眾傳播較難。

5.人際傳播抵達廣大閱聽人的速度較慢；大眾傳播較快。

6.就傳播效果而言，大眾傳播較能改變認知；人際傳播則是較能改變態度和行為。

㈡同質性、異質性與傳播

中國人說：「酒逢知己千杯少，話不投機半句多」。羅吉斯亦指出，創新傳布者與接受者間若同質性愈高 (homophilous)，則彼此的互屬感及移情能力愈強，則創新傳布愈易成功。但是，新事物仍不免是要由高知能者傳給較低知能者，因此最好是能「同中求異」，即在社經地位上相同，但對新事物的認知則有高下之分，由高認知者傳給低認知者較有效 (Rogers, 1983: 17–19)。

三、時　間

創新傳布過程中的時間，在個人方面經歷 5 個階段，而在組織中亦須經歷另外 5 個階段，現分別說明如下 (Rogers, 1983: 20–22)：

㈠在個人方面，從開始推廣到採用，共歷經 5 階段：

1. 知曉 (knowledge)：個人暴露於創新傳布中。
2. 說服 (persuasion)：個人對新事物態度的形成期。
3. 決定 (decision)：個人進行觀察、請教專家、對新事物增加認識，並決定是否採用。
4. 施行 (implementation)：個人開始試用新事物或嘗試新觀念。
5. 確定 (confirmation)：個人試用一段期間後決定繼續採用或中止使用。

㈡在組織方面，另歷經 5 個階段：

1. 建構新事物階段 (Initiation)

這裡又包含以下階段：

⑴公布新事物 (agenda-setting)：公布新事物，使組織成員知道有這樣東西或觀念的存在。組織可能先創造人們對新事物有其需要的感覺，以發展出新事物對組織有潛在價值的感覺。

⑵理由化 (matching)：組織可能設計一些說詞，使成員相信新事物是合於組織需要的。

2.**施行階段 (Implementation)**

這裡又分為以下幾個階段：

⑶改造新事物或變更組織結構 (redefining/restructuring)：為了符合組織需要，新事物可能先被改造一番，再予採用；但也可能改變組織的部分結構，以符合新事物的要求。

⑷普遍認同 (clarifying)：經過施行階段，人們對新事物有了更清楚的認識，新事物乃逐漸獲得組織成員的普遍認同。

⑸正規化 (routinizing)：新事物既獲普遍認同，則將成為組織的正式規定或正規活動。

四、社會體系

社會體系是指新事物發生的所在，可能是一個人、一個非正式的團體、一個組織、一個次體系，因此它有一定的範圍。羅吉斯討論了幾個主題 (Rogers, 1983: 24–31)：

㈠社會結構是否會影響新事物傳布？

來自不同組織結構的人，接受新事物的速度不會相同，判斷新事物的參考架構自亦不同。

㈡社會規範對創新傳布有何影響？

可能有助於創新傳布，更可能是一大障礙。

㈢「意見領袖」和「改變策動者」扮演了什麼角色？

社會體系內，有一批人可能是在群體前端，扮演了在意見上的非正式領袖角色。他們可能是技術能力較強的改變策動者 (change agent)，也可能極平易近人，但都能遵守社會規範。當社會規範傾向於改變時，意見領袖會很活躍地提供新知，鼓勵採用新事物；但當社會規範反對改變時，則意見領袖將依從規範，反對新事物。我們可從意見領袖身上看出社會體系的結構與規範。

意見領袖之特性：

1.較常接觸多種傳播 (more exposed to all forms of external communication)。

2.較萬國性 (more cosmopolite)。

3.社會地位較高 (have somewhat higher social status)。

4.較具創新思想 (more innovative)。

5.經常是人際傳播網路的中心 (at the center of interpersonal communication networks)。

但若偏離社會規範太遠，或被同伴視為過分激進，將失去其可信度。

至於改變策動者經常是受過專業訓練、教育程度較高（約大學程度）、社會地位較高、異於一般大眾的人。

由於人力缺乏及經費有限，改變策動（機構）(change agencies) 往往只能僱用有限的改變策動者，而僱用較多的「輔助改變策動者」 (change agent aides)。這些輔助者不如策動者具有高度專業訓練，但與人們接觸頻繁，與大眾同質性高，成為改變策動者與大眾間的橋梁。

㈣對新事物的決定型態如何？

1.自行決定 (optional innovation-decision)：社會成員自行決定，受社會結構及規範影響。

2.集體共識 (collective innovation-decision)：社會成員彼此達成共識，一致同意或拒絕。

3.權威規定 (authority innovation-decision)：是一種由少數掌權者加以規定的決定型態。

4.臨時附從 (contingent innovation-decision)：某些人等到「集體共識」形成後或權威人士下命令後，才能「自行決定」。表面看似自行決定，其實是臨時附從於集體共識之下或權威規定之下。

五、人 (adopter)

依創新性 (innovativeness) 程度分為 (Rogers, 1983: 247–259)：

㈠創新者 (innovaters)：具冒險精神 (venturesome)。

㈡早採用者 (early adopters)：受人尊敬 (respectable)。

㈢早跟進者 (early majority)：深思熟慮 (deliberate)。

㈣晚跟進者 (late adopters)：疑神疑鬼 (skeptical)。

㈤落後群 (laggards)：保守傳統 (traditional)。

愈早採用者愈具以下特性 (Rogers, 1983: 252–257)：

㈠社會範疇屬性

1.受教育較久； 2.較有學問； 3.社會地位較高； 4.向上的社會流動程度較大； 5.擁有較大單位（農田或公司）； 6.出售產品的傾向較強； 7.較支持借貸行為； 8.做事比晚採用者更專門化； 9.具有較高社經地位。

㈡個人人格特質

1.移情能力 (empathy) 較強，較能易地設想他人角色； 2.較少封閉教條 (dogmatic)，不墨守成規； 3.較能應付抽象事物 (abstractions)； 4.較講理 (rationality)； 5.智力較高； 6.較支持變革； 7.較能處理 「不確定」 (uncertainty) 和冒險的情況；8.較支持教育；9.較支持科學；10.較不同意宿命論； 11.成就動機較高 (achievement motivation)； 12.成就慾 (aspiration) 較強 (Rogers, 1983: 257–258)。

㈢傳播行為

1.社會參與較多； 2.與他人交往較密； 3.較具萬國性； 4.接觸 「改變策動者」 較頻繁； 5.使用大眾媒介較多； 6.人際傳播也較頻繁； 7.尋求資訊較活躍； 8.對新事物認識較多； 9.成為意見領袖的機會較大； 10.多半是屬於社會聯繫較密的一群。

第四節　創新傳布研究的貢獻

創新傳布的研究橫跨了各社會科學，等於傳播學結合了其他社會科學。除此之外，它還有以下貢獻 (Rogers, 1983: 88–91)：

一、創新傳布模式是一個概念典範 (conceptual paradigm)，可運用於許多不同領域的研究。且可供各種改變策動機構（包括政治改革、農業改革、醫藥創新、社會變遷、國家發展等的研究機構）完成其變革目標。

二、創新傳布研究有助於解決問題（例如：尋求資訊以減輕不確定性）及獲取所需，頗具有實用價值。

三、創新傳布模式已十分健全，學者可依此模式重複研究 (repackage)，可複製性高。

四、研究方法清楚而易控制，研究資料不難蒐集，資料分析的方法亦佳，有助於很多類似的調查研究。

第五節　創新傳布研究的反省批判

如果說 1940 年代是傳布研究的濫觴， 1950 年代它在美國蓬勃發展， 1960 年代延及各發展中國家，那麼 1970 年代便可說是對傳布研究反省及批判的時期。

羅吉斯對創新傳布研究提出了以下批判 (Rogers, 1983: 91–126)：

一、過分迷信新事物 (pro-innovation bias)

研究者認為，新事物必須推廣到每一個人身上，傳布應該很迅速，新事物不會被拒絕、改造再用 (re-invented) 或中止 (discontinuance)。事實上，創

新傳布並不如想像中地順利，研究者未免過於迷信新事物。原因：㈠這些研究多半是改變策動機構所贊助，促銷成功當然就成了主要目的；㈡成功的部分易見，失敗的部分反而不易見，因此拒絕和改造新事物的現象乃不易覺察。

羅吉斯對以上錯誤，提出改善之道：

㈠傳統研究先在傳布的尾聲要求受試者回答問題，羅吉斯建議在傳布之初、之中、之後都應做一次調查。第一次調查可以得知改變策動者影響的程度；第二次調查可以補充解釋傳布突然增快的原因。這種「過程中的設計研究」(in-process research design) 可以發現傳布成功的部分和不成功的部分各在何處。

㈡傳布不成功的新事物也該加以研究。

㈢個人接受訊息的態度及方式是傳布成敗的關鍵之一，改變策動者應先查知才能奏效。任何事物的傳布都不可能是十全十美的。

㈣研究領域應該擴大，不應只限於採用速率的研究，例如：新事物產生的過程。羅吉斯指出「創新－發展」過程 (innovation-development process) 包含：1.發現問題及需要；2.研究；3.發展；4.新事物商品化推出；5.傳布及採用；6.結果等 6 步驟，足見可研究的範疇還很多。

㈤應研究採用新事物的動機何在。

二、個人責備論的錯誤 (individual-blame bias)

社會問題的發生，究竟是社會成員的錯，還是社會體系的舉措失當？一直是個爭議不休的論題。

在創新傳布的研究中，晚採用者常遭到責備，說他們不聽從改變策動者的建議，說他們太守舊，太不理性，有礙社會進步。其實有些研究顯示，晚採用者可能資訊來源有限或根本不必變革。因此創新傳布是不是已經達到每一個人身上？傳播管道是否暢通？新事物是否保證一定有需要、一定好、一定沒有副作用？這些不但不該責備個人，也許反而應該責備社會體系。

最後兩個批判分別為「事後回溯研究法的誤差」與「造成社經地位更加懸殊」。

第七章

耶魯研究——尋找一串
開啟人類心靈的鑰匙

第一節 源 起

　　勸服研究 (persuasive research) 在傳播領域中，算得上早期的一股洪流，自從耶魯大學的賀夫蘭 (Carl Hovland) 開啟了耶魯學派 「傳播與態度變遷研究」以來，前後 40 餘年間，從事勸服效果研究的人難以計數。不管是個人研究或機關、團體的贊助支持，從事勸服效果研究者多半基於某種任務、目的或需要，致使這股洪流難以避免地沾染了一些功利的色彩，像早期的宣傳和耶魯研究，晚期的廣告效果研究等；當然，這一點瑕疵並不能掩像耶魯研究這樣氣勢磅礡的大瑜。不過，首先能有這點認識，對於賀夫蘭等人急於找尋打開人類心靈的神奇鑰匙的心態也較能理解了。

　　歷經 8 年的第二次世界大戰傷亡無數，帶給人類難以磨滅的傷痛。戰爭結束以後，世界雖然充滿了追求和平之聲，但偏見、歧視、迷信與核子武器的陰影仍然到處瀰漫。種種跡象顯示：改善人與人之間的關係，化干戈為玉帛，去暴戾為祥和乃為當務之急。所以，許多社會、心理及傳播學者希望經由仔細設計的勸服性傳播研究，以了解人類意見、態度的形成和改變過程，進而化解許多糾紛和猜忌，增進祥和。這是當時的歷史背景所造成的氣氛，所以許多社會科學的學者都致力於這方面的研究。其中由賀夫蘭領導，於 1946 年到 1961 年間在耶魯大學建立的 「傳播與態度變遷」研究計畫便卓然有成，影響深遠。

 第二節　**賀夫蘭的耶魯研究簡介**

　　其實早在第二次大戰期間，賀夫蘭和其他一些社會科學家即曾受美國政府徵召，研究戰爭宣傳影片對美軍士氣的影響。由於戰爭期間一連串基於實際需要的研究與調查，使得賀夫蘭覺察出有必要透過許多研究，建立一套有系統的勸服理論。這一粒傳播與勸服研究的種子，在戰爭期間就已種植在他的心田裡。再加上當時因研究需要，他和一批頗具知名度的科學家一起工作，例如：詹尼斯 (Irvin Janis)、蘭斯丹 (Arthur Lumsdaine)、薛費爾德 (Fred Sheffield)、麥考比 (Nathan Macoby) 和史密斯 (M. Brewster Smith) 等人。這樣的因緣際會使賀夫蘭在戰後邀請他們到耶魯大學共同進行一項基礎龐大而有系統的研究，也就是著名的「耶魯研究」(Lowery and DeFleur, 1983: 150)。

　　耶魯研究主要是研究傳播與態度變遷的關係。賀夫蘭結合了 30 多位社會科學家，前後進行了 50 多次實驗，由各學者依其所學和興趣選擇題目進行研究；由於這種自由色彩，所以整個研究看起來很多樣化 (Lowery and DeFleur, 1983: 150)。然而整個研究計畫中沒有政治學者和經濟學者參與，從平衡和整合的觀點而言，難免是耶魯研究的遺珠之憾。

　　耶魯研究由洛克斐勒基金會 (Rockefeller Foundation) 贊助支持，前後歷經 15 年，經典之作是由賀夫蘭等人合力完成的 《傳播與勸服》 (*Communication and Persuasion*, 1953)。另外的相關著作是 *The Order of Presentation in Persuasion* (Hovland, 1957) 和 *Personality and Persuasibility* (Janis et al., 1959)。這幾本著作的研究結果主要都是透過實驗法而得。不過，作者也承認「涉及動機和情感因素時，運用較符合真實情況的研究方法（意指調查研究方法等）要比在實驗室中操作自然多了」(Hovland et al., 1953: 1–2)。明知如此卻無法改善或克服的主要原因是，參與其事的學者大部分是心理學家，較熟習實驗法操作的緣故。

第三節　耶魯研究的特色與研究方法

規模龐大的耶魯研究具有以下特色 (Hovland et al., 1953)：

一、關切理論建構的問題和重視基本研究。

二、從不同的來源草擬出理論的發展方向。所謂不同的來源是指心理學和其他學科，例如：心理學中的學習理論和刺激反應模式便是很重要的來源。

三、整個研究計畫強調經過控制的實驗或狀況來測驗各種反應，並且加以分析和解釋。

這些特色的背景由來主要是當時的學術界流行本能心理學，對於傳播的解釋只是刺激與反應的過程，加上許多研究者熱衷於尋求勸服活動中的一些規律性法則，以作為日後相關活動的依據。

一、有關意見與態度的名詞解釋

「意見」這一個名詞，在整個研究計畫中被視為一個廣義說法的字眼，凡是有關於「解釋、預期和評估」的言行都可通稱為意見。而「態度」則是較具排他性，凡明確表示贊同或規避某些人事物的反應都視為態度。換言之，以心理學的觀點，態度具有「驅策力」 (drive value) (Lowery and DeFleur, 1983: 152)。

至於兩者的區別在於，意見經常是口語化的，而態度則未必，有些態度甚至可能是無意識的。不過在研究者看來，意見和態度經常是互相影響的。賀夫蘭等人在研究中假設態度會受到他人口語上的影響。傳播能改變閱聽人態度的一種方式是改變其口語上的反應（即意見）。

二、有關意見與態度改變的理論基礎

㈠學習理論

研究者引用這個理論的前提是，個人的意見與態度是持續的。除非個人遭遇新情況，要學習一些新的經驗，否則一般人會持續原有的意見或態度。

基於這種假設，賀夫蘭等人便引用學習理論作為整個理論的架構。不過從本質上來說，學習理論的精神即是刺激反應模式。學習理論中的重要變數是注意、理解和接受。如果這些變數的刺激強度足夠，便能夠激發個人學習新事物或新態度。

㈡刺激反應模式

賀夫蘭等人認為，足以改變態度或意見的刺激反應模式，其過程是：

1.有一項建議性的意見（即刺激）出現。

2.假設閱聽人注意到這個刺激並了解其意，隨後加以反應，反應之前他們所想到的新刺激和原有思考型態之間的差距。

3.如果新刺激提供的報酬鼓勵大於維持原有反應模式時，一般人都會改變他們原有的態度。

三、研究方法上的一些問題

耶魯研究的一連串研究都是採用實驗法完成的。實驗法固然有其優點，從科學方法本身所具備的客觀條件來說，實驗法無疑是所有研究方法中最佳的方法，因為它在控制的情況下研究事象的變化，從而發現並確定其變化的因果關係。然而社會科學中的實驗法卻難以避免一些缺點，例如：人類行為複雜多變，個別差異頗大，所以實驗情境較難控制；而且實驗室的情況和現實社會也有差距，實驗所得的結果無法據以做概判。

由於賀夫蘭等人僅使用實驗室研究法，如果當時能配合實地實驗法或調查法進行研究，其研究成果相信會更有價值。

研究結果與發現

　　賀夫蘭等人從事傳播與勸服研究，前後總共進行了 50 多項實驗，規模可謂相當龐大而繁複，其研究結果總括起來可分為以下數類：

　　一、傳播者：探討傳播來源的可信度問題。

　　二、訊息的內容和結構：探討動機訴求、恐懼訴求、說服性內容的組織排比情形。

　　三、閱聽人：探討團體規範的影響和個人聽從性問題。

　　四、閱聽人的反應型態：將閱聽人分為主動參與者、被動控制者，並探討意見改變的持續期。

　　以下分別進一步說明。

一、傳播者

　　在《傳播與勸服》一書中，首先探討的就是傳播者，尤其著重於傳播者的可信度。研究者重視這個問題是因為，一般相信有效的傳播取決於「誰」發出的訊息，例如：衛生當局的話當然比推銷員可信多了。賀夫蘭等人基於這個理由而想證實，究竟傳播者的可信度會產生哪些影響？可信度高低真的會影響受眾接受的程度嗎？

　　於是賀夫蘭等人設計了一項實驗，分兩組進行，都是由大學生參與測驗，分成事前和事後兩種問卷測試。研究者在實驗階段提供了四類不同論題的小冊子給兩組學生看，其中一組看的都是可信度高的文章，另一組則是可信度低的文章，不過兩組都含有正、反面說詞 (Hovland et al., 1953: 28)。

　　總括傳播者可信度研究的實驗結果，獲致以下幾點主要的結論：

　　㈠傳播者或訊息來源的可信度高則比低的可靠，並且依期望的程度產生更多的意見改變，其中影響可信度的主要指標是：專精程度 (expertness) 和可信賴程度 (trustworthiness)。

㈡傳播者的可信度影響意見改變的立即效果大，而後續效果小。

㈢若傳播者最初表露出一些與閱聽人相同的觀點，則傳播效果就會增加。

㈣傳播者的特性雖與訊息的主題無關，但也可能影響訊息結論是否被接受，例如：具有知名度的人演講不是他專長的題目，還是比沒有知名度的人講具有說服力。

二、訊息的內容和結構

有關勸服傳播的內容可分成兩個部分：

一是動機的訴求 (motivating appeals)。這是指以某些訴求（如金錢、安全、威脅等）作為動機去刺激受眾以使他們接受某些意見。

另一是研究勸服性內容的組織情形，例如：是否要明白陳述結論？正反面的說詞要同時出現嗎？哪一個先說較好？勸服性言詞是先入為主？還是後說較好？這些問題都有待研究證實。

㈠有關恐懼訴求的研究結果

詹尼斯和費許巴克 (S. Feshbach) 共同設計了一項實驗。首先他們假設像害怕、罪惡、憤怒、恐懼等訴求會激發個人情感上的緊張，進而改變自己的意見或態度。他們以高中生分 4 組進行測試，所有的受測者都要聽 15 分鐘有關牙齒保健的演講，各組內容差不多，只是分別加了一些威脅性的訊息。第一組威脅性訊息最強，第二組較溫和，第三組只提供了很微小的威脅，第四組則完全不加威脅。研究者於受試者聽完演講後測試其情緒上的反應。

實驗結果發現，前三組的受測者都有不同程度的情緒反應，其中以第一組威脅訊息最強的情緒波動最大，所以證實增加威脅性訊息的確會影響個人情緒波動。不過後續研究發現，以勸服的效果而言，小小的威脅導致意見改變的效果最好。所以在意見與態度改變的一致性上，以第三組的效果最佳。相反地，威脅性太強的訊息反而有反效果 (Hovland et al., 1953: 70)。

㈡訊息的內容結構

耶魯研究在這方面的發現可歸納為以下幾點（Hovland et al., 1949；李金銓，1983）：

1.如果傳播者預先知道閱聽人一開始便反對他的立場，則最好把正反兩面意見都提出來，這樣會比片面意見有效。

2.如果閱聽人原來就信服或贊成傳播者的立場，則不妨以片面之詞來強調他們所倡導的立場，以加深其預存的態度。

3.對教育程度高的人，宜將正反意見並陳；但對教育程度低的人，宜用片面之詞。

4.如果閱聽人的教育程度低，又原來已信服傳播者的立場，則一定要用片面之詞；此時將正反意見並陳最無效，只會增加閱聽人的困擾。

當然，這些結論不一定就是定論；不過，正反兼顧的傳播似乎是一種很好的「免疫劑」。關於傳播注射免疫劑的作用，耶魯研究有實驗結果加以支持。蘭斯丹和詹尼斯用兩個假造的無線電節目向受測者作試驗。他們把受測者隨機抽樣分配成兩組，節目的主題是蘇聯「不能」在短期內大量生產原子彈，一組只聽片面之詞，另一組則聽正反兩面的意見，兩組向預期方向的態度改變都超過60%。接著，他們又換上另一個節目，說蘇聯「能」在短期內製造原子彈，結果「片面組」的態度改變（相信蘇聯「不能」）立即從60%掉到2%，而「兩面並陳組」卻仍有60%的人相信蘇聯「不能」，不受反宣傳的影響 (Hovland et al., 1953: 109)。

其次，意見提出的順序如何？是先入為主有效？還是後提的有效？結果發現（Hovland, 1957；李金銓，1983）：

1.一個問題正反兩面的論點如果由不同的傳播者提出，則先提的不一定經常佔優勢。

2.但如果一個問題的正反論調都由同一傳播者提出，也許就會產生「先入為主」的現象。倘若正反意見分兩次提出，其間發生不相干活動，則先提出的效力會消除。

3.對於有強烈求知慾的人來說，問題提出的前後沒有太大影響。

4.傳播內容如果是閱聽人所同情的，則以先提出者較有利。

5.若傳播內容是為了滿足需求的話，最好先激起需求之後再提出問題。

6.若預先知道權威傳播者所提論點與自己立場相左，但不十分明顯，此時宜爭取先機，提出自己的主張。

7.閱聽人不熟悉的問題，應先提要點。

三、閱聽人

賀夫蘭等人的研究也關心閱聽人的問題。他們將閱聽人問題分為兩個領域來討論：

第一是討論團體規範的影響效果和團體促使個人接受勸服傳播的一致性問題。第二是探討個人人格因素，例如：可說服性 (persuasibility) 問題。現分別進一步說明如下：

㈠團體規範對團體成員的影響

賀夫蘭等人認為，團體規範會影響個人的意見與態度，尤其是效忠團體的人對於勸服性傳播常會視而不見、充耳不聞。

凱利 (H. H. Kelley) 和瓦克哈特 (E. H. Volkhart) 想證實這種假設而設計了一項實驗。他們以新英格蘭地區的 12 組男童軍作為測試對象，分成公開組與保密組，分別聽取加強都市活動好處的演講，之後兩組分別接受問卷測試。

研究結果符合原先的假設。男童軍在得知保密的情況下，最效忠團體規範的人最不容易受到傳播內容的影響，也最不容易改變。但是在公開的情況中就不同了，受測者（即使是最忠心的人）也不會堅持自己的意見，多半會接納大多數人的意見 (Lowery and DeFleur, 1983)。

㈡個人的可說服性對勸服的影響

賀夫蘭等人根據多次實驗，提出以下的初步結果 （Hovland et al., 1953; Janis et al., 1959；李金銓，1983）：

1.在日常生活中經常對他人公然表現敵意的人，比較不易受任何形式勸服的影響。

2.具有社會退卻傾向的人，比較不容易受到任何形式勸服的影響。

3.想像力較豐富，對符號所表現的東西較能衷心反應的人，比較容易被勸服。

4.自我評價低微的人，比較容易聽從任何形式的勸服。

5.外導傾向的人比內導傾向的人容易被勸服。

四、閱聽人的反應型態

研究者將閱聽人分為主動參與者與被動控制者。研究者在實驗中要求前者扮演傳訊的角色，後者則只接受訊息。結果發現，主動參與的閱聽人較易受改變。這個發現似乎也間接證明了教學相長的功能，教者邊教邊學，更有助於增進學習。

至於意見改變的效果能否持久，賀夫蘭等人也做了研究。結果發現，效果較持久的傳播是：

㈠有意義的訊息，包括較生動、有感情的訊息。

㈡學得的訊息完整，亦即閱聽人投入程度較多。

㈢重點式的記憶比全部記憶更能保持持久效果。

㈣閱聽人動機、興趣高者，記憶較久。

第五節 **相關研究與後續發展**

耶魯研究前後進行了大約 20 年，整個研究系統不可謂不龐大，投入的金錢、人力、時間更難以計數。規模這麼龐大的學術研究，即使在 1961 年賀夫蘭去世後而結束了整個研究計畫，它的影響力還是存在的。態度變遷和勸服等都已成為傳播界耳熟能詳的專有名詞了。

目前態度變遷與勸服傳播有日趨多樣化的研究趨勢。以史密斯 (M. J. Smith) 的《勸服與人類活動》(*Persuasion and Human Action*, 1982) 而言，此書開宗明義就將勸服視為社會影響的一個發展過程，他顯然是以社會學的觀點研究勸服，這和賀夫蘭的耶魯研究已大相逕庭。

舒特 (R. Shuter) 在《傳播：概念與技術》(*Communication: Concepts and Skills*, 1984) 一書中指出了他對勸服性言詞的看法。他將勸服分為 (Shuter, 1984: 141–157)：

一、認知性的勸服 (cognitive approaches to persuasion)：說之以理。

二、情感性的勸服 (affective approaches to persuasion)：動之以情。

其中影響認知性勸服的變項是：

一、傳播者的信度，又分外在信度與內在信度。前者指的是聲望、專業性、教育水準、種族、宗教和年齡等；後者指的是說話時的權威感。

二、深入解說：詳細說明論題的各種資訊。

三、認同感：對演說者或傳播者的認同感。

四、順從：以恐懼訴求導致閱聽人的順從。

至於影響情感性勸服的變項有：

一、情感訴求：如廣告中的訴求，通常會儘量符合人類追求快樂、性刺激、喜歡接受讚美等特色。

二、給予所需：馬斯洛 (Abraham Maslow) 指出人類有五大需求，即生理的、安全的、被接受的、受尊重的、自我實現等五大需求。傳播者在勸服時應儘量提供閱聽人能滿足以上五大需求的訊息內容。

我們不難發現影響人們改變意見與態度的因素很多，而且經常是錯綜複雜的。勸服傳播想要獲致某種效果，其考量因素更須廣及傳播者、閱聽人的特性、媒介組織、社會結構和文化背景等層面。雖然賀夫蘭等人當年有此雄心壯志，想要從研究中建立某些法則，開啟人類神祕的心靈之門，但是將近 20 年的努力成果，從整個學術文明而言，也不過是幾粒砂而已。耶魯研究只是一個開端，如何後續，應是傳播研究者繼續給予關切的重點之一。

第八章

傳播者研究

第一節　前　言

　　美國傳播界有一則很有名的漫畫，內容是說：在一個起居室裡，有一對父子正在看電視，父親坐在大躺椅裡，兒子站在父親身後問他父親說：「爸爸，如果森林裡有一棵樹倒了，而新聞記者沒有把它報導出來，那麼，這棵樹算不算真正倒了？」

　　當然，這則漫畫有許多詮釋的可能性。但是，從這則漫畫中我們可以體驗出大眾傳播媒介模塑人們腦中圖像的威力：一件事如果未經大眾傳播媒介的披露報導，在瞬息萬變的現代世界中，幾乎就是等於沒有發生過。由此，更可以引伸出傳播者在建構人類社會真實過程中舉足輕重的地位。

　　另外，支配了傳播理論界近 30 年的拉斯威爾 (H. D. Lasswell, 1948) 傳播模式：

誰→說了什麼→對誰→透過什麼管道→產生了什麼效果

　　其中的第一個元素「誰」(who)，指的也就是本章所要談的傳播者。

　　這個「誰」，雖然身居拉斯威爾傳播模式的龍頭老大，但是在傳播研究上一向沒有受到很大的重視。一直要到 1950 年代，懷特 (D. M. White) 對「守門人」(gatekeeper) 進行研究 (White, 1950)，才開啟了傳播者研究的先河。

　　社會學家希爾希 (P. M. Hirsch) 把傳播者研究歸納成以下幾個分析層次 (Hirsch, 1977)：

　　一、職業角色、生涯，以及傳播媒介與組織化個人間的關係。

　　二、把整個媒介組織本身視為一個分析的對象，探討記者與編輯採訪工作的協調等。

　　三、探討媒介與媒介之間的關係（例如報團合併壟斷），以及傳播媒介與其他社會環結之關聯（例如大眾傳播媒介與政治、經濟等的關係）。

　　本章將先從 1950 年代的「守門人理論」談起，再談有關傳播媒介與組織化個人之間的關係（新聞室的社會控制），接下來處理的有新聞價值、新聞從

業人員的專業化研究、「假事件」與「相關效果」、「客觀真實、符號真實、主
觀真實」、記者與訊息來源人物以及媒介霸權論。

第二節　守門人理論

「守門人」一辭是心理學家李溫 (Kurt Lewin) 提出的。李溫研究家庭主
婦選購家用食品（動物內臟）的決定，發現資訊通常順著一些有門的通道流
通；在這些有門的地方，或根據公正的規則，或由「守門人」個人做出判斷，
決定資訊或財貨是否可以被容許進入通道或繼續由通道流通 (Lewin, 1958)。
李溫的這個想法被懷特取來運用在他對傳播者的研究上，因此日後即稱懷特
的研究及許多模仿懷特研究的傳播研究為「守門人研究」。

懷特的守門人研究選擇了美國中西部某報的某位電訊編輯作為研究的對
象。懷特要求這位「守門先生」(Mr. Gate) 把來自美聯社 (Associated Press)、
合眾社 (United Press Association) 和國際社 (International News Service) 的稿
件保存 1 星期，然後加以分類比較，結果發現 (White, 1950)：

一、只有約十分之一的來稿被採用。

二、內容比例失衡。國際性及全國性政治新聞和人情趣味新聞等之總和
高達內容的三分之二。

三、對照收進來和發出去的稿件類目，發現兩者在比例上十分接近。

研究者進一步詢問「守門先生」不刊登稿件的理由，則不外是：一、不
值得登，而且理由相當主觀，例如：沒趣味、不好、宣傳等；二、已選登同
一事件的另一稿件；三、編輯認為不該登就不登。

懷特的研究，主要從編輯的個人決策層次切入，的確也發現了影響「守
門先生」決策過程的一些相當主觀的因素；至於組織在決策過程中所扮演的
角色，則比較沒有討論。

第三節　媒介組織對媒介從業人員的影響

　　傳播機構是專業人員組成的龐複科層組織 (bureaucracy)（李金銓，1983: 61）。雖然就表面上看來，蒐集或處理新聞的是「個人」，但實際上，每一個媒介從業員並非獨立的個體，他們的工作必須符合組織、職業、廣告客戶以及廣大閱聽人的需要 (Hirsch et al., 1977: 21)。

　　因此，我們在討論傳播者研究時，除了探求守門人處理新聞的個人特性，還應將其置於整個傳播機構中，來了解媒介組織運作對守門人所產生的影響。

　　在懷特的研究之後，芝伯 (W. Gieber) 也進行了一次類似的調查，結果發現：個人的價值判斷或新聞本身的價值並非最重要的因素；最重要的是新聞組織的種種壓力。芝伯提到，新聞室有如一職業的文化環境，其中有著截稿時間、採訪路線 (beat)、寫作方式等所構成的專業標準 (Gieber, 1964: 173–182)。

　　英國的坦斯塔 (J. Tunstall) 與美國的詹士棟 (J. W. C. Johnstone) 曾經分別在英、美兩國針對新聞從業員做研究。

　　坦斯塔以參與觀察法抽樣觀察了英國 23 家媒介的從業員的社會化行為，研究他們的工作目標、理想、內容、彼此競爭與互惠的情形，最後歸結出：媒介從業員相當受到「職務」與「媒介組織」的影響，他們的「表現能力」並深受其左右 (Tunstall, 1971)。也就是說，外在的制度、環境、位置，似乎重於從業員的個人特質。坦斯塔後來又邀集同儕，對更多各類的媒介進行研究，也發現了相似的情形，因此他們比擬當時的媒介，是製造業的性質高於文化業。

　　詹士棟則對全美 1,313 位新聞從業員進行研究，發現了新聞從業員有參與型 (participant-advocate) 與客觀型 (neutral) 兩種專業意理。在愈大的城市中，與同仁關係愈密切的人，參與的意理愈明顯，愈好推動社會運動。而在媒介組織中地位愈高，與各界關係愈好的人，則愈重視客觀價值，講究平實、

平衡報導 (Johnstone et al., 1972)。

另外，肯特 (M. G. Cantor) 曾對好萊塢電視節目製作人做過一項研究，希望了解影響電視節目內容的組織、專業、職業及個人等各項因素。結果發現製作人實際上是一個「中間人」：他們一方面是製作過程的總負責人，有選擇題材、內容、聘請作家、導演、演員、修改節目等權力；另一方面，他只是科層組織中的一環，對下要監督製作群，對上還必須對電視網負責。

同時，由於每個製作人的背景、歷史及職業目標不同，使他們面臨「角色衝突」時，亦有互異的處理方式。肯特將製作人分為：

一、電影製作人 (filmmakers)──在大學中學的是電影，希望利用拍電視影片來充實經驗。故與組織發生衝突的情況最少。

二、作家型製作人 (writer-producers)──畢業自大學英文或新聞系，曾在其他媒介工作，希望進入電視界一展長才。與組織發生衝突的可能性很大。

三、老式製作人 (old-line producers)──不一定為大學畢業生，但經驗豐富，擅長捉摸市場需求，他們只關心節目的賣座與否。亦易與組織發生衝突。

質言之，這一類型的研究已突破守門人研究初期只以傳播者個人為研究對象，而將研究焦點置於媒介組織運作對守門人所可能產生的影響。

第四節　新聞室的社會控制

新聞室的社會控制主要在分析新聞媒介如何塑造一位新手，並影響他的決定。也可以看做是研究新聞機構補充新血 (recruitment) 與新聞從業員社會化的過程。

有關這方面的研究，布里德（W. Breed, 1955；李金銓，1983: 35–36）是第一位提出報告者。他訪問了任職於美國東北部中型報紙的 120 位記者，發現新進的記者並非自正式的管道得知報社的政策，而是經由工作上的社會化過程而間接心領神會的。

新聞記者為什麼會遵守新聞室的「行規」呢？布里德舉出了以下的理由：

一、機構的權威與制裁力。

二、對上司的感激（感激在甄選新人時錄用了他）與尊敬。

三、升遷的慾望。

四、缺少一個對抗的團體；報導工會未曾干預報館內部政策，記者大可效忠報館，而不必有心理矛盾。

五、工作愉快。

六、新聞已成為一種價值，被內化了。

雖然如此，但在某些情況下，記者仍然可以巧妙地迴避報社政策：

一、政策的規範不明顯時，記者的自由度較大。

二、主管未必了解某事的細節時，記者可運用知識去迴避政策的規定。

三、記者可以技巧地「布局」，例如請其他的報館記者先寫一稿，然後藉機向自己的編輯遊說。

四、記者通常對主動發掘的新聞享有較高的自主權。

五、「明星」記者比較有權出軌。

也由於新聞室的社會控制，使記者往往比較在乎同事、上司或同業，而比較不在乎真正的受眾（Breed, 1955；李金銓，1983: 36–37）。

在《媒介壟斷》(*The Media Monopoly*, 1983) 一書中，作者貝迪肯恩 (Ben H. Bagdikian) 也提到，媒介中的這種非正式「學習」至今猶存。他說，大多數的老闆並未告訴屬下他個人的好惡，但屬下眼見某記者被解僱或降級，或某些新聞、電視節目被「封殺」，便可間接了解組織的政策，而使得雖然沒有明確的命令下達，他們也能做得好似在命令之下。

通常，老闆是傳播媒介內部最有權力的「守門人」。但電訊編輯、記者、編輯、採訪主任等「守門人」也同樣有控制力，他們已逐漸注意到老闆的「社會控制」，近年在美國有所謂「新聞室內的革命」之說，促使傳播從業員更團結，能夠以職業的客觀標準，而不是老闆的好惡，作為稿件取捨的原則。而西德也有「內部的新聞自由」的說法，即由編輯室內的工作人員（包括記者和編輯）和老闆共同決定經營方針和政策走向（翁秀琪，1987）。

 **第五節　新聞價值**

新聞價值指的是：新聞從業員在選擇新聞題材時所依據的標準，這個概念於李普曼 (W. Lippman) 的《民意》(*Public Opinion*, 1922) 一書中已提及。一般所稱的新聞價值，包括：人 (people)、地 (location)、時間 (time) 等主要因素 (McQuail, 1987: 163–166)，分別說明如下：

一、人

新聞通常與「人」密不可分：

㈠記者通常有自己的「訊息來源人物」。

㈡新聞通常牽涉到「重要人物」說的話；同時，重要人物如何看待事件，往往比事件本身重要，易成為新聞。

二、地

例如：葛桐 (J. Galtung) 和魯芝 (M. Ruge) 發現，愈接近都會地區的新聞愈重要 (Galtung and Ruge, 1965)。

某些固定地點與新聞蒐集有關，例如：法院、警察局、國會、機場和醫院等。

三、時　間

時間與新聞的選擇密切相關，這又包括新奇性 (novelty) 和關聯性 (relevance) 兩者。

美國著名的女學者塔克曼 (G. Tuchman) 指出新聞網的重要性，而這種新聞網的鋪陳是時間和地點兩因素的結合；也就是說，記者要能事先掌握新聞「何時」「何地」會發生，才能先發制人。她同時指出，記者通常會將新聞分類，以事先掌握、計畫他們的工作。常見的分類有：

㈠依性質分：軟性和硬性新聞。

㈡依時間分：突發性新聞、有發展性的新聞、有後續性的新聞；還可以分為事先計畫、未事先計畫和沒有計畫的新聞。

塔克曼認為，有了以上的分類，記者可事先預做安排。

塔克曼進一步指出，新聞的刊出（播出）須對組織產生最小的危機。同時必須是：㈠有事實根據 (factual)；㈡可證實 (verifiable)；㈢訊息來源具權威性 (the possibility of directly attributable to the authoritative sources)，有這些特色才愈有被選用的機會 (Tuchman, 1978)。

除了以上影響新聞價值的因素外，葛桐和魯芝在古巴危機報導的研究中，更具體地指出影響新聞蒐集的因素有：一、突發性 (having a short time span, being sudden)；二、重要性和影響層面大 (having great scale and intensity)；三、清楚性 (being clear and unambiguous)；四、未能事先預料 (being unexpected)；五、文化接近性 (being culturally close to the intended public) 和六、有持續發展的可能 (having continuity) (Galtung and Ruge, 1965)。

綜觀以上諸學者所舉之新聞價值有以下幾個共同的特色：一、新聞的易得性和低成本；二、符合新聞從業員對新聞的期望和刻板印象；三、愈接近權力和權威的新聞，愈有新聞價值。

足見，源自於新聞蒐集上的技術需要而形成的新聞價值，日久是否會產生意識型態上的後果，便成了學者們極為關心的問題 (McQuail, 1987: 167)，例如：塔克曼即認為，所謂新聞的客觀報導，發展到後來已變成一種儀式行為 (Tuchman, 1978)。

第六節　新聞從業人員的專業化研究

　　什麼是專業？一種職業要成為專業須具備哪些條件？職業社會學中這方面的探討很多，不過，簡單地說，一種職業成為專業通常是「專業化」的結果（翁秀琪，1987a）。

　　「專業化」是一種過程。在這種過程中，某種職業逐步取得或擁有了成為專業的一些特性。維蘭斯基 (H. L. Wilensky) 曾經分析 18 種職業的專業化過程，歸納出一種職業所以能成為專業的 5 個重要階段 (Wilensky, 1964)：

　　一、首先，成為專業的職業會成為一種分工細密的全職。從業者有其特定的工作範圍，不得踰越。

　　二、成立專業學校或大學科系培養後進，將專業知識代代相傳。由於專業從業員受過嚴格的專業養成教育，因此他們具有相當程度的權威性及排他性，這也就是職業社會學中所謂的「免受門外漢批評的權利」。

　　三、專業從業員及專業員養成者（指從事專業養成教育的教師）聯手起而組織工會，旨在保障從業者權益並確保其自主性。因此，幾乎所有的專業從業員都具備相當程度的自主性。

　　四、由政府考試、發證，限制及規範從事該項專業者的資格。因此，所有專業都具有某種程度的壟斷色彩，阻止了其他人自由從事該項職業的機會。

　　五、道德規範 (code of ethics) 的訂定。專業化的最後一個階段是從業人員有感於本身責任重大，主動起而訂定職業道德規範。

　　一個專業之形成通常是按部就班經歷以上 5 個階段。

　　從維蘭斯基對專業化過程的討論裡，可知一種專業通常具備幾種特性：

　　一、建構於理論基礎上的、分工細密的專業知識。

　　二、通常由大學來承擔的系統化教育過程，例如：醫生、律師、建築師等之養成過程。

　　三、專業知識是否合標準須通過國家考試檢定，通過檢定的人才能執業。

四、專業從業員擁有成文的職業規範。

五、專業從業員具有高度自主性及權威性，可免除外行的控制和干擾。

勒洛依 (D. J. LeRoy, 1972, 1973) 曾根據哈爾 (R. H. Hall) 發展出來的專業化量表，訪問了 187 名電視記者，並將結果和得自其他 27 種不同工作場所的 12 種行業相互比較 (Kepplinger and Vohl, 1976)。

哈爾的專業化量表包含了以下層面：

一、專屬職業團體在該團體成員心目中所佔的地位。

二、相信自己的職業是一種公眾服務業的程度。

三、相信專屬職業團體對團體成員的影響度。

四、對職業的忠心程度（是否願意不顧一切地留在本職業中）。

五、對職業自主性的主觀評量。

勒洛依將電視記者和許多傳統的專業，例如：醫生、律師，以及後起的一些具半專業色彩的行業，例如：社會工作人員、護士和股票經紀人之間做比較。透過比較，勒洛依替電視記者的專業化程度定位。

研究結果顯示，電視記者的專業化程度和其他 12 種職業比較時排名第 9 位。若將電視記者的專業化程度和前述從 27 種不同工作場所取得的資料做比較時，則前者的專業化程度益顯低落。在估量專屬職業團體在該團體成員心目中所佔的地位時，電視記者排名第 25 位；在估量專屬職業團體對團體成員的影響度時，電視記者排名第 17 位；在對職業的忠心度上，排名第 25 位；在對職業自主性的主觀評量上排名第 14 位。只有在「相信自己的職業是一種公眾服務業」上，記者排名第 3 位，僅次於教師和律師。

當然，勒洛依研究的樣本太小，且只訪問了電視記者，代表性很成問題；然而，還是讓我們在實證的基礎上對新聞記者的專業化程度有了初步的了解。

根據上述專業的過程和條件，新聞記者這種行業確實具備傳統專業的某些特質，但考量新聞自由及新聞工作濃厚的人文特質，對於是否應透過立法使其成為一種完全的專業，各國有不同的考慮（參見翁秀琪，1987a，及本書第二篇之「傳播者研究實例」）。

第七節 假事件與相關效果

最早提出「假事件」(pseudo-event) 一辭的柏斯汀 (Daniel J. Boorstin)，在他所寫的《幻象》(*The Image: A Guide to Pseudo-Events in America*, 1961) 一書裡指出，我們每日接觸到的新聞可能參雜著很多假事件，然而奇怪的是，假的事件常比真的事件更吸引人。

那麼，何謂假事件呢？柏斯汀的定義是：「經過設計而刻意製造出來的新聞；如果不經過設計，則可能不會發生的事件。」因此，舉凡記者招待會、大廈剪綵、遊行示威，乃至電視上的候選人辯論都是假事件。

假事件大行其道的原因很多，除了版面、截稿時間與同業間的競爭，媒介和政府、政黨間的共生關係也是很重要的促因。政府、政黨製造假事件來為政府官員或候選人扭轉形象、打品牌，媒體為了填充版面也樂得讓假事件充斥其間。假事件的道理始終會被公關人員謹記於心，因此他們不斷利用假事件來製造議題，為形象做最精美的包裝。

當假事件透過攝影機鏡頭和電視畫面呈現時，它的影響力更大，主要因為人們面對攝影機鏡頭時，常有異於平常的表現，郎氏夫婦 (K. Lang and G. E. Lang) 稱這種現象為「相關效果」(reciprocal effect)。郎氏夫婦曾就此主題做過一個極有趣的研究，題目叫「麥克阿瑟 (Douglas MacArthur) 將軍在芝加哥的一天」(Lang and Lang, 1953)。

韓戰以後，麥克阿瑟將軍回到美國，芝加哥城為了歡迎這位韓戰英雄歸來，特地為他舉行了一個遊街的歡迎儀式。郎氏夫婦在麥帥座車經過的街道兩旁，沿途布置了觀察人員，同時又指定研究助理跟住攝影隊，觀察他們如何採訪。站在街道兩旁的觀察人員事後非常失望。他們先是苦苦等候，然後才見到車隊疾駛而過，見到的麥帥只是驚鴻一瞥。至於站在人群中想要一睹這位韓戰英雄真面目的群眾則更是失望，他們大多只有機會歡呼一聲，然後一切就都過去了。

　　因此，在現場觀察的人覺得這次的歡迎儀式既不刺激，也沒有留下很深刻的印象。但是，當晚的電視報導卻很不相同。攝影機裝在汽車上，緊隨麥帥的座車；攝影人員一會兒把鏡頭轉到麥帥，一會兒轉到群眾，被攝影機攝到的人個個興奮異常（相關效果）；畫面淡入、淡出，再加上記者生動的旁白，真是一場再完美也不過的凱歸英雄歡迎儀式。同樣的一件事，現場觀眾的經驗是失望、是乏味，電視機前觀眾的經驗卻是滿意、興奮。因此，郎氏夫婦在研究中指出，看電視的人選什麼來看，可能沒有記者選什麼來報導的影響力大。傳播媒體自己也不斷地在製造假事件，由此可見一斑。

第八節　客觀真實、符號真實、主觀真實

　　阿多尼 (Hanna Adoni) 和曼恩 (Sherrill Mane) 這兩位學者採取柏格和拉克曼 (P. Berger and T. Luckman, 1971) 及休茲 (Alfred Schütz) 等人的觀點，試圖跨越辯證及實證兩個領域來整合「媒介如何建構社會現實」這個主題，因而提出客觀真實、符號真實和主觀真實的概念 (Adoni and Mane, 1984)。

　　社會現實（或「真實」）到底是什麼？如何形成？可從圖 8–1 了解之。

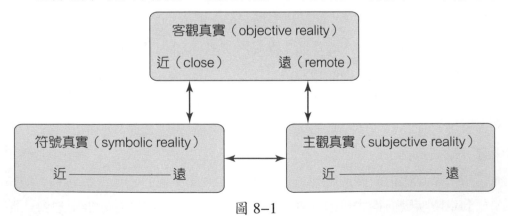

圖 8–1

（資料來源：Adoni and Mane, 1984: 327）

一、客觀真實：不容置疑的真理，不須驗證，也驗證不來。

二、符號真實：以符號來描述的真實，例如：以文學、藝術或媒介來表達，所呈現的真實。這是站在傳播者的角度來看待的真實。

三、主觀真實：個人對真實的了解與信仰。多半得自社會情境及媒介建構而形成了個人的「腦中圖畫」。這是從閱聽人的角度來看待真實。

所謂的「近」(close) 或「小社會事項」(microsocial elements)，指的是可以由面對面互動而得的個人日常生活經驗事項。所謂的「遠」(remote) 或「大社會事項」(macrosocial elements)，指的則是抽象不可觸的因素，例如：社會秩序、輿論道德等。

阿多尼和曼恩的主要觀點如下 (Adoni and Mane, 1984)：

一、符號真實與客觀真實的關係

㈠媒介所呈現的議題影響了文化形成，例如：流行歌曲、種族偏見等。

㈡新馬克思主義者更批判媒介扭曲了客觀真實，例如：種族及階級偏見。

㈢符號真實研究的另一個重點，是媒介內部的互動型態。媒介的守門過程使真實更為模糊。

㈣符號真實側重「遠」的研究，例如：組織規範、價值系統、意識型態、權力結構、財富分配等。

二、符號真實與主觀真實的關係

㈠符號真實影響了個人對真實的了解與信仰。

㈡「政治社會化」、「議題設定」是影響主觀真實的兩個主要效果指標。

㈢由於 「財富」 (wealth) 分配不均， 知識階層不同的人有 「知溝」 (knowledge gap) 問題出現，影響了個人不同的主觀真實，也影響了國家發展。

㈣愈「遠」的事項，愈易受媒介影響。這支持了媒介依賴的假說，也證實了「遠」「近」概念的重要意義。由於媒介呈現的只是不十分真實的「準環境」，所以人們對愈「遠」事件的認知，愈不真實。

以客觀真實、符號真實與主觀真實三個角度並進的研究，可以說對「何謂真實」的問題，提供了更清晰可期的解答方法。惟此種研究法仍受到批判：

一、在概念上，「大社會事項」並無可概念化 (conceptualized) 的名詞（指

稱)。葛柏納 (G. Gerbner) 等人則假設,在美國的權力結構下所呈現的符號真實,是侵略者與被侵略者間的暴力型態。

二、在方法上,欲直接測量「遠」事件的抽象事實,幾乎不可能。且「遠」與「近」在概念上差距甚遠,無法直接推論。

即使有這些缺點,這種類似「文化指標」的研究提供了媒介效果實徵研究及文化環境辯證研究交集的機會。諾爾紐曼 (E. Noelle-Neumann) 的「沉默螺旋理論」(the spiral of silence) 指出,多數人即便都無知於真實,但一旦形成「意見氣候」(climate of opinion),則個人「從眾」的行為便勢所必然。這種理論其實與「文化指標研究」頗為酷似 (Noelle-Neumann, 1974, 1977)。

此外,羅森袞 (K. E. Rosengren) 主張以多層面社會分析 (multisocial analysis) 來探討文化現象,亦即包含理論層面、實質層面 (substantive dimension) 及方法論層面的分析方式。在研究方法上,可以內容分析來檢視符號真實;以調查來探討主觀真實,並以對「二手資料」(外在資料) 的分析來挖掘客觀真實 (Rosengren, 1985)。

第九節 記者與訊息來源人物

美國學者芝伯 (W. Gieber) 與詹森 (W. Johnson) 曾研究記者和訊息來源人物之間的關係,並提出跑市政府路線的新聞記者及其訊息來源人物之間的可能互動模式 (Gieber and Johnson, 1961):

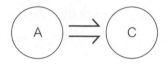  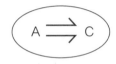

圖 8-2

(資料來源:Gieber and Johnson, 1961: 289-297)

以上的互動模式可分為:一、記者與訊息來源人物是不同社群的成員,

彼此獨立，且其自我角色的認知、功能和目標皆不相同；二、記者與訊息來源人物之間在傳播角色上是相互合作的，且認同彼此的功能；三、記者與訊息來源人物之間同化或支配另一方。

　　其實記者與訊息來源人物的自我角色認同及參考架構各有不同。記者角色在於保護大眾，他們通常自認為是與社會有直接關聯的新聞媒介之僱員；而訊息來源人物則認為自己是社區的守護者。兩者的參考架構也有差別：訊息來源人物的參考架構是市政府，任何溝通目的都在於加強社區的和諧一致，故訊息來源人物企圖同化記者，並將之納入他們的參考架構；而記者的參考架構則為所跑之路線 (beat)，一方面他要發揮監督政府的功能，一方面又要和訊息來源接近。兩者之間的合作即是為了避免衝突，然而兩者在實質上卻仍有差別。由此可知，在這個新聞蒐集的過程中，記者與訊息來源人物的互動關係造就了新聞。

　　甘斯 (H. J. Gans) 則在探討記者與訊息來源人物兩者的關係時，曾做一詳細比喻：訊息來源人物尋求接近記者，記者也在尋求訊息來源人物，彼此就如同跳探戈的雙方，兩者都有機會引導對方，但大部分的情況是訊息來源人物擔任引導者的角色。訊息來源人物儘量使自己成為可用的訊息提供者，而記者則決定何人適合新聞表現 (Gans, 1979)。甘斯並且歸納了訊息來源人物吸引記者的因素：

　　一、訊息來源人物的動機。

　　二、訊息來源人物所掌握的權力。

　　三、訊息來源人物提供適當訊息的能力。

　　四、訊息來源人物與記者在地理上或社會上的接近性。較有權力者，較容易出現在電視新聞中，且與記者有相似職位、年齡的訊息來源人物，較能提供獲得記者採用的有用且包裝的訊息；而無權力的人只有在涉入社會失序的行動中，才能傳播他們的見解、看法。

　　記者在選擇訊息來源人物方面，也有數項考慮標準：

　　一、過去不錯的採訪經驗。

　　二、訊息來源能否符合製作上所講求的生產原則，節省記者的精力和時間。

三、訊息來源人物有可信賴感。

四、訊息來源人物有真實感，能提供詳實的訊息。

五、訊息來源人物有權威感。

六、口齒清晰、不帶鄉音的訊息來源人物。

唐吾弟 (Sharon Dunwoody) 和史考特 (Byron T. Scott) 曾以面訪方式調查美國兩所大學的科學家，探討其成為媒介之訊息來源人物的原因，並研究科學家與記者互動的因素。研究結果顯示，職級較高的科學家比職級低者較常與記者接觸；年齡較大者，比年齡輕者更有機會與記者保持連繫。這種傾向表示了科學家將大眾媒介視為一項有價值的資源，他們必須依賴大眾的支持以維持其科學家的地位 (Dunwoody and Scott, 1982)。

至於，不同媒介之間的資料來源是否有所不同？菲可 (Fedrick Fico) 及艾特華特 (Tony Atwater) 將訊息來源分為：

一、印刷文件。

二、活動來源：委員會會議、政府記者會、議員活動 (floor action)。

三、私人訊息來源。

菲可等人發現，電視記者在新聞蒐集過程中主要依賴活動性的訊息來源，特別是官方記者會以及事先安排的事件。而報社記者則以印刷文件或私人為訊息來源，特別是機構專家、立法院領袖、委員會主席以及新聞機構的資料室。足見電視與報社記者在選擇訊息來源方面各有不同的焦點。電視新聞由於新聞製作上的限制，尤其著重於高科層組織的領導人物及可預期性的活動 (Fico and Atwater, 1985)。

第十節　媒介霸權論

媒介霸權論主要源於馬克思主義的傳統。此一概念源自葛蘭姆西 (A. Gramsci)，指陳的是一個階級如何透過政治和意識型態結合的力量來統治另一階級。葛蘭姆西認為，雖然政治中的高壓手段 (coercion) 很重要，但是對於統治階級而言，掌握意識型態也許更重要。對葛蘭姆西而言，國家 (the state) 是最重要的施壓力量 (coercive force)，然而獲得意識型態的宰制卻必須依靠一些市民社會的機構 (the institutions of civil society)，例如：家庭、教堂、貿易聯盟等。因此，這些機構在社會中的地位愈重要，則霸權的形成更有賴意識型態的掌握以竟其功。

馬奎爾 (D. McQuail) 在《大眾傳播理論》(*Mass Communication Theory. An Introduction*, 1987) 一書中指出，葛蘭姆西此一理論的重點並非如傳統馬克思主義強調由階級偏見意識型態 (class-biased ideology) 所形成的經濟、結構的決定因素，而在於意識型態本身其表現方式及彰顯的途徑等 (McQuail, 1987: 66)。

霸權指的是，握有權力者企圖影響他人的一種趨勢。根據葛蘭姆西的說法，霸權是指經由精巧與滲透的方式，將意識型態注入他人的日常生活與思想中，以支配附屬階級或團體。採用霸權論者相信，意識型態是一「符號的機制」(symbolic mechanism)；透過此一機制，能使社會的各部分整合。

亞德海德 (D. L. Altheied) 指出，媒介霸權論包括了以下前提 (Altheied, 1984: 476)：

一、新聞從業員的社會化與意識型態。

二、新聞從業員與其報導有維持現狀的趨勢。

三、對外國新聞的報導，尤其是第三世界，採取反面的態度（負面報導）。

根據以上的說法，我們又可將其分為兩個層次：

　　一、在單一主權國家內，葛蘭姆西批評媒介組織本身似無自主權，受外環的利益集團控制。從業員毫無自主性，只是生產工具而已 (Gramsci, 1971)。

　　二、將觀點擴大至國際層次，則可發現世界的訊息市場受少數超級大國控制，毫不重視第三世界的發言權。

第九章

閱聽人研究

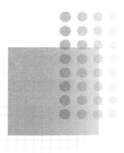

第一節　前　言

　　大眾傳播學者簡生 (K. B. Jensen) 和羅森袞 (K. E. Rosengren) 曾在《歐洲傳播季刊》(*European Journal of Communication*) 上為文討論大眾傳播媒介與閱聽人關係網絡的主要研究傳統，分別是：一、效果研究 (effects research)；二、文學批評 (literature criticism)；三、文化研究 (cultural studies)；四、使用與滿足研究 (uses and gratification research) 和五、接收分析 (reception analysis) (Jensen and Rosengren, 1990)。其實，這些研究傳統間存在著一些明顯的共通處，彼此卻很少意識到（或重視）對方的存在，但最近已開始意識到彼此對話和接觸的重要性。

　　簡生和羅森袞分別將這些傳統劃歸為社會科學典範及人文典範。其中效果研究和使用與滿足研究屬社會科學典範，而文學批評和文化研究屬人文典範，至於接收分析則兼具兩者的特色。

　　社會科學典範以社會學、心理學及社會心理學等為基礎。這個典範以訊息、閱聽人及社會情境來代表大眾傳播過程中的重要組件，並以既定程序研究傳播過程，並將之以圖示或統計的形式呈現出來。而人文典範則以文本／論域、接收者及情境來代表大眾傳播過程中的重要組件，並以有系統但不既定的程序研究傳播過程，主要描述媒介論域（內容結構）如何使接受者在特定社會情境中感知特定的意義。

　　至於社會科學典範及人文典範所採取的方法，亦有相當大的差異。社會科學典範要求研究者遵循一定的研究程序，亦即強調客觀原則，要求研究者依理論、假設形式、觀察、分析、解釋，並呈現研究結果，即所謂「量」的分析。人文典範的研究則重「質」的分析，強調研究者應置身其中，就行動者 (actor) 的觀點來了解現象的全貌，亦即韋伯 (M. Weber) 所謂的「了解」(verstehen)，因此舉凡資料的蒐集、分析與解釋並不被視為分立的部分。

　　本章將就閱聽人研究的這些傳統分別加以說明。

第二節　效果研究

　　整部大眾傳播研究史，是因各種新媒介的出現而誕生，例如：書籍、雜誌、報紙、電影、廣播與電視；近者則有與電腦科技結合的電訊傳播工具，例如有線電視、電傳視訊等。觀諸過去的發展，舉凡一有新的傳播媒介出現，即會引起大眾、學者專家等對這些新媒介效果的恐懼，害怕它們會給人類帶來負面的影響，特別是對婦女、兒童或社經地位較低者。效果研究的典範也就是在這種歷史背景下發展出來的。

　　從 1920 年代的「潘氏基金會」(The Payne Foundation) 對電影效果的研究開始，效果研究的風貌由短期、立即、強大、表面的效果，轉變為長期、間接、不一致的效果；而閱聽人的地位，也從被動接受訊息，轉變為主動、有選擇性的媒介內容使用者。

　　就其理論層次而言，效果研究通常有以下特色：一、將訊息內容視為可辨識、並可測量的符號；二、認為閱聽人的社會心理因素會影響其對訊息內容的反應；三、社會情境會影響閱聽人對訊息內容的注意程度。

　　效果研究的研究方法主要採社會科學的實驗法、調查法、參與觀察法等量化取向，最近更試圖結合多種方法，例如時間序列研究、跨領域的長期研究，或利用電腦統計程式，如 LISREL、PLS 等的輔助來探索媒介內容訊息對人們可能產生的影響。

第三節　文學批評

　　約 2,500 年以來，西方藝術與科學的發展都與文字的傳播形式有著密不可分的關係，其中最重要的就是在文本中所蘊含的認知與美學經驗，它並且

影響了西方文明的發展 (Havelock, 1963; Ong, 1982)。直到 18 世紀，瑞典開始有學者以量化的內容分析法對《聖經》進行文本詮釋。

隨著社會的發展，文學被視為是個人休閒中的一種傳播形式 (Watt, 1957)，也因此對文學批評抱持不同的看法：

一、強調文學傳達的是一種超越時空的美學經驗。

二、文學是對讀者 (audience) 的一種教育，教育讀者如何對文學做出反應。

當代的文學批評對於讀者主要有以下幾個概念：

一、承襲過去對讀者角色的分析架構，採鉅觀角度，檢視歷史與文學主題的傳承發展。特別是一些德國的文學批評者，強調閱讀的美學理論，即將文本的主題變遷與文學理解的情境合而觀之。

二、採微觀的「文本一讀者互動」(text-reader interaction) 取向，以讀者反應理論 (reader-response theory) 為基礎，強調讀者經驗才是意義塑造的中心。

三、近數十年以來，心理學與社會學取向的實驗研究也被運用到文本的解讀上，例如：歐洲與美國的雜誌像 *Poetics* 與 *Spiel* 等，常有文章強調讀者對文本的解讀受文化認同 (cultural identity) 的影響很大。

與效果研究及使用與滿足研究比較起來，文學批評仍是比較強調文本結構對讀者的影響，而較不重視讀者如何解讀文本，較接近法國結構主義的分析架構。

第四節　文化研究

文化研究源遠流長，內涵豐沛，一般都以 1964 年在伯明罕成立的「英國當代文化研究中心」 為重鎮，代表人物有威廉士 (R. Williams)、何嘉特 (R. Hoggart)、湯普森 (E. P. Thompson)、霍布森 (D. Hobson) 及賀爾 (S. Hall) 等人。

英國文化研究大師賀爾曾為文闡釋文化研究的兩大典範： 文化主義
(culturalism) 及結構主義 (structuralism) (Hall, 1986)。

　　文化研究關心的是文化與社會，不論是文化主義或結構主義均企圖以宏
觀的角度來解釋社會權力的運作，或多或少都受馬克思主義的影響，但又都
努力超越馬克思僵化的教條。

　　但在面對文化、意識型態、情境等概念時，文化主義與結構主義又呈現
了彼此觀點的歧異。兩派對於「意義」(meaning) 所採取的觀點亦有不同。

　　文化主義者認為，任何文化活動的意義，必須由當事人主觀加以詮釋。
社會成員體驗他們的生活情境，定義和反應此情境。

　　結構主義者則認為，文化是透過符號結構而產生意義，社會成員不論是
解釋生活實況，或從經驗中汲取意義，在在均須借助語言、符號，而且惟有
透過這些架構，生活方可被分類、辨認，進而呈現出意義。

一、文化主義

　　賀爾指出，何嘉特、威廉士和湯普森三人為文化主義三大師，為文化研
究立下典範；他們所領導的文化主義之文化研究，亦為文化研究的優勢典範，
其特色有以下數端 (Hall, 1986)：

　　㈠視文化為所有社會實踐所組成的整體。

　　㈡反對下層結構—上層結構的僵化公式，尤其反對化約的經濟決定論；
相反地，將社會存在與社會意識的關係視為互動關係。

　　㈢將文化定義為：

　　1.特定團體基於其特定的歷史情境和社會關係，掌握和反應其生活實況，
從而顯現出來的意義與價值。

　　2.將上述的意義與價值生活出來，所形成的傳統和實踐即為文化。

　　因此，威廉士主張文化研究應研究「人類生活的全貌」(the whole ways
of life)。

　　㈣尊重經驗。

二、結構主義

　　賀爾則認為，社會運作不應從個人角度來看，而應從結構的觀點來探討
——社會共識可能並非經由個人間的自由溝通所達成，而是由意識型態所框
架出來的。影響結構主義文化研究者最深的兩位學者應屬阿圖塞 (L.
Althusser) 和葛蘭姆西 (A. Gramsci)，以下探討兩者對意識型態的論點。

　　阿圖塞將意識型態定義為：個人對其所存在之真實情況的假想關係。阿
圖塞有別於一般研究意識型態者，特別強調意識型態的物質性，他不探討個
人內心的想法、觀念，而直接研究具體的、外在的語言、符號、儀式或各種
社會實務 (practices)，因此他認為意識型態是存在於各種制度或實務活動的表
徵系統 (representation)。

　　葛蘭姆西與阿圖塞都反對機械決定論，葛蘭姆西更提出意識型態爭霸理
論 (ideological hegemony) 來取代之。他認為，社會秩序的維持與變遷，其間
並沒有所謂歷史發展的必然定律，而是意識型態的抗爭到贏取共識的結果。

　　有關文化研究對傳播研究的貢獻，請參考本書第十七章。

第五節　使用與滿足研究

　　使用與滿足研究是閱聽人研究的主流，我們將用較多的篇幅來介紹。

一、前　言

　　一般傳播學者多採兩種角度來探索大眾傳播媒介與閱聽人之間的關係：
㈠媒介效果角度；㈡媒介使用角度。

　　學者從媒介效果角度所要探討的是：媒介對人們做了什麼。這包括了
1950、1960 年代一連串探討介於媒介內容與閱聽人間「介因」（或稱緩衝體）
的研究，也就是所謂的「媒介效果有限」的一連串研究。

這樣的研究取向，一直要到哈佛的社會心理學家鮑爾 (Raymond Bauer) 提出「頑固的閱聽人」的口號，才開始有了轉變 (Bauer, 1964)。鮑爾的觀點一反過去閱聽人是被動的說法，認為閱聽人可以主動地尋找資訊。英國學者布魯勒 (Jay G. Blumler) 則更進一步指出「主動的閱聽人」的「主動」，其實涵蓋以下四個面向 (Blumler, 1979)：

㈠功利性：若資訊對他有用，他就會爭取。

㈡意向：人們使用媒介，受以往動機引導。

㈢選擇性：人的媒介行為反映了以往的興趣與嗜好。

㈣不輕易受影響：這和鮑爾所說的「頑固」有異曲同工之妙。

因此，傳播研究至此進入一個新的領域，即從前述的媒介使用角度切入研究傳播現象。在這一領域的研究中，「使用與滿足理論」可算是最重要的。這個理論和拉斯威爾 (H. D. Lasswell) 的「媒介功能論」、萊特 (C. R. Wright, 1975[2]) 對拉斯威爾「媒介功能論」的修正與補充，以及費斯廷傑 (L. Festinger, 1957) 的「認知不和諧論」與「選擇性暴露」等說法都有相通之處，例如：他們都認為媒介所提供的資訊可以增加知識、告知機會和提供預警；人們求取資訊是為了確認自己的信念、態度、理想和世界觀是正確的；除非資訊的確有用，否則人們通常會極力避開那些不愉快的資訊。

使用與滿足理論的觀點也和自由意志理論以及彌爾 (John S. Mill) 的人類理性觀頗為相近。他們都強調人類自我了解和自我實現的潛力，相信閱聽人有能力去選擇符合他們需求的資訊內容。也就是說，研究重點從以往的「媒介內容能對閱聽人做什麼」轉變成「閱聽人能對媒介內容做什麼」了。

二、使用與滿足理論發展的三個時期

布魯勒和凱茲 (E. Katz) 在《大眾傳播的使用》 (*The Uses of Mass Communication: Current Perspectives on Gratification Research*, 1974) 一書中，將「使用與滿足理論」的發展分為：兒童期 (childhood)（1940–1950 年代）、青春期 (adolescence)（1960 年代左右）和成熟期 (maturity)（1970 年代迄今）。各期特點分述如下：

㈠兒童期 (childhood)：1940–1950 年代

使用與滿足雖屬傳播研究新趨勢，但早在 1940 年代傳播研究剛萌芽時，即有不少學者從事有關閱聽人使用媒介動機的研究，假定閱聽人是主動的，例如：赫佐格 (H. Herzog) 研究美國家庭主婦收聽廣播通俗劇的動機 (Herzog, 1944)，貝勒森 (B. Berelson) 由讀者無報可讀的心理反應來推理其平時看報的動機 (Berelson, 1949)，另有伍爾夫 (K. M. Wolfe) 和費斯克 (M. Fiske) 研究兒童對漫畫的興趣 (Wolfe and Fiske, 1949)，均為此時期的典型例子。

這一時期的研究主題是某些特定媒介內容或媒介究竟具有什麼樣的功能，結果發現閱聽人接觸媒介的動機具多樣性。這些研究大多採開放式問卷詢問、歸納閱聽人自我報告資料而來，凱茲等人因而批評此時期的研究未能探索閱聽人的社會或心理需要、根源，以及不同媒介間功能的相關性 (Katz et al., 1974)。

㈡青春期 (adolescence)：1960 年代左右

1950 年代及 1960 年代初期，學者研究的重點在於探索個人屬性（心理或社會整合程度）和媒介暴露型態之間的關聯性。

此時期的研究不只限於描述性的研究，更進而使用量化方法，對影響媒介使用的心理及社會變項予以操作性定義，以進行分析。學者在研究時，採用社會或心理屬性為獨立變項，而以媒介暴露型態（如使用的媒介類型、喜好的媒介內容、媒介暴露的時間等）為依變項進行研究。結果證明了閱聽人的心理因素和社會地位與媒介暴露型態有關。這些研究最初的設計並不是為了要進行使用與滿足的研究，然而因為其強調媒介接觸與個人心理因素和社會地位間有重要關聯性，對以後的使用與滿足研究貢獻很大。由於學者的努力，故使用與滿足研究的邏輯程序在此時期已逐漸成形。程序如下：

不同整合程度　—產生→　不同的心理需求　—導致→　不同的媒介暴露與滿足

圖 9–1

㈢成熟期 (maturity)：1970 年代迄今

直到 1970 年代，在美國、英國、瑞典、芬蘭、日本、以色列，有許多學者對使用與滿足研究進行有系統的調查研究，確立了早期研究的邏輯步驟：

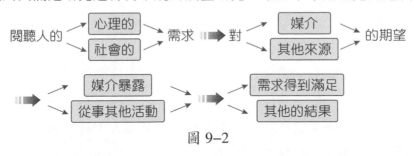

圖 9-2

從此模型可得知，使用與滿足研究的途徑有：

1.以需求為出發點，即先觀察閱聽人的需求，之後再探究媒介與其他來源如何滿足閱聽人的需求。

2.以滿足為出發點，即先觀察閱聽人的滿足，而後再重新建構閱聽人的心理或社會需求。

三、使用與滿足理論的基本假設

凱茲等人指出，使用與滿足理論有以下幾個基本假設 (Katz et al., 1974)：

㈠閱聽人使用大眾傳播媒介是有目的的；閱聽人基於心理或社會需求，想藉著使用媒介來滿足需求。

㈡在傳播過程中，須靠閱聽人把媒介的使用及需求的滿足聯繫起來。也就是說，閱聽人是媒介的主動使用者，閱聽人使用媒介來滿足需求，而不會受媒介影響。亦即其強調的是閱聽人使用媒介來滿足需求，而非媒介駕馭閱聽人。

藍柏 (D. Lundberg) 和哈頓 (O. Hulten) 也曾指出，傳播過程發生與否，主要決定於閱聽人 (Lundberg and Hulten, 1968)。

㈢大眾傳播媒介所能滿足的需求只是人類需求的一部分，媒介在滿足這些需求上，必須和其他來源，如人際傳播或其他傳統的需求滿足方式競爭。

㈣在研究方法上，使用與滿足研究的資料蒐集得自於閱聽人的自我報告。也就是說，這個理論假設閱聽人是理性的，能了解自己的興趣及動機，且能清楚地表達出來。然後研究者再根據閱聽人的回答加以推斷閱聽人使用媒介的目的為何。

㈤由於閱聽人是以自我報告的方式陳述有關傳播的文化意義，所以不必對大眾傳播媒介下任何的價值判斷。

從上述假設可以看出這個理論是從閱聽人的角度來探討媒介的效果。這些假設一方面具有功能論的色彩，認為人們尋求訊息是為了滿足某種需求，以維持心理結構平衡；另一方面也表現出理性及個人主義，即每個人都明白自己的需求，知道使用什麼媒介來滿足。

四、使用與滿足理論的研究架構

瑞典學者羅森袞以拉斯威爾的 5W 傳播模式為基礎，為使用與滿足研究勾勒出相當完整的研究架構 (Rosengren, 1974)：

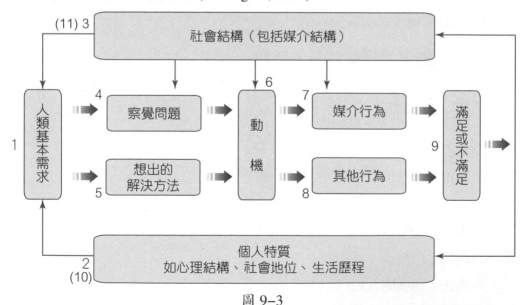

圖 9–3
（資料來源：Rosengren, 1974: 271）

羅森袞將個人產生基本需求的因素細分為社會結構（包括媒介結構）與

個人特質（包括心理結構、社會地位及生活歷程），並將使用媒介的行為及其他行為的最後結果——滿足或不滿足，再回歸到社會結構及個人特質上。

以下分別介紹羅森袞使用與滿足模式中的各個環節：

(一)人類基本需求：心理學家馬斯洛 (A. Maslow) 認為，人類的需求有高、低層次；當低層次的需求得到滿足時，會產生更高層次的需求。羅森袞發現，自我實現、尊重、愛與隸屬感是促使閱聽人使用媒介的三大需求。

(二)個人特質：包括個人內在的人格特質及社會地位、角色等外在特質。

(三)社會結構：包括傳播媒介及其他社會、政治、文化及經濟結構。個人基本需求除受個人特質影響外，也會受社會結構影響。

(四)～(六)個人覺察到問題所在時，會設想解決問題的方法；而為獲取滿足或欲解決問題，則會衍生採取行動的動機。

(七)媒介行為：閱聽人在使用媒介時，會考慮所花費的時間、所接觸的媒介內容型態及閱聽人本身和所接觸媒介之間的關係。

(八)其他行為：如親身接觸或傳統的傳播方式。

(九)滿足或不滿足：滿足——繼續使用；不滿足——停止使用。

(十)～(十二)個人內在、外在特質和社會結構：個人使用媒介的行為或其他行為得到滿足或不滿足，會影響其個人特質及社會結構。

五、使用與滿足研究的意義

使用與滿足研究的意義，可綜合為以下幾點：

(一)修正了傳統的傳播效果研究角度。

　過去：注意研究態度變遷及勸服等。

　現在：注意閱聽人的需求及滿足。

(二)與過去出發點不同。

　過去：傳播者、訊息內容主導。

　現在：閱聽人主導。

(三)將閱聽人的傳播行為從獨立變項轉為依變項。

　過去：獨立變項是傳播行為，依變項是態度或行為的改變。

現在：獨立變項是閱聽人的需求、動機，依變項則是媒介使用。

㈣屬長期效果研究。

㈤功能的研究：從個人角度探討大眾傳播媒介對個人產生的效果為何。

六、對使用與滿足理論的批評

使用與滿足理論自 1970 年代蓬勃發展以來，一直面臨譽隨之，謗亦隨之的處境。現綜合學者的批評，使用與滿足研究的缺失大致可歸納為以下幾點 (McQuail and Windahl, 1981: 78–79)：

㈠太重視個人資料，所以很難將個人資料推論到社會結構層面上。

㈡太依賴閱聽人的自我報告，太注重閱聽人的心理狀況，且對需求、動機下的定義並不明確。

㈢認為閱聽人會主動尋求訊息，與另一假設矛盾，即「人的動機受制於基本需求及社會經驗」；另有實證研究發現，閱聽人對訊息非常沒有選擇性。

㈣此理論對媒介內容極少重視、或完全不重視，有失完整。

㈤具功能論色彩，因此任何有關功能論的批評，都能用來批評它。

㈥此理論強調閱聽人的主動需求，等於是替不好的媒介內容製作者提供藉口，一切以滿足閱聽人需求為媒介內容製作方針。

七、1980 年代以後的媒介使用與媒介效果整合模式

溫德爾 (S. Windahl) 認為，使用與滿足研究已走到了發展的十字路口，於是建議結合使用與滿足及媒介效果兩種研究傳統 (Windahl, 1981)。值得注意的是，1980 年代以後有愈來愈多的實證研究回應溫德爾的主張，將媒介使用與媒介效果結合為一，發展成一涵蓋面更廣的傳播模式 (McLeod and Becker, 1981; Windahl, 1981)。

以下即分別介紹麥克柳 (J. M. McLeod) 及貝克 (L. B. Becker) 的「使用與滿足模式」和溫德爾的「使用與效果模式」。

㈠麥克柳及貝克的使用與滿足模式

麥克柳及貝克的使用與滿足模式有以下特色：

1.強調模式應具有的動態性 (dynamics)，例如：強調閱聽人使用動機和媒介行為之間的互動關係。

2.將閱聽人使用媒介後所獲致的滿足視為一種「主觀的效果」；亦重視社會層面的「客觀效果」，例如：閱聽人尋求政見資訊足以引發投票這類政治活動的參與。

3.模式的最前端還加入個人需要、社會情境和人口學變項的探討。強調應釐清「需要」和「動機」這兩個概念。

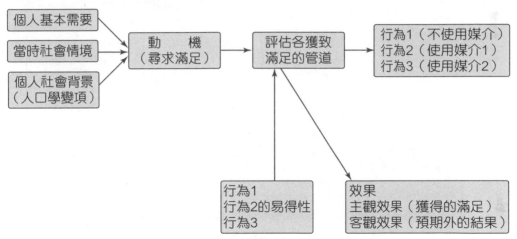

圖 9–4　麥克柳及貝克的使用與滿足模式
（資料來源：McLeod and Becker, 1981: 73）

㈡溫德爾的使用與效果模式

在溫德爾試圖建立的理想模式中，使用與滿足過程既是整體傳播過程中的一群中介變項，同時也是獨立變項 (Windahl, 1981: 81–83)。

使用與效果模式有以下幾個特性：

1.除強調基本需要外，還有許多原因可能引起媒介使用，例如：閱聽人

內在的和外在的個人特質、閱聽人對媒介內容的接觸、理解與期望，以及外在的社會關係等，都可能引起媒介使用。

2.閱聽人並非傳播過程中惟一主動的角色，傳播者同樣有意欲和主動性。

3.媒介內容亦具有影響力。

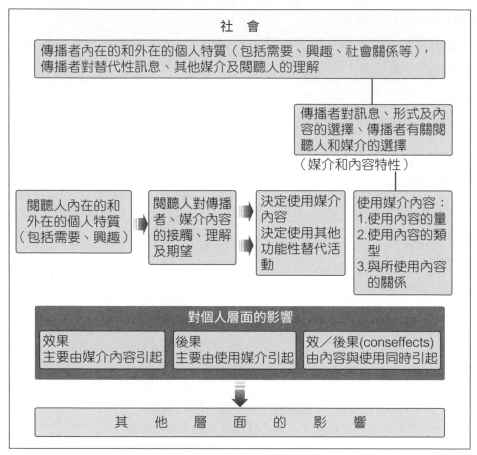

圖 9-5　溫德爾的使用與效果模式

（資料來源：Windahl, 1981: 81-83）

第六節　接收分析

接收分析是閱聽人研究最新的發展趨勢，約在 1980 年代中期才開始出現。接收分析在理論部分企圖整合社會科學和人文科學的理論觀點，在方法學上則同時針對閱聽人與媒介內容作資料的蒐集，而研究旨趣則在閱聽人解碼 (decoding) 的探討 (Jensen and Rosengren, 1990: 213–214)。

接收分析最特別的地方在於它視閱聽人為有能力從文本中解讀意義的主體，並強調文本的意義來自文本與閱聽人互動的結果，故強調製碼 (coding) 與解碼兩端應同時研究。可見，接收分析避免把閱聽人當「文化祭品」(cultural victim)，強調閱聽人在解讀上的主動形象；但同時，它亦不完全忽略媒介正文的力量（意識型態／霸權）(ideology/hegemony)，避免陷於唯心主義 (idealism) 中（唯心主義在此指的是：媒介正文的取決全由閱聽人的解讀所決定）(Dahlgren, 1988: 291)。

目前國外的接收分析實例並不多見，較具代表性的研究有摩利 (D. Morley, 1980)、李維斯 (J. Lewis, 1985) 及簡生 (Jensen, 1986) 等人的研究。國內的接收分析實例則可見輔仁大學大眾傳播研究所研究生梁欣如的論文《影響閱聽人解讀型態之因素研究——以電視新聞之神話敘事體為例》（梁欣如，1991）。

英國學者摩利的《「全國」觀眾》(The "Nationwide" Audience, 1980)，已成為接收分析的經典之作。「全國」為英國廣播公司 (British Broadcasting Corporation) 的一個電視節目，摩利採取接收分析的研究典範針對此節目不同背景之觀眾（摩利將其區分為 29 群）的解碼過程加以研究。

其實，早在摩利之前，英國文化研究大師賀爾即曾提出一個製碼／解碼模式，此模式可說是符號學接收分析的前身 (Hall, 1973)。

摩利的全國研究計畫主要分兩階段進行。第一階段為製碼過程研究，即「全國」節目的正文分析。這個研究為摩利與布倫斯頓 (C. Brunsdon) 合作，

於 1978 年發表，研究題目為 「每日電視：『全國』」 (Everyday Television: "Nationwide")，研究內容為分析該節目之視聽論域 (discourse) 如何建構閱聽人的意識型態或常識 (common sense)。摩利等人的基本論點是，電視訊息中含有一種紀錄社會真實的思想系統，但這個包含意識型態（或稱常識）的思想系統所傳輸的卻只是 「虛假意識」 (false consciousness)，足以誤導閱聽人 (Streeter, 1984: 84–85; Moores, 1990: 17)。

摩利接收分析的第二階段，是運用田野研究的深度訪問法，訪問 29 組「全國」節目的閱聽人。他根據賀爾分析解讀型態時的觀點，將受訪者按其解讀型態區分為 「優勢」 (dominate)、「協商」 (negotiated) 和 「對立」 (oppositional) 三群，並分別研究影響其解讀型態的因素，結果發現閱聽人的解讀型態與其社經地位並無直接關係 (Morley, 1980)。所謂「優勢」解讀型，依賀爾的解釋是解讀媒介正文時完全接收其意識型態者；「協商」解讀型，指的是接收與反對媒介意識型態兼具者；「對立」解讀型，指的是解讀時完全反對媒介意識型態者。

接收分析的研究典範雖然才興起不久，但已普遍受到實證派和批判理論派學者的關注。主要因為接收分析的研究典範一方面具有文化研究的特色，因其視媒介訊息為文化製碼的論域；另一方面它亦具有使用與滿足研究的色彩，因為它同時強調閱聽人的主動性，避免獨斷地將閱聽人視為 「文化祭品」，同時也不完全忽略媒介文本結構上的力量（意識型態、霸權）。因此，接收分析強調同時對媒介論域 (media discourse) 與閱聽人論域 (audience discourse) 進行比較分析。

有關接收分析的進一步探討，請參考本書第十六章。

第七節　未來的閱聽人研究方向

近幾年來，利用人文科學方法所做的閱聽人研究，像文學批評、文化研

究等都有很多的突破，例如：理論上成功地結合了論域分析及語法學，系統的文本分析也有長足的進步。而社會科學方面的效果研究以及使用與滿足研究也累積了相當多的研究經驗和結果，特別是在推動結合效果模式以及使用與滿足模式上也成功地跨出了第一步。至於接收分析更是企圖結合人文科學與社會科學兩種典範，其前景更是未可限量。

但是簡生和羅森袞認為，未來的閱聽人研究仍應繼續朝以下方向發展(Jensen and Rosengren, 1990)：

一、大眾傳播媒介和閱聽人的社會建構關係。

二、足以說明媒介特性的論域理論或傳播理論。

三、發展個人取向及媒介與個人互動的社會文化與社會心理學的理論。

第十章

議題設定理論

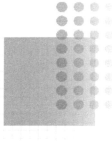

第一節　源　起

　　早在 1922 年李普曼 (Walter Lippman) 在談「民意」時，就已經指出媒介在形成人們對公共事務之認知及對外在世界經驗之了解的重要性。由於外在世界過於繁雜，人們必須透過大眾媒介來了解，因此媒介便不斷把外在世界塑造成個人「腦海中的圖畫」(the pictures in our head)，替個人建構社會環境 (Lippman, 1922)。

　　此外，柯恩 (Bernard C. Cohen) 在研究華府外交記者時，也提出了以下的假設：報紙多半不能告訴人們想什麼 (what to think)，但它卻告訴讀者該想些什麼 (what to think about) (Cohen, 1963)。

　　對傳播媒介的議題設定理論提出第一份實證研究的，是麥堪斯和蕭唐納 (Maxwell McCombs and Donald Shaw)，他們於 1972 年在《民意季刊》(*Public Opinion Quarteerly*) 上發表了〈大眾傳播的議題設定功能〉("The Agenda-Setting Function of Mass Media") 一文，該文研究的是 1968 年美國總統大選。該研究發現：傳播媒介報導的重點，與受眾腦海中認為重要的題材間有一強而正面的關係；同時，媒介中加強報導的題材與事件，會導致人們對這些題材與事件的重視程度。這篇研究報告在發表之後，立刻受到普遍地重視。因為到了 1960 年代末期，媒介效果有限論透過克拉柏 (J. Klapper) 的發揚光大，即已達到強弩之末，傳播研究者急於替媒介效果研究另闢蹊徑，麥、蕭兩人的研究，無疑地是指出了一條新的道路，使得研究者的重點，從以往注意媒介內容對受眾態度、行為的影響，轉移到對受眾認知的影響上。

第二節 議題設定理論的內涵

議題設定理論的主要概念，是假設大眾媒介強調的議題與閱聽人所重視的議題間呈現正相關的關係。這種關係的形成，我們可以從蕭唐納的議題設定過程中，獲知梗概 (Shaw, 1977)。

一、議題設定的過程

蕭唐納所提出的議題設定過程模式，把議題設定視為閱聽人經由社會學習以產生社會共感的過程。在這個過程中，大眾媒介與閱聽人是互動、共享的關係。過程中的變項包括：

㈠記者應報導哪些事件？強調的程度有多大？

㈡閱聽人的興趣如何？

㈢易得性如何？

可見，其間除了涉及媒介的守門過程外，還包括閱聽人的選擇性反應，以及尋求資訊的需求等。議題設定過程中的重要組件如下：

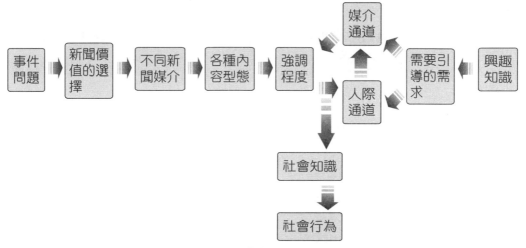

圖 10-1 議題設定過程圖
（資料來源：引自 Shaw, 1977）

上圖可從兩個面向來討論：

㈠議題設定說由媒介及閱聽人相關因素所組成

1.媒介方面：指的是大眾傳播媒介的守門人功能；媒介守門人在新聞部、編輯部，為受眾「建構社會現實」。

2.閱聽人方面：閱聽人由於本身的興趣或知識的需求以及為了減低環境的「不確定性」(uncertainty)，而產生「需要引導的需求」(needs for orientation)，主動地去尋找某事的消息。

議題設定的過程，即在上述兩部分的互動下產生了主要事件、次要事件以及其他各種事件的特性。

㈡議題設定說具有社會學和心理學的意涵

1.就社會學的意涵而言，議題設定是一種社會行為，同時也是一種社會學習的過程。透過這種社會學習，閱聽人每天從媒介中自然而然地學得一些重要的議題。

2.就心理學的意涵而言，議題設定之所以能夠發生作用，乃在於閱聽人有「需要引導的需求」。當某議題的資訊對個人的相關性很高，加上閱聽人個人的興趣濃厚，此時，如果個人知識又不足，處於不確定的情形下時，個人對某議題相關訊息的需求自然提高。因此，當個人對某議題訊息的需求愈大時，愈容易使用媒介來尋找資訊以滿足需求，此時媒介也愈容易發揮議題設定的影響力。

二、議題設定效果的模式

除了以上的議題設定過程外，麥堪斯 (M. McCombs) 更將議題設定效果依其形成的方式，分為下列三種不同的模式 (McCombs, 1977: 99)：

㈠知曉模式 (awareness model)

知曉模式又稱 0/1 模式。它所探討的是知與不知的問題，是議題設定的

最基本效果。也就是說，一個議題或事件在媒介上出現與否，決定此議題或事件在個人認知上的存在與否。

至於在認知的層次上，則可依資訊持有的程度再區分為下列三個層次(Benton and Frazier, 1976)：

1. 知曉主要論題 (general issues)

　　例如：立法院即將通過五大法案。

2. 知曉次要論題 (sub-issues)

　　例如：知道五大法案的內容。

3. 知曉特殊（額外）資訊 (extra-information)

　　例如：執政黨、在野黨為通過五大法案所發生的衝突、協商等。

㈡顯著模式 (salience model)：單一議題

即 0/1/2 模式。這個模式探討的是媒介議題顯著性的影響力；即媒介強調某一議題的程度，是否會影響大眾認知此一議題重要性的程度。

㈢優先模式 (priorities model)：一組議題

即 0/1/2…N 模式。這個模式乃是在探討媒介對一組議題優先次序的影響力。也就是說，媒介長期處理一組議題時，對各議題給予的不同優先順序，將使閱聽人也依照媒介的優先順序，去排列其個人議題的優先順序。

第三節　議題設定理論的研究類型與設計

1970 年代異軍突起的議題設定功能研究，固然打破了「有限效果說」中，媒介只能加強 (reinforcement) 原有態度的說法，但是媒介的效果也並非如「皮下注射」時期所指稱的那般強而有力。正如麥堪斯指出的，媒介議題設定功能並非對所有的人，所有的論題，在所有情況下都具有同等的影響力

(McCombs and Maisel-Walters, 1976)。

麥堪斯和蕭唐納更進而指出，要建立一個完整的議題設定理論，必須結合鉅觀 (macro-level) 與微觀 (micro-level) 兩個層面的研究。鉅觀層面即須以大眾整體為對象，探討議題設定效果；微觀層面則須以不同個人為研究對象，探討影響議題設定效果的相關條件 (contingent conditions) (McCombs and Shaw, 1977)。

一、議題設定說的研究類型

麥堪斯根據上述研究方向（集體或個人），配合議題數目的多寡（一組議題或單一議題），為議題設定研究歸納出 4 個類型 (McCombs, 1981)：

	鉅 觀 Aggregate data （集體資料）	微 觀 Individual data （個人資料）
A set of issues 一組議題	I	II
Single issue 單一議題	III	IV

圖 10–2　議題設定研究類型
（資料來源：McCombs, 1981: 124）

上圖包括下列概念：

㈠一組議題 (a set of issues)：即比較一組公眾議題 (audience-agenda) 與一組媒介議題 (media-agenda)，以推測是否具有議題設定理論中所假設的因果關係。

㈡單一議題 (single issue)：研究焦點在於研究某一議題在某一特定時間或一段長時間內的議題設定效果。也就是探討某一議題的重要性在民眾心目中的地位變化。

㈢集體資料 (aggregate data)：指來自母體的集體資料。

㈣個人資料 (individual data)：指來自母體的個人資料。

綜合以上研究取向可以發現：

㈠鉅觀層次乃就集體資料來分析議題。在一組議題方面，研究者可觀察一組經過媒介呈現的議題，在一般民眾心目中的順序（如第 I 類）；也可觀察單一議題的議題設定效果（如第 III 類）。

㈡微觀層次的研究重點在個人，研究者可觀察一組經媒介報導的議題在不同個人心目中的順序，以了解議題設定效果的個人差異（如第 II 類）；也可觀察單一議題在不同個人心目中的重要性（如第 IV 類）。而所謂不同的個人，可用人口特質（如教育程度、性別、年齡）、媒介使用（如媒介暴露、媒介涉入）、與人討論的頻率、個人需要引導的需求與人格特質等變項來區分。

早期有關選舉的議題設定研究多屬第 I 類 (McCombs and Shaw, 1972)。大多數晚近的研究取向則屬第 III 及第 IV 類，例如：溫德 (J. P. Winter) 和易瑤 (C. H. Eyal) 針對「民權」此一議題所做的研究，即企圖探討單一議題成為公眾議題的理想時間，屬第 III 類研究類型 (Winter and Eyal, 1981)。

二、議題設定與相關條件

如前所述，議題設定並非在任何情況下，對任何人，都具有相同的效果；溫德即指出，議題設定的效果，深受議題設定過程中的議題性質、媒介性質、閱聽人特性等相關條件的影響。因此，在研究設計中，必須考慮相關條件的作用，採用單因子或多因子的列聯分析，以了解媒介在哪些情況下，對哪些人，有哪種議題設定的效果 (Winter, 1981)。

溫德將相關條件區分為以下兩大類：

㈠**媒介屬性：**

包括下列幾個「刺激因素」：

1.議題性質。即對閱聽人而言，議題是屬於「強制性」(obtrusive)，還是「非強制性」(unobtrusive)。所謂「強制性議題」，指個人可透過個人經驗得知，例如：通貨膨脹等切身的問題；反之，「非強制性議題」則是指個人較無

法透過個人經驗得知的議題，例如：一國外交政策、國際關係等議題。

　　2.媒介對議題報導時間的長短。

　　3.議題或事件的地理接近性，例如：屬全國性議題還是地方性議題。

　　4.媒介訊息來源可信度的高低。

　　5.媒介的影響力。包括不同媒介間影響力的比較，以及相同媒介內對議題不同處理方式的比較。

㈡閱聽人屬性：

　　1.純暴露 (mere exposure)。即閱聽人使用媒介頻率。

　　2.人際討論 (interpersonal discussion)。閱聽人和其他人討論相關議題。

　　3.需要引導的需求 (needs for orientation)。閱聽人了解議題的程度。

　　4.人口特徵。如性別、年齡、教育程度等。

　　5.人格特質。如權威人格、創新性及自尊等對議題設定效果的影響力。

三、議題設定理論的時間架構

　　從媒介議題的呈現、閱聽人的認知，到公眾議題的形成，是一個長時期累積的過程，因此「時間架構」(time frame) 在議題設定理論中的重要性不言可喻。在研究設計中，時間架構包括以下要素：

　　㈠媒介議題的持續期。

　　㈡公眾議題的持續期。

　　㈢兩者之間的最佳效果時距 (optimal effect span)。

　　學者易瑤、溫德和德吉歐吉 (W. F. DeGeorge) 進一步界定時間架構中的重要概念如下 (Eyal et al., 1981)：

　　㈠時間架構：指開始蒐集資料到完成蒐集資料的整個時期。

　　㈡時間差：獨立變項（媒介議題）到依變項（公眾議題）的時間差距。

　　㈢媒介議題的測量時間：即媒介議題被報導的時間。

　　㈣公眾議題的測量時間：即形成公眾議題的時間。

　　㈤最佳效果時距：即議題設定力量最強、最有效的「效果期間」。

四、議題設定效果的測量

　　早期的議題設定研究僅在於比較媒介議題是否與公眾議題相一致。但若要進一步證明媒介議題與公眾議題間是否有因果關係存在，則必須將時間因素納入考慮，並藉小樣本連續訪問法 (panel study) 及交叉相關分析 (cross-lagged correlation) 等研究方法來檢證。

　　至於議題設定效果如何藉由交叉相關分析法來獲得，可以下圖說明之：

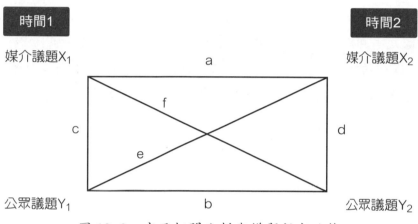

圖 10-3　交叉相關分析與議題設定功能
（資料來源：Schenk, 1987: 202）

　　當圖中的 f 值 > e 值時，即可視為具有議題設定的效果；反之，若 e 值 > f 值，則媒介的功能是在反映公眾議題。

第四節　討論與批判

　　馬奎爾 (D. McQuail) 和溫德爾 (S. Windahl) 在《傳播模式》(*Communication Models for the Study of Mass Communications*, 1981) 一書中，對「媒介議題設定」模式提出幾點質疑 (McQuail and Windahl, 1981: 63–64)：

一、大眾傳播媒介議題設定的功能是直接影響閱聽人個人的議題設定，抑或經由人際傳播而產生其功能？

二、媒介議題設定的對象，可以是芸芸眾生，也可以是機構精英分子。而精英分子與一般閱聽大眾間的意見，持續不斷地交互作用；其間大眾傳播媒介可扮演政策傳遞（上→下）或意見反映（下→上）的角色。精英分子易操縱媒介議題，一般民眾的意見則通常無法造成媒介議題。

三、媒介議題設定與公眾議題設定間的因果關係，迄今未有明顯的答案。

四、議題設定功能可從三方面視之，即媒介、公眾及政府（精英分子）。議題的設定者可能為三者之中的任何一個，然而政府（精英分子）與媒介的議題設定功能大於公眾的議題設定功能（公眾意見若欲傳散出去，應可依賴人際傳播，但大範圍的傳散，則非靠媒介不可）。

第五節　結　論

議題設定理論可以說為媒介效果賦予新義，不僅肯定媒介效果，且將其定位於認知層面，開啟了另一系列的效果研究。同時，它在理論概念的涵蓋頗廣，由媒介到閱聽人的探討，議題設定研究中整合了許多其他領域（如民意、社會學習、使用與滿足等）的理論觀念，其中尤以議題設定與民意理論的整合最值得注意。

美國女學者蓋拉柏 (D. Graber) 指出，未來整合議題設定與民意研究的方向有 (Graber, 1982)：

一、注意比較不同性質的強制性議題與非強制性議題間的議題設定效果。

二、建立議題設定效果的時間架構分析，探討媒介議題與公眾議題的形成時間，以區分真正的民意與假民意。

三、探討閱聽人屬性對議題設定的影響，更進一步發展閱聽人屬性的效果模式分析。

四、探討民意過程中，人際討論大眾傳播媒介議題的內容、形式與頻率，及其對議題設定的影響。

　　五、探討政治精英分子如何形成他們的意見，包括政治精英分子如何接近以及評估一般大眾的意見，以及政治精英分子如何運用媒介操弄大眾意見等問題。

第十一章

議題建構理論

第一節　前　言

　　許多學者都將議題設定理論視為解釋民意形成的一個極佳的理論。郎氏夫婦 (G. E. Lang and K. Lang) 針對水門事件的民意測驗資料及報紙資料做了次級分析，並稱其為議題建構過程 (agenda-building process) (Lang and Lang, 1981)。

　　議題設定理論簡單地說就是：在一次政治競選或其他事件期間，「人們會從媒體上學到什麼是重要的議題。」(Lang and Lang, 1981: 448) 因此，在議題設定理論裡，效果的方向（來源）與以前不同了。也就是說，從以往的勸服，轉為在政治環境中重要性議題的轉變；從過去關心民意的內容 (what people think)，變成關心人們對哪些事物會有意見 (what people think about)。

　　議題設定的原創人是麥堪斯 (M. McCombs) 和蕭唐納 (D. Shaw)。他們研究 1968 年的總統大選，比較競選期中候選人提出的議題與媒體報導的議題間之關聯性，及其對閱聽人議題認知的影響 (McCombs and Shaw, 1972)。

　　理論的基本假定源自於李普曼 (Walter Lippman) 的見解：人們對環境的認知大都缺乏親身經驗，多半來自於大眾傳播媒介的報導，因此多為「二手的真實」(Lippman, 1922)。麥堪斯等人認為，特別是在政治事務的領域，其他資訊的來源（例如人際傳播）雖然重要，但絕對比不上大眾傳播內容的影響力。另有學者發現，媒體報導的議題，即使是對於自己已有親身經驗的事物，亦會再加上新的面向，因此亦有影響力 (Davison, 1960: 327–333)。

　　但是，自從麥堪斯和蕭唐納提出議題設定理論後，後繼的許多研究在方法和理論建構上都多有不足之處。郎氏夫婦因此根據水門事件的資料來說明議題設定理論，認為媒介可以同時並且立刻 (at once and the same time) 設定政治議題的說法是太天真了 (Lang and Lang, 1981: 448)。因為，該理論對於議題產生的過程並未加以說明，這是議題設定理論的不足之處。

 第二節 **議題建構理論一些概念上的問題**

一、內容與內容重要性之間是存有差異的

　　人們想的內容和議題之間有時是極難區分的；尤有甚者，議題與內容間的關係有時是極為複雜的，例如：一位有謀略的候選人，他會在諸多議題中選出對自己有利的議題來加以強調。因此，有時某些議題雖然不為媒體所強調，但閱聽人卻曾認為它們是重要的或有趣的。又例如：水門事件在 1972 年的大選期間被視為麥高文議題，因此，被許多麥高文的支持者認為是極重要的議題；但是，同時也有人認為它並不是什麼大不了的議題。

二、過去所得到的一些媒介內容與內容重要性間的相關可能是假相關

　　我們可以比較麥堪斯和蕭唐納的原始研究和法蘭克 (R. Frank) 的研究。法蘭克比較蓋洛普 (The Gallup Organization) 的民意測驗結果與新聞內容，來看新聞內容是否與民意符合。麥堪斯和蕭唐納的研究發現，媒介議題和公眾議題間的相關高達 +.979，特別在以下五個重要議題上的相關特別高：外交政策、法律與秩序、預算政策、公共福利和民權；其中外交政策於媒介議題和公眾議題上都在 1968 年的總統大選期間高居首位。而法蘭克的研究資料則顯示，「國際問題」才是最主要的議題；至於「越戰」，則是公眾議題的重要性高於媒介議題 (Frank, 1973)。這樣的結果主要是因為類目設定的技術造成的，因為法蘭克把「越戰」這個題目從「外交政策」獨立出來單獨登錄，而麥堪斯和蕭唐納則將之歸類於「外交政策」此一類目之下。

三、影響因果關係的重要因素——時間

　　議題設定的效果通常需要一段醞釀期，除非是危機事件，效果才可能是

立即的；因此，時間因素就被引進議題設定理論的研究中。而所謂「最佳效果期間」(the optimal time-span) 的研究結果亦極為紛歧，並無定論。

四、分析單元的認定問題

究竟議題設定功能指的是個人察覺某議題的重要性然後從媒體中得知其詳細內容？還是指一個議題發展的過程？雖然絕大多數的學者都會認定議題設定功能指的是後者，但我們仍無法忽略不同的個人對於議題具有不同的敏感程度，因此也可能對相同的議題做出不同的反應。

一個議題要在閱聽人的認知中留下印象，首先必須引起他的注意，而顯然與閱聽人愈有實質關係的議題愈會引起他們的關注。這裡必須提到天花板效應 (ceiling effect) 的問題，它指的是：當一個議題被報導了一段時間以後，則議題重要性不會發生在那些對議題最有興趣的人身上，反而那些對議題沒有興趣的人愈會認為議題重要 (Lang and Lang, 1981: 450)。因此，研究者對於閱聽人的反應型態就必須加以分析。

五、什麼是議題？

不同的作者對議題有不同的定義，因此議題可以是：㈠人們關心的事物；㈡認為國家目前所面臨的最重要的問題或政府應立即解決的問題；㈢政策的選擇性，例如：是否應贊同 SALT II、反墮胎法等；㈣具爭議性的議題，例如：水門事件；㈤造成政治意見分歧的「原因」等。

以上定義有可能互相重疊，而且在評估媒介的角色時，亦應考慮「注意力」的問題。注意力的構成要素，一方面來自個人，另一方面來自議題。

第三節　議題的類別

郎氏夫婦進一步將議題區分為：

一、第一類議題與社會中的每一個人都息息相關，例如：通貨膨脹、石油危機等。不管媒體有無報導，個人都會在自己的日常經驗中遭遇這些議題。

二、第二類議題是與個人只有部分關係的，例如：都市犯罪率。它可能是個人經驗也可能不是。透過媒體報導，自然會較為引起大眾的注意。

三、第三類議題是距離每一個人都很遙遠的，例如：越南難民問題。這類議題是媒體最能發揮影響力的地方。

上述議題雖然都出現在媒體上，但是它們的影響力卻有大小之別。因此，各種議題之間也在彼此競爭，希望獲得大眾的注意力。此外，社會精英注意的議題與一般大眾注意的議題也可能有相當大的差異。

郎氏夫婦認為，分析媒介在一次競選活動或其他事件形成過程中建構議題的角色時，單只分析媒介議題和公眾議題的關係是不夠的，因此也對以往議題設定理論的驗證方法提出了質疑。

郎氏夫婦於是以水門事件為例來說明議題建構的過程。首先，水門事件在初期並未能成為 1972 年大選期間的重要議題，但在短短的 5 個月以後，它卻成為全美最具爭議性的議題。

第四節　為什麼水門事件未能成為重要議題？

美國《國家觀察者日報》(*The National Observer*) 的培瑞 (James Perry) 在尼克森 (R. Nixon) 下臺後曾指出：水門事件未能在 1972 年大選期間成為議題，而事實上它應該要成為議題 (Lang and Lang, 1981)。

在 1972 年大選期間，許多有關水門事件的報導被認為是未經證實的；這些報導為數不少，只是各媒體的重視情況不太一樣，例如：全國性報紙就比地方性報紙更注意此議題。貝迪肯恩 (B. H. Bagdikian) 就指出，親尼克森的報紙會淡化此事，而親麥高文 (George McGovern) 的報紙就會強調此事；全國性的電視網對此事的注意又大過報紙 (Bagdikian, 1973)。

1972 年的公眾議題 (public agenda) 又是如何呢?當蓋洛普在 1972 年 9 月間「你有沒有讀過或聽過水門事件？」有 52% 的受訪者給予肯定的答覆。這個百分比與 1970 年能正確說出他們本州選出的國會議員的名字的受訪者的百分比或 1971 年讀過或知道《紐約時報》(*The New York Times*) 刊載的美國牽涉入越南的經過的報導 (the Pentagon Papers) 的百分比不相上下。但是，尚不及民眾知道尼克森的新福利計畫 (1969) 和新經濟計畫 (1971) 的百分比；知道這兩個議題的人的百分比是 70%，高過知道水門事件的人將近 20 個百分點 (Lang and Lang, 1981: 454–455)。

　　蓋洛普的調查所得偏低的原因可能出於「水門事件」這個用語在當時鮮為人所知。同一時期哈里斯民意測驗機構 (Harris) 也曾做了一個民意調查，題目是「您有沒有聽過有人企圖在民主黨全國總部內安裝竊聽器而被逮捕的事？」當時有 76% 的受訪者表示聽過這件事 (Lang and Lang, 1981: 455)。

　　知道一件事與否只是在一個爭議性議題中採取立場的先決條件，並不表示他一定會採取行動。一般民眾在大選期間雖然已知有竊聽的事發生，但亦只將其視為競選期間司空見慣的事。雖然麥高文在競選後期企圖將事件白熱化，但沒有成功，尼克森仍能在民意調查中獲得約五分之三選民的支持 (Lang and Lang, 1981: 455)。因此，水門事件對 1972 年的大選並未造成重大影響。

　　水門事件屬第三類距一般人直接經驗較遠的議題，較不易引起關切。因此這樣的議題要引起民眾注意須透過「刻意建構」(buildup) 的過程。

　　水門事件是在大選期間被報導，所以必須與其他眾多爭議性議題競爭。

　　從水門事件在媒體中的發展，研究者發現了以某種用語來標籤化議題是一個凸顯議題的好辦法。

　　尼克森在選戰期間應付媒體的策略亦極為成功。他躲在幕後，讓媒體與他的代理人打交道。

　　另一個必須考慮的問題是，水門事件發生時的整個政治大環境。尼克森擔任總統期間最重要的議題是越戰，因此在大選期間，越戰問題仍被視為最重要的問題。為了炒熱水門事件，必須把水門事件和尼克森的可信度

(Nixon's credability) 結合起來。但民眾不認為尼克森不可信賴，為什麼？

首先，麥高文自己在提名的過程中因手段運用不當先失去了選民的信賴，因此一般人易將水門事件視為麥高文的困獸之鬥。

其次，麥高文在處理當時與他搭配的副總統候選人伊哥頓 (Thomas Eagleton) 事件時亦頗受爭議。當麥高文被提名以後的兩星期，報紙揭露了他的副手伊哥頓參議員曾經住院接受過精神治療，麥高文先是說他自己「百分之一千」支持伊哥頓，幾天以後又要伊哥頓退出選舉，這個做法引起極大的反感，甚至民主黨人亦對他不滿 (Miller and Miller, 1975)。此事佔據媒體版面好幾天，一直延續到 8 月初。因此，7 月 27 日尼克森在記者招待會上曾被提出四個有關伊哥頓事件的問題，但沒有任何一個問題是有關水門事件的。

第五節 水門事件如何成為重要議題？

尼克森以壓倒性的多數當選總統以後，水門事件成為全美最具爭議性的政治議題。不只是有更多的人知道這個事件，而且表示關心的人也較選前為多。即使在該年 5 月電視轉播參議院水門事件委員會聽證實況以前，水門事件已在蓋洛普民意測驗「您認為今天國家面臨的最重要問題有哪些？」中首次上榜。雖然它的名次還是排在一些第一類議題（高親身參與度，例如物價高漲）的後面，但「水門事件與／或政府的腐化」卻以 16% 的比率與「犯罪與目無法紀」（17%）及「吸毒」（16%）競爭排行榜上的第二名 （Gallup Opinion Index #100, Oct. 1973: 11，轉引自 Lang and Lang, 1981: 450）。

事件開始時只有極少數的美國民眾認為尼克森事先知道這件事（3%，根據哈里斯和蓋洛普的民意測驗結果）。到了 4 月分，民眾最關心的事是，要如何才能使整個事件的真相大白於世。根據哈里斯民意測驗的結果，有 63% 的受訪者認為尼克森「隱瞞了重要的事實」，只有 9% 的民眾認為他是「坦白而誠實的」(The Harris Yearbook, 1973)。挖掘出事實的真相成為這段期間最重

要的一個議題。

第六節　事件與飽和報導

　　水門事件之所以能從 1972 年大選期間的「睡眠議題」(sleeper issue) 變為 1973 年的最重要議題，主要有以下幾個原因：

　　一、水門事件在媒體上的報導從未間斷。

　　二、媒體報導量的激增，達到郎氏夫婦所謂的「飽和報導」(saturation coverage)。飽和報導的操作性定義是：

　　㈠醒目的地位：刊於報紙第一版或在電視上連續出現 60 秒以上。

　　㈡連續性：7 天中不間斷連續報導 5 天，9 天中不間斷連續報導 6 天，或持續報導 3 天以上，這樣做主要是考慮週末不出報的因素。電視報導則以 5 天中連續報導 4 天為飽和報導。

　　三、大選以後，接二連三的事件使得水門事件一直在媒體上出現，到了 1973 年 4 月報導達到飽和，其間略有中斷，一直到尼克森下臺為止。

第七節　媒介環境

　　議題設定理論的重點是說：媒介將重要議題告訴公眾，因此形成公眾議題。可是許多實證研究發現，媒介議題與公眾議題間的關聯並不那麼直接，這中間還必須考慮其他的因素。

　　1973 年，偉佛 (D. H. Weaver)、麥堪斯和斯斐曼 (C. Spellman) 研究北卡洛萊納州某社區的一群民眾，這些民眾是他們在 1972 年 10 月的選舉研究中的同一群受訪者。研究發現，不管就媒介使用（讀報、看電視、訂閱雜誌）

或人際傳播（政治性討論）而言，都與受訪者對議題重要性的認定之間成負相關。研究者將這種現象解釋為「天花板效應」(ceiling effect)：對於那些一直就很注意選情發展及經常使用媒介的人而言，他們對於本議題已極為熟悉；反之，對於那些原先並不十分注意此議題的受訪者而言，他們因為媒介的一再報導而認為此議題愈來愈重要 (Weaver et al., 1975)。

　　郎氏夫婦認為，媒介議題與公眾議題間的關係其實比議題設定理論假定的更為複雜，研究者必須考慮兩者是在特殊的媒介環境 (the media context) 中交互作用的，也就是必須考慮當時的各種政治因素。選舉期間，水門事件議題被當做是候選人間相互攻擊的政治技倆，但選舉以後，它變為一個「總統的可信賴度」問題，整個議題得到了另一種政治意義，被貼上另一種政治標籤，顯現出來的重要性就完全不同了。

第八節　議題建構

　　透過以上的討論，我們可以了解為什麼郎氏夫婦認為議題設定理論假設媒介替民眾設定議題的論點是過多與不足（too much and too little，參考 Lang and Lang, 1981: 465）。因為，有許多議題並非源起於媒介而是來自公眾本身的直接經驗。媒介發掘並報導了這些議題，使它們進入公共領域 (public domain)，許多眾人關心的議題也因此被「政治化」了。這對於一些個人鮮少有直接經驗的議題（郎氏夫婦稱其為 high-threshold issues）而言，媒介的報導卻具有更大的設定議題的作用。但是，媒介無法完全獨立於政治系統之外運作，而它們在水門事件中逐漸趨於「飽和報導」的現象也必須與美國當時的政治發展交互考慮方有意義。因此，議題建構是一個集體的過程，其間有各種交互作用存在。

　　媒介在整個水門事件中所扮演的，就是一個議題建構的角色，其過程可分為以下三個步驟：

一、媒介強調某些事件、活動、團體、人物。不同的事件需要不同種類和分量的報導來引起民眾的注意。媒介的這種初步強調，會影響民眾思想和言談的種類。

二、這些被引起注意的事件仍然需要加以整理、貼標籤，它們必須與某些問題或民眾的關懷聯結在一起。媒介在這個階段可以上下其手，強調其所要強調的事件。

三、媒介將事件或議題與次象徵符號 (secondary symbols) 連在一起，使事件或議題成為整個政治生態中的一部分。在這裡發生類似「利益集結」的過程，因為並不是每個議題都有那麼明顯的政黨色彩，但媒介會將之變成利益團體與利益團體間壁壘分明的議題，使議題更具爭議性（炒作新聞）。

最後，代表各種立場和利益的發言人就在媒體上出現了，而且他們之間也必須競爭媒體對他們的注意力。

以上幾個步驟形成一個連續過程，其間亦包含了各種回饋。正是這整個過程使一個事件能夠成為所謂的「議題」，這也就是「議題建構」的過程。

第九節　後續研究

議題建構理論提出來後，諾爾紐曼等人 (F. Noelle-Neumann and R. Mathes, 1987) 於 1984 年採用親身訪談方式研究西德的媒介體系（包括報紙、廣播及電視），發現大部分的記者有相互參考報導內容的取向，他們稱之為 "reciprocal co-orientation" (Mathes and Pfetsch, 1991: 35)。西德的民主政治及報業發展相當健全，因此將當時的報業依其內容取向分為意見領袖媒介 (opinion-leading media)（通常是指建制媒介或精英媒介）與另類媒介 (alternative media)。意見領袖媒介具有趨勢設定 (trend-setting) 功能，可為其他媒體提供資訊與參考架構；另類媒介則較具批判色彩，為建制媒介所忽略的議題提供了進用媒介的通道 (Noelle-Neumann and Mathes, 1987)。

諾爾紐曼等人研究 1968 年倫敦的反越戰示威，發現意見領袖媒介的確存在。英國的建制媒介如 *Times, The Guardian* 等最先報導相關新聞後，其他報紙才跟進報導；且意見領袖媒介的內容為其他報紙所採納，形成一股連鎖反應。諾爾紐曼等人稱這種現象為議題間的「共鳴效果」(consonance effect)。

　　馬特斯 (R. Mathes) 與佩區 (B. Pfetsch) 根據上述的研究發現，進一步探討西德的報業如何相互影響及建構彼此的議題。他們以三個反對性議題 (counter-issue)（抵制人口普查、反對新身分證的施行及假恐怖分子攻擊事件）研究議題如何被提出來、如何在媒介體系中被建構與如何從媒介議題進而變成政策議題的過程。他們的具體發現是 (Mathes and Pfetsch, 1991)：

　　首先，這三個反對性議題的議題生命週期可分為一、潛伏期與預備期：另類媒介率先報導並呈日漸增強的趨勢；二、上升期：意見領袖媒介加入報導行列；三、高峰期：意見領袖媒介與另類媒介均大量報導，媒介議題也在此時逐漸形成政策議題；四、衰退期：形成政策議題後，媒介對議題的注意力減弱。

　　其次，他們發現媒介議題由潛伏期與預備期轉變為上升期時，意見領袖媒介開始加入報導。他們將媒介議題由另類媒介流向意見領袖媒介的議題傳佈方式稱為「溢散效果」(spill-over effect)。

　　根據上述的討論，我們也許可以綜合出以下的初步結論：

　　一、媒介中有所謂意見領袖媒介的存在。

　　二、議題會在不同性質的媒介（例如：意見領袖媒介、另類媒介）間傳佈。

　　三、官方性議題（或敏感程度較低的議題）會從意見領袖媒介傳佈到另類媒介，稱為「共鳴效果」。

　　四、反對性議題（或敏感程度較高的議題）則會從另類媒介傳佈到意見領袖媒介，稱為「溢散效果」。

　　從議題建構的取向來看，任何社會中潛在的公共議題數量永遠比媒體系統所能處理的要多，因此任何議題若想要在媒體及其他公共論述空間（公共領域）取得一席之地，勢必要經過一番激烈的競逐過程　（Hilgartner and

Bosk, 1988，轉引自羅世宏，1994)。因此，議題建構取向的研究會特別強調行動者的策略、修辭與時機，以及適切的框架議題等。然而，不論是「議題設定」或是「議題建構」理論，其主要的關懷面仍在於探討媒介的議題設定或議題建構會如何影響民眾的民意形成甚至行為層面（例如：投票行為）。

　　北歐的大眾傳播學者皮耶提立拉 (Pietilä) 則強調，應以歷史取向來研究議題的形成 (Gilljam, 1984: 81–89)；羅吉斯 (E. M. Rogers) 等學者則認為，應超越傳統的議題設定研究，將重點置於影響長時期議題消長的因素，並具體主張研究者應將「議題設定」概念擴大為「議題研究」(agenda research) (Rogers et al., 1991)。

　　國內有關議題建構的研究也有數篇，有興趣的讀者可自行參考❶。

---

❶　這幾篇相關的研究是：

陳雪雲 (1991)。《我國新聞媒體建構社會現實之研究——以社會運動報導為例》。臺北：國立政治大學新聞研究所博士論文。

許傳陽 (1992)。《大眾傳播媒介與社會運動：一個議題傳散模式的初探——以宜蘭反六輕設廠之新聞報導為例》。臺北：國立政治大學新聞研究所碩士論文。

楊韶彧 (1993)。《從消息來源途徑探討議題建構過程——以核四建廠爭議為例》。臺北：國立政治大學新聞研究所碩士論文。

蘇湘綺 (1994)。《媒介對不同政策性議題建構的理論初探——以彰濱工業區開發和黑名單開放為例》。臺北：國立政治大學新聞研究所碩士論文。

羅世宏 (1994)。《後蔣經國時代的國家、主流報業與反對運動：國家認同議題的媒介框架分析》。臺北：國立政治大學新聞研究所碩士論文。

第十二章

葛柏納和他的涵化理論

第一節　源　起

　　葛柏納 (G. Gerbner) 及其同儕於 1967 年在全國暴力原因及防止委員會 (National Commission on the Causes and Prevention of Violence) 的資助下，於美國賓州大學的安南堡傳播學院 (Annenberg School of Communication) 開始了他們一系列有關電視暴力內容的研究。 安南堡的研究群， 有許多也參與 1960 年代末、1970 年代初，由美國健康部 (United State Department of Health and Human Services) 所資助的一項稱為 "Surgeon General's Scientific Advisory Committee on Television and Social Behavior" 的研究計畫。該計畫主要也是因為美國大眾對於呈現於電視中日漸殘暴的內容憂心忡忡而成立的。

　　當美國健康部資助的研究計畫將重點置於媒介暴力內容對兒童及青少年的行為可能產生什麼影響上時 （使用的方法有實驗法、 實地實驗法等） (Comstock et al., 1978)，安南堡的研究群初期將重點集中於分析電視暴力內容 (Gerbner, 1969)。他們此時期的研究結果，最重要、也是最有名的，就是發展出所謂的「暴力指標」(violence index)。暴力指標公布以後，極為轟動，因為它使得以前一個無法量化的概念，以及美國三大電視網的節目內容，變得可以量化，可以互相比較。因此，安南堡的研究群在葛柏納領導下於每年發布的電視暴力測量結果，幾乎成為美國電視暴力的把關和裁判者。

　　從 1976 年開始，葛柏納及其同儕除了內容分析外，也試著測量電視對閱聽人態度的影響。 這一波的研究， 也就是日後所謂的 「涵化理論」 (cultivation theory) 的源起。理論重心簡言之就是：電視內容可以建構（涵化）閱聽人的世界觀，例如：使得閱聽人認為世界比較危險。為了測量涵化的效果，葛柏納等人設計了多看組 (heavy viewers) 和少看組 (light viewers)。多看組是每天觀賞電視 4 小時以上者，少看組則是每天看電視 2 小時以下者，然後再比較兩組在看電視後所受的不同影響，以證明電視的涵化效果。

　　1970 年代末期， 涵化理論所遭受到的嚴苛批判，主要來自希爾希 (Paul

Hirsch)。 而葛柏納與希爾希間的對立 ， 以兩人發表在 《傳播研究季刊》 (*Journal of Communication Research*) 上的文章為代表 (Hirsch, 1980: 403–456; Hirsch, 1981; Gerbner et al., 1981)。

1980 年，涵化理論裡有關「暴力素描」(violence profile) 的研究結果是最後一次出現。 在這之後的研究方向略有轉變 ， 可用關鍵語 「主流效果」 (mainstreaming) 研究涵蓋之，其主要關注點有：

一、電視對「老人」的報導。

二、看電視對閱聽人政治意見形成的影響。

第二節　理論背景探討

早期有關效果的研究，脫不了心理學（耶魯學派）和社會學（哥大學派）這兩派主流。葛柏納的研究可謂開闢了第三條路——所謂的「文化取向」研究。涵化理論的基本論點是：電視已經成為人類（特別是美國人）社會化過程中一個極為重要的因素。電視的主要功能在於散布及穩定社會行為模式；主要目的不在改變現有社會行為模式 ， 反之 ， 是要避免改變 (Gerbner and Gross, 1976)。電視對於那些只接受娛樂型式資訊的人而言，是一種「新」文化，也是「唯一的」文化。

葛柏納的目標是想找出電視和社會化過程的直接關係（因果關係）。「我們不問哪些傳播變項引發了個人行為的哪些改變，我們要問的是：『媒介訊息、系統』如何影響大眾的意識？」(Gerbner and Gross, 1976: 180)「電視娛樂內容所呈現出來的世界，是一群個人、事件、行動和關係組成的複雜系統，因此它的效果不能以單一的節目元素 (program elements) 來解釋」 (Gerbner and Gross, 1976: 181)。

涵化理論通常又稱為文化指標研究 (cultural indicators approach)。葛柏納的文化指標概念認為，社會結構和媒介內容的關係是文化變遷起源於科技革

命後帶來的訊息生產。而這種大眾產品經過快速分配後，創造了新的符號環境。文化指標是一套標示變遷的符號環境系統，它的作用在於幫助政策的決定與指導有效的社會行為。葛柏納的文化指標研究在執行上共分兩個步驟：

　　一、對訊息系統做分析，從地理學、人口學、訊息主題、行動結構、時空、參與者的人格、職業等面向研究訊息系統（內容分析）。

　　二、訊息系統對多看組之影響（閱聽人調查）。這一部分的分析，葛柏納本人稱之為「涵化分析」。

第三節　對訊息系統的分析

　　葛柏納在建構涵化理論時須透過兩個步驟。其中的第一個步驟，即以內容分析法對訊息系統加以分析，其中又包括兩大部分：暴力測量 (violence measures) 與風險率評估（risk ratios，又稱 victimization scores）。

一、暴力測量

　　暴力測量的目的，原本是希望了解大眾傳播媒介的內容，包括其特徵、結構、關係及互動作用等。但葛柏納研究的結果，距原始理想甚遠，最後只限於對暴力內容的分析。

　　表 12–1 及圖 12–1 所顯示的就是 1967 年至 1975 年間，葛柏納對美國電視內容所做的暴力測量結果，其中最值得注意的就是暴力指標。本圖的讀法如下❶：

---

❶　有關暴力測量的資料可見席格諾瑞里 (N. Signorielli) 在 1990 年所寫的〈電視所呈現的卑鄙和危險的世界〉 (Television's Mean and Dangerous World: A Continuation of the Cultural Indicators Perspective)，但因為葛柏納等人於 1976 年發表的文章中，另有美國三大電視網的「暴力指標」和「暴力素描」資料，故作者仍選用 1976 年的資料，以求完整。

㈠普遍性分數 (prevalence score)

被分析的①節目與②節目時間中，含有至少一個暴力畫面的百分比。

㈡等級 (rate)

含有暴力畫面之情節的總數 (R)

1.除以每個節目含有暴力情節的平均數 (P) R/P

2.除以每一個播出小時含有暴力情節的平均數 (H) R/H

㈢角色 (role)

施暴 (committing violence) 或受暴 (subjected to violence) 角色佔所有角色的百分比。

㈣ %V　暴力的涉入程度

%K　殺戮的涉入程度

VI = PS + CS

PS = (%P) + 2(R/P) + 2(R/H)

CS = (%V) + (%K)

表 12-1　1967 年至 1975 年間葛柏納針對美國電視節目所做的暴力測量

	1967	1968	1969
Samples（100%）	N	N	N
Programs (plays) analyzed	96	87	121
Program Hours analyzed	62.0	58.5	71.8
Leading characters analyzed	240	215	377
Prevalence (%P)	%	%	%
Programs containing violence	81.3	81.6	83.5
Program hours containing violence	83.2	87.0	83.2
Rate	N	N	N
Number of violent episodes	478	394	630
(R/P) Rate per all programs (plays)	5.0	4.5	5.2
(R/H) Rate per all hours	7.7	6.7	8.8
Duration of Violent Episodes (hrs)	–	–	–
Roles (% of leading characters)	%	%	%
Violents (committing violence)	55.8	49.3	48.5
Victims (subjected to violence)	64.6	55.8	58.9
(%V) Any involvement in violence	73.3	65.1	66.3
Killers (committing fatal violence)	12.5	10.7	3.7
Killed (victims of lethal violence)	7.1	3.7	2.1
(%K) Any involvement in Killing	18.7	11.6	5.6
Indicators of Violence			
Program Score:	106.6	104.1	111.4
PS=(%P)+2(R/P)+2(R/H)			
Character V-Score:	92.1	76.7	71.9
CS=(%V)+(%K)			
Violence Index: VI=PS+CS	198.7	180.9	183.3

（資料來源：Gerbner et al., 1976: 195）

1970	1971	1972	1973	1974	1975	Total
N	N	N	N	N	N	N
111	103	100	99	96	111	924
67.2	70.3	72.0	75.2	76.0	77.3	630.2
196	252	300	359	346	364	3649
%	%	%	%	%	%	%
77.5	80.6	79.0	72.7	83.3	78.4	79.8
78.3	87.2	84.2	79.7	86.8	83.0	83.6
N	N	N	N	N	N	N
498	483	539	524	522	626	4694
4.5	4.7	5.4	5.3	5.4	5.6	5.1
7.4	6.9	7.5	7.0	6.9	8.1	7.4
–	–	–	3.2	3.8	3.6	10.6
%	%	%	%	%	%	%
52.0	46.0	39.3	34.5	40.8	43.1	44.6
56.6	50.8	49.7	48.2	51.2	53.8	54.0
62.8	61.5	58.3	55.7	60.7	64.8	62.9
6.6	8.7	7.7	5.8	9.8	6.3	7.7
4.6	3.2	4.7	3.3	5.8	3.8	4.2
8.7	9.9	9.7	7.5	13.6	9.1	10.2
101.3	103.7	104.8	97.3	107.9	105.8	104.8
71.4	71.4	68.0	63.2	74.3	73.9	73.0
172.7	175.1	172.8	160.5	182.2	179.7	177.8

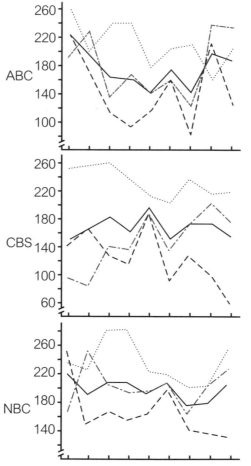

—————　所有時段
－－－－－　「家庭時段」（晚間9時以前）
—·—·—·　夜間時段（晚間9時－11時）
············　週末日間時段（兒童節目時段）

圖 12-1　1967 年至 1975 年美國三大電視網 ABC、CBS 和 NBC 的暴力指標
（資料來源：Gerbner et al., 1976: 188）

二、風險率評估

這個數值的算法是，針對某一個人口變項中的群體（例如：高社會地位的男性）計算其施暴者多於受暴者，還是受暴者多於施暴者，結果見表 12–2。表中數據若標示 + 號表示施暴者 > 受暴者；– 號表示受暴者 > 施暴者。

表 12–2 中較值得注意的是：

㈠女性比男性較易成為受暴者（女：–1.32；男：–1.19）。

㈡ + 0.00 表示該組只有施暴者（如 male children-adolescents）；– 0.00 表示該組只有受暴者（如 female old）；0.00 表示該組既無施暴者，亦無受暴者（如 female children-adolescents）。

㈢男性與女性在電視內容中均為受暴者，僅程度上之不同而已。

㈣殺手特徵：年輕男性、未婚、美國人、正派角色（請參看 Killer-killed ratio + 的部分）。

㈤女性在美國社會生活得特別危險。

㈥女性中只以受暴者型態出現之群體為：

1.老婦 (female, old)

2.低層女性 (female, clearly lower class)

3.非美國人（其他種族）的女性 (female, other race)

表 12-2　1967 年至 1975 年間美國電視節目的風險率（或稱犧牲分數）

Groups	N	Male Characters	
		Character score	Violent-victim ratio
All characters	2010	80.0	−1.19
Social age			
Children-adolescents	188	64.9	−1.83
Young adults	431	81.2	−1.21
Settled adults	1068	80.8	−1.15
Old	81	58.0	+1.03
Marital status			
Not married	1133	83.6	−1.16
Married	462	66.9	−1.33
Class			
Clearly upper	196	87.2	−1.28
Mixed; indeterminate	1744	78.7	−1.19
Clearly lower	70	91.4	−1.11
Nationality			
U.S.	1505	75.0	−1.19
Other	276	96.7	−1.22
Race			
White	1533	77.6	−1.20
Other	264	83.3	−1.27
Character type			
"Good" (heroes)	928	69.3	−1.26
Mixed type	432	71.1	−1.31
"Bad" (villains)	291	114.1	−1.03
*p .05			

（資料來源：Gerbner et al., 1976: 199）

Killer-killed ratio	N	Female Characters		
		Character score	Violent-victim ratio	Killer-killed ratio
+1.97	605	48.9	−1.32	1.00
+0.00	77	46.8	−1.39	0.00*
+3.07	209	59.8	−1.67	+1.29
+1.98	267	37.8	1.00	1.00
−2.00	22	50.0	−2.25	−0.00*
+2.24	306	57.2	−1.51	−1.43
+1.57	252	39.3	−1.11	+1.40
+1.15	70	52.9	−1.64	+1.33
+2.36	517	48.2	−1.26	1.00
−1.33	18	55.6	−2.67	−0.00*
+2.39	503	46.1	−1.39	−1.08
+1.13	66	60.6	−1.55	+3.00
+2.12	541	49.9	−1.29	+1.07
+1.33	50	38.0	−2.43	−0.00*
+3.47	314	43.3	−1.56	−6.00
+1.09	156	43.6	−1.37	1.00
+1.80	41	82.9	+1.14	+2.00

第四節　涵化分析

　　為了解看電視對閱聽人的個人態度，特別是「世界觀」會有什麼樣的影響，葛柏納特別比較了多看組和少看組。圖 12-2 中呈現的即是早期涵化分析的結果。

　　問題：請受訪者估計一下，與法律有關的行業（例如：警察、法官、偵探等）佔全國人數的百分比如何。

　　答案：1% 為正解；5% 為高估的「電視答案」。

　　比較結果呈現於圖 12-2 中：不論是全體受訪者資料，或是控制了教育、年齡、性別、讀報與否後的資料，各組的多看組其高估比率均較少看組多。

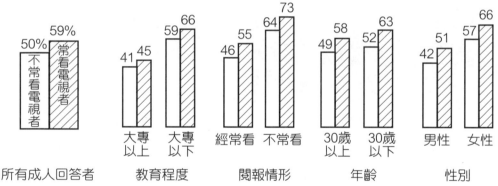

圖 12-2　請受訪者估計全國與法律有關的行業（例如警察、法官、偵探等）佔全國人數的百分比如何，其中給「電視答案」的圖示

（資料來源：Gerbner et al., 1976: 192）

　　其他國家所做的同類研究結果：澳大利亞的研究支持葛柏納，英國的研究結果未能支持。

第五節　主流效果研究

　　1980 年代以後，一方面因為涵化理論受到嚴苛批評，一方面也是要為涵化理論另闢蹊徑，葛柏納的研究重點有了改變，此一時期的研究不再著重於看電視的多寡與危機感間的關係，而將重點放在電視內容對其他方面態度的影響，稱為「主流效果」(mainstreaming) 研究。主流效果是指，本來應極為多元化的價值觀，因為觀賞電視而變得與意見主流（特別是電視上所呈現的）相似。葛柏納發現，看電視少的人，意見較看電視多的人紛歧。

　　與暴力素描 (violence profile) 時期不同的是，前者專門針對暴力內容做研究；1980 年代後則探討看電視是否會影響閱聽人對年齡產生刻板印象。

　　首先，分析電視內容對年齡的處理方式，分析兒童節目中出現的男女角色的年齡分配，結果見圖 12-3。

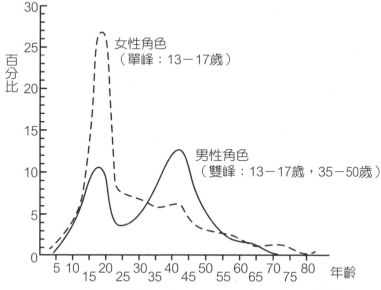

圖 12-3　電視兒童節目中所呈現之男女角色年齡百分比
（資料來源：Gerbner et al., 1980a: 41）

其中值得注意的是，電視內容中：

一、女性角色多介於 13–17 歲之間。

二、男性角色則呈雙峰現象。第一高峰 13–17 歲，第二高峰 35–50 歲，這與美國實際的男女年齡分配情形並不符合。

至於觀眾調查部分，30 歲以下的觀眾特別對老年人抱持較負面的看法。

至於看電視對閱聽人之政治意見形成的影響，則可以葛柏納等人在 1982 年針對「對同性戀看法」、「對墮胎合法化看法」和「對毒品合法化看法」的研究為例。研究發現，無論討論的問題性質如何，多看組意見趨於一致的趨勢最屬害，而政治態度愈開放的人，意見趨於一致的趨勢也愈屬害；少看組的意見則呈現較多元化的情況 (Gerbner et al., 1982)（見圖 12–4）。

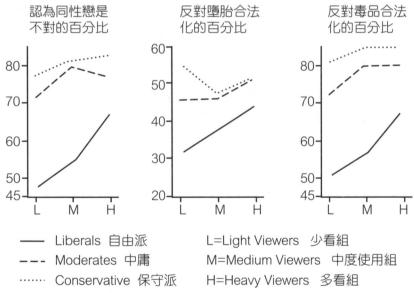

圖 12–4　不同電視使用程度者對「同性戀」、「墮胎合法化」、「毒品合法化」的看法

（資料來源：Gerbner et al., 1982: 118）

葛柏納對上述現象的結論是，電視促成的主流效果決定了 20 世紀美國人的世界觀。這個發現如果是真的，則它對於美國的民主政治，不論就理論或實務的觀點而言，都是非常嚴重的。

另外，葛柏納除主流效果外，又提出「回響效果」(resonance) 的概念：當電視世界的經驗與個人經驗愈一致，則涵化效果有顯著擴大的趨勢，例如：女性中看電視較多者比男性中看電視較多者更會覺得「犯罪」是一個嚴重的問題，這顯然是因為在美國社會中，女性成為犯罪受害者的可能性比男性高的緣故。

第六節　批評與結論

涵化理論自 1967 年提出以來，可以說被批評得體無完膚，例如：霍金斯 (R. Hawkins) 等人即發現，習慣性地使用電視節目並不會導致制式化的反應；同時，影響個人態度形成的因素，參考團體的影響力可能比電視大得多 (Hawkins and Pingree, 1981)。

希爾希是葛柏納的主要批評者，他指出：當控制其他變項以後，電視使用程度和「電視答案」間的關係幾乎等於零，而涵化理論中觀眾調查部分的問卷題目也有問題。另外，希爾希再次分析葛柏納的資料，結果發現電視看得少的人反而覺得世界更危險 (Hirsch, 1980, 1981)。

葛柏納的系列研究再次顯示了要以實證研究來證明大眾傳播媒介的效果相當不容易，最大的問題在於他試圖找出直接的因果關係。

放下批評不談，葛柏納是早期少數幾位注意到媒介內容（特別是電視內容）不僅可以改變個人行為，更可以影響人的「內在世界」（包括態度、感覺、價值觀和思想方式）的研究者之一。

第十三章

瑞典的文化指標研究

第一節　羅森袞的文化——社會關係類型說

　　涵化理論是文化指標研究的源起，葛柏納 (G. Gerbner) 是首先提出文化指標這個概念的學者。而瑞典學者羅森袞 (K. E. Rosengren) 則是第一個將文化指標研究與社會變遷結合的人。

　　羅森袞檢討了馬克思 (K. Marx) 下層結構（經濟）影響上層結構（政治、法律、意識型態），韋伯 (M. Weber) 上層結構（宗教）影響下層結構（資本主義社會）　和彼得生 (R. A. Peterson) 提出的 3 種文化與社會的關係 (Peterson, 1976)：一、文化自主；二、唯心論（文化創造社會結構）；三、唯物論（社會結構創造文化）以後，提出他自己的文化—社會關係類型說。羅森袞認為，社會結構與文化之間的辯證關係，可以簡略地以下圖表示 (Rosengren, 1981a: 724)：

社會結構影響文化

	是	否
文化影響社會結構　是	互　賴	唯　心
文化影響社會結構　否	唯　物	自　主

圖 13-1　文化與社會結構之間的關係
（資料來源：Rosengren, 1981a: 724）

　　羅森袞所謂的文化在實證的階段即指大眾傳播媒介中所呈現的內容，因此他主張在經濟指標、社會指標之外，應有系統地建立文化指標。

有關社會指標的研究在 1930 年代曾經造成風潮。1960 年以後，在包爾 (R. Bauer, 1966)、查普發 (W. Zapf, 1975) 等人的研究下而逐漸有所突破。

至於文化指標，在 1930 年代也有小規模的研究，例如索羅金 (P. Sorokin) 的《社會及文化動力學》(*Social and Cultural Dynamics*, 1937–1941)。

社會指標逐漸在 1960 年代被人接受，而文化指標則是葛柏納在 1969 年首先提出與採用的。葛柏納致力於美國電視的研究，他最負盛名的文化指標是「暴力素描」(violence profile)（詳見本書第十二章）。

葛柏納認為，社會結構和媒介內容的關係是文化變遷起源於科技革命後帶來的訊息生產；換言之，代表訊息生產的大眾傳播媒介影響了一個社會的文化變遷。而這種大眾產品（指媒介內容）經過快速分配後，創造了新的符號環境。因此，文化指標是一套標示變遷的符號環境系統，它的作用在於協助政策的決定與指導個人從事有效的社會行為。

羅森袞發揚文化指標的概念，以之作為研究大眾傳播與社會變遷的方法 (Rosengren, 1981a, 1981b, 1981c)。瑞典的 CISSS (Cultural Indicators: The Swedish Symbol System, 1945–1975) 研究計畫中便運用文化指標，進行宗教、廣告、文學、外交政策和自由、平等等研究。這個計畫由瑞典蘭德和斯德哥爾摩大學 (the Universities of Lund and Stockholm) 的歷史學家、心理學家、社會學家、政治科學家、神學家和哲學家共同合作。這個研究計畫的目標在於為戰後瑞典社會的不同部分建構文化指標：在文化環境下，建構標準化的工具，以測量不同的符號系統。

在進一步探討瑞典的 CISSS 研究以前，先介紹瑞典戰後的社會及瑞典文化指標研究的理論背景。

第二節　戰後瑞典的一般情況

　　瑞典是一個天然資源豐富，人口卻稀少的國家。戰後瑞典的人口發展有兩個重要趨勢：一、人口的增加緩慢而穩定，從 600 萬增加到 800 萬；二、生產人口的比例從 66% 減至 62%。但最主要的改變是人們逐漸從鄉村遷到城鎮、都市中居住；鄉村居住人口在 1940 年時有 40%，至 1975 年則低於 20%。

　　瑞典於 1965 年進入後工業時代，經濟生產額是戰前的兩倍，國民平均所得從 1945 年的 1,900 元增加到 1975 年的 4,700 元，其中運用在公共事務上的比例由 10% 增至 23%，國家每年的總預算支付在養老金及全民健康保險的比例也由 13% 增至 40%。

　　瑞典的國家預算在社會方面大部分是用在國家勞工市場委員會中，這使得瑞典的失業率得以維持在一個相當低的程度。相對於社會支出的增加，瑞典在軍事和國防方面的支出就較少。瑞典國內有五大政黨，最大的是社會民主黨，另有屬於中產階級的政黨，分別是保守、自由及中立的黨派，而共產黨在瑞典則屬小黨，它支持社會民主黨，並與其他中產階級的政黨相互競爭。自 1976 年起，瑞典的政府由三個中產階級的政黨組成。

第三節　瑞典文化指標研究的理論背景

　　羅森袞的文化指標研究之理論背景是，假設戰後瑞典文化的發展是由「國際主義」(internationalism)、「行動主義」(activism) 與 「極端主義」(radicalism) 所共同主導，其組成空間若以古德曼空間 (Goldman's space) 表示，結果如下：

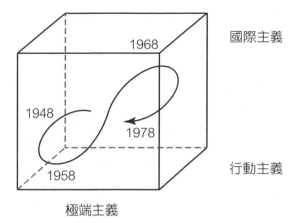

國際主義

行動主義

極端主義

圖 13-2　戰後時期瑞典文化氣候假設性發展圖
（資料來源：Rosengren, 1981a (2): 722）

此圖引發的問題有：一、這些因素的代表性；二、1950 年代及 1960 年代的轉折，也就是圖 13-3 中所呈現的轉折；以及三、什麼因素導致圖形如此呈現。

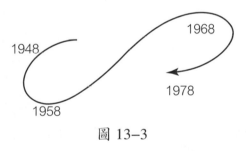

圖 13-3

羅森衮進一步說明可能的因素，包括：

一、瑞典文化氣候難免受到外力影響，而所謂的外力，羅森衮認為就是 1950、1960、1970 年代時的國際強權系統變化（見圖 13-4）。

二、考慮「文化與社會結構的關係型態」。

三、時間因素必須列入考慮。

四、世代 (generations) 的改變，這又包括：

㈠「世代效果」(generation effects)，指的是每一世代的特殊經驗所可能帶來的永久影響。

㈡「風尚效果」(zeitgeist effects)，指的是規範、價值和信仰等的系統性改變所可能帶來的影響。

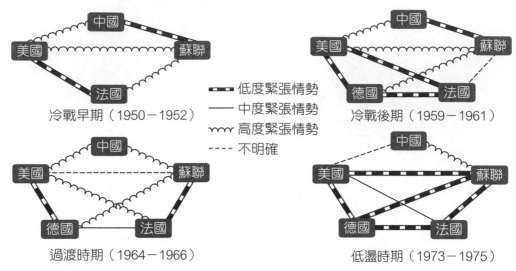

圖 13-4　四大強權國家系統圖
（資料來源：Rosengren, 1981a: 723）

羅森袞綜合上述諸變項，並以架構圖呈現（見圖 13-5）。

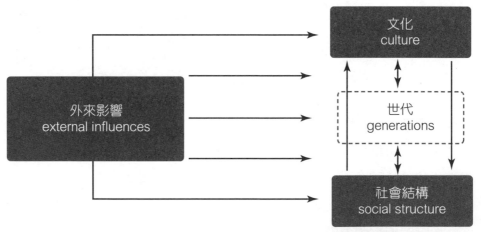

圖 13-5　文化與社會結構之間的整體關係模型
（資料來源：Rosengren, 1981a: 726）

第四節　瑞典文化指標 (CISSS) 研究計畫的初步結果

CISSS 研究計畫的初步研究結果如下 (Rosengren, 1981a)：

一、在國內政策的研究方面，羅森袞等人研究 5 份最主要的瑞典報紙，其社論所反映出來的「自由」與「平等」價值從 1945 年至 1975 年的變遷，結果發現「自由」這個價值有日漸減少的趨勢，而「平等」這個價值則有日漸增加的趨勢。羅森袞等人認為，這足以說明瑞典文化正從一個自由主義的政治文化轉變成一個社會主義的政治文化。至於 1975 年至 1980 年的發展，則可能又發展回一個較傾向自由主義的政治文化。

二、在國外政策的研究計畫裡研究了 6 份最主要的瑞典報紙，分析瑞典報紙對遙遠地區的報導趨勢，發現在 1960 年代 (1963–1965) 有關遙遠地區的報導遠較 1952 年至 1962 年時為多，而 1966 年至 1975 年時，則又較 1960 年代為多。這樣的變化趨勢被解釋為瑞典文化「國際主義」化的證明。

三、在有關宗教的研究中，瑞典的學者們研究了瑞典報紙廣告中的死亡宣告。在傳統的瑞典死亡宣告中，通常會包含一首詩或一句宗教的句子。研究結果發現，特別在都會地區，死亡宣告有愈來愈世俗化的趨勢，亦即宗教的成分愈來愈少。

四、研究《瑞典週刊》上，「您」和「你」代名詞的使用情形。研究結果發現從 1965 年開始，在廣告用語中「您」的用法漸趨減少，而「你」的用法日漸加多。研究者在日用的瑞典語中亦發現了同樣的現象。同樣的語言變化趨勢亦可以在法語和德語中發現。研究者將《瑞典週刊》廣告上的這種代名詞使用趨勢解釋為瑞典文化中日趨平等和團結的趨勢。

五、在研究日報文學評論的計畫中，研究者發現，1960 年代以來，以瑞典文發表的文學書籍有減少的趨勢（社會真實，即羅森袞架構中的「社會結構」）；但分析瑞典 6 大報上發表的文學評論中所評論到的以瑞典文發表的著作卻不見得有這樣的趨勢（媒介真實，即羅森袞架構中的「文化」）。羅森袞

等人將這種現象解釋為瑞典「國際主義」化的表徵。

　　將研究結果運用至前述「古德曼空間」模式中可發現,瑞典戰後的發展似乎與極端主義和國際主義有關,和行動主義無關。質言之,資料在平等／自由(國內政策研究)、俗化以及「您」／「你」稱呼的研究中與極端主義有關,而在距離遠近的報導及文學評論的研究中,則顯出與國際主義有關。

第五節　結　論

　　透過上述討論,我們發現雖然瑞典文化指標研究的企圖心極旺盛,試圖在理論中涵括進「外力影響」、「文化」、「社會結構」和「世代」等變數,但是在實證的層次也只能處理 「文化」 和 「社會結構」 兩個變項。而且,CISSS 計畫的結果亦未能釐清究竟是社會結構影響文化,還是文化影響社會結構的中心議題。

　　儘管有關文化指標的研究才剛起步,可信度及精確度並不理想,但是如果我們要探索未來就應該先熟悉我們的過去,文化指標即是一個能夠幫助我們鑑往知來的途徑,因此它在大眾傳播研究領域中的重要性與日俱增。瑞典的 CISSS 雖然只是其中的一項計畫,但是對於文化指標的研究已立下良好的典範。

第十四章

知溝理論

第一節　前　言

　　幾乎所有的大眾傳播理論，都未質疑「資訊增加，即可增加知識」這種說法。直至 1970 年代初，提契納 (P. J. Tichenor) 等人提出「知溝理論」(knowledge-gap theory) 以後，才發現資訊的增加，也會給社會帶來負面的影響 (Tichenor et al., 1970)。

　　雖然在現代社會中，每個人都有權利與機會接近大眾傳播媒介，但每個人本身條件不同，因此還是會造成隔閡與差距。「當社會系統中之資訊增加時，高社經地位的人獲取知識的能力大於低社經地位者，因此會加大兩者之間的知識差距。」(Tichenor et al., 1970: 159–170)

　　這樣的傳播理論，對於傳播政策的擬定有相當直接的影響，例如：在制定新媒介政策時，即須考慮新媒介在不同社經地位的個人之間所可能帶來的知溝 (Katzman, 1974: 47–58)。

第二節　理論背景

　　知溝理論和創新傳布理論（詳見本書第六章）間有相當密切的關聯。不同之處在於，創新傳布理論關注的是：在一段時間以後，人們接受新事物的情況。而知溝理論的核心議題是：資訊在不同社會階層間傳散的情形有何不同，以及影響它們有不同傳散速度的因素有哪些？（見圖 14–1）

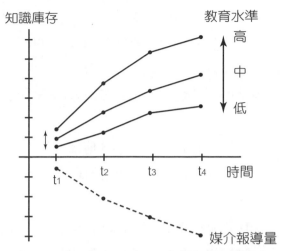

時間1 (t₁)至時間4 (t₄)間，資訊增加量愈多，則在
不同教育及社會背景的人之間，知溝會愈大。

圖 14-1　知溝典範模式圖
（資料來源：Bonfadelli, 1987: 307）

一、基本概念

知溝理論建構於以下幾個基本概念：㈠社會結構；㈡不同社會階層間的知識差距；㈢社會系統中的資訊流通量。

㈠社會結構

雖然社會結構對知溝理論的建構極為重要，但仍缺乏深入的理論探討 (Olien et al., 1983: 455–461)。絕大多數驗證知溝理論的實證研究都以個人層次的指標來操作社會結構，例如：教育程度、職業、收入或結合數個指標成為「社經地位」。較近期的實證研究則試圖從其他層面來操作社會結構，例如：性別差異、弱勢團體和城鄉差異等。

㈡知識與知識差距

在提契納等人的原始研究中，所謂的「知識」僅限於公共事務及政治性

消息的知識。近期的研究則將知識的範疇擴大，且將知溝的概念擴大為「傳播效果差距」(Rogers, 1976: 9; Dervin, 1980: 73–112)，以下幾點值得注意：

　　1.除了考慮閱聽人所獲得的知識外，也要考慮態度和行為上的改變。

　　2.除了考慮大眾媒介的刊載量外，也要考慮人際傳播，以及人際傳播與大眾傳播的聯合效果。

　　3.除了社經地位之外，也要找出其他影響傳播效果差距的因素。

　　至於所謂的知識，亦可分為數種不同層次的知識，例如：有關「議題」、與「結構和背景」的知識。

　　馬奎爾 (D. McQuail) 和溫德爾 (S. Windahl) 即認為，社會中並不是只有一種知溝，而是有很多種知溝，依切入社會人群的不同角度而有所變化。而且，由於議題的不同，有時低社經地位者在某些議題上的知識反較高社經地位者多。加上時間的因素以後，往往又可區分出不同的知溝型態（詳見圖14–2）(McQuail and Windahl, 1981)。

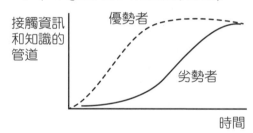
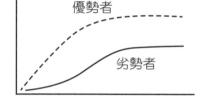

圖 14–2　加上時間因素後，不同的知溝發展型態

（資料來源：McQuail and Windahl, 1981: 72–73, after Thunberg et al., 1979）

　　圖14–2 左圖顯示的是「閉合型」(closing information gap)，劣勢者的知識「追上」了優勢者。右圖顯示的則是「非閉合型」(non-closing information gap)，時間非但不能使優勢者和劣勢者之間的知溝縮小，反而加大。

　　雖然整體而言，知溝會加大，但就實證層次而言，則應確切指明在何種情況下知溝會加大，而在何種情況下知溝會變小，例如：就議題的知曉而言，則屬知溝會縮小的情況。當然，優勢者可能會先知道某一議題，而劣勢者在

大眾傳播媒介加強報導以後，遲早也會知道，這就是所謂的「天花板效應」(ceiling effect)。

㈢資訊流通量

知溝理論強調的是，在一個社會中，不同社會階層的人會有不同的知識儲存量；同時，在大眾傳播媒介加大資訊流通量時，不僅不能縮小知識差距，反而會加大它。這一點該如何實證呢，可有以下數種不同的作法。

研究者可以針對某一議題，運用小樣本連續訪問法 (panel) 來分辨知溝究竟是加大還是縮小。或者，研究者也可以比較媒介報導量多和報導量少的時期，其知識的差距情況，例如：可比較宣傳期和非宣傳期的知識情況。由於長時期的研究執行起來比較困難，因此亦有研究者比較使用媒介多者與使用媒介少者的知識，來驗證知溝理論。

值得注意的是，有關知溝理論的研究很少配合內容分析來掌握資訊流量的多寡，這是值得加強的地方 (Bonfadelli, 1987: 309)。

二、知溝理論的起源及修正

如前所述，知溝理論是由提契納等人在 1970 年時提出的。他們認為造成知溝的原因有以下幾個 (Tichenor et al., 1970: 159–170)：

㈠傳播技巧：提契納等人以教育程度為社經地位的指標，認為受愈多正規教育的人，其閱讀、理解和記憶的能力也愈高。

㈡資訊存量：高教育程度者資訊存量較多，較容易了解媒介上的新資訊。

㈢社會接觸：教育使個人有較廣的活動範圍、較頻繁的人際接觸、較深入的討論，導致高教育程度者吸收資訊的能力與機會亦較佳。

㈣選擇性的暴露、接受與記憶：高教育程度者比較會主動接觸訊息；態度和教育程度會有聯合效果，使高教育程度者吸收較多的知識。

㈤媒介性質：大多數科學及公眾事務的新聞，都刊登在報紙或雜誌等印刷媒介上，而傳統上印刷媒介又有取悅及迎合高教育程度者的習慣，因此高教育程度者較易由媒介得到知識。

提契納等人在原始知溝理論提出 5 年之後，又提出了一些修正和補充，加入社會系統的變數如下：

　　㈠事件的本質。

　　㈡事件對系統的衝突程度。

　　㈢社區的結構及多元程度。

　　㈣媒介報導的頻率及重複的程度。

　　以下的因素是經過驗證的 (Bonfadelli, 1980: 173–193; Gaziano, 1983: 447–486)：

　　㈠社會結構：在較小的、同質性較高的社區中，資訊流通量較平均，知溝較小；反之，在較大、異質性較高的社區中，知溝較大。

　　㈡媒介：1.印刷媒介比電子媒介易造成較大的知溝；2.當資訊的流通是透過人際傳播而非大眾傳播時，知溝較小；3.當引進新媒介時，使用的差距和知識的差距會加大。

　　㈢內容：當議題的內容 1.影響及於整個社會；2.與社會衝突密切相關；3.與個人密切相關；4.為地方性議題時，資訊的傳散較均衡，知溝較小。

　　㈣呈現方式：當資訊以圖像方式呈現時，知溝較小。

　　㈤閱聽人：不同社會階層的閱聽人其知識會有不同，通常以 1.教育程度；2.社會地位；3.是否屬於某社會團體；4.使用印刷媒介的情形；5.對於議題的關切程度及事前的了解等指標來操作。

第三節　實證研究

　　有關知溝理論的研究，在研究方法上都多少有些瑕疵，例如：這些研究的樣本數都不大、同時驗證不同性質議題的研究不多見、不常使用小樣本連續調查法、很少有研究能在調查訪問之外同時作內容分析以控制資訊流通量、對「知識」的操作性定義模糊而不統一等。也因為這樣，導致知溝理論的研

究結果十分紛歧而未能有定論。在表 14-1 中所呈現的即為各種知溝研究的
類型 (Bonfadelli, 1987: 314)。

表 14-1　知溝研究類型

廣義的知溝研究		狹義的知溝研究	
單一研究	長時期研究	單一研究	長時期研究
社會階層、教育背景與以下變項之關係 ・媒介使用 ・接近新媒介的機會 ・在宣傳期間獲取資訊的機會 ・收訊方式 ・尋找和獲取資訊的情況 ・知識庫存量 ・運用知識、解決問題的方法	類似古典的「資訊傳佈」研究，研究以下各類議題在社會不同階層中傳散的情況…… ・主要／次要事件 ・公眾事務議題／軟性新聞 ・地方／全國性事件	由於個人層次的中介因素所導致的知溝，這些中介因素有： ・媒介使用 ・使用印刷或電子媒介 ・媒介依賴程度 ・人際傳播 ・是否屬於社會組織	多次獨立的調查研究： ・宣傳時期／普通時期 ・對議題知識的長期發展之了解
除社會階層、教育背景以外的足以影響知識差距的其他因素及其影響力之間的比較		影響知溝的鉅觀因素： ・社會系統的同／異質性 ・議題的衝突性 ・媒介對議題的報導情況	panel： ・普通時期 ・宣傳時期 ・選舉

（資料來源：Bonfadelli, 1987: 314）

一、廣義的知溝研究

㈠單一研究

1.媒介使用習慣

有不少研究探討不同社會階層和教育背景的人其使用媒介的習慣（使用
印刷或視聽傳播媒介），例如：葛林堡 (B. Greenberg) 等人在 1970 年做的有
關都會區窮人媒介使用習慣的研究 (Greenberg and Dervin, 1970) 或德國的柏

格 (K. Berg) 和奇佛 (M. L. Kiefer) 所蒐集的 1964 年至 1980 年德國民眾的媒介使用習慣的調查資料 (Berg and Kiefer, 1983)。近來則有專門針對民眾採用新媒介 （如錄放影機、電傳視訊等） 的研究 (Lipp, 1985: 197–211; Ettema, 1984: 383–395)。

2.資訊可以抵達不同社會階層的人的情況

海曼 (H. H. Hyman) 和薛茲利 (P. B. Sheatsley) 早在 1947 年時即指出，社會中有一群人，不論如何告知亦無法增加其資訊，他們稱這些人為 "chronic know nothing" (Hyman and Sheatsley, 1947: 412–423)。麥克艾文 (W. J. McEwen) 則發現，原先擁有較佳資訊者，其接收資訊的能力亦較佳 (McEwen, 1978: 247–251)。

3.不同的收訊方式

麥堪斯 (M. E. McCombs) 等人發現，教育程度愈高者，愈認為應該知曉每日發生的事件 (McCombs and Poindexter, 1983: 88–96)。甘茲 (W. Gantz) 則發現，以資訊導向來觀賞電視新聞者，其自電視新聞中所獲取的資訊亦愈多 (Gantz, 1978: 664–672, 681)。紐曼 (R. Neuman) 則發現，教育程度愈高者，在觀賞完電視新聞後，對電視新聞的記憶較高中程度者佳 (Neuman, 1976: 112–123)。薩克斯等人在瑞士蘇黎世所完成的研究亦顯示，除教育程度外，平常習慣使用印刷媒介者，在使用電視學習時亦較佔優勢 (Bonfadelli, 1987: 315)。

㈡長時期研究

古典的「資訊傳布」研究中，有關知識在社會不同階層中的傳散情況，可以下表呈現（見表 14–2）：

表 14-2　古典「資訊傳布」研究中與知溝有關之研究及其發現

作　者	議　題	與知溝有關之研究發現
Bogart, 1950, 1951	地方議題	教育程度較高者比較低者更知曉議題，且知道得亦較詳盡。
Larsen and Hill, 1954	塔芙塔參議員之死	教育程度較高者較早知曉此事件，但是對事件的內容知道較少。
Medalia and Larsen, 1958	有關地方議題的謠傳	不知者的教育程度較低；教育程度較高者較多得自報紙。
Deutschman and Danielson, 1960	六件議題	不知此六議題者，平均教育程度較低。
Spitzer and Denzin,1965	甘迺迪謀刺事件	不知者較多屬藍領階級；擁有較多相關資訊者使用較多的資訊來源。
Budd, McLean and Barnes, 1966	赫魯雪夫下臺等事件	教育程度較高者，較早獲知此事件。知溝加大，沒有縮小。
Allen and Colfax, 1968	詹森決定參選	不知此事件者，較多屬藍領階級，多數為受高中教育者。
Addams, Mullen and Wilson, 1969	教皇保祿反對墮胎	知道此事件者天主教徒及高教育程度者較多。
Fathi, 1973	Trudeau祕密結婚事件	低教育程度者知道此事件者較多，但高教育程度者知道得較詳細。

（資料來源：Bonfadelli, 1987: 316）

二、狹義的知溝研究

㈠影響知溝的中介變項

1.媒介使用

提契納等人於其原始知溝理論中即曾指出，經過一段時間以後，媒介使用頻率高者間之知溝會較媒介使用頻率低者間之知溝大 (Tichenor et al., 1970)。媒介使用與知溝間的關係可能會有以下型態：⑴知溝愈大；⑵知溝愈小；⑶知溝不變（詳見圖 14–3）。

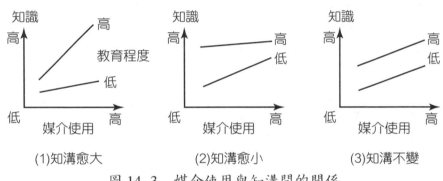

圖 14–3　媒介使用與知溝間的關係
（資料來源：Bonfadelli, 1987: 317）

2.媒介依賴程度

傅雷 (D. Fry)、貝克 (L. B. Becker) 和惠特尼 (C. Withney) 等人曾就媒介依賴程度和知溝之間的關係做研究，結果發現愈依賴印刷媒介者，其間的知溝愈大，而愈依賴電視者，較無此種現象 (Fry, 1979; Becker and Withney, 1980)。羅賓遜 (J. P. Robinson) 和彭發德里 (H. Bonfadelli) 則發現，習慣以電視為資訊來源者，其知識的增加較慢 (Robinson, 1972; Bonfadelli, 1978)。

3.議題相關程度

羅芙里其 (N. P. Lovrich) 等人發現，當議題與個人的相關程度愈高時，個人愈有興趣去了解它 (Lovrich et al., 1984)。

㈡影響知溝的結構性因素

知溝理論的原創者明尼蘇達大學的幾位教授們自 1970 年代以來即致力於探討結構性因素與知溝之間的關聯，他們以明尼蘇達州的 19 個社區為研究對象，探討 1.社區的結構性特徵； 2.媒介對地方性衝突議題的報導； 3.社區中知識的分配情形等變項之間的關聯 (Tichenor et al., 1973: 45–79; Donohue, et al., 1975: 3–23; Tichenor et al., 1980)。

明尼蘇達大學對結構性因素與知溝間關係的研究可綜合成以下幾點重要發現：當 1.議題具有衝突性； 2.媒介的報導相當密集； 3.問題能有充分人際討論的機會； 4.問題直接影響社區； 5.社區規模較小，且同質性高時，則知識在社區中的散佈會較均勻（知溝較小）。

衝突性可縮小知溝，也獲得瑞士的實證研究支持 (Bonfadelli, 1987: 319)。

第四節　對知溝研究的批評及檢討

德爾文 (B. Dervin) 認為，知溝完全站在傳播者的立場，看傳播者送出的訊息有哪些人沒有收到，這些人是缺了什麼，例如：可能是由於教育程度不夠，才沒有接收到訊息；這是接受者缺陷論，也是個人責備論。其實，知溝的產生可能是媒介系統造成的 (Dervin, 1980)。

蓋西安諾 (C. Gaziano) 檢視了 58 個知溝研究，發現其中大部分支持知溝加大之說，但亦不乏知溝縮小、知溝不變或找不到知溝的。蓋西安諾認為，這些分歧的結果可能是由以下原因造成 (Gaziano, 1983)：

一、忽略了媒介報導量的研究。

二、各研究除了都考慮教育程度對知溝的影響外，其他列入考慮的因素如動機、議題性質及社會結構因素等都不相同。

三、各研究者對知識的操作性定義不同。同時，由受訪者自己定義知識

（開放性問卷），會比封閉問卷測得的知溝小。

四、訪問的時間如未妥善控制，則可能造成知識量的不同，例如：分別在晚間新聞之前和之後進行訪問。

五、各研究者對知溝的操作性定義不同。

蓋西安諾同時也對未來的知溝研究提出一些建議：

一、應使用小樣本連續調查法 (panel)。

二、應比較不同程度的媒介報導量所造成的知溝。

三、考慮受訪者學習及忘記的過程，亦即應將時間因素考慮在內。

四、測量知識時，應進一步分辨只是知曉與否，或進一步測量了解程度。

五、須注意使用開放問卷或封閉問卷對知溝測量上所可能產生的影響。

六、須考慮教育程度以外的因素。

七、應考慮社會結構及媒介結構對知溝的影響。

八、應注意探討新科技所可能帶來的新知溝。

九、研究結果能成為決策當局制定傳播政策時之參考。

第十五章

民意與大眾傳播研究
的結合──諾爾紐曼
和她的沉默螺旋理論

位於萊茵河支流曼茵河畔 (Main) 的曼茵茲大學 (Johannes-Gutenberg Universität, Mainz) 是西德傳播及民意研究的學術重鎮。曼茵茲大學的大眾傳播系在西德乃至在國際上享有聲譽，實應歸功於諾爾紐曼 (E. Noelle-Neumann) 和她的「沉默螺旋理論」❶。

第一節　諾爾紐曼其人其事

諾爾紐曼 1916 年生於柏林，父親盎斯特・諾爾 (Ernst Noelle) 是學法律的商人，祖父夏帕 (Fritz Schaper) 是雕塑家，曾祖李特斯豪斯 (Emil Rittershaus) 是詩人。她的小學時期在柏林度過，之後就讀著名的貴族寄宿學校沙林 (die Saleme Schule Spetzgart)，1935 年在哥廷根市通過高中會考。

1935 年秋天起，諾爾紐曼遊學於柏林、科尼斯堡 (Königsberg) 和慕尼黑，主修新聞、歷史和哲學。1937–1938 年間，獲德國 DAAD 獎學金獎助，赴美國哥倫比亞大學和密蘇里大學研究。也就是在這段時間，諾爾紐曼結識了拉查斯菲 (P. Lazarsfeld)，對她日後的研究方法和研究取向產生了相當深遠的影響。留美期間除選修課程外，最主要是為她的博士論文《美國的意見與群眾調查——對政治與報業的民意調查》 (*Meinungs und Massenforscheng in USA. Umfragen über Politik und Presse*, 1940) 蒐集資料。

離開美國以後，諾爾紐曼旅遊了墨西哥、日本、韓國、滿洲、中國、菲律賓、錫蘭和埃及等地，所撰寫的旅遊報導散見於德國各大媒體。1940 年，於柏林大學 (Friedrich-Wilhelms-Universität Berlin) 獲得哲學博士學位，指導教授是德國新聞學巨擘杜蔚發 (Emil Dovifat)❷。

---

❶　本章原刊載於 1990 年 1 月出版的《新聞學研究》第四十期，頁 71–88。

❷　杜蔚發 (Emil Dovifat) 是德國早期的新聞學者，他的代表作是 1968–1969 編寫成的三大冊《傳播學手冊》。

Emil Dovifat (1968–1969) (Hrsg.): *Handbuch der Publizistik*. 3 Bde. Berlin.

甫離開學校的諾爾紐曼，曾從事新聞實務工作一段時間。第二次世界大戰以後，先住在杜賓根 (Tübingen)，後定居德瑞交界處，波登湖畔的阿倫斯巴赫 (Allensbach am Bodensee)，在這裡開始了她一生的事業。阿倫斯巴赫本是一個名不見經傳的小鎮，諾爾紐曼曾在課堂上解釋她鍾情於此處的緣由。原來當她還就讀於沙林寄宿學校時，有一年暑假結束，她由柏林乘坐夜車返校，途經阿倫斯巴赫時正值破曉，仲夏的晨曦拂照著波登湖的湖光山色，景色出奇地美，正值少女情懷的諾爾紐曼不覺許下一個心願，將來的事業基地必選在阿倫斯巴赫。少女時期的浪漫情懷，日後果然得以實現。如今，在西德提起阿倫斯巴赫，人們多會馬上聯想到「民意測驗」。

　　1946 年，諾爾紐曼與當時擔任記者的彼德·紐曼 (Erich Peter Neumann) 結婚。1947 年，兩人共同創立了阿倫斯巴赫民意測驗機構 (Institut für Demoskopie Allensbach)。1961 至 1964 年任教於柏林自由大學。1965 年，她在曼茵茲大學創立了大眾傳播學系，並成為該系的第一位系主任。1968 年，正式升為正教授。1965 年諾爾紐曼在曼茵茲大學的首堂課講題是「民意與社會控制」(Öffentliche Meinung und Soziale Kontrolle)，演講內容中對民意的原始意涵多所闡述 (Institut für Demoskopie Allensbach, 1987: 76; E. Noelle, 1966)。

第二節　沉默螺旋理論的源起

　　1973 年，諾爾紐曼發表一篇文章〈累積、諧和和公眾效果〉("Kumulation, Konsonanz und Öffentlichkeitseffekt") (Noelle-Neumann, 1973)。大意是：1940 年代以來，自拉查斯菲的《人們的抉擇》(The Peoples's Choice, 1948) 一書問世後所帶動的「媒介效果有限」研究典範頗值商榷。她指出，1960 年代以前以美國為重鎮的媒介效果研究之所以沒有很重大的突破，很可能是因為研究者沒有問對問題。諾爾紐曼因此提出了累積 (kumulation)、諧和 (konsonanz) 和公眾效果 (öffentlichkeitseffekt) 三個概念，

指出未來的媒介效果研究應朝這三方面齊頭並進，方能在實證研究媒介效果時有所突破。

「累積」指的是：媒介的效果是一種長期的效果。因此，在研究媒介效果時，應採用「小樣本多次調查法」(panel) 長期地觀察媒介的效果。在方法上，諾爾紐曼亦主張採取多種方法 (multi-method approach)，並配合外在資料的使用，來實證研究媒介的效果。

「諧和」指的是：當媒介內容長期維持高同質性時，則易產生誤導現象 (Noelle-Neumann, 1973: 167)。而當累積與諧和兩變項交互作用時，媒介內容所產生的效果則更大 (Noelle-Neumann, 1973: 167)。西德曼茵茲大學的教授和學生們，曾針對「諧和」此一概念做了一連串有關「傳播者」的研究，具體的成果集結在 1979 年出版的 《涉身其中的旁觀者——新聞記者的所思和所行》 (*Angepasste Aussenseiter－Was Journalisten denken und wie Sie arbeiten*, 1979)，本書收集了專論和論文摘要共 11 篇，顯示出西德的新聞記者，不論在政治立場、教育背景等各方面的同質性均非常高 (Kepplinger (Hrsg.), 1979: 205)、職業流動性低 (Kepplinger (Hrsg.), 1979: 117)、職業滿意程度極高 (Kepplinger (Hrsg.), 1979: 53)、享有某些社會特權且將其視為當然 (Kepplinger (Hrsg.), 1979: 146)、呈現出一種相當具排他性的團體立場 (Noelle-Neumann and Kepplinger, 1978)。大部分的新聞從業員認為，大眾傳播媒介僅具有限的影響力，拒絕為一些無心而引起的後果負責；但另一方面，新聞從業員卻強調政、經、工會領導階層應對其行為負起政治法律上的責任 (Kepplinger (Hrsg.), 1979: 70)。同時，由於記者通常以同業作為榜樣，因此他們表現出來的大半是一種「同儕的規範」(gesinnungsethisch)，而非「責任的規範」(verantwortungsethisch) (Kepplinger (Hrsg.), 1979: 70)。

總之，新聞記者是西德政、經、行政界精英以外的另一群精英權力集團。西德的新聞記者通常以 「受害百姓的代言人」、「社會不平事件的批評者」、「民主的守衛者」自許；換言之，他們深信新聞事業應為社會中的第四公權力，能對行政、立法、司法產生制衡作用 (Kepplinger (Hrsg.), 1979: 36)。另一方面，他們卻自認為對政治沒有影響力，拒絕負政治、法律上的責任。這

種現象，加上其出身、輪替甄選、思想和行為各方面的同質性高，其對社會現實建構所可能產生的影響力，令曼茵茲的這批大眾傳播學者發出警告的呼籲，也認為「諧和」是媒介效果的主要來源之一。

至於「公眾效果」則指的是：意見氣候中強勢意見對個人所產生的壓力；而個人對大環境中何者為強勢意見的判定，除了來自個人的親身觀察外，大多來自大眾傳播媒介的內容。因此，大眾傳播媒介中的主流意見 (medientenor) 足以造成「公眾效果」。而諾爾紐曼自己在「公眾效果」此一概念上所下的功夫，即形成了日後的沉默螺旋理論。

諾爾紐曼指出，大眾傳播媒介的效果即是透過以上三概念的交互作用而衍生。而西德的曼茵茲大學傳播學院就在她的領導下，針對以上三主題，從 1965 年創系迄今，仍鍥而不捨地累積其研究。

沉默螺旋理論問世 10 年以後，諾爾紐曼在《政治傳播年鑑》創刊號 (*Political Communication Yearbook*, vol. 1, 1984) 中，曾完整而扼要地回顧此一理論建構之歷程，共可分為兩大部分：

一、民意研究──回歸民意的原始意涵

早在 1966 年發表的〈民意與社會控制〉("Öffentiche Meinung und soziale Kontrolle") 一文中，諾爾紐曼即指出，「民意」一辭在今天就其政治功能而言，通常被視為是政府的相關物；亦即當我們一提起「民意」，只會想到民意和政府的關係，而完全忽略了它和個人的關聯 (Noelle-Neumann, 1966: 7–8)。諾爾紐曼則反對這種趨勢，因為若是如此，民意就遺失了一張臉，其原始意涵完全被忽略了 (Noelle-Neumann, 1985: 95–96)。那麼，民意的原始意涵是什麼？她指出，不論是洛克的「意見之法」(law of opinion)❸、盧梭的「民意」(l'opinion publique)❹，甚至 19 世紀德國學者 Holtzendorff、Ihering 等人所強

---

❸　洛克 (John Locke) 曾指出世界上有三種法律，即上帝之法、民法和意見之法。洛克所指的意見之法即善惡法、名譽法和時尚法。語見 John Locke (1671). "Essay Concerning Human Understanding" 一文　（此處轉引自 Noelle-Neumann and Schulz, 1975[4]: 210，亦見 Noelle-Neumann, 1982[2]: 96–102)。

調的，都是民意對個人的影響 (Noelle-Neumann and Schulz 1975[4]: 210–216)。這些原始意涵的定義把民意視為善良風俗的維護者，是一種對個人的約束力量。民意約束個人，使個人必須去做或不能去做某些事，是一種不成文的法律，達成社會的和諧和整合 (integration)，因此諾爾紐曼將民意與個人關聯的這一部分稱為「整合概念」(integrationskonzept)，而將前面所提及的民意與政府的關聯稱為「精英概念」(elitekonzept) (Noelle-Neumann, 1982: VI–VII)。

那麼，為什麼這種有關民意的原始意涵會被學者專家們所忽略了呢？諾爾紐曼認為，這是因為「社會控制」(soziale kontrolle) 一辭的出現。社會控制一辭是羅斯 (E. A. Ross) 在 1896 年創造的新名詞，指的是社會規範對個人的約束力量，使社會結構得以維持均衡 (Ross, 1901; Noelle, 1966: 8)。自從這個概念被創造出來以後，民意對個人的關係就被它所取代了。

諾爾紐曼認為，我們可以把民意視為一種對個人，同時也是對公權力的要求和壓力，要求他們去做或不能去做某一件事。Hofstätter 在 1949 年時即指出，民意的動力來自於人類對其四周環境的估計和看法（指對環境中意見如何分配的估計）。民意所產生的壓力在於它逼使個人或政府尊重環境中的優勢意見。在這種情況下，民意扮演的是一個整合社會分子間的原動力，它可以防止個人或政府和優勢意見之間有太大的差距。個人如果不注意優勢意見，則會受到孤立，例如：不受歡迎或不被尊重；政府如果不注意優勢意見，嚴重的話會導致政權的崩潰 (Noelle-Neumann and Schulz, 1975[4]: 214)。

那麼，什麼樣的問題會成為民意的主題呢？諾爾紐曼認為，如果沒有緊急的需要，社會裡的個人態度、社會規範、價值體系等會形成所謂的「意見氣候」(meinungsklima)；待有鉅變發生時，民意即會從這種「意見氣候」中昇華出來。因此，像 climate of opinion、law of opinion 或 opinion publique 這些與民意有關的概念都是在大革命或社會有大動盪之際被創造出來的，絕非偶然 (Noelle-Neumann and Schulz, 1975: 214–215)。

---

❹　盧梭曾說過：「誰要是注重善良風俗，他就是注重他的名譽。誰要是注重名譽，他就是注重民意」。盧梭在這兒所呈現的民意理念，就是一種把社會維繫在一起的整合力量（此處轉引自 Noelle-Neumann and Schulz, 1975[4]: 213）。

二、1965 年、1972 年和 1976 年的西德選舉研究

　　1947 年，諾爾紐曼創辦西德戰後第一家民意測驗機構 (Institut für Demoskopie Allensbach)，運用她在美國所習得的民意調查方法，驗證拉查斯菲等人在美國所發現的選舉理論和選民投票行為等是否在西德亦適用。結果卻發現在西德的選舉研究中，有許多現象是無法用美國的理論解釋得了的，因此驅使她努力去為這些問題找答案，因而也才能發展出沉默螺旋理論。諾爾紐曼自己也說「所有的研究都起於一道謎題」(Noelle-Neumann, 1982[2]: 16)。那麼，什麼是這道導致沉默螺旋理論誕生的謎題呢？

　　1965 年西德大選時，阿倫斯巴赫民意測驗機構做了一連串的民意調查，結果令諾爾紐曼大惑不解。從 1964 年 12 月起每月所做的 panel 資料顯示，選民投票給基民／基社姊妹黨 (CDU/CSU) 和社民黨 (SPD) 的意願可謂勢均力敵 (ein kopf-an-kopf rennen)。但在觀察大環境的「選舉預測」題上，選民對於 CDU/CSU 會贏得選舉的期望卻扶搖直上。最後出現了諾爾紐曼稱之為「最後一分鐘跟進」(the last minute swing) 的現象，而這種現象也影響了選舉意願在選前一個月的調查結果，造成了所謂的「剪刀開口」(Öffenen der Schere in der letzten Phase)（見圖 15–1）(Noelle-Neumann, 1982[2]: 13–22)。

　　這種選舉意願與對選舉勝負的預期之間的差異，以及選民對選舉勝負的預期心理終於決定了選舉勝負的現象，諾爾紐曼無法用美國的選舉理論來解釋，因此她急切地想解開這個謎題。

　　她在 1970 年、1972 年分別針對 1969 年大選所做的事後回溯研究結果，也是導致她發展出一套與美國完全不同的選舉及民意理論的原因。1969 年的西德大選結果，官方公布的得票率是 SPD：44%，CDU/CSU：46.6%。按照拉查斯菲等人在美國選舉研究中的發現，選民在選舉結果公布後，會有「樂隊花車效果」(band-wagon-effect) 的心理；也就是說，不管他自己事實上是投給了哪一黨，當被問及他投票給哪黨的候選人時，大多數的人會說是投給了在該次選舉中得勝的一方，這種想站在勝利者一邊的心理就是所謂的「樂隊花車效果」。但是這種現象在西德的實證資料中卻完全得到了反證。諾爾紐曼

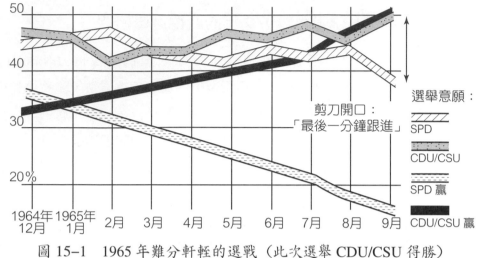

圖 15–1　1965 年難分軒輕的選戰（此次選舉 CDU/CSU 得勝）

（資料來源：Noelle-Neumann, 1980c: 87）

在 1970 年、1972 年分別針對 1969 年大選結果所做的調查資料顯示，1970 年時，有 53% 的受訪者，而 1972 年時有 53.2% 的受訪者說他們在 1969 年時投給 SPD（多過官方選舉結果的 44% 甚多）；而 1970 年時有 41%，1972 年時有 40.8% 的人說他們投給了 CDU/CSU 的候選人（少於官方選舉結果的 46.6%）（見表 15–1）。這種現象只有用沉默螺旋理論才解釋得通。

表 15–1

自稱在1969年時選了──	SPD	官方選舉結果	CDU/CSU	官方選舉結果
	%	%	%	%
1970的問卷調查結果 (n=1444)	53.0	44.0	41.0	46.6
1972的問卷調查結果 (n=6483)	53.2	44.0	40.8	46.6

（資料來源：Noelle-Neumann, 1980: 31）

　　也就是在此時，前面所提在曼茵茲大學進行的傳播者研究和媒介效果研究、諾爾紐曼個人對民意理論的歷史探討及阿倫斯巴赫選舉研究的結果，三

條源流逐漸會合而一導向了沉默螺旋理論的形成。而令諾爾紐曼豁然貫通的靈感來自一位女學生。她在同一天裡遇到這位學生兩次：早晨遇見她時，見她在夾克上別了一枚 CDU/CSU 的選舉徽章；到了下午時，她卻把徽章取下不再配戴了。諾爾紐曼問這位學生理由何在，女學生表示她受不了同學們異樣的眼光。原來，「公眾效果」有這麼大的威力，諾爾紐曼日後稱這種現象為「公眾的威脅」(Öffentlichkeit als Bedrohung)，甚至以這個概念作為她 1976 年出版的一本書的書名 (Noelle-Neumann, 1976)。

另外，諾爾紐曼也在一篇文章中提及，她自己在 1970 年至 1971 年所經歷的學生運動，也給她的理論帶來很大的啟示。當時的學生中分為擁諾和倒諾兩派，倒諾派在人數上雖佔少數，但他們態度積極，發表演說、散發傳單、張貼海報、上課鼓噪，形成一股強大的聲勢，最後使得在人數上佔多數的擁諾派終於愈來愈沉默。這種現象，令她聯想起 1965 年的西德大選情形，兩者若合符節 (Noelle-Neumann, 1989: 10–11)。

至此，理論的建構不再成為問題，許多謎題也合理地得到了解釋。原來她交替鑽研的三個論題彼此互有關聯，選舉謎題的答案正是民意失去的那張臉──民意的原始意涵，民意作為名譽法、時尚法的意義，「公眾效果」對個人的壓力──也是民意的社會心理層面 (Noelle-Neumann, 1984: 94)，而大眾傳播媒介透過其「諧和」和「累積」的效果，媒介中的主流意見也是人們除了親身經驗以外，觀察環境中意見分布狀態的主要來源 (Noelle-Neumann, 1984: 145–146, 155–156, 159)。

1972 年夏天，諾爾紐曼參加在東京舉行的心理學國際會議，正式提出沉默螺旋理論的想法。

1972 年 8 月，諾爾紐曼首次運用沉默螺旋理論研究西德大選，令諾爾紐曼大感欣慰的是，理論中的幾個假設都能藉由這次選舉研究的實證資料得到證明，因此她稱 1972 年的選情研究為典型的沉默螺旋研究 (Noelle-Neumann, 1980c: 27–76)（見圖 15–2）。

圖 15–2 中的上兩條線表示的是西德選民自 1972 年 8 月至 1972 年 11 月的選舉意願發展趨勢，至於下兩條線則是代表觀察大環境後的選舉結果預

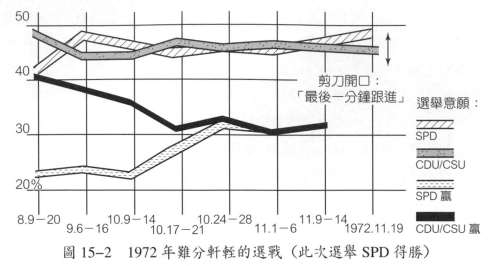

圖 15-2　1972 年難分軒輊的選戰（此次選舉 SPD 得勝）

（資料來源：Noelle-Neumann, 1980: 88）

期。我們可以從上兩條線看到 11 月 9 日以前，兩大黨仍呈膠著狀態，但到了選前 3 個星期左右，類似 1965 年（見圖 15-1）的剪刀開口現象，也就是「最後 1 分鐘跟進」又再度出現。而從下面兩條線中，我們看到民眾預期 SPD 會贏的心理是扶搖直上，而預期 CDU/CSU 會贏的心理則呈直線下跌，這種對輸贏的預期心理終於帶動了「最後 1 分鐘跟進」，而造成了 SPD 在這次大選中的勝利。

接著，針對 1976 年及以後的每一次西德大選，諾爾紐曼均試圖運用沉默螺旋理論來解析。諾爾紐曼有關選舉研究的論著，主要集結在《電視民主裡的選舉決定》(*Wahlentscheidung in der Fernsehdemokiatie*, 1980c)；另有兩篇專論〈媒介對選舉的影響〉(Medieneinfluss bei der Wahl, 1980d) 及〈競選期間的大眾傳播媒介和意見氣候〉(Massenmedien und Meinungsklima im Wahlkampf, 1983)。

第三節　理論的架構及內涵

一、理論的架構

　　要了解一個理論的架構及架構中所包含的變項，最便捷的方法是從模式 (model) 著手。從 1980 年代起，即陸續有傳播學者企圖以各種模式來描繪沉默螺旋理論中各變項間的關聯，例如：1981 年的馬奎爾和溫德爾模式 (D. McQuail and S. Windahl, 1981: 68)；1982 年泰勒的「意見演化的多階段模式」(D. G. Taylor, 1982: 315)；1985 年墨頓的「沉默螺旋的過程模式」(K. Merton, 1985: 32) 以及董斯巴赫在 1987 年提出的「沉默螺旋理論的民眾動力模式」(W. Donsbach, 1987: 327)❺。

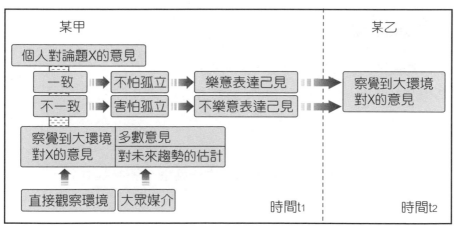

圖 15–3　沉默螺旋理論的民意動力模式
（資料來源：Donsbach, 1987: 327）

　　本文僅針對董斯巴赫的模式加以說明（見圖 15–3）。董斯巴赫的模式呈現出民意動力的來源在於人類有害怕孤立的弱點，但光是害怕孤立不至於影

❺　對沉默螺旋理論模式有興趣的讀者可參閱王婷玉 (1988)。《諾爾紐曼的沉默螺旋論初探》。臺北：國立政治大學新聞研究所碩士論文，頁 17–37。

響民意的形成，主要是當個人覺察到自己對某論題的意見與環境中的強勢意見一致（或不一致時），害怕孤立這個變項才會產生作用，因而進一步影響個人對此論題發表自己意見的意願，致使環境中的強勢意見愈強，甚至強過其實質，而弱勢意見亦相對地愈來愈弱，甚至弱過其實質。模式中亦呈現出人類觀察大環境的管道有：㈠直接觀察環境；㈡透過大眾傳播媒介。我們亦發現某甲的「樂意表達己見」或「不樂意表達己見」會直接影響到某乙的「覺察到大環境對 X 的意見」。而民意就是在這一強大的個人所覺察的「公眾效果壓力」下產生的（因為每個人都害怕被孤立）。這種民意形成的動力就是「沉默的螺旋」，諾爾紐曼因而把她的理論命名為「沉默螺旋理論」。

　　從模式中我們看出獨立變項有：㈠個人對論題 X 的意見；㈡察覺到大環境對 X 的意見（包括：目前的多數意見是什麼，和民眾對未來發展趨勢的估計如何）。模式中將不怕孤立或害怕孤立當做中介變項來處理，受上述獨立變項㈠和㈡比較後的結果影響。而本模式中的依變項為公開發表己見的意願。

二、理論的內涵

　　諾爾紐曼的門生董斯巴赫指出，沉默螺旋理論有三大支柱：心理學、大眾傳播學和社會學 (Donsbach, 1987: 325–326)。

㈠心理學的觀點

　　1.引發人類社會行為的最強烈動力之一就是「不被孤立」，這點從阿希 (E. S. Asch) 和米爾格拉姆 (S. Milgram) 的研究中可以得到證明 (Asch, 1963; Milgram, 1961)❻。

---

❻　阿希與米爾格拉姆分別以「直線長度」和「聲音長短」為研究主題。阿希在美國，而米爾格拉姆在挪威和法國，分別檢視團體壓力對個人的影響。阿希和米爾格拉姆的研究分別指出了人類懦弱的一面，及在團體壓力下害怕孤立的本質。當團體中的大多數人都持一致的看法時，雖然那種看法非常明顯是錯誤的，但持正確看法的少數人通常會懾於多數壓力，而去附和大多數人的錯誤看法。這種「吾從眾」的現象，分別在美國、挪威和法國都得到證明（法國人具有驚人的個人主義傾向），足

2.人有觀察環境中意見分布狀況的能力，稱為「準統計官能」(quasi-statistische wahrnehmungsorgan)。這種能力不僅適用於對參考團體的觀察，更可廣及不熟識的、匿名的公眾 (anonyme Öffentlichkeit)。

3.因為害怕孤立，所以當人們發現自己的意見與環境中的強勢意見符合時，則公開表達自己意見的意願會比較高。

4.因此，社會中的強勢意見愈來愈強，甚至比實際情形還強，弱勢意見愈來愈弱，甚至比實際情形還弱，這種動力運作的過程成一螺旋狀。

㈡大眾傳播學的觀點

1.人們觀察環境中意見分布狀況的主要來源是大眾傳播媒介；人們通常會以為大眾傳播媒介上呈現的意見就代表了多數人的想法。

2.媒介有所謂的「關節作用」(Artikulationsfunction)：它們使得某些議題受重視，被公眾討論；同時，媒介自己在報導這個議題時，對不同的論點會做不同的強調，使得自覺在媒介中能發現自己論點的人較易在社會中找到自己的位置，也因而較樂意在公開場合發表自己的論點。

3.大眾傳播媒介在上述過程中所能產生的力量相當大，如果媒介內容的同質性大時，會造成強大的宣傳效果，使得「選擇性的認知功能」遭受極大的阻力。

4.質此，傳播者（特別為編輯和記者）在民意形成的過程中扮演了舉足輕重的角色。

㈢社會學的觀點

1.透過上述民意過程的控制，逾矩的行為會受到懲罰，恰如其分的行為則會受到獎賞，這樣才能使得社會達到整合。從這個角度來看，民意是一層「社會的皮膚」，它使得社會得以完整地凝聚在一起。

2.即使是政府也必須屈服在民意之下。馬基維利 (Niccolò Machiavelli) 和洛克等人均曾指出，即使是最專制的政府亦無法長期反民意之道而統治。

見其具有相當高的普遍性。

質此，諾爾紐曼給民意下了一個定義：「含有價值的，特別是具有道德意味的意見和行為，當它以一種全民共識的方式出現時——例如當它以風俗習慣、教條方式出現時——則個人必須公開說出或做出，才不致遭受孤立；而當它以一種較不嚴密的方式出現時（也就是 Tönnies 所謂的以「液態」方式出現時），則個人即使不公開說出或做出，也不致遭受孤立」 (Donsbach, 1987: 326)。

三、理論形成的三個基本條件

㈠必須有一爭論性的議題存在。如果是已經達成共識的議題，通常即會以法律或其他方式存在，上述沉默螺旋的過程即不可能出現。

㈡針對爭論性議題所表達出來的意見，必須具有道德的成分，因此爭論的重點不在於合理不合理，而在於道德不道德。

㈢在整個過程中，大眾傳播媒介所扮演的角色極重要，整個理論若忽略了此部分，即不完整。因此，在實證研究本理論時，一定要連帶探討當時大眾傳播媒介上的主流意見是什麼 (Donsbach, 1987: 329–331)。

第四節　沉默螺旋理論的實證研究

諾爾紐曼曾在多篇文章裡指出她操作沉默螺旋理論中各重要變項的方法 (Noelle-Neumann, 1974, 1977, 1980c: 35–42)。綜合而言，諾爾紐曼在所有的問卷中均以下列問題來操作理論中的變項：

一、問受訪者對某一爭議性問題的看法。

二、就同一問題，問受訪者認為大多數的西德民眾對該問題的看法如何。

三、就同一問題，問受訪者認為大多數的西德民眾在未來（1 年或數年以後）對該問題的看法如何；亦即這是一個問趨勢的問題。

四、問受訪者願不願意在公開場合就該問題表明立場。在此，諾爾紐曼

發展出一種所謂的「火車問題」：在問卷中問受訪者，假設他有一個 5 小時的火車之旅，他是否願意就該爭議性問題和同一火車包廂中的其他旅客討論。諾爾紐曼藉此建構一匿名公眾的情境；同時，採取了 split-ballot 的方法，製造兩種不同的討論情境：㈠讓受訪者與自己意見相左的人討論該爭議性問題；㈡讓受訪者與自己意見相同的人討論該爭議性問題。

發表於日本 *Keio Communication Review* 的一篇文章中，諾爾紐曼則強調在實證沉默螺旋理論時應注重大眾傳播媒介在議題爭論當時的主流意見。研究方法可以內容分析法分析當時大眾傳播媒介的內容。日本東京大學的 Kenichi Ikea 在運用諾爾紐曼的理論研究 1986 年的日本大選時，則請受訪者回答他自己最常使用的媒介是哪一種，以驗證受訪者媒介影響的主要來源 (Noelle-Neumann, 1989: 24) ❼ 。

諾爾紐曼自 1972 年在東京正式提出沉默螺旋理論以來，一直不厭其煩地使用各種研究方法，針對各種議題來檢證其理論。她所使用的方法包括：田野實驗法、調查法、人員訪問法、次級分析法、固定樣本重訪法及內容分析法，研究議題則有「在非抽煙者面前抽煙」、「西德承認東德」、「同意布蘭德總理的政策」、「贊成恢復死刑」、「未婚青年同居」、「對外籍勞工的看法」及歷次大選的選情研究等不計其數的議題。不過，諾爾紐曼自己所做的研究與其他國家所做的研究，迄今沒有任何一個研究能將構成理論的重要變項（媒介、匿名公眾和參考團體等對害怕孤立、觀察環境及發表意願之影響）周全地建構進一個單一的實證研究裡 (Donsbach, 1987: 336)。不過，該理論迄今得到實證資料支持的部分有：

一、準統計官能的確存在：諾爾紐曼在歷次的選舉研究中發現，即使是最微小的意見氣候改變也會被選民所察覺，而且這種察覺並不因受訪者的黨派不同而有差異 (Noelle-Neumann, 1982², 1982)。諾爾紐曼因此指出，薩爾蒙 (C. T. Salmon) 和克萊 (F. G. Kline) 針對準統計官能的批評，認為個人亦可能透過「鏡中之我」 (Looking-glass-theory) 來覺察意見氣候的分布狀態是不正確的 (Noelle-Neumann, 1985: 72)。

❼　此處的頁碼是據諾爾紐曼寄予筆者之手稿的頁碼。

二、媒介（特別是電視）對於選民的影響可以從幾次的選舉研究中得到證明，例如：諾爾紐曼在 1976 年的選舉研究中，控制了「政治興趣」此一變項，而將受訪者區分為看政治性節目多和少兩組加以比較，結果發現多看組對選舉勝利的預期和少看組不一樣，諾爾紐曼稱這種現象為「雙重意見氣候」(das doppelte Meinungsklima) (Noelle-Neumann, 1977, 1980c: 77–115)。

三、認為自己佔優勢，或未來會佔優勢的人，公開發表意願較強，這點亦得到實證資料的支持 (Taylor, 1982; Donsbach and Stevenson, 1986)。文化差異使得前述的「火車問題」受到極大的考驗；在不同的文化情形中，自應以不同的方式來營造「匿名公眾」的情境，以測驗受訪者公開表達的意願。曾經有不同的研究者試著以不同的方式來操作此一變項，例如：格林 (C. J. Glynn) 和麥克柳 (J. M. McLeod) 問受訪者是否願意在「朋友與熟人」前談自己的選舉意願 (Glynn and McLeod, 1984)；惠尼 (D. C. Whitney) 和拉辛 (Y. A. A. Lashin) 問受訪者願不願在一個學生集會中，針對某爭議性問題發表演說（Whitney and Lashin, 1984，轉引自 Donsbach, 1987，註 46）；董斯巴赫和史帝文森 (R. L. Stevenson) 則問受訪者願不願在電視攝影機前針對某爭議性問題發表自己的看法 (Donsbach and Stevenson, 1986)；摩恩 (E. L. Mohn) 則問受訪者願不願在一共乘小組中針對死刑這個議題發表自己的看法（Mohn, 1983，轉引自 Donsbach, 1987: 338，註 48）。

第五節　對沉默螺旋理論的批評

沉默螺旋理論自提出以來，受到不少的批評，以下綜合內策爾 (Noetzel, 1978)、薩爾蒙和克萊 (Salmon and Kline, 1985) 以及格林和麥克柳 (Glynn and McLeod, 1985) 等人對本理論的批評：

一、參考團體的重要性：參考團體在個人「害怕孤立」及觀察環境的過程中所可能扮演的角色，在理論中被忽略了。

二、過分強調「害怕孤立」此一社會心理因素，而忽略了其他導致社會行為的動力因素，例如：人可能會「權衡利害」後採取社會行動；個人的社會行動若是出於贊同某團體或個人的立場，則他根本不必害怕孤立。此外，人在害怕孤立時，除了「沉默」這種反應外，還有其他可能的反應，例如：具攻擊性的語言或行為。

三、個人的人格差異也必須加以考慮。換句話說，害怕孤立對具有不同人格的人應有不同程度的影響。

四、除了「準統計官能」這種解釋人類觀察環境的理論外，還有其他的理論，例如：「多數的無知論」(pluralistic ignorance)，它指的是人會透過自己的意見來看周遭人的意見 (looking-glass-hypothese)，因而常會錯估了環境中意見分布的狀況。

第六節 國內的相關研究

國內相關的論文可參考國立政治大學新聞研究所研究生王婷玉在 1988 年完成的碩士論文《諾爾紐曼的沉默螺旋論初探》，這是一篇純文獻探討的論文，並未做實證資料的驗證。

至於以沉默螺旋理論為理論架構的實證研究可參考國立政治大學研究生左龍娣以「對年底大選的勝負預期」及「對興建核能電廠的看法」兩爭議性問題相互比較的論文❽。

---

❽ 1991 年已先後有 4 篇實證研究在國內問世，分別是國立政治大學新聞研究所研究生左龍娣的論文《臺灣地區民眾之意見察覺與表達意願研究——沉默螺旋模式在變遷社會適應性初探》、輔仁大學大眾傳播研究所研究生林淑敏的論文《沉默的螺旋理論實證研究》、輔仁大學大眾傳播研究所研究生王湘茹的論文《沉默螺旋理論之實證研究——以週休二日制為例》及輔仁大學大眾傳播研究所研究生林麗雯的論文《沉默螺旋理論的實證研究——以「國中生自願就學方案」之議題為例》。

第七節　結　論

　　馬奎爾在《大眾傳播理論》(*Mass Communication Theory. An Introduction*, 1983) 一書中曾認為，諾爾紐曼的〈回歸大眾傳播媒介的大效果概念〉 (Return to the Concept of Powerful Mass Media) (Noelle-Neumann, 1973a: 67–112) 一文，是使得媒介效果研究典範由效果有限論再轉回大效果理論的轉捩點 (McQuail, 1983: 177)。

　　諾爾紐曼建構的沉默螺旋理論也把民意研究和大眾傳播研究再度結合在一起，並把錯綜複雜的「民意」概念，變為一個可以實證研究的客體。這應該是這個理論最重要的貢獻。

　　此外，沉默螺旋理論、議題設定理論、涵化理論和瑞典的文化指標研究同為 1970 年代以後重要的研究媒介效果的理論，為媒介如何建構社會真實與媒介內容如何影響個人意見的形成，提供了嶄新的研究角度。

第十六章

閱聽人研究的新趨勢
——接收分析的理論
與方法

第一節 閱聽人研究質的與量的傳統

丹麥的大眾傳播學者簡生 (K. B. Jensen) 及瑞典的羅森袞 (K. E. Rosengren) 曾在《歐洲傳播季刊》(*European Journal of Communication*) 上為文討論有關大眾傳播媒介與閱聽人關係網絡的主要研究傳統，這些傳統分別是：一、效果研究 (effects research)；二、文學批評 (literature criticism)；三、文化研究 (cultural studies)；四、使用與滿足研究 (uses and gratification research)；五、接收分析 (reception analysis) (Jensen and Rosengren, 1990)。

簡生和羅森袞分別將這些傳統劃歸為社會科學典範及人文典範，其中效果研究和使用與滿足研究屬社會科學典範，文學批評和文化研究屬人文典範，而接收分析則兼具兩者的特色。

社會科學典範以社會學、心理學及社會心理學等為基礎。這個典範以訊息、閱聽人及社會情境來代表大眾傳播過程中的重要組件，並以既定程序研究傳播過程，並將之以圖示或統計的形式呈現出來。而人文典範則以文本／論域、接收者、情境來代表大眾傳播過程中的重要組件，以有系統但不既定的程序研究傳播過程，主要描述媒介論域（內容結構）如何使接受者在特定社會情境中感知特定的意義。

至於社會科學典範及人文典範所採取的方法，亦有相當大的差異。社會科學典範強調客觀原則，要求研究者遵循一定的研究程序，依理論、假設形式、觀察、分析、解釋等步驟進行研究，並呈現具體的研究結果，也就是所謂「量」的分析。人文典範的研究則重視「質」的分析，強調研究者應置身其中，以行動者 (actor) 的觀點來了解現象的全貌，也就是韋伯 (M. Weber) 所謂的「了解」(verstehen)；因此，舉凡資料的蒐集、分析與解釋並不被視為分立的部分。

除了上述簡生及羅森袞對閱聽人研究傳統的分類以外，美國學者林羅夫 (T. R. Lindlof) 則在《廣播與電子媒體季刊》(*Journal of Broadcasting and*

Electronic Media) 上發表一篇名為〈媒介閱聽人的質的研究〉("The Qualitative Study of Media Audience") 的文章裡，將閱聽人質的研究區分為 5 大類 (Lindlof, 1991)。

林羅夫指出，閱聽人質的研究在發展之初並未受到注意，直到 1980 年才乍現曙光。他認為，促成這項突破性發展的是英國學者摩利 (David Morley) 及美國學者拉爾 (James Lull)，前者做了一項有關英國廣播公司 (British Broadcasting Corporation, BBC) 的新聞性雜誌節目「全國」(Nationwide) 的閱聽人研究 (Morley, 1980)，而後者則發表了一篇名為〈電視的社會使用〉(The Social Use of Television) 的文章 (Lull, 1980) (Lindlof, 1991: 23)。

摩利強調，要了解閱聽人解讀媒介的行為，僅憑其社會階層或文字的使用習慣是不夠的。拉爾也認為，看電視是一種社會建構的經驗，研究者須有系統地參與研究，才能了解閱聽人解讀媒介的行為。摩利和拉爾的研究為傳統的閱聽人研究帶來了不小的刺激。到了 1980 年代末，「接收分析」(reception analysis)、「閱聽人的俗民學研究」(audience ethnography) 及一些同類型的研究取向被匯集在一起，成就了一項驚人的研究領域——閱聽人質的研究。

林羅夫將閱聽人質的研究區分為 5 大類型 (Lindlof, 1991: 25–30)：

一、社會現象學派 (social-phenomenological style)

社會現象學派認為，人類具有將自己和他人的過去、未來活動和現在行為結合的獨特能力，而人類的語言正是使這種基本能力得以發揮的基本媒介。語言使得人類的內在動機被展現，並且被引發來規範社會情境。對社會現象學者而言，所有社會生活的主要工作就在於意義的建構。

社會現象學者最常使用參與觀察法、生活歷程或其他資訊的訪問法來蒐集資料，研究閱聽人的解讀活動，例如：有研究檢視母親和孩子討論電視內容的行為 (Messaris, 1987)，另有一些研究則檢視原住民的信仰系統，看他如何認知電子媒介的科技與內容 (Granzberg, 1982; Michaels, 1985)。

二、傳播規則理論 (communication rules)

　　這一派的理論基礎主要來自於「規則理論」(Shimanoff, 1980)、「傳播人類學」(ethnography of communication) (Stewart and Philipsen, 1984) 及「對話分析」(conversational analysis) 的混合 (Lindlof, 1991: 26)。

　　開放的社會系統中的行為準則（例如：家庭中的行為準則），通常被視為與「規則」(rule) 密切相關，而規則則是展現了道德和社會秩序對人類的規範力量，例如：一個家庭可能由許多重疊的系統所組成，而其中的任何一套系統都實施自己一套不同的規則。而不同的家庭規則對相同的事就可以有非常不同的處理方式，例如：就觀賞電視這件事而言，不同的家庭對於兒童適合或不適合觀賞哪一類型的節目可能就有相當歧異的看法。而規則總是具體地表現在社會情境之中的，這意味著規則可以藉由閱聽人的傳播能力來加以區分。

　　這一類型的閱聽人研究包括：在公共場所觀賞電視所展現的社會行為的研究 (Lemish, 1982)；電視機旁親子間的互動關係研究 (Alexander et al., 1984)；家庭內觀賞電視的時空結構研究 (Bryce and Leichter, 1983) 等。它們的共同特色是：研究者的親身參與觀察。

三、文化研究 (cultural studies)

　　文化研究融合了不同的理論傳統：㈠以湯普森 (E. P. Thompson)、威廉士 (R. Williams) 和何嘉特 (R. Hoggart) 為代表的文化批評主義 (cultural criticism)；㈡以葛蘭姆西 (A. Gramsci) 為首的文化爭霸論，討論在資本主義社會中，人們同意或拒絕優勢意識型態的過程；㈢以巴特 (R. Barthes) 為首的符號學分析方式，關心類語言符號 (the language-like codes) 在流行文化生產過程中的重要地位。

　　至於文化研究的實證研究重鎮則首推英國伯明罕大學的當代文化中心，其研究階段可粗分如下：㈠ 1968–1979 年間，研究重點為青少年與勞工的次文化，其目的在於探討人類處於政治、經濟的不平等狀況下，其常識結構如

何在歷史演進下被複製或推翻；㈡ 1973–1980 年，賀爾 (S. Hall) 在〈電視論域的製碼與解碼〉("Encoding/Decoding") 一文中指出，閱聽人具備解碼的能力，而其解碼的結果不一定等同於製碼者傳送的訊息 (Hall, 1980)。摩利在其《「全國」觀眾》(*The "Nationwide" Audience: Structure and Decoding*, 1980) 一書中也指出，閱聽人的解讀型態雖與他們的社會地位有關，但並不一定受制於閱聽人所處的社會地位。

四、接收分析

　　接收分析與其他閱聽人研究傳統最大的不同在於它研究文本與閱聽人的互動過程。在過程中，研究者比對閱聽人詮釋的意義與文本間的異同，更可看出閱聽人是如何建構意義的。前述的簡生和羅森袞對於接收分析的內涵就有如下詳細的解釋：「……接收分析探討閱聽人如何透過其所處的特殊社會釋義社區中的成員地位來建構（文本的）社會意義和文化模式。」(Jensen and Rosengren, 1990: 222)

　　接收分析最早是從文學理論與文學批評中有關讀者與其解讀「位置」的研究中獲得靈感。以後心理學的研究模式也在讀者反應的研究中取得一席地位，此派研究取向的重點在於「釋義的社群」(interpretive community) 此一概念，意指有相同能力能夠分類與解碼某種文本的一群人的集合體 (Fish, 1980)。文學批評上的這個概念被移至接收分析的閱聽人研究領域，凸顯了大眾媒介的內容意義（文本）是一個可藉由社會情境來加以掌握的變項 (Jensen, 1987, 1990; Lindlof, 1988)，它同時與閱聽人的解讀位置與宏觀的文本類型的生產 (macro-level processes of genre production) 有關 (Lindlof, 1991: 29)。

　　這類型研究的最大意義在於強調文本的內容意義或許有所差異，但都可以被閱聽人解釋。最有名的研究包括摩利的《「全國」觀眾》研究 (Morley, 1980)；安 (I. Ang) 對於女性收看 "Dallas" 一劇之反應的研究 (Ang, 1985)；雷得威 (J. Radway) 對於小說（羅曼史）讀者的研究 (Radway, 1984)；其中極重要而經常被引述的一個研究則是屬伯茲 (T. Liebes) 和凱茲 (E. Katz) 對於 "Dallas" 一劇的跨文化研究 (Liebes and Katz, 1986, 1990)。

五、女性主義研究 (Feminist Research)

女性主義者指出，女性次級地位的角色被社會上的優勢階級透過型塑 (image) 和語言結構不斷地複製。女性主義者也關懷性別不平等的經濟決定論 (Steeves, 1987)，愈來愈重視女性如何選擇與使用文本來表達認同與情感。

女性主義者認為，性別是遍布於社會各階層的次文化結構，是社會上最重要的意義符號，代表了權利上的不平等以及重要性的次序。

典型的女性主義的媒介研究包括：主流媒介內容所呈現的女性意識 (Press, 1989)；女性如何選擇與使用文本來表達情感與認同 (Long, 1989; McRobbie, 1978; Radway, 1984)；探究女性如何在家庭中和工作上運用傳播科技 (Kramarae, 1988)。

可見，不論是閱聽人的質的或量的傳統中，都認為接收分析是閱聽人研究領域裡的新趨勢。接收分析事實上也成為不同理論典範的交會處。

第二節　解釋和批判的爭論

解釋 (interpretive) 和批判 (critical) 迄今仍是哲學與實際研究的爭辯核心，但兩者皆是接收研究的特色。

解釋性的學者較著重於凸顯社會關係與閱聽人論域之間的關聯。因此，他們對於媒介文本的形式特徵和文本生產的條件等較不重視，強調意義是由閱聽人本身所建構出來的。

相對於早期霍克海默 (M. Horkheimer) 與阿多諾 (T. Adorno) 將商業媒介文化視為宰制機制的觀點，近年來的解釋性研究往往強調閱聽人行為的創造性 (creativity) 與隨興性 (playfulness) (Murdock, 1989: 228)。莫多克 (G. Murdock) 就批評此派高舉閱聽人主動性與隨興性的論調，卻忘記了在閱聽人需求與認同之前，媒介究竟提供了什麼？莫多克指出，商業的媒介體系總是

給予商業廣告語言與消費主義意識型態太多特權，而將其他觀點排除在外 (Murdock, 1989: 229)。

批判性的學者則致力於說明意識如何被潛藏，權力關係如何被再生產 (reproduce)。他們的主要目的在於批判社會中的結構性影響。他們的方法通常是文本分析，認為意義是被文本所強制決定的，閱聽人面對文本時只是一頭待宰的羔羊。

莫多克即指出，要了解媒介與閱聽人之間有何權力關係，必須回溯批判研究的中心思想──經濟決定論。批判性的研究基本上追隨馬克思 (K. Marx) 的觀點，認為生產的組織先於消費的方式。但基於馬克思觀點生產方式決定一切的論點仍有其盲點，因此批判研究者提出了幾點修正 (Murdock, 1989: 229–230)：

一、經濟因素決定了起始，但並不決定結果。因此，在批判的研究中，符號決定論的觀點與分析不可或缺。

二、將「決定論」視為一種限制和壓力，而非可預期的、預設的、被宰制的內容 (a predicted, prefigured and controlled content)。

批判性的學者通常認為經濟是可以決定消費方式的：

一、個人收入與接近使用媒介的機會：個人在生產系統中的位置，直接或間接地影響了他所能接近的社會資源的大小。一方面由於階級與性別的不同，造成了閱聽人接近特定意義系統和文化能力的差異。另一方面，消費者選擇的機會受制於購買力，而購買力的大小又取決於財富與收入的多寡。結果，經濟上的弱勢者陷於不利的困境，他們不但被摒棄於商業市場大門之外，只能接受公共傳播系統（如公共電視）的乏善可陳（對弱勢者而言）的節目和資訊。

二、分工與消費型態：傳統的男女分工型態，導致家庭成為大部分婦女終日辛勞無酬的工作場所，女性更因此而產生了相對應的媒介使用行為，例如：女性往往無法專心坐下來看她喜歡的電視節目，一方面固然因為她們必須在節目進行中離開去做這樣或那樣的家事，另一方面也因為傳統上男性有優先選擇節目的權力。此外，女性在家庭中所扮演的角色也影響了她們對節

目的好惡，例如：她們較偏好肥皂劇和單元劇之類反映生活、人際關係和情感表達的節目，而對於新聞與時事性節目較不感興趣。

當然，解釋性和批判性的研究只是便於分析的理想型 (ideal types)。事實上，許多研究兼具了解釋性和批判性的特徵，尤其接收分析的研究更是兼顧兩種觀點，期從製碼和解碼的兩端來了解傳播現象。

第三節　接收分析三大流派和接收的三種型態

上兩節針對閱聽人研究的傳統及實際研究中解釋性和批判性的論辯提出討論。本節則對閱聽人研究的最新趨勢——接收分析，提出進一步的討論。

一、接收分析三大流派

瑞典的女傳播學者何傑 (B. Höijer) 認為接收分析可分三大流派：即文化研究傳統、社會心理學傳統和認知心理學傳統 (Höijer, 1990)。

㈠文化研究傳統

在這個傳統裡，安和摩利的研究經常被提及。

安在荷蘭的一份婦女雜誌 *Viva* 上刊登了一則廣告，要 "Dallas" 的觀眾寫信給她，談談他們對該連續劇的看法。安先後收到了 42 封長短不等的來信，其中只有 3 封來自男性，其餘全來自女性。

安的樣本極不具代表性，因為大多數的樣本來自社會階層較高的婦女群，她們對這類純娛樂性的肥皂劇多半抱持質疑的態度。不過，安仍在她的研究中提出閱聽人「逃避的愉悅」(escapist pleasure) 的解讀觀點 (Schrøder, 1987: 24–25)。安提出警告說，「逃避」一辭本身就是一個很成問題的概念，因為它指陳的是真實與幻想之間的嚴格區分。

「逃避」到一個虛構世界去是與拒絕接受真實不同的，它毋寧是一種遊戲人間的心理，是一種介於真實與虛構世界之間的流動狀態 (fluid)。而閱聽人在這樣的遊戲裡，透過想像，參與於虛構世界中，藉以獲得愉悅 (pleasurable) (Ang, 1985: 49)。

英國的文化研究者摩利的「全國」研究計畫主要分兩階段進行。第一階段為製碼過程研究，即 BBC「全國」節目的正文分析，這個研究為摩利與布倫斯頓 (C. Brunsdon) 合作，於 1978 年發表，研究題目為「每日電視：『全國』」 (Everyday Television: "Nationwide")，研究內容為分析該節目之視聽論域如何建構閱聽人的意識型態或常識。摩利等人的基本論點是，電視訊息中含有一種紀錄社會真實的思想系統，但這個包含意識型態（或稱常識）的思想系統所傳輸的卻只是「虛假意識」 (false consciousness)，足以誤導閱聽人 (Streeter, 1984: 84–85; Moores, 1990: 17)。第二階段是運用田野研究的深度訪問法，訪問 29 組「全國」節目的閱聽人，結果呈現於 1980 年的《「全國」觀眾》一書中。摩利根據賀爾分析解讀型態時的觀點，將受訪者依其解讀型態區分為「優勢」 (dominant)、「協商」 (negotiated) 和「對立」 (oppositional)，並分別研究影響其解讀型態的因素，結果發現閱聽人的解讀型態與其社經地位並無直接關係。所謂的「優勢」解讀型，依賀爾的解釋是解讀正文時完全接收其意識型態者；「協商」解讀型，指的是接收與反對媒介意識型態兼具者；「對立」解讀型，指的是解讀時完全反對媒介意識型態者。

(二)社會心理學傳統

在這個傳統之下的接收分析，最常被提及的是屬伯茲和凱茲的研究 (Liebes and Katz, 1986)。這個跨文化研究的分析對象是以色列和美國的不同種族：1.以裔阿拉伯人；2.摩洛哥猶太人；3.剛移民到以色列不久的蘇聯裔猶太人；4.屯墾區 (kibbutz) 成員，絕大多數是第二代以色列人；5.居住在洛杉磯的第二代美國人，其年齡和教育程度都設法加以控制，以利比較。屬伯茲和凱茲指出，他們不再對效果或使用與滿足感興趣，主要是想知道不同人

種的觀眾如何看 "Dallas" 這個節目。

　　厲伯茲和凱茲的研究方法也有別於傳統的閱聽人研究。他們組成了 50 個小團體，每個小團體中請一對夫婦擔任發起人，從他們的朋友中再邀請兩對夫婦一起觀賞 "Dallas"。觀賞的情境是在一般的起居室中。節目結束以後，研究助理打開錄音機，並提出一連串開放性的問題；有時，當觀賞的過程中有一些有用的對話時，研究助理也會隨時將錄音機打開。首先，研究助理會要受測者以自己的話來回憶節目的內容；然後，再請他們形容劇中三位主角的特色和動機；最後再提出一些較特殊的問題，例如：「您會如何結束這個連續劇？」「節目是真實的嗎？」「節目想告訴我們的是什麼？」「節目呈現出來的美國是什麼樣的？」(Liebes and Katz, 1986: 153)

　　本研究的主要分析架構是區分 「參考型」 和 「批判型」 (referential vs. critical or meta-linguistic) 的觀眾。「參考型」的觀眾會把節目內容與真實生活連結在一起，把主角當成生活中活生生的例子，是一種感性的觀賞。「批判型」觀眾則會以美學的原則來討論節目，並洞察節目是虛構的，是一種理性的觀賞。

　　「參考型」觀眾的錄音對話先被分類為 23 個主題，最後再減少為 4 個：1.行動的動機；2.親屬關係／規範；3.道德困境，為達目的不計手段；4.商業關係。研究結果發現，除以裔阿拉伯人以外，動機是其他種人談論最多的主題。以裔阿拉伯人強調親屬關係、角色和規範。屯墾區成員較注意道德困境。第二代美國人最注意商業關係。

　　至於不同的人種對節目內容也有不同的詮釋方式：1.蘇聯裔猶太人採「決定論」，認為一個人所扮演的角色會逼得他不得做出這樣或那樣的行為；2.摩洛哥猶太人的詮釋模式是所謂的「黑手黨原則」(the "Mafia" principle)，即弱肉強食原則；而 3.以裔阿拉伯人則強調家庭關係和道德困境，認為每一個人可以為自己的行為負責 (Liebes and Katz, 1986: 155)。

　　研究結果發現「參考型」和「批判型」的觀眾約為三比一。因此，研究者將「參考型」再細分為：兩種「風格」(keying)（真實／戲劇）、三種參考架構（我／我們／他們）和兩種價值取向（解釋的或中立的／評估的或規範

的)。結果發現：以裔阿拉伯人是涉入最深的一種人，他們多半屬「參考型」的觀賞型態，以真實「風格」看待節目，又經常以所屬社會的道德規範來評估節目中主角的行為。另一個極端則為第二代的美國人，他們頗能與節目之間保持適當的距離，他們也能以批判的眼光來批評節目的類型和製作。蘇聯裔猶太人介於兩者之間，他們一方面以「他們」來形容節目中的主角，但另一方面也認為節目是真實的、危險的。

㈢認知心理學傳統

這方面的研究以瑞典的何傑為代表。這一類型的研究關懷的是「認知結構」如何影響閱聽人的接收，同時認為人類在解讀新的資訊時，是會受到舊知識、舊經驗框架影響的 (Findahl and Höijer, 1985; Höijer, 1986, 1989)。

何傑等人即曾指出，意義的解碼、詮釋和了解是不同層次的認知過程。這個過程與我們的收視行為同時發生，並相互影響 (Höijer and Findahl, 1984)。

這一派的學者關心的不只是學術性的、邏輯的、理性的認知層面的問題，同時也關心感情的、非理性的、直覺的認知層面的問題，因此是一個探討全觀的 (holistic) 認知的研究取向 (Höijer, 1992: 584)。

何傑認為，不論採解釋（詮釋）的或批判（決定論）的觀點，都是過度簡化了問題。他認為，認知過程是一個極為複雜的過程，因此提出了接收的「社會認知模式」(socio-cognitive structures of reception) (Höijer, 1992)。在這樣一個模式下，研究者對於閱聽人所處的外在世界社會活動（相關的影響因素有閱聽人的職業、階級、性相 (gender)、擁有的文化資產 (cultural capital) 等）和內在世界認知活動（如閱聽主體過去的知識、經驗、認知架構等）都必須確切掌握，才能了解接收的全貌，同時也因為對閱聽人的認知基模和詮釋時的參考架構能有所了解，等於是進一步掌握了閱聽人的社會文化生命史。

二、接收的三種型態

瑞典的傳播學者達爾袞 (P. Dahlgren) 在討論電視新聞的接收型態時曾指出，閱聽人在解讀電視新聞時有三種接收型態 (Dahlgren, 1986: 244–246)：

㈠檔案式的接收 (the archival mode reception)：此種接收不含認知過程，只是如電腦般地儲存資訊而已。

㈡關聯的接收 (association reception)：此種接收型態包含了閱聽人先前的知識和參考架構。

㈢下意識的接收 (the subliminal mode of reception)：此種接收是一種創造性的接收。電視新聞作為一種文化現象，不僅涉及閱聽人解讀時的心理領域，它同時應被視為節目製作人下意識的表現；所以電視新聞節目的解讀，是製作人下意識和閱聽人下意識的交會處。

達爾袞同時指出，這 3 種接收型態只不過是分析的理想型 (ideal types)；其實在大多數的電視新聞接收過程中，3 種型態的接收都可能發生。

第四節　接收分析方法上的問題

一、接收分析的步驟

簡生指出了接收分析在方法上的幾個步驟 (Jensen, 1991: 139–140)：

㈠接收資料的蒐集

資料蒐集的方法包括：訪問法（個人的或集體的）、觀察法（研究者不同程度的參與）、（對於歷史資料或其他類型資料的）文本批評 (textual criticism)。其餘的方法尚包括寫作 (Ang, 1985)、教室互動 (Masterman, 1985) 以及對於團體間互動的紀錄 (Jensen, 1990)。

簡生認為文本批評和閱聽人訪談的論域分析仍然是接收分析中兩個最主要的方法。

㈡對於訪談內容的分析

主要做效語言學和文學批評的技巧，主要採取的是論域分析的方法。

㈢對於閱聽人接收經驗的詮釋

接收分析的學者認為，閱聽人的論域必須與媒介論域和廣義的社會情境及微觀的個人心理情境一併考慮，才有意義。

接收分析的學者對於其所使用的研究方法在信度和效度上的問題也逐漸加以重視 (Höijer, 1990)。

二、信度的問題

定質的接收分析往往不討論信度的問題，而質的研究者往往也不認為信度可以保證一個研究的品質 (Höijer, 1990: 41, 44)。接收分析必須同時考量節目內容與訪談所得的資料；而質的分析與計量的內容分析不一樣，需要有經驗的分析者。在質的分析中，我們往往發現研究者本身就是分析者，因此不至於有分析信度上的問題。

晚近的接收分析亦逐漸採取登錄員間的信度 (intercoder reliability) 來檢驗信度的問題 (Höijer, 1990: 44)。

三、效度的問題

效度是指研究過程中，使用什麼測量工具以及是否操作得當。接收分析的效度問題指的應是，整合接收行為的資料以及分析的方法適當與否；而在文本的分析中則是指劇本的分析歸類是否恰當等問題。

至於訪談結果分析的問題是，分類能否確切反映人們的經驗？這裡最困難的是決定分析的單元。

在文本的分析中通常以副主題 (sub-themes) 為分析的單元。這些副主題先由研究者分析內文而得知，再配合電視節目製作人的仔細比對，以確定這些分析的類目的確與該節目的原旨相符合。

此外，一些概念如理解的層次、視覺印象等也必須根據既有的理論發展
而成；同時，為了求得高效度，也須不斷地將每個概念釐清。

四、概判的問題

運用少數樣本所做的定質分析，往往被批評為不具代表性，不能將研究
結果概判於整體，例如：史洛德 (K. C. Schrøder) 就批評屬伯茲和凱茲僅憑居
住於洛杉磯地方的 10 個樣本就代表 「美國式的解讀」 是過度大膽的作法
(Schrøder, 1987: 27)。

針對接收分析的這個缺點，晚近的研究也作了修正，以隨機抽樣的方式
來篩選受訪觀眾 (Miles and Huberman, 1984)，而深度訪談也改採問卷的方式
來擴大受訪者人數（70 至 100 名）(Höijer, 1990: 51)。

五、情境的問題

接收分析的方法儘管強調要製造一個閱聽人能暢所欲言的情境，但這種
情境與實際的接收情境有很大的差距，如何代表真實的接收行為，值得商榷。

第五節　結論：未來的發展方向

接收分析是傳播研究在歷經將文本詮釋權完全置於製碼者的效果研究
（包括主流的效果典範和批判陣營的意識型態效果），和將文本的詮釋權完全
置於解碼者的使用與滿足研究典範後的一種修正典範，主要認為傳播過程是
一個極為複雜的過程，因此不論是解釋的（詮釋的）或批判的（決定論的）
典範都只回答了一半的問題。

在傳播領域裡，這樣的一個趨勢其實也非傳播研究者的獨創之見。我們
發現在詮釋學 (hermaneutics)❶和文學批評 (literary criticism)❷的領域裡，有

❶　在詮釋學的領域裡，當代詮釋學之父史萊爾馬赫 (F. Schleiermacher) 認為，了解必

關誰握有最後詮釋權的討論，也是從文本（作者）流向詮釋者（讀者），最後再強調製碼和解碼須等量齊觀。值得注意的是，閱聽人研究已成為不同學科和不同思想典範的匯流處，儼然成為當代傳播研究的主流之一。

接收分析自 1980 年代以來，雖已逐漸發展成閱聽人分析的一個新趨勢，但其仍應朝以下幾個方向努力 (Jensen, 1991: 146–148)：

一、接收分析應結合多種不同的研究方法和學術傳統繼續探討閱聽人的接收行為，多方累積實證結果。

二、接收分析應多做跨文化的比較研究，過去的學者在這方面已紮下相當不錯的根基 (Liebes and Katz, 1990; Lull, 1988)。

須透過兩個層次的努力，第一層次是文法的，第二層次是心理的，並指出了了解的基礎在於了解他人。換言之，詮釋者的工作是要比了解自己更了解作者。迪爾泰 (W. Dilthey) 作為史萊爾馬赫的承繼者，發展出 「共感的了解」 (empathetic understanding)，強調了解的心理層面，認為詮釋者對於作者的了解可以透過與作者相同的經驗而達成。以上兩人均將對文本的最後詮釋權置於作者（文本）之上。

詮釋學在 20 世紀的發展主要歸功於海德格 (M. Heidergger) 和他的學生葛達瑪 (Hans-Georg Gadamer)。海德格代表了本體論的詮釋學，強調一切了解的源頭在於對主體存在 (being-in-the-world) 的了解。對海德格而言，詮釋建基於一、先前有的 (vorhabe)；二、先前的看法 (vorsicht)；和三、先前的概念 (vorgriff) (Holub, 1991: 57)。因此，海德格宣稱，就是人類的存在和其固有的偏見及預存立場使得人類能夠了解這個世界。

葛達瑪承繼這樣的討論，他強調的概念是偏見 (Vorurteil)。葛達瑪認為偏見被認為是負面的概念，主要來自啟蒙時期的影響，以及自然科學視偏見為不客觀。但葛達瑪認為視偏見為不好，本身就是一種偏見。偏見作為歷史事實的一部分，不僅不是了解的障礙，反而應成為了解的基礎。

海德格和葛達瑪的詮釋學將詮釋權從作者手中又交到了詮釋者的手中。法國當代詮釋學大師李克爾 (P. Ricoeur) 則主張結合兩派觀點，就實踐層次，將對文本和其內容整體結構的解釋與理解視為一連續循環的過程，而此過程即構成詮釋的方法。

❷ 在文學批評的領域裡，我們發現對文本的詮釋權從「新批評」時代的作者擁有最後詮釋權，到讀者反應理論 (reader-response theory) 強調讀者的經驗才是意義塑造的中心，到如 *Poetics* 和 *Spiel* 等雜誌強調的，讀者對文本的解讀受文化認同的影響。這個發展趨勢和❶中所說的詮釋學的發展歷程若合符節。

三、接收分析應致力於理論的建構。發展出一個可以解釋不同媒介（印刷、口語、視覺）、類型 (genres) 和型態之傳播的接收和影響力理論應該是目前所有關心閱聽人研究的傳播學者所共同關心的課題。

第十七章

批判理論與文化研究
對傳播研究的貢獻
——代結語

第一節 從 1961 年杜賓根的方法論辯論談起

　　實證典範 (positivism) 一般認為始於孔德 (A. Comte) (Bottomore, 1983: 382)。它主張以自然科學的方法研究社會現象，認為任何知識都是經過神學、形上學兩階段，而進入實證或科學的階段。孔德主張揚棄形上學不可觀察的現象，從可觀察現象中去找尋事物的原理原則，並強調科學的最終極目標在預測。

　　實證主義自提出以來，慢慢發展成一種全球性的政治和學術運動。到了 20 世紀初期，維也納學圈 (the Vienna Circle)❶的邏輯實證論（或稱邏輯經驗論）變成科學哲學中最具影響力的一支。流風所及，使得實證研究法直至近年來仍為社會科學的主流典範。本書前揭各章（特別是自第三章至第十五章）就是在此一研究典範下發展出來的大眾傳播學理論。

---

❶　維也納學圈在施力克 (M. Schlick) 的領導下，由學圈重要成員紐拉特 (O. Neurath) 執筆，漢 (H. Hahn) 及卡那普 (R. Carnap) 編輯，於 1929 年出版了一本小書，書名叫《世界的科學概念：維也納學圈》(*The Scientific Conception of the World: the Vienna Circle*)，書中強調要結束 2,000 年以來哲學思想界的無政府狀態，要將之定於一尊，尋找一個「可以結束其他哲學的哲學」(Bryant, 1985: 110)。

維也納學圈並在這本小書中宣示其所尊奉的五大哲學思想源流為：一、實證主義和經驗主義；二、物理學和幾何學；三、邏輯方法論；四、數學；以及五、享樂主義 (hedonism) 及實證社會學 (Vienna Circle, 1929: 304)。

1930 年代，學圈成員透過一連串的學術研討會發揮他們的影響力。1936 年，施力克被一精神錯亂的學生所殺害，結束了維也納學圈，但重要成員紛紛轉往他地發展，繼續發揮其影響力，例如：維根斯坦 (L.Wittgenstein) 移居劍橋，而卡那普和紐拉特則移居美國。

以卡那普而言，他於 1936 年後在美國芝加哥著手編一部大型的百科全書 (*International Encyclopedia of Unified Science*)，孔恩 (T. Kuhn) 的成名作《科學革命的結構》(*The Structure of Scientific Revolutions*, 1962) 就是在這一大型計畫中的一部分 (Bryant, 1985: 111)。

但是，1961 年在德國杜賓根 (Tübingen) 的一場學術研討會中，批判典範的宗師阿多諾 (T. Adorno) 和實證典範的代言人巴柏 (K. Popper) 之間 ，以及當時仍以批判典範學生輩參與辯論的哈柏瑪斯 (J. Habermas) 和另一實證典範代言人阿柏特 (H. Albert) 之間的辯論，卻揭開了德國社會學界的方法論大辯論，並進而影響了全球社會科學界對方法典範的關注。

　　1960 年代，主導德國社會學界的流派有：一、以海德格 (M. Heidegger) 和格倫 (A. Gehlen) 為首的詮釋學派；二、以科隆大學為重心的實證學派；以及三、以阿多諾、霍克海默 (M. Horkheimer) 為首的法蘭克福學派 （批判理論)。而前述杜賓根大辯論，就是法蘭克福學派在方法論上去挑戰實證學派。之後 ，法蘭克福學派的第二代健將哈柏瑪斯亦曾與德國詮釋學大師葛達瑪 (H. Gadamer) 及後現代的里歐塔 (J. Lyotard) 之間展開辯論 (Holub, 1991: 49–77, 133–161)。

　　其實，阿多諾和巴柏兩人均反對將自然科學的方法移植於社會科學。巴柏認為，科學知識不能依賴由實證資料歸納而來的原理原則，而必須靠演繹的方法。科學家的工作在於運用 「批判理性的方法」 來不斷地否證 (Holub, 1991: 23–24)。科學的客觀與否，過去是植基於科學家的客觀與否，但巴柏將客觀轉移至方法本身。

　　批判理論的宗師阿多諾則發展出「反的辯證法」(negative dialectic)，跳脫自黑格爾 (G. W. Hegel) 以來的正反合三段論式的辯證方法 。 對阿多諾而言，抓住「反」的精神，並自其發展出理性，就是所有知識的源頭 (Adorno, 1973)。

　　而哈柏瑪斯則強調 「了解的理性」 (comprehensive rationality) (Holub, 1991: 41)。「了解的理性」植基於自我反省上，而這才是獲取真知識的方法。哈柏瑪斯認為，巴柏能夠反對邏輯實證論，是達到了第一層次的反省，但可惜未能更進一步反省。首先，哈柏瑪斯確認經驗的重要性，但反對實證論者所強調的可觀察的經驗。因為，如果經驗只限於實證論者所主張的可驗證及可測量的部分，則限制了理論形成的可能性。

　　哈柏瑪斯指出，實證論者陷於一種循環論證的矛盾中。他批判實證論者

觀察的經驗是靠實驗的水準來維持的，而實驗的水準又靠經驗來維持。而在這樣的循環中，許多寶貴的經驗就此流失了。哈柏瑪斯進一步批評巴柏，認為巴柏雖然亦反對把知識建構在可觀察的經驗上，但他自己卻也陷入這樣的誤謬中，因為巴柏所強調的否證，就是以另一種感知的經驗來否證前面的經驗，結果會陷入一種無法自拔的循環中。如果我們在實證主義的邏輯中運作，則它似乎是有效的，但一旦我們跳脫出來批判它，就可看出它的侷限性 (Holub, 1991: 42–43)❷。

　　批判理論對社會學界（包括大眾傳播學界）的貢獻，除了在科學哲學的部分，主張以辯證的方法，取代自然科學的方法，以「了解的理性」取代「工

---

❷　綜合觀之，批判理論對實證主義提出七大批判 (Bryant, 1985)：

(1)反對泛科學主義：反對「所有不能以（所謂的）『科學方法』取得的知識就不是科學」的說法。

(2)反對實證論者對科學的定義：現象會以不同的方式連結，因此任何宣稱科學只有一種的人都是魔鬼。霍克海默就曾指出，邏輯實證論要將所有知識定於一尊的命題本身就包含了「不可變的結構」在內，而所有的「不可變的結構」都是先驗的（意指邏輯實證論者自相矛盾，打著反先驗旗幟，結果做的也是先驗的勾當）。

(3)反對客觀、中立：植基於感官經驗世界的知識，強調源自於個人的反身性、批判性的知識。

(4)反對經驗主義：例如波洛克 (G. Pollock) 就指出，計量的民意調查者以問卷調查蒐集來的是受訪者主觀的意見，卻認為這樣的民意是客觀有效的荒謬性。阿多諾更進一步強調，實證的社會科學一旦認為計量的「民意」是絕對的時，它本身就變成一種意識型態。

(5)反對科學的大一統：基本上認為須區分自然科學和人文科學。法蘭克福學派的學者基本上沿襲迪爾泰 (W. Dilthey) 的分法，區分自然科學 (naturwisseuschaft) 和人文科學 (geisteswissenschaft)；而不採用李克 (H. Rickert) 文化科學 (kulturwissenschaft) 或韋伯 (M. Weber) 社會科學 (sozialwissenschaft) 的用語。

(6)反對工具理性：批判理論反對以資料 (data) 取代理性 (reason)。實證學派的理論驗證，牽涉到「具體化」的步驟（指操作化），這個步驟不可避免地會使得被驗證的理論本身片斷化。另外，實證學派強調經驗世界的知識，而經驗世界的知識是不完美的、有缺陷的，因此這樣的知識阻礙了追求理想境界的原動力。

(7)反對事實和價值的二分法。

具理性」之外，最主要的貢獻還有此派在文化批判上的獨到見解（Adorno et al., 1991; Horkheimer and Adorno, 1947, trans. by Cumming, 1972；Marcuse 著，劉繼譯，1990）。當然，批判理論的第二代大師，百科全書型的學者哈柏瑪斯對西方世界公共領域結構變遷的討論 (Habermas, 1962, trans. by Burger, 1989; Calhoun, 1992)，及其所發展出來的溝通行動理論 (the theory of communicative action) (Habermas, 1981) 更是對當代民主理論、民意研究及傳播研究產生極大的影響（詳見第二節之討論）。

第二節　批判理論

1920 年代，美國學術界因為地理上的隔閡和恐共症的影響，因此對於馬克思 (K. Marx) 的學說不了解 (Hardt, 1992: 143)。對批判傳統的了解，則始於法蘭克福學派第一代的代表人物，特別是阿多諾和霍克海默在 1930 年代為了逃避納粹壓迫而流亡美國時 ❸。

法蘭克福學派的學者承繼德國的哲學傳統：康德對理性和知識的關懷，黑格爾對「精神」(spirit) 的探討，馬克思對特殊歷史型態——資本主義的剖析，本著批判的精神與態度，希望能發展出一套批判所有社會實踐的原理原則，揭發隱藏在其後的意識型態 (Bottomore, 1983: 183)。

法蘭克福學派的學者最終極的關懷是人類的解放，因此他們反對所有形式的管理和控制。在這一點上，所有法蘭克福學派學者的箭頭都是一致的，這可以從他們對文化工業的批評、對權威人格的分析 (Adorno et al., 1950)、對公共領域的討論 (Habermas, 1962) 以及企圖為法蘭克福學派建構理論基礎的溝通行動理論 (Habermas, 1981) 上一窺究竟。

---

❸　第一代法蘭克福學派起始於 1923 年座落於法蘭克福的「社會研究所」(the institute of social research)。該所於 1933 年遷移至美國，而於 1950 年代又遷回德國的法蘭克福 (Bottomore, 1983: 183)。

一、對文化工業的批評

霍克海默和阿多諾在《啟蒙的辯證》(*Dialectic of Enlightenment*, 1947) 一書中，以物化 (reification) 的概念來剖析當代社會所面臨的危機——啟蒙的崩解和批判力的喪失（Horkheimer and Adorno, 1947, trans. by Cumming, 1972，轉引自 Hardt, 1992: 139–140），更進一步提出「文化工業」的概念。

「文化工業」概念中的工業，指的是大眾社會中一切產品（包括物質和精神產品）的標準化過程、假個人主義（指大眾社會中雖標榜個人主義，其實個人的同質性極高）、文化贗品（如電視中的西部片、流行音樂）及公關、行銷等技術。而文化工業（大眾媒介就是一種文化工業）強調效果，期望提供個人日常生活中暫時的逃避所。阿多諾更致力於分析文化工業如何複製著人們想逃避的結構；透過對現代藝術和音樂的剖析，他指出現代人的許多休閒活動是被管理和宰制的；換言之，文化工業的生產和消費都深深影響著個人的社會化過程 (Bottomore, 1983: 186)。

二、對權威人格的分析

阿多諾等人目睹納粹德國的興起，對於擁有某些特定人格特質和政治意見的人（例如：具侵略性國家主義和種族偏見者），是否較容易成為法西斯主義者變得特別關心，因此也才有其對於權威人格分析的經典作《權威人格》(*The Authoritarian Personality*, 1950) 的問世。

這本書揭露了一個被標準化、制式化了的個人。這樣的一個人，他的思想充滿了刻板印象，盲目地固守傳統的價值和權威。阿多諾等人對於「權威人格」的研究，揭示了意識型態是如何被潛藏的，同時也說明了為什麼有些人會接受與其理性判斷完全違背的價值系統 (Adorno et al., 1950)。

法蘭克福學派的學者對文化及資本主義社會的批判往往被指責為只是一種立場而缺乏理論基礎，因此哈柏瑪斯終其一生致力於替法蘭克福學派建構出一套完整的理論，其兩鉅冊的《溝通行動理論》(*Theorien des Kommunikativen Handelns*, 1981)，可以看成是這種努力的具體表現。至於《公

共領域的結構變遷》(*Strukturwandel der Öffentlichkeit*, 1962) 一書，則從歷史
的角度切入，對於公共領域在西方世界的形成及進入資本主義社會以後的質
變做了清楚的剖析。該書於 1989 年被譯成英文以後 (Habermas, 1962, trans.
by Burger, 1989)，更於原書出版的近 30 年後引發了英語世界對公共領域觀念
的廣泛討論 (Calhoun, 1992)。

三、公共領域的結構變遷

　　哈柏瑪斯以歷史研究法深入分析西方社會自封建社會發展到資本主義社
會的過程中，「公共性」概念的轉變，以及「公共領域」如何在布爾喬亞階級
中形成，進而如何因資本主義社會市場機能的運作而產生質變。

　　哈柏瑪斯強調公眾理性、公開溝通的重要性，並視之為個人解放以及民
主政治的基礎。他認為資本主義的發展，使得布爾喬亞階級興起，也帶動公
共領域的發展。以 18 世紀的英國為例，英格蘭銀行的成立，象徵資本主義發
展進入一個新的階段；新聞檢查制度的廢除以及獨立新聞的建制，使得資訊
流通管道暢通，理性的批判成為可能；國會制度的建立，則將民意納入政府
的決策當中。一個植基於市民社會、相對應於國家、以布爾喬亞階級為主的
公共領域儼然成形。

　　但是，到了 19 世紀末期，國家干涉主義的盛行，造成了公共領域的「再
封建化」。所謂的「再封建化」，指的是國家所擔負的功能增加後所帶來的影
響。換言之，這些功能原先是由私人領域內部自行協調達成的，然而在國家
和社會的功能相互滲透以後，國家就進入私人經濟領域，近似於封建時期公
共權威的龐大。這意味了公共權威涵蓋了私人利益；從另一個角度來看，我
們也可以說私人的社會領域被再政治化了。在這種情況下，促成各種集體的
私人利益跨入公共領域，使得公共領域成為非批判性的利益爭奪場域，不再
是公眾所追求的以批判理性進行公共討論的地方。

　　至於大眾傳播媒介，本應為當代民主社會中公共領域的主要通道；人們
進行政治上的理性討論，多半需要大眾傳播媒介作為中介。然而，由於廣告
和公關的入侵，使得當代大眾傳播媒介完全被金錢及權力滲透。這樣一來，

政客們所宣稱的理性選民其實早已不存在；在公共領域中，存在的只是一群被去政治化了的大眾，他們無法理性溝通，自然無法做出理性的抉擇。

　　儘管許多後來的學者對哈柏瑪斯的公共領域概念提出補充及修正，認為哈柏瑪斯的公共領域只是布爾喬亞階級的公共領域，過於精英取向，同時也排除了女性以及無產階級，例如：萊恩 (M. P. Ryan) 即指出，哈柏瑪斯忽略了女性，而女性問題總是被其他政治性議題所取代，無法在公共領域中被嚴肅討論 (Ryan, 1992)。夏德生 (M. Schudson) 的研究也指出，美國殖民時期未曾出現過公共領域，19 世紀後雖然有較多的人參與公共事務的討論，但亦並非理性的批判 (Schudson, 1992)。克拿德本德 (E. Knoedler-Bunte) 則指責哈柏瑪斯忽略了無產階級公共領域的討論 (Knoedler-Bunte, 1975)。然而，學者並不否定公共領域存在的理想，只是強調不應停留在對過去懷舊的幻想中，而應該發展當代的公共領域。

　　哈柏瑪斯的公共領域概念，為民意、民主政治的運作及本質提供了一個嶄新的思考方向。而他處理《公共領域的結構變遷》一書的手法，也成為學者處理知識時的一個極佳範例❹。

四、溝通行動理論

　　法蘭克福學派的第一代學者，例如阿多諾、霍克海默、羅文索 (L. Lowenthal)、馬庫色 (H. Marcuse) 等人，被批評為只有立場而無理論，故而哈柏瑪斯致力為批判理論建構一個以認識論為出發點的理論，以人為主要的關懷面，關注於人的解放 (Hardt, 1992: 162)，兩鉅冊的《溝通行動理論》(Habermas, 1981) 就是此一努力的具體成果。

　　哈柏瑪斯從三個錯綜複雜的主題切入討論「溝通行動」此一概念：㈠不受傳統社會學理論以個人為研究取向束縛的「溝通理性」；㈡分別從生命世界和系統世界兩大典範著手構築理論；㈢建構一個擔當社會病理學任務的現代

---

❹　例如諾爾紐曼 (E. Noelle-Neumann) 運用歷史研究法，從古典作品中追索民意不同面貌的作法，就與哈柏瑪斯從西歐歷史脈絡中探求公共領域結構變遷的手法有異曲同工之妙。

化理論 (Hardt, 1992: 163)。

其實，這樣的企圖在 《傳播與社會進化》 (*Communication and Evolution of Society*, 1979) 一書中即見端倪。在該書中，哈柏瑪斯即已強調「了解」的重要性，並且認為普遍語用學的主要任務就是確認及重建促成「了解」的普遍狀況。哈柏瑪斯認為，達成了解的行動是解決人類問題的基礎，因此他要探索的即是這種促成人類能夠彼此了解的溝通行動的基本條件是什麼 (Habermas, 1979: 1)。對哈柏瑪斯而言，了解意味著透過相互共同性和相互主觀性來達成一種同意，而這種同意的達成須植基於共同的知識背景、彼此的相互信任及一致性的基礎上。而這種溝通行動得以完成，又要靠個人能具備溝通的理性方可。哈柏瑪斯強調，這樣的溝通理性可以使得人與人間的論辯過程避免瑣碎或使用暴力 (Habermas, 1984: 17–18)。

由於溝通行動產生於社會文化結構中，因此哈柏瑪斯強調生命世界的重要性。他指出 3 個可以促進人類彼此了解的結構性要素：㈠個人在其文化傳統中溝通；㈡個人透過他們在社會團體中的成員身分相互主觀地溝通；㈢個人必須與其下一代溝通，如此文化、知識、價值觀等方得以承傳 （Habermas, 1984: xxiv，轉引自 Hardt, 1992: 164）。

這樣看來，傳播變成同一文化中的成員彼此協商以達成了解的過程，對於個人抵抗系統世界的入侵，確保個人的自主性及解放而言，具有不可言喻的重要性。

哈柏瑪斯在其兩鉅冊的《溝通行動理論》中，檢討包括韋伯、馬克思、陸卡斯 (G. Lukács)、阿多諾、米德 (T. Mead)、涂爾幹 (E. Durkheim)、派森思 (G. H. Parsons) 等人的社會學思想，其關照面之廣，理論構築工程之龐大，功力之深，直叫人嘆為觀止，難怪有人稱其為百科全書型的學者或現代化理論的最後一位工程師❺。

---

❺ 哈柏瑪斯發現，美國和西歐的新保守主義者對戰後的「文化現代化」和「美學現代化」對社會現代化所帶來的影響大加撻伐，其實他們並未能真正洞識當代病端的政治經濟病源。根據哈柏瑪斯的說法，傳統的敗壞主要來自於工具理性對於文化層面的侵蝕。因此，他在《溝通行動理論》中痛責系統世界對於生命世界的殖民，他呼

第三節　美國的批判理論傳統

美國也有批判理論的傳統嗎？從傳播思想史的角度來看，答案是肯定的。

美國當代批判理論學者哈特 (H. Hardt) 就從傳播思想史的觀點，從美國本土的學術承傳中追尋批判理論的根源，勾勒出從文學批評家波克 (K. Burke)、社會學家鄧肯 (H. D. Duncan)、政治及傳播學者拉斯威爾 (H. D. Lasswell)，到社會學家雷斯曼 (D. Riesman)、密爾士 (C. W. Mills) 以及席勒 (H. Schiller) 等人所組成的美國批判理論的發展主軸，其間德國法蘭克福學派學者，例如阿多諾、霍克海默、馬庫色及哈柏瑪斯等人的著述，對美國批判

籲現代人應將眼光從狹隘的美學現代主義（前衛主義）轉至較寬廣的「現代性計畫」(project of modernity) (Holub, 1991: 135)。所謂的「現代性計畫」就是啟蒙計畫。受到康德 (I. Kant) 和韋伯的影響，哈柏瑪斯將現代性分為三大領域：一、真實：指科學；二、規範：指法律、道德；三、美學：指藝術（康德則區分科學、道德和藝術）。相對應於三大領域，哈柏瑪斯發展出三種不同的理性：一、認知工具理性；二、道德實踐理性；和三、美學表現理性。而「現代性計畫」的最終目的就是要提高以上三領域內的理性，同時釋放出認知的潛能，幫助人們累積在科學、法律、道德，以及美學上的知識。

哈柏瑪斯把前現代到後現代的學者分為三個集團：

一、新保守主義：這派學者贊成科技的現代化而反對文化現代化，代表人物有維根斯坦、史密特 (C. Schmidt) 和邊恩 (G. Benn)。

二、舊保守主義：這派學者絕對反對任何形式的現代化，代表人物如史特勞斯 (L. Strauss)、約拿斯 (H. Jonas) 和史偉曼 (R. Spaemann)。

三、青年保守主義：這派學者擁抱美學的現代化，為了反對工具理性，他們強調古代的、無政府的、感情的、非理性的。這一派學者一般亦被稱為後現代主義者，代表人物如巴泰依 (G. Bataille)、傅柯 (M. Foucault) 和德里達 (J. Derrida)。

不論他們是新、舊或青年保守主義，他們的特色都是反現代的，因此也都成了哈柏瑪斯論辯的對象。尤其是哈柏瑪斯和後現代健將里歐塔之間的辯論，更是膾炙人口（對現代和後現代之間的論辯觀點有興趣的讀者可參考 Holub, 1991: Ch 6)。

理論的影響及貢獻更是深遠 (Hardt, 1992: 123)。

　　哈特的獨到見解，無疑替美國在批判理論陣營中構築了一個灘頭堡，以下就來看看哈特如何建構這個美式批判理論的灘頭堡❻。

一、文學批評家波克

　　波克在其作品《歷史的態度》(*Attitudes toward History*)（Burke, 1937，轉引自 Hardt, 1992: 126）一書中，以語言為基礎來了解社會真實，也建立了他作為社會批評家和理論家的地位。

　　波克認為人是符號的動物，所以一直致力於研究影響人類生活的符號系統，研究符號系統也有助於了解異化和霸權鬥爭。人類靠語言連結，有了語言，人才可能被社會化（Burke, 1937: 252，轉引自 Hardt, 1992: 126）。

　　波克對批判傳統的傳播理論之貢獻有以下數端：㈠強調語言研究的重要性；㈡強調文化分析；㈢強調不應只問誰讀了什麼，而應進一步問讀者如何受所讀之物的影響；㈣強調修辭分析。

二、社會學家鄧肯

　　主導美國社會科學的實證主義，近年來備受質疑。鄧肯即認為，美國的許多社會學家只是「機械師」(mechanists)（Duncan, 1968: vii，轉引自 Hardt, 1992: 124）。

　　鄧肯認為，假如傳播是社會的，那麼社會也是傳播的；換句話說，應同時注意傳播如何決定社會關係，以及社會關係如何影響傳播。鄧肯主張傳播理論應基於對符號形式的分析，及符號形式對社會秩序的影響（Duncan, 1967: 241，轉引自 Hardt, 1992: 124）。

　　哈特認為，鄧肯發展出社會關係的戲劇模式 (dramatic model) 來解釋符號的社會使用，對傳播與社會關係的研究貢獻極大。鄧肯和波克的作品打破了

---

❻　為了呈現哈特從思想史觀點處理美國批判理論源起的脈絡，本小節以下資料均取材自 *Critical Communication Studies*－*Communication, History and Theory in America* 一書 (Hardt, 1992)。

美國社會學界僵化的研究方法，引進了對話模式，對文學、文學批評和社會學理論都產生了影響，使得這些領域也都開始注意到語言和傳播作為理論架構及用其來分析社會關係和社會過程的可能性 (Hardt, 1992: 128)。

三、政治及傳播學者拉斯威爾

大眾社會給文化和政治帶來的影響，特別是在歐陸法西斯主義和共產主義思想的陰影之下，影響了 1930 年代以來美國學者的研究主題，例如：布魯默 (H. Blumer) 研究集體行為，拉查斯菲 (P. Lazarsfeld) 研究媒介與傳散，賀夫蘭 (C. I. Hovland) 研究傳播與勸服，以及拉斯威爾研究宣傳，都企圖找尋實證資料來了解美國的多元社會是如何運作的。其中拉斯威爾更屬學養極豐富的一位學者，他對起源於歐陸的馬克思和佛洛依德 (S. Freud) 的理論都有相當程度的了解。

拉斯威爾在政治傳播的領域中，表現出對文化和符號研究的極度關切，強調文化途徑對傳播研究的重要性，更在其著作中呼籲傳播研究者應對語言的使用多加注意。但是，由於拉斯威爾的研究重點集中於政治行為及象徵符號的使用上，使得他未能成為當時傳播研究的主流 (Hardt, 1992: 144)❼。

四、社會學家雷斯曼

雷斯曼受到法蘭克福學派學者佛洛姆 (Erich Fromm) 和文化心理分析的影響，他的著作《寂寞的群眾》(*The Lonely Crowd*, 1961) 已成為討論 1950 年代美國文化的基本素材。

雷斯曼強烈批判美國媒體的種族中心主義和誤導閱聽大眾。他在《寂寞

---

❼　國內一般對於拉斯威爾的了解僅限於其所提出來的影響深遠的 Who Says What Through Which Channel To Whom With What Effect 傳播模式，及他在宣傳研究上的貢獻。殊不知拉斯威爾對於象徵符號及政治行為間之關係的論述更是其深厚學養的具體展現。有興趣的讀者可參考 Lasswell, H. D. (1981). "Nations and Classes: The Symbols of Identification", in Morris Janowitz et al. (eds.) (1981), *Reader in Public Opinion and Mass Communication*, 3rd ed., pp. 17–28. N. Y.: Free Press.

的群眾》一書中指出「美國夢」成為「美國惡夢」的原因在於：㈠美國原本沒有階級區分的社會已惡質化成為一個靜止的官僚政治；㈡美國的大眾藝術已低俗到令人羞恥的地步；㈢美國的繁榮帶來了不安全感；㈣美國的產銷體系已經變得惟利是圖；以及㈤美國的生產體系嚇阻了投資及發明的意願 (Hardt, 1992: 145)。

五、社會學家密爾士

密爾士強烈排斥沒有歷史觀的社會科學研究，他在一系列的著作中，對於高度發展的都市社會提出嚴苛的批評，最具代表性的著作有《權力的新人類》(*The New Men of Power: The American Labor Leaders*, 1948)、《白領階級》(*White Collar: American Middle Classes*, 1951) 和 《權力精英》 (*The Power Elite*, 1956)。

密爾士強調社會史和社會學之間的關係，他認為如果能確切掌握一個社會的思想傳統，則能發展出恰當的社會學分析策略。由於他勇於揭發自由主義的缺點、共產主義的教條及社會主義的非人性，而獲得了「美國的良心」之美譽（Casanova, 1964: 71，轉引自 Hardt, 1992: 146）。

在《權力精英》一書中，密爾士對媒介採取一種悲觀的看法，他認為美國媒介的市場導向只會造就出一群「心理文盲」(psychological illiteracy)，而不能達到公共論述和啟蒙的目的 (Mills, 1956: 311)。 他指責媒介所提供的只是一個「假世界」(pseudo-world)，雖然能提供社會的外在真實和個人的內在經驗，但卻因為摧毀了個人理性地、優閒地和人性地交換意見的機會而侵犯了個人的隱私 (Mills, 1956: 314)。媒介不僅促成了美國大眾社會的到來，也成了權力精英的工具。全書對於美國社會的權力結構做了透徹的剖析，並且對於美國所謂的自由多元社會理念提出了道德性的質疑和批判，對於大眾社會腐蝕了個人的理性和自由也大加撻伐。

雷斯曼和密爾士都認清了要解決貧窮等社會問題必須先掌握一個社會的權力結構。雖然兩人著重的焦點或有不同，例如：密爾士稱雷斯曼是個「浪漫的多元論者」 (Mills, 1956: 244)，而雷斯曼則稱密爾士是在追索社會裡的

「統治階級」(Riesman, 1961: 225)，但兩人都觀察到美國社會的病因：政治參與的減少和民意的無力影響決策。兩人的研究都與媒介在社會中的角色有關，但是都在美國的傳播領域中未曾引起足夠的注意。

六、社會學家席勒

席勒的 《大眾傳播與美國帝國》 (*Mass Communications and American Empire*, 1969) 一書 ，對於美國大眾傳播結構與政策的政治經濟功能加以批判， 並在一系列的作品中， 例如：《心靈的管理者》 (*The Mind Manager*, 1973)、《傳播與文化宰制》(*Communication and Cultural Domination*, 1976)、《文化公司》 (*Culture, Inc: The Corporate Takeover of Public Expression*, 1989)，提出資訊操縱及文化支配的問題。席勒的觀點有助於平衡盲目地推崇資訊社會及科技發展。席勒和另一位以批判的歷史唯物觀批評資訊控制及媒介在資本主義社會的運作的老將史麥司 (D. Smythe)，足以稱為美洲世界的政治經濟學派的代表人物。

不可諱言地，雖然從傳播思想史的觀點來看，美國亦有自己的批判理論源頭，但是批判理論在 1980 年代之前，在美國的傳播研究中卻一直居於邊陲地帶。其實，回顧 1920 及 1930 年代的美國社會背景：貧窮、無根、對政府不信任以及仰賴媒體作為主要的資訊來源等，都相當有利於批判思潮的興起，可是為什麼批判理論在美國的傳播研究中一直沒有發揮很大的影響力呢？主要原因可能是：㈠美國社會一向缺乏歷史觀，又過度依賴非歷史性的實證研究方法；㈡過度信任當時知識分子對傳播及文化的看法，把傳播當做一種新科技看待，關懷面僅及於其對個人所可能產生的影響上；㈢無法從美國本土的批判傳統中找尋傳播研究的養分；㈣傳播研究者對於傳播思想史研究的不重視；㈤批判研究者將媒介理論矮化為「地點」(site) 的研究，缺乏歷史觀，亦忽略了美國本土批判思潮與歐陸新馬克思主義及其他學科間的關係，導致孤立而無法發揮影響力 (Hardt, 1992: 228–229)。

第四節　文化研究對當代傳播研究的貢獻

　　文化研究特別指西方馬克思主義中，英國對當代文化的批判，呈現出來的具體結果是對意識型態宰制及政治權力的批判。文化研究者不斷質疑主流傳播研究的自由多元色彩，並極力鼓吹馬克思的替代性觀點，以成就實際可行的社會理論。

　　文化研究的源頭是英國的文化研究，然而文化研究的領域裡，當然不只英國這個傳統，例如：哈特就特別強調卡瑞 (J. Carey)、柏格 (A. Berger)、卡威迪 (J. Cawelti) 以及紐孔 (H. Newcomb) 在美國文化研究傳統中的重要地位 (Hardt, 1992: 181)。不同於英國文化研究的源頭是文學研究，美國的文化研究源頭是社會學 (Hardt, 1992: 180)。另外，透納 (G. Turner) 也指出影響法國文化研究傳統的兩位重要代表人物為波迪爾 (P. Bourdieu) 和德西達 (M. de Certeau) (Turner, 1990: 3)。

　　綜觀文化研究發展的歷史與社會背景，不論是英國或美國，在二次世界大戰以後，社會各層面急速擴張，經濟狀況亦已逐漸恢復，因此並不利於社會主義思潮的流傳。但是在 1950 年代及 1960 年代，英國卻歷經激進主義的興起；同時，移民、種族問題及其他社會問題的日趨嚴重，造成新左派的崛起，其主要貢獻在於對資本主義的運作邏輯持續地提出道德性的批判，並轉而對社會問題付出極大的關切。

　　文化研究在英國興起之時，英國的政經環境正歷經重大變遷，使得文化研究能對國家權威及社會發展迅速反應，雖然最先發源於伯明罕的當代文化研究中心，但它實際上結合了英國學術界、知識界的力量，從英國的本土文化（工人階級文化、大眾媒介、體育、舞蹈等）著手，對傳播做出了盎格魯撒克遜的貢獻。

　　英國的文化研究源頭是文學研究，代表人物有威廉士 (R. Williams)、何嘉特 (R. Hoggart)、湯普森 (E. P. Thompson) 和賀爾 (S. Hall) 等人，他們將文

化研究領域從法蘭克福學派對精緻文化的批判轉為對大眾文化的批判，例如：大眾傳播、工人文化、體育、舞蹈等的研究 (Turner, 1990: 2)。

威廉士、何嘉特和湯普森等人均認為，應以一具體的方式來研究英國文化。在這場文化的論辯中，一個主要的概念是「工人階級文化」(working-class culture)。英國文化主義的文化研究者反對將文化視為意識型態；相反地，他們關注的是文化的生活化特色（Thompson, 1978，轉引自 Hardt, 1992: 175）。這個概念反映在何嘉特的作品中，就是以文化宰制觀點取代階級權力觀點 (Hoggart, 1958)。而威廉士對文化的主觀性概念，也跳脫了馬克思主義者的決定論觀點 (Williams, 1977: 41–43)。

對於工人階級的關注，主宰了英國這些年來的社會思想，這使得英國的文化研究者不同於法蘭克福學派第一代的學者對於精英文化的關注，也使得他們得與實證主義與理論的功能主義劃清界線，例如：何嘉特即不主張區分高級文化與大眾文化，而建議將文化分為產製的或合成的 (processed or synthetic culture) 與生活的文化 (living culture)；前者著重的是閱聽人、消費者與顧客的關係，而後者著重的是主體與物質。何嘉特並進一步指出，產製的或合成的文化問的是：「他們會不會購買？」而生活的文化問的是：「這個經驗的真理何在？我如何捕捉這樣的經驗？」(Hoggart, 1973: 130–131)

奧康納 (Alan O'Connor) 認為，威廉士是英國當代最具影響力的文化研究者 (O'Connor, 1989)。

威廉士主張從經驗中去尋找文化的真諦 (Williams, 1989)。他同時認為，在文化的分析中，傳播是一個相當重要的部分，因為有關個人和社會的真實都是由傳播所型塑出來的 (Williams, 1989: 23)。

威廉士抨擊資本主義對生產工具的控制，使其得以宰制社會中的傳播現象。他認為，現存的大眾文化組織與資本主義社會中的組織結構有非常緊密的結合，因此文化研究在此擔負的是一個批判的角色，也惟有對現狀持批判的態度，才能不斷地超越及改進 (Williams, 1989)。

不同於威廉士，英國另一位文化研究者賀爾則強調文化產製過程中意識型態的重要性 (Hall, 1979)。他認為，伯明罕中心的媒體研究是對美國以效果

為中心的大眾傳播研究的一種直接回應，而回歸到意識型態的研究才是該中心最主要而持續的工作 (Hall, 1980: 117)。

從語言和論域切入，賀爾強調結構主義在了解日常生活中意識型態運作過程時所扮演的整合性角色。他認為，傳統上探討語言固有的及外延意義的理論已不夠用，主要因為語言及社會機制已成為意義產出的工具，語義成為意識型態爭鬥的場域，而媒體正是創造及加強一套固定世界觀的要角，不斷複製著統治階級的意識型態。因此，批判典範對傳統實證主義最大的挑戰是意識型態的再發現、語言的社會政治意義，以及符號與論域的政治策略 (Hall, 1982: 77-79)。

哈特在追索美國文化研究的根源時指出，美國的文化研究有其實用主義根源和基進歷史學者的觀點，其進展軌跡歷經殷尼斯 (H. Innis) 及麥克魯漢 (M. McLuhan) 的科技決定論，紀爾茲 (C. Geertz) 的文化人類學，以至於晚近的新實證主義者洛提 (R. Rorty)，然而對美國文化研究貢獻最大的是卡瑞 (J. Carey) (Hardt, 1992: 196)。

文化研究引進美國，代表了對文化的重新反省，代表了傳播研究必須重視歷史性並強調意識型態的分析，這同時也代表了必須對現存的社會狀況提出批判。

卡瑞的觀點對美國文化研究的貢獻很大，尤其他重新界定了傳統上將傳播視為一種機械化傳送的觀點，視傳播為一種植基於文化的「儀式」行為，突破了機械、科技掛帥的美式傳播概念 (Carey, 1975: 21)。卡瑞深深體會到一種以文化為出發點的傳播研究，必須植基於美國的經驗上，因此在理論概念上他認同芝加哥學派的實證主義觀點，強調社區觀念及植基於歷史、文化價值的市民參與，將「意義中心」(meaning centcrcd approach) 的研究取向導入傳播研究中 (Hardt, 1992: 196)。

卡瑞的傳播理論受現象學、象徵互動理論的影響很大，因此強調從知識的交換、觀念的互享、資訊的搜尋、交談與娛樂中去探索傳播的真貌 (Carey, 1989: 24)。

美國的文化研究進展到意識型態的分析，賀爾的影響很大。至於葛羅斯

堡 (L. Grossberg) 則可視為賀爾在美國的代言人。葛羅斯堡承繼了葛蘭姆西意識型態的觀點，視意識型態為當代的戰場，他因此也特別注意媒介環境作為個人活動空間所可能給個人帶來的影響 (Grossberg, 1984)。 他也特別強調對「權威」的研究，認為這種研究可以了解：一、個人如何在社會論域中被宰制；二、 如何重新定義衝突；三、 如何挑戰傳統的研究觀點 (Hardt, 1992: 194)。

　　文化研究在美國落地生根以後，也促使美國學者進一步省思知識分子的角色、理論與實務分離等問題。

　　綜合言之，英國文化研究對當代傳播研究的影響有：一、視文化為研究傳播及媒介的適當管道；二、強調對意識型態、權力、宰制等的研究。而美國移植英國文化研究的經驗也顯示了，所有的文化研究均須植基於本土的文化經驗，並從思想史的觀點搜尋本土的文化思想根源才有意義。

第五節　結　論

　　以法蘭克福學派為首的批判理論，以注重歷史性、對資本主義社會與文化的批判、公共領域、溝通行動理論等重要概念及理論對傳播研究提出貢獻（或應說傳播研究從其汲取精髓）；英國的文化研究則以生活、文化為傳播研究的目的，大大拓展了傳播研究的領域。走筆至此，作者不禁要提出兩個嚴肅的問題：

　　一、到底我們的傳播研究在哪裡？

　　二、我們可以為全球傳播研究做出什麼樣的貢獻？

　　綜觀過去臺灣的傳播研究，多為引用外國理論在國內蒐集實證資料，複製的速度雖然從 20 年（例如知溝理論和沉默螺旋理論在臺灣的第一篇實證研究都是在 1990 年代完成）縮短為 10 年 （例如國內第一篇接收分析的研究也在 1990 年代提出），然而難免還是停留在複製的階段。以介紹、啟蒙和文化

比較的觀點來看，這樣的研究也許有意義，但是如果站在使傳播研究能落地生根、開花結果，進而對全球傳播研究提供特殊經驗及貢獻的觀點來看，這一類型的研究是絕對無法獲得國際傳播社群的重視的。

我們應該發掘自己的傳播思想源頭，一如德國批判理論植基於康德、黑格爾、馬克思等一脈相承的德意志哲學思想，英國的文化研究則起源於英國土生土長的工人階級文化。今天我們如果仍像過去移植主流傳播研究一樣地來移植德國的批判理論和英國的文化研究，而不從一個傳播思想史的觀點去思考我們的歷史文化中的批判源泉何在，或究竟有沒有批判的傳統，以及我們的文化研究該如何進行的話，臺灣的傳播研究永遠沒有出頭的一天。這是一個嚴肅的課題，值得所有關心傳播本土化的學者共同來反省、深思和努力。

「理論部分」參考書目

一、中文部分

王婷玉 (1988)。《諾爾紐曼的沉默螺旋論初探》。臺北：國立政治大學新聞研究所碩士論文。

行政院主計處 (1988)。《臺灣地區社會指標統計》。

李金銓（1983，修訂初版）。《大眾傳播理論》。臺北：三民。

林淑敏 (1991)。《沉默的螺旋理論實證研究》。臺北：輔仁大學大眾傳播研究所碩士論文。

徐佳士、楊孝濚、潘家慶 (1976)。〈臺灣地區大眾傳播過程與民眾反應之研究〉，《國科會專題研究報告》。

翁秀琪 (1987a)。〈誰要新聞記者法〉，《文星》，10 月號，頁 41–44。

翁秀琪 (1987b)。〈我國電視媒介的反民主本質〉，《中國論壇》，279 期，頁 44–47。

翁秀琪 (1987c)。〈傳播媒介內部的新聞自由——開放報禁後的另一個問題〉，《自立晚報》，4 月 7 日、8 日，第 4 版。

翁秀琪 (1990)。〈民意與大眾傳播研究的結合〉，《新聞學研究》，42 期，頁 71–88。

馬康莊譯，J. H. Turner 原著 (1985)。《社會學理論的結構》。臺北：桂冠。

梁欣如 (1991)。《閱聽人解讀型態之研究——電視新聞之神話敘事體為例》。臺北：輔仁大學大眾傳播研究所碩士論文。

新聞評議會 (1990)。《中廣聯播熱線丐童風波案研究報告》。

潘家慶、王石番、謝瀛春 (1990)。〈臺灣地區民眾傳播行為 (1989)〉，《新聞學研究》，42 期，頁 55–84。

鄭瑞城 (1988)。《透視傳播媒介》。臺北：經濟與生活。

劉繼譯，H. Marcuse 原著 (1990)。《單向度的人——發達工業社會意識型態研究》。臺北：久大。

羅世宏 (1994)。《後蔣經國時代的國家、主流報業與反對運動：國家認同議題的媒介框架分析》。臺北：國立政治大學新聞研究所碩士論文。

二、外文部分

Adams, J. B. et al. (1969). "Diffusion of a 'Minor' Foreign Affairs News Event", in *Journalism Quarterly*, 46: 545–551.

Adoni, H. and S. Mane (1984). "Media and the Social Construction of Reality: Toward an Integration of Theory and Research", in *Communication Research*, 11: 323–337.

Adorno, T. et al. (1950). *The Authoritarian Personality*. N. Y.: Harper and Row.

Adorno, T. et al. (1973). *Negative Dialectics*. N. Y.: The Continuum Publishing Company.

Adorno, T. edited with an Introduction by J. M. Bernstein (1991). *The Cultural Industry—Selected Essays on Mass Culture*. London: Routledge.

Alexander, A. et al. (1984). "Creating a Learning Context: Investigations on the Interaction of Siblings during Television Viewing", in *Critical Studies in Mass Communication*, 1: 345–364.

Allen, I. L. and J. D. Colfax (1968). "The Diffusion of News of the LBJ's March 31 Decision", in *Journalism Quarterly*, 45: 321–324.

Altheied, D. L. (1984). "Media Hegemony: A Failure of Perspective", in *Public Opinion Quarterly*, 48: 476–490.

Althusser, L. (1971). "Ideology and Ideological State Apparatuses", in *Lenin and Philosophy, and Other Essays*.

London: New Left Books.

Anderson, P. (1969). "Components of the National Culture", in A. Cockburn and R. Blackburn (eds.), *Student Power: Problems, Diagnosis, Action*. Harmondsworth: Penguin. 轉引自 T. Bennett, 1984[3]: 35.

Ang, I. (1985). *Watching "Dallas": Soap Opera and the Melodramatic Imagination* (D. Couling, trans.). N. Y.: Methuen. 轉引自 T. R. Lindlof, 1991: 29.

Arnold, M. (1971). *Culture and Anarchy*. Indianapolis: Bobbs-Merrill. 轉引自 T. Bennett, 1984: 35.

Asch, Solomon E. (1963). "Effects of Group Pressure upon the Modification and Distortion of Judgements", in Harold Guetzkow (ed.) (1963), *Group, Leadership and Men*. N. Y.: Russell & Russell Inc.

Babbie, E. (1983). *The Practice of Social Research*. Belmont, CA.: Wadsworth Publishing Company.

Bagdikian, B. H. (1973). "The Fruits of 'Agnewism'", in *Columbia Journalism Review*, Jan. and Feb.: 9–21.

Bagdikian, B. H. (1983). *The Media Monopoly*. Boston: Beacon Press.

Bauer, R. (1964). "The Obstinate Audience: the Influence Process from the Point of View of Social Communication", in *American Psychologist*, 19: 319–328.

Bauer, R. (ed.) (1966). *Social Indicators*. Cambridge, MA.: MIT Press.

Becker, L. B. and C. Whitney (1980). "The Effects of Media Dependencies: Audience Assessment of Government", in *Communication Research*, 7: 95–121.

Becker, L. et al. (1975). "The Development of Political Cognitions", in S. Chaffee (ed.), *Political Communication: Issues and Strategies for Research*. Beverly Hills, CA.: Sage.

Bell, D. (1960). "America as a Mass Society: a Critique", in *The End of Ideology: On the Exhaustion of Political Ideas in the Fifties*. N. Y.: Free Press. 轉引自 Bennett, 1984[3]: 37.

Bennett, T. (1984). "Theories of the Media, Theories of Society", in M. Gurevitch et al. (eds.) (1984[3]), *Culture, Society and the Media*, pp. 30–55. N. Y.: Methuen and Co. Ltd.

Benton, M. and P. J. Frazier (1976). "The Agenda-Setting Function of the Mass Media at Three Levels of Information Holding", in *Communication Research*, 3: 261–274.

Berelson, B. (1949). "What Missing the Newspaper Means", in P. F. Lazarsfeld and F. N. Stanton (eds.), *Communication Research*, 1948–1949, pp. 112–129. N. Y.: Harper.

Berelson, B. et al. (1954). *Voting: A Study of Opinion Formation in a Presidential Campaign*. Chicago: University of Chicago Press.

Berg, K. and M. L. Kiefer (1983). *Massenkommumikation 2: Eine Langzeitstudie Zur Mediennutzung und Medienbewertung 1964–1980*. Frankfurt/a. Main.

Berlo, D. (1960). *The Process of Communication: An Introduction to Theory and Practice*. N. Y.: Holt, Rinehat and Winston.

Berger, P. and T. Luckman (1971). *The Social Construction of Reality: A Treatise in the Sociology of Knowledge*. London: Penguin.

Block, Eva (1984). "Newspaper Content as a Secularization Indicator", in G. Melischek et al. (eds.), *Cultural Indicators: An International Symposium*, pp. 177–194. Wien: Österreichisch Akademie der Wissenschaft.

Block, Eva (1984). "Freedom, Equality, Et Cetera: Values and Valuations in the Swedish Domestic Political Debate, 1945–1975", in G. Melischek et al. (eds.), *Cultural Indicators: An International Symposium*, pp. 159–176. Wien: Österreichischen Akademie der Wissenschaft.

Blumer, H. (1946). "Collective Behavior", in A. McClung Lee (ed.), *Principles of Sociology*. N. Y.: Harper and Row.

Blumer, H. (1954). "What is Wrong with Social Theory?", in *American Sociological Review*, 13: 542–554.

Blumer, H. (1969). *Symbolic Interactionism*. Englewood Cliffs, N. J.: Prentice-Hall.

Blumler, J. G. (1979). "The Role of Theory in Uses and Gratification Studies", in *Communication Research*, 6: 9–36.

Blumler, J. G. (1980). "Mass Communication Research in Europe: Some Origins and Prospects", in *Media, Culture and Society*, 2: 276–367.

Blumler, J. G. (1981). "Mass Communication Research in Europe: Some Origins and Prospects", in G. C. Wilhoit (ed.), *Mass Communication Review Yearbook*, 2. Beverly Hills, CA.: Sage.

Blumler, J. G. (1982). "Mass Communication Research in Europe: Some Origins and Prospects", in M. Burgoon (ed.), *Communication Yearbook*, 5, pp. 145–156. New Brunswick, N. J.: Transaction Books.

Blumler, J. G. (1983). *Communicating to Voters: The Role of Television in the 1979 European Parliamentary Elections*. Beverly Hills, CA.: Sage.

Blumler, J. G. (1985). "European-American Differences in Communication Research", in E. M. Rogers and F. Balle (eds.) (1985), *The Media Revolution in America and in Western Europe*, pp. 185–199. Norwood, N. J.: Ablex Publishing Corporation.

Blumler, J. G. and E. Katz (eds.) (1974). *The Uses of Mass Communications, Current Perspectives in Gratifications Research*. Beverly Hills, CA.: Sage.

Blumler, J. G. and M. Gurevitch (1979). "The Reform of Election Broadcasting: A Reply to Nicholas Garnham", in *Media, Culture and Society*, 1: 211–219.

Blumler, J. G. and M. Gurevitch (1982). "The Political Effects of Mass Communication", in M. Gurevitch et al. (eds.), *Culture, Society and the Media*. London: Methuen.

Blumler, J. G. and A. D. Fox (1982). *The European Voter: Popular Responses to the First Community Elections*. Beverly Hills, CA.: Sage.

Bogart, L. (1950/51). "The Spread of News on a Local Event: A Case History", in *Public Opinion Quarterly*, 14: 769–772.

Bonfadelli, H. (1978). "Zur 'Increasing Knowledge Gap' Hypothese", in *Buch und Lesen*, Bertelesmann Texte 7, Gütersloh, pp. 71–90.

Bonfadelli, H. (1980). "Neue Fragestellungen der Wirkungsforschung: Zur Hypothese der Wachsenden Wissenskluft", in *Rundfunk und Fernsehen*, 28: 173–193.

Bonfadelli, H. (1987). "Die Wissenskluftforschung", in M. Schenk, *Medienwirkunngsforschung*. Tübingen: J. C. B. Mohr (Paul Siebeck).

Boorstin, D. (1961). "From News-Gathering to News Making: A Flood of Pseudo-Events", reprinted in W. Schramm and D. Roberts (eds.) (1972), *The Process and Effects of Mass Communication*. Urbana: University of Illinois Press.

Bottomore, T. B. and M. Rubel (1965). *Karl Marx: Selected Writings in Sociology and Social Philosophy*. Harmondsworth: Penguin. 轉引自 T. Bennett, 1984: 49.

Bottomore, T. B. (ed.) (1983). *A Dictionary of Marxist Thought*. Cambridge, MA.: Harvard University Press.

Bramsted, E. K. (1965). *Goebbels and National in Socialist Propaganda, 1925–1945*. East Lansing: Michigan University Press.

Breed, W. (1955). "Social Control in the Newsroom", in *Social Forces*, 33: 323–325.

Bryant, C. G. A. (1985). *Positivism in Social Theory and Research*. London: Macmillan Publishers Ltd.

Bryce, J. and H. J. Leichter (1983). "The Family and Television: Forms of Mediation", in *Journal of Family Issues*, 4: 309–327.

Bryman, A. (1988). *Quantity and Quality in Social Research*. London: Unwin Hyman.

Bucher, R. (1970). "Social Process and Power in a Medical School", in M. N. Zald (ed.), *Power in Organizations*, pp. 3–48. Nashville: Vanderbilt University Press.

Budd, R. W. et al. (1966). "Regularities in the Diffusion of Two Major News Events", in *Journalism Quarterly*, 43: 221–230.

Burger, T. (trans.) (1989). *The Structural Transformation of the Public Sphere — An Inquiry into a Category of Bourgeois Society*. Cambridge, MA.: MIT Press.

Burke, K. (1937). *Attitudes toward History*, 2. N. Y.: New Republic. 轉引自 H. Hardt (1992). *Critical Communication Studies — Communication, History and Theory in America*, p. 126. London and N. Y.: Routledge.

Burrell, G. and G. Morgan (1979). *Sociological Paradigms and Organizational Analysis*. London: Heinemann. 轉引自 K. E. Rosengren, 1985: 238.

Calhoun, C. (ed.) (1992). *Habermas and the Public Sphere*. Cambridge, MA.: MIT Press.

Cantril, H. et al. (1940). *The Invasion from Mars*. Princeton, N. J.: Princeton University Press.

Cantril, H. (1958). "The Invasion from Mars", in E. E. Maccoby et al. (eds.), *Readings in Social Psychology*, 3rd ed. N. Y..

Cantril, H. (1965). Foreword in M. Choukas, *Propaganda Comes of Age*. Washington, D. C.: Public Affair Press.

Cantor, M. G. (1971). *The Hollywood Television Producer*. N. Y.: Basic Books.

Carey, J. (1975). "A Cultural Approach to Communication", in *Communication*, 2 (2): 1–22; the article appeared in J. Carey, 1989: 13–36.

Carey, J. (1979). "Mass Communication Research and Cultural Studies: An American View", in J. Curran et al. (eds.), *Mass Communication and Society*. Beverly Hills, CA.: Sage.

Carey, J. (1989). *Communication as Culture: Essays on Media and Society*. Boston: Unwin Hyman.

Casanova, G. P. (1964). "C. Wright Mills: An American Conscience", in I. L. Horowitz (ed.), *The New Sociology: Essays in Social Theory in Honor of C. Wright Mills*, pp. 66–75. N. Y.: Oxford University Press. 轉引自 H. Hardt, 1992: 146.

Chaffee, S. (1978). *Political Communication Review*, 3: 25–28.

Charnley, M. V. (1936). "Preliminary Notes on a Study of Newspaper Accuracy", in *Journalism Quarterly*, 44: 482–490.

Chibnell, S. (1977). *Law-and-Order News*. London: Tavistock. 轉引自 J. Curran et al., 1984: 15.

Cohen, B. C. (1963). *The Press and Foreign Policy*. Princeton, N. J.: Princeton University Press.

Cohen, S. (1973). *Folk Devils and Moral Panics*. St. Albans: Paladin. 轉引自 J. Curran et al., 1984: 15.

Comstock, G. et al. (1978). *Television and Human Behavior*. N. Y.: Columbia University Press.

Connell, I. (1979). "Television, News and the Social Contract", in *Screen*, Spring. 轉引自 J. Curran et al., 1984: 22.

Cooley, C. H. (1902). *Human Nature and the Social Order*. N. Y.: Charles Scribner's Sons.

Curran, J. et al. (1984). "The Study of the Media: Theoretical Approaches", in M. Gurevitch et al. (eds.) (1984[3]), *Culture, Society and the Media*, pp. 11–29. N. Y.: Methuen and Co. Ltd.

Curran, J. (1990). "The New Revisionism in Mass Communication Research: A Reappraisal", in *European Journal of Communication*, 5: 135–164.

Dahlgren, P. (1986). "The Modes of Reception: For a Hermeneutics of TV News", in P. Drummond and R. Paterson (eds.) (1986), *Television in Transition—Papers from the First International Television Studies Conference*, pp. 235–249. London: W. S. Cowell Ltd.

Dahlgren, P. (1988). "What's the Meaning of This? Viewers' Plural Sense—Making of TV News", in *Media, Culture and Society*, 10: 285–301.

Dalton, M. (1959). *Men Who Manage*. N. Y.: Wiley.

Davison, W. P. (1960). "Political Significance of Recognition via Mass Media—An Illustration from the Berlin Blockade", in *Public Opinion Quarterly*, 20: 327–333.

DeFleur, M. L. and S. Ball-Rokeach (1975). *Theories of Mass Communication*. London: Longman.

DeFleur, M. L. and S. Ball-Rokeach (1982). *Theories of Mass Communication*, 4th ed. White Plains, N. Y.: Longman.

Dervin, B. (1980). "Communication Gaps and Inequities: Moving toward a Reconceptualization", in B. Dervin and M. J. Voigt (eds.), *Progress in Communication Science II*. Norwood, N. J.: Ablex.

Deutschman, P. J. and W. A. Danielson. (1960). "Diffusion of Knowledge of a Major News Story", in *Journalism Quarterly*, 37: 345–355.

Donohue, G. A. et al. (1975). *Mass Media and the Knowledge Gap: A Hypothesis Research*, 2: 3–23.

Donsbach, W. and R. L. Stevenson (1986). "Herausforderungen, Probleme und empirische Evidenzen der Theorie der Schweigespirale", in *Publizistik*, 31: 7–34.

Donsbach, W. und R. L. Stevenson (1987). "Die Theorie der Schweiogespirale", in M. Schenk (1987), *Medienwirkungsforschung*, pp. 324–343. Tübingen: J. C. B. Mohr.

Dulles, F. R. (1928). *Problems of War and Peace*, 67: 105–107. Bookman. 轉引自 W. J. Severin and J. W. Tankard, 1988: 103.

Duncan, H. D. (1967). "The Search for a Social Theory of Communication in American Sociology", in Frank E. X. Dance (ed.) (1967), *Human Communication Theory: Original Essays*, pp. 236–263. N. Y.: Holt, Rinehart and Winston.

Duncan, H. D. (1968). *Symbols in Society*. N. Y.: Oxford University Press. 轉引自 H. Hardt, 1992: 124.

Dunwoody, S. and Byron T. Scott (1982). "Scientists as Mass Media Sources", in *Journalism Quarterly*, 59: 53–59.

Eisenstein, E. (1978). *The Printing Press as Agent of Change*, 2. N. Y.: Cambridge University Press.

Elliott, P. (1974). "Uses and Gratification Research: A Citique and a Sociological Alternative", in J. G. Blumler and E. Katz (eds.), *The Uses of Mass Communication: Current Perspectives on Gratifications Research*. Beverly Hills, CA.: Sage.

Ettema, J. S. (1984). "Three Phases in the Creation of Information Inequities: An Empirical Assessment of a Prototype Videotest System", in *Journal of Broadcasting*, 28: 383–395.

Eyal, C. H. et al. (1981). "The Concept of Time Frame in Agenda-Setting", in C. C. Wilhoit and H. de Bock (eds.), *Mass Communication Review Yearbook*, 2. Sage.

Fathi, A. (1973). "Diffusion of a 'Happy' News Event", in *Journalism Quarterly*, 50: 271–277.

Febvre, L. and H. J. Martin (1984). *The Coming of the Book*. London: Verso Edition.

Festinger, L. (1957). *A Theory of Cognitive Dissonance*. Stanford: Stanford University Press.

Fico, F. and T. Atwater (1985). "The Similarity of Broadcast and Newspaper Reporter Covering Two State Capitals", in *Mass Communication Research*, 29–32.

Fields, J. M. and H. Schuman (1976). "Public Beliefs about the Beliefs of the Public", in *Public Opinion Quarterly*, 40:

427–448.

Findahl, O. and B. Höijer (1985). "Some Characteristics of News Memory and Comprehension", in *Journal of Broadcasting and Electronic Media*, 29 (4): 379–396.

Fish, S. (1980). *Is There a Text in This Class?: The Authority of Interpretive Communities*. Cambridge, MA.: Harvard University Press. quoted in J. Lull (1991). "The Qualitative Study of Media Audiences", *Journal of Broadcasting and Electronic Media*, 35 (1): 29.

Fleming, L. (1980). "Pope Considers Clearing Galileo of Heresy", in *Austin (Texas) American-Statesman*, Oct., 26, p. A. 10. 轉引自 W. J. Severin and J. W. Tankard, 1988: 105.

Frank, R. (1973). *Message Dimensions of Television News*. Lexington, MA.: Lexington Books.

Fry, D. (1979). "The Knowledge Gap Hypothesis and Media Dependence: An Initial Study", in *AEJ-Congress*. Houston.

Galtung, J. and M. Ruge (1965). "The Structure of Foreign News", in *Journal of Peace Research*, 1: 64–90. Also in J. Turstall (ed.) (1970), *Media Sociology*. London: Constable.

Gans, H. J. (1962). *The Urban Villagers*. N. Y.: Free Press.

Gans, H. J. (1979). *Deciding What's News*. N. Y.: Vintage Book.

Gantz, W. (1978). "How Uses and Gratification Affects Recall of News", in *Journalism Quarterly*, 55: 664–672, 681.

Gaziano, C. (1983). "The Knowledge Gap: An Analytical Review of Media Effects", in *Communication Research*, 10: 447–486.

Gerbner, G. (1969). "Violence and Television Drama", in R. K. Baker and S. J. Ball (eds.), *Violence in the Media. A Staff Report to the National Commission on the Causes and Prevention of Violence*. Washington, D.C.

Gerbner, G. (1969). "Toward 'Cultural Indicators': The Analysis of Mass Mediated Public Message Systems", in *AV Communication Review*, 17: 137–148.

Gerbner, G. and L. Gross (1976). "Living with Television: The Violence Profile", in *Journal of Communication*, 26: 173–199.

Gerbner, G. et al. (1980a). "Aging with Television: Images on Television Drama and Conceptions of Social Reality", in *Journal of Communication*, 30: 37–49.

Gerbner, G. et al. (1980b). "The Mainstreaming of America: Violence Profile No. 11", in *Journal of Communication*, 30: 10–27.

Gerbner, G. et al. (1981). "A Curious Journey into the Scary World of Paul Hirsch", in *Communication Research*, 8: 39–72.

Gerbner, G. et al. (1982). "Charting the Mainstream: Television's Contributions to Political Orientations", in *Journal of Communication*, 32: 100–127.

Gieber, W. and W. Johnson (1961). "The City Hall 'Beat': A Study of Reporter and Source Roles", in *Journalism Quarterly*, Summer, pp. 289–297.

Gieber, W. (1964). "News is What Newspapermen Make It", in L. A. Dexter and D. M. White (eds.), *People, Society and Mass Communication*, pp. 173–182. N. Y.: Free Press.

Gilljam, M. (1984). "Pluralist and Marxist Agenda-setting Research", in *Gazette*, 34: 77–90.

Gitlin, T. (1978). "Media Sociology: The Dominant Paradigm", in *Theory and Society*, 6. 轉引自 J. Curran et al., 1984: 13.

Glynn, C. J. and J. M. McLeod (1984). "Public Opinion du jour: An Examination of the Spiral of Silence", in *Public*

Opinion Quarterly, 48: 731–740.

Glynn, C. J. and J. M. McLeod (1985). "Implications of the Spiral of Silence Theory for Communication and Public Opinion Research", in K. R. Sanders et al. (eds.) (1985), *Political Communication Yearbook*, pp. 43–65. Edwardsville.

Golding, P. and G. Murdock (1978). "Theories of Communication and Theories of Society", in *Communication Research*, 5: 339–356. Also in M. Gurevitch et al. (eds.) (1984), *Culture, Society and the Media*, pp. 11–29. N. Y.: Muthuen, Inc.

Goldmann, K. (1984). "World Politics and Domestic Culture: Sweden 1950–1975", in G. Melischek et al. (eds.), *Cultural Indicators: An International Symposium*, pp. 195–215. Wien: Österreichischen Akademie der Wissenschaft.

Gouldner, A. (1976). *The Dialectic of Ideology and Technology*. London: Macmillan.

Graber, D. (1982). "Linking Mass Media and Public Opinion Studies: A Meta-Research Perspective", paper presented at the International Communication Association.

Gramsci, A. (1971). *Selections from the Prison Notebooks*. London: Lawrence and Wishart.

Granzberg, G. (1982). "Television as Story Teller: The Algonkian Indians of Central Canada", in *Journal of Communication*, 32 (1): 43–52.

Greenberg, B. S. and B. Dervin (1970). *Use of the Mass Media by the Urban Poor*. N. Y..

Grossberg, L. (1984). "Strategies of Marxist Cultural Interpretation", in *Critical Studies in Mass Communication*, 6 (4): 413–420.

Gurevitch, M. and J. G. Blumler (1977). "Mass Media and Political Institutions: The System Approach", in G. Gerbner (ed.), *Mass Media Policies in Changing Structures*. N. Y.: Wiley.

Gurevitch, M. and J. G. Blumler (1977). "Linkage between the Mass Media and Politics", in J. Curran et al. (eds), *Mass Communication and Society*. London: Edward Arnold.

Habermas, J. (1962). *Strukturwandel der Öffentlichkeit*. Darmstadt und Neuwied: Lutherhand Verlag.

Habermas, J. (1979). *Communication and Evolution of Society*. Boston: Beacon Press.

Habermas, J. (1981). *Theorien des Kommunikativen Handelns*, 2. Frankfurt: Suhrkamp.

Habermas, J. (1984). *The Theory of Communicative Action, vol. 1: Reason and the Rationalization of Society*. Boston: Beacon Press.

Hall, S. (1973). "Encoding and Decoding in the Television Discourse", in C. C. C. S., stencilled occasional paper, 7. Birmingham: University of Birmingham.

Hall, S. (1974). "Derivance, Politics and the Media", in M. McIntosh and P. Rock (eds.), *Deviance and Social Control*. London: Tavistock.

Hall, S. (1982). "The Rediscovery of 'Ideology': Return of the Repressed in Media Studies", in M. Gurevitch et al. (eds.), *Culture, Society and the Media*. London: Methuen.

Hall, S. (1986). "Cultural Studies: Two Paradigms", in R. Collins et al. (eds.), *Media, Culture and Society—A Critical Reader*, pp. 33–48. London: Sage.

Hall, S. et al. (1978). *Policing the Crisis*. London: Macmillan.

Hall, S. (1979). "Culture, the Media and the 'Ideological Effect'", in J. Curran et al. (eds.), *Mass Communication and Society*, pp. 315–348. Beverly Hills, CA.: Sage.

Hall, S. (1980). "Introduction to Media Studies at the Centre", in S. Hall et al. (eds.), *Culture, Media, Language*, pp.

117–121. London: Hutchinson and Co.

Hall, S. (1980). "Encoding/Decoding", in S. Hall et al. (eds.), *Culture, Media, Language*, pp. 128–138. London: Hutchinson.

Hall, S. (1982). "The Rediscovery of 'Ideology': Return of the Repressed in Media Studies", in M. Gurevitch et al. (eds.), *Culture, Society and the Media*, pp. 56–90. London: Methuen.

Halloran, J. et al. (1970). *Demonstrations and Communication: A Case Study*. Harmondsworth: Penguin.

Hardt, H. (1992). *Critical Communication Studies－Communication, History and Theory in America*. London and N. Y.: Routledge.

Harré, R. (1974). "Blueprint for a New Science", in N. Armistead (ed.), *Reconstructing Social Psychology*, pp. 240–259. Harmondsworth: Penguin.

Harré, R. (1979). *Social Being*. Oxford: Basil Blackwell.

Harré, R. (1986). "Ethogenics", in R. Harré and R. Lamb (eds.), *The Dictionary of Personality and Social Psychology*, pp. 102–105. Oxford: Basil Blackwell.

Hartman, P. (1979). "News and Public Perceptions of Individual Relations", in *Media, Culture and Society*, 1 (3): 255–270.

Havelock, E. (1963). *Preface to Plato*. Cambridge, MA.: Harvard University Press.

Hawkins, R. and S. Pingree (1981). "Uniform Content and Habitual Viewing: Unnecessary Assumptions in Social Reality Effects", in *Human Communication Research*, 7: 291–301.

Herzog, H. (1944). "What Do We Really Know about Daytime Serial Listeners", in P. F. Lazarsfeld and F. N. Stanton (eds.), *Radio Research*, pp. 3–33. N. Y.: Duell, Sloan and Pearce.

Hilgartner, S. and C. L. Bosk (1988). "The Rise and Fall of Social Problems: A Public Arena Model", in *American Journal of Sociology*, 94 (1): 53–78.

Hirsch, P. M. (1977). "Occupational, Organizational, and Institutional Models in Mass Media Research: Toward an Integrated Framework", in P. M. Hirsch et al. (eds.), *Strategies for Communication Research*. Beverly Hills, CA.: Sage.

Hirsch, P. M. (1980). "The 'Scary World' of the Nonviewer and other Anomalies. A Reanalysis of Gerbner et al.'s Findings on Cultivation Analysis, Part I", in *Communication Research*, 7: 403–456.

Hirsch, P. M. (1981). "On Not Learning from One's Own Mistakes. A Reanalysis of Gerbner et al.'s Finding on Cultivation Analysis, Part II", in *Communication Research*, 8: 3–37.

Hirsch, P. M. et al. (1977). *Strategies for Communication Research*. Beverly Hills, CA.: Sage.

Hoggart, R. (1958). *The Uses of Literacy*. London: Penguin.

Hoggart, R. (1973). *Speaking to Each Other, vol. 1: About Society*. Harmondsworth: Penguin Books.

Höijer, B. (1980). *The In-Depth Interview as a Method for Studying the Reception of Programmes* (Rep. No. 5). Stockholm: Swedish Broadcasting Corporation, Audience and Programme Research Department.

Höijer, B. (1989). "Television-Evoked Thoughts and Their Relation to Comprehension", in *Communication Research*, 16 (2): 179–203.

Höijer, B. (1990). "Studying Viewers' Reception of Television Programmes: Theoretical and Methodological Considerations", in *European Journal of Communication*, 5: 29–56.

Höijer, B. (1992). "Socio-cognitive Structures and Television Reception", in *Media, Culture and Society*, 14: 583–603.

Höijer, B. and O. Findahl (1984). *Nyheter, Forstaelse och Minne* (*News, Comprehension and Memory*). Lund:

Student-literature. 轉引自 B. Höijer, 1990: 32.

Holub, Robert C. (1991). *Jürgan Habermas—Critic in the Public Sphere*. London and N. Y.: Routledge.

Horkheimer, M. and T. W. Adorno (1947). *Dialektik der Aufklärung*. Amsterdam. J. Cumming (tran.) (1972). *The Dialectic of Enlightenment*. N. Y.: Seabury Press.

Hovland, C. I. et al. (1953). *Communication and Persuasion*. New Haven, CT.: Yale University Press.

Hovland, C. I. (ed.) (1957). *The Order of Presentation in Persuasion*. New Haven, CT.: Yale University Press.

Hyman, H. H. and P. B. Sheatsley (1948). "Some Reasons Why Information Campaigns Fail", in *Public Opinion Quarterly*, 11: 412–423.

Innis, H. (1951). *The Basis of Communication*. Toronto: University of Toronto Press.

Institut für Demoskopie Allensbach (1987). Allensbach.

Janis, I. et al. (1959). *Personality and Persuasibility*. New Haven, CT.: Yale University Press.

Janowitz, M. (1952). *The Community Press in an Urban Setting*. Glencoe, Illinois. 轉引自 T. Bennett, 1984: 39.

Jensen, K. B. (1986). *Making Sense of the News*. Aarhus: Aarhus University Press.

Jensen, K. B. (1987). "Qualitative Audience Research: Toward an Integrative Approach to Reception", in *Critical Studies in Mass Communication*, 4: 21–36.

Jensen, K. B. (1988). "News as Social Resource: A Qualitative Empirical Study of the Reception of Danish Television News", in *European Journal of Communication*, 3: 275–301.

Jensen, K. B. (1990). "Television Futures: A Social Action Methodology for studying interpretive communities", in *Critical Studies in Mass Communication*, 7 (2): 1–18.

Jensen, K. B. (1990). "The Politics of Polysemy: Television News, Everyday Consciousness and Political Action", in *Media, Culture and Society*, 12: 57–77.

Jensen, K. B. (1991). "Media Audiences Receptions Analysis: Mass Communication as the Social Production of Meaning", in K. B. Jensen and N. W. Jankowski (eds.) (1991), *A Handbook of Qualitative Research*, pp. 135–148. London and N. Y.: Routledge.

Jensen, K. B. and K. E. Rosengren (1990). "Five Traditions in Search of the Audience", in *European Journal of Communication*, 5: 207–238.

Johnstone, J. W. C. et al. (1972). "The Professional Values of American Newsmen", in *Public Opinion Quarterly*, 26: 522–540.

Katz, E. and P. Lazarsfeld (1955). *Personal Influence*. N. Y.: Free Press.

Katz, E. et al. (1974). "Utilization of Mass Communication by the Individual", in J. G. Blumler and E. Katz (eds.), *The Uses of Communications*, pp. 19–32. Beverly Hills, CA.: Sage.

Katzman, N. (1974). "The Impact of Communication Technologies: Promises and Prospects", in *Journal of Communication*, 24: 47–58.

Kepplinger, H. M. (Hrsg.) (1979). *Angepasste Aussenseiter—Was Journalisten denken und wie Sie arbeiten*. Freiburg and München: Verlag Karl Alber.

Kepplinger, H. M. und I. Vohl (1976). "Professionalisierung des Journalismus? Theoretische Probleme und empirische Befunde", in *Rundfunk und Fernsehen*, 24: 309–343.

Klapper, J. T. (1960). *The Effects of Mass Communication*. N. Y.: Free Press.

Knodler-Bunte, E. (1975). "The Proletarian Public Sphere and Political Organization: An Analysis of Negt and Kluge's the Public Sphere and Experience", in *New German Critique*, 4: 51–75.

Kramarae, C. (ed.) (1988). *Technology and Women's Voices: Keeping in Touch*. N. Y.: Routledge and Kegan Paul. Quoted in T. R. Lindlof, 1991: 29.

Kuhn, T. (1970). *The Structure of Scientific Revolution*. Chicago: University of Chicago Press.

Lang, Kurt (1979). "The Critical Function of Empirical Communication Research", in *Media, Culture and Society*, 1: 83–96.

Lang, K. and G. E. Lang (1953). "The Unique Perspective of Television and Its Effect", in *American Sociological Review*, 18: 103–112.

Lang, G. E. and K. Lang (1981). "Watergate: An Exploration of the Agenda-building Process", in C. C. Wilhoit and H. de Bock (eds.) (1981), *Mass Communication Review Yearbook*, 2, pp. 447–468. Sage.

Larsen, O. N. and R. J. Hill (1954). "Mass Media and Interpersonal Communications in the Diffusion of a News Event", in *American Sociological Review*, 19: 426–433.

Lasswell, H. D. (1927). *Propaganda Technique in the World War*. N. Y.: Peter Smith.

Lasswell, H. D. (1934). "Propaganda", in E. R. A. Seligman and A. Johnson (eds.), *Encyclopedia of the Social Sciences*, 12: 521–528. N. Y.: Macmillan.

Lasswell, H. D. (1948). "The Structure and Function of Communication in Society", in L. Bryson (ed.), *The Communication of Ideas*, pp. 37–51. N. Y.: Harper and Brothers.

Lazarsfeld, P. et al. (1948). *The People's Choice*. N. Y.: Columbia University Press.

Lee, A. M. and E. B. Lee (eds.) (1939). *The Fine Art of Propaganda: A Study of Father Coughlin's Speeches Orlando*. Fla.: Harcourt Brace Janovich.

Lemish, D. (1982). "The Rules of Viewing Television in Public Places", in *Journal of Broadcasting*, 26: 757–781.

LeRoy, D. L. (1972/73). "Levels of Professionalism in a Sample of Television Newsmen", in *Journal of Broadcasting*, 17: 51–62.

Lewin, K. (1958). "Group Decision and Social Change", in E. E. MacCoby et al. (eds.), *Readings in Social Psychology*, 3rd ed., pp. 197–211. N. Y.: Holt, Rinehart and Wiston.

Lewis, H. L. (1960). "The Cuban Revolt Study: AP, UPI and 3 Papers", in *Journalism Quarterly*, 37: 573–578.

Lewis, J. (1985). "Decoding Television News", in P. Drummond and P. Paterson (eds.), *Television in Transition*, pp. 205–234. London: BFI.

Lin, Nan (1976). *Foundation of Social Research*. N. Y.: McGraw-Hill Book Company.

Liebes, T. and E. Katz (1986). "Patterns of Involvement in Television Fiction: A Comparative Analysis", in *European Journal of Communication*, 1: 151–171.

Liebes, T. and E. Katz (1990). *The Export of Meaning: Cross-cultural Readings of "Dallas"*. N. Y.: Oxford University Press.

Lindlof, T. R. (1991). "The Qualitative Study of Media Audience", in *Journal of Broadcasting and Electronic Media*, 35 (1): 23–42.

Lipp, M. (1985). "Differentiellen Informationsnutzen durch die Einführung eines neuen Informations und Kommunikationssystems—überlegungen zu einem Forschgskenzept", in U. Saxer (Hersg.), *Gleicheit und Ungleichheit durch Massenmedien*. München.

Lippmann, W. (1922). *Public Opinion*. N. Y.: Macmillan.

Lippmann, W. and C. Merz (1920). "A Test of the News", in *The New Republic*. 轉引自 K. E. Rosengren, 1985.

Long, E. (1989). "Feminism and Cultural Studies", in *Critical Studies in Mass Communication*, 6: 427–435.

Lovrich, N. P. and J. Pierce (1984). "'Knowledge Gap' Phenomena. Effect of Situation-Specific and Transsituational Factors", in *Communication Research*, 11: 415–434.

Lowery, S. and M. L. DeFleur (1983). *Milestones in Mass Communication Research—Media Effects*, pp. 59–84.

Lowenthal, L. (1961). *Literature, Popular Culture and Society*. Englewood, Cliffs, N. J.: Prentice-Hall.

Lull, J. (1980). "The Social Uses of Television", in *Human Communication Research*, 6: 198–209.

Lull, J. (1988). *World Families Watch Television*. Newbury Park, CA.: Sage.

Lundberg, D. and O. Hulten (1968). *Individen och Massmedia*. Stockholm: EFI.

Lupton, T. (1963). *On the Shop Floor*. Oxford: Pergamon.

Marcuse, H. (1964). *One-Dimensional Man*. Boston: Beacon Press.

Marcuse, H. (1968). *One Dimensional Man*. London: Sphere.

Marcuse, H. (1972). *One Dimensional Man*. London: Abacus.

Masterman, L. (1985). *Teaching the Media*. London: Comedia.

Mathes, R. and B. Pfetsch (1991). "The Role of Alternative Press in the Agenda-Building Process: Spill-Over Effects and Media Opinion Leadership", in *European Journal of Communication*, 6: 33–62.

Matza, D. (1969). *Becoming Deviant*. Englewood, Cliffs, N. J.: Prentice-Hall.

McCombs, M. E. (1977). "Newspaper Versus Television: Mass Communication Effects Across Time", in D. L. Shaw and M. E. McCombs (eds.), *The Emergence of American Political Issues*. St. Paul, MN.: West Publishing Co.

McCombs, M. E. (1981). "The Agenda-Setting Approach", in D. D. Nimmo and K. R. Sanders (eds.), *The Handbook of Political Communication*, pp. 121–140. Beverly Hills, CA. and London: Sage.

McCombs, M. E. and D. Shaw (1972). "The Agenda-setting Function of Mass Media", in *Public Opinion Quarterly*, 36: 176–187.

McCombs, M. E. and D. Shaw (1977). *The Emergence of American Political Issues: The Agenda-Setting Function of the Press*. St. Paul, MN.: West Publishing Co..

McCombs, M. E. and L. Maisel-Walters (1976). "Agenda-setting: A New Perspective on Mass Communication", in *Mass Communication Review*, 3: 3–7.

McCombs, M. E. and P. Poindexter (1983). "The Duty to Keep Informed News Exposure and Civic Obligation", in *Journal of Communication*, 33: 88–96.

McCron, R. (1976). "Changing Perspectives in the Study of Mass Media and Socialization", in J. Halloran (ed.), *Mass Media and Socialization*. International Association for Mass Communication Research.

McEwen, W. J. (1978). "Bridging the Information Gap", in *Journal of Communication*, 24: 247–251.

McLeod, J. M. and L. B. Becker (1981). "The Uses and Gratification Approach", in D. D. Nimmo and K. R. Sanders (eds.), *Handbook of Political Communication*, pp. 67–99. Beverly Hills, CA.: Sage.

McLuhan, M. (1962). *The Gutenberg Galaxy*. Toronto: Toronto University Press.

McQuail, D. and S. Windahl (1981). *Communication Models for the Study of Mass Communications*. N. Y.: Longman Inc.

McQuail, D. (1983). *Mass Communication Theory. An Introduction*. London.

McQuail, D. (1987²). *Mass Communication Theory. An Introduction*. Beverly Hills, CA., Newbury Park, CA. and New Delhi: Sage.

McRobbie, A. (1978). "Working Class Girl and the Culture of Femininity", in Women's Studies Group (ed.), *Women Take Issue: Aspects of Women's Subordination*, pp. 96–108. London: Hutchinson. 轉引自 T. R. Lindlof, 1991: 29.

Mead, G. H. (1934). *Mind, Self and Society*. Chicago: University of Chicago Press.

Medalia, N. Z. and O. N. Larsen (1958). "Diffusion and Belief in a Collective Delusion: The Seattle Winshield Pitting Epidemic", in *American Sociological Review*, 23: 180–186.

Menzel, H. and E. Katz (1958). "Social Relations and Innovation in the Medical Profession: The Epidemiology of a New Drug," in E. E. Maccoby et al. (eds), *Readings in Social Psychology*. N. Y.

Merton, K. (1985). "Some Silence in the Spiral of Silence", in *Political Communication Yearbook*, 1, pp. 31–42.

Michaels, E. (1985). "Constraints on Knowledge in an Economy of Oral Information", in *Current Anthropology*, 26: 505–510.

Miles, M. B. and A. M. Huberman (1984). *Qualitative Data Analysis a Sourcebook of New Methods*. Beverly Hills, CA.: Sage.

Milgram, S. (1961). "Nationality and Conformity", in *Scientific American*, 205: 45–51.

Miller, A. H. and W. E. Miller (1975). "Issues, Candidate and Partisan Divisions in the 1972 American Presidential Election", in *Journal of Political Science*, 5: 393–434.

Mills, C. W. (1948). *The New Men of Power: The American Labor Leaders*. N. Y.: Harcourt, Brace.

Mills, C. W. (1951). *White Collar: The American Middle Classes*. N. Y.: Oxford University Press.

Mills, C. W. (1956). *The Power Elite*. N. Y.: Oxford University Press.

Mohn, E. L. (1983). *Testing the Spiral of Silence Theory*. Paper presented at Ninth Annual WAPOR Conference. Chicago. 轉引自 W. Donsbach, 1987: 338，註 48.

Moores, S. (1990). "Texts, Readers and Contexts of Reading: Development in the Study of Media Audience", in *Media, Culture and Society*, 12: 9–29.

Morley, D. (1980). *The 'Nationwide' Audience: Structure and Decoding*. British Film Institute Television Monographs, 11. London: BFI.

Morley, D. (1986). *Family Television: Culture Power and Domestic Leisure*. London: Comedia.

Morley, D. and R. Silverstone (1990). "Domestic Communication—Technologies and Meaning", in *Media, Culture and Society*, 12: 31–55.

Murdock, G. (1973). "Political Deviance: The Press Presentation of a Militant Mass Demonstration", in S. Cohen and J. Young (eds.), *The Manufacture of News*. London: Constable.

Murdock, G. (1989). "Critical Inquiry and Audience Activity", in B. Dervin et al. (eds.) (1989), *Rethinking Communications*, 2, pp. 226–249. Paradigm Exemplars. Newbury Park, London, New Delhi: Sage.

Neuman, R. (1976). "Patterns of Recall among Television News Viewers", in *Public Opinion Quarterly*, 40: 112–123.

Neurath, O. et al. (1973). "The Scientific Conception of the World: the Vienna Circle", in M. Neurath and R. S. Cohen (eds.), *Empiricism and Sociology*, pp. 299–318. Dordrecht and Boston: Reidel.

Noelle, E. (1940). Meinungsund Massenforschung in USA. Umfragen über Politik und Presse. Diss., Berlin, Bd. 16 der Schriftenreihe "Zeitung und Zeit", neue Folge, Reihe A des Instituts für Zeitungs-wissenschaft an der Universität Berlin, Frankfurt a. M.

Noelle, E. (1966). *Öffentliche Meinung und soziale Kontrolle*. Tübingen. (Antrittsvorlesung an der Universität Mainz, 9. 12. 1965)

Noelle, E. (1976^3). Umfragen in der Massengesellschaft—Einführung in die Methoden der Demoskopie. Hamburg: Rowohlt Taschenbuch Verlag GmbH.

Noelle-Neumann, E. and R. Mathes (1987). "The 'Event as Event' and the 'Event as News': The Significance of '

Consonance' for Media Effects Research", in *European Journal of Communication*, 2: 391–414.

Noelle-Neumann, E. (1973). "Kulmulation, Konsonanz und Öffantlichkeitseffekt", in *Publizistik*, 18, S. 26ff.

Noelle-Neumann, E. (1973a). "Return to the Concept of Powerful Mass Media", in *Studies of Broadcasting*, 9: 67–112.

Noelle-Neumann, E. (1974): "The Spiral of Silence: A Theory of Public Opinion", in *Journal of Communication*, 24: 43–51.

Noelle-Neumann, E. (1976). *Öffentlichkeit als Bedrohung—Beiträge zur empirischen Kommunikationsforschung.* Freiburg/München: Verlag Karl Alber.

Noelle-Neumann, E. (1977). "Turbulences in the Climate of Opinion: Methodological Applications of the Spiral of Silence Theory", in *Public Opinion Quarterly*, 41: 143–158.

Noelle-Neumann, E. (1977a). "Das doppelte Meinungsklima. Einfluss des Fernsehens im Wahlkampf 1976", in *Politische Vierteljahresschrift*, 18 (2–3): 408–451; in English as "The Dual Climate of Opinion: The Influence of Television in the 1976 West German Federal Election", in M. Kasse and K. von Beyme (eds.) (1978), "Elections and Parties: Sociopolitical Change and Participation in the West German Federal Election of 1976", *German Political Studies*, 3: 137–169.

Noelle-Neumann, E. (1980a). *Die Schweigespirale: Öffentliche Meinung Unsere Soziale Haunt.* München: Piper.

Noelle-Neumann, E. (1980b). "Mass Media and Social Change in Developed Societies", in G. C. Wilhoit and H. de Bock (eds.), *Mass Communication Review Yearbook*, 1. Beverly Hills, CA.: Sage.

Noelle-Neumann, E. (1980c). *Wahlentscheidung in der Fernsehdemokratie.* Freiburg/Würzgurg: Ploetz.

Noelle-Neumann, E. (1980d). "Medieneinfluss bei der Wahl", in T. Ellwein (Hrsg.) (1980): Politikfeld-Analysen 1979. Wissenschaftlichen Kongress der DVPW 1. –5. Okt. 1979 in der Univ. Augsburg Tagungsbericht. Opladen.

Noelle-Neumann, E. (1982). "Der Einfiuss des Fernsehens auf die Wahlentscheidung", in *Media Perspektiven*, Heft 10: 609–617.

Noelle-Neumann, E. (1982[2]). *Die Schweigespirale—Öffentliche Meinung unsere soziale Haut.* Frankfurt a. M.; Wien; Berlin: Ullstein Sachbuch. (Taschenbuch)

Noelle-Neumann, E. (1983). "Massenmedien und Meinungsklima im Wahlkampf", in W. Schulz und K. Schonbach (Hrsg.) (1983), *Massenmedien und Wahlen.* München (Schriftenreihe der deutschen Gesellschaft fur Publizistik-und Kommunikationswissenschaft ll).

Noelle-Neumann, E. (1984). *The Spiral of Silence: Our Social Skin.* Chicago: University of Chicago Press.

Noelle-Neumann, E. (1985). "The Spiral of Silence: A Response", in D. Nimmo et al. (eds.), *Political Communication Yearbook*, 1, pp. 66–94. Cafbondale, Ill.: Southern Illinois University Press.

Noelle-Neumann, E. (1989). "Advances in Spiral of Silence Research", in *Keio Communication Review*, 10: 3–36.

Noelle-Neumann, E. und H. M. Kepplinger (1978). "Communication in the Community. A Report on the German Section of an International Research Project", in J. D. Halloran (ed.), *Community and Communication.* Paris (UNESCO).

Noelle-Neumann, E. und W. Schulz (Hrsg.) (1975[4]). *Das Fisher Lexikon Publizistik.* Frankfurt a. M.: Fischer Taschenbuch Verlag.

Nötzel, D. (1978). "Über einige Bedeutungen des Erwerbs politischideologischer Deutungsmuster", in D. Oberndörfer (Hrsg.) (1978), *Wählerverhalten in der Bundesrepublik Deutschland*, pp. 215–263. Berlin.

Nordenstreng, K. (1976). "Recent Developments in European Communication Theory", in H. D. Fisher and J. C.

Merill (eds.), *International and Intercultural Communications*. N. Y.: Hustings House.

Nowak, K. (1984). "Cultural Indicators: In Swedish Advertising 1950–1975", in G. Melishek et al. (eds.), *Cultural Indicators: An International Symposium*, pp. 217–235. Wien: Österreichischen Akademie der Wissenschaft.

O'Connor, A. (1989). *Raymond Williams: Writing, Culture, Politics*. London: Blackwell.

Olien, C. N. et al. (1983). "Structure, Communication and Social Power", in D. C. Whitney and E. Wartella (eds.), *Communication Review Yearbook*, 4, pp. 455–461. Beverly Hills, CA. and London: Sage.

Ong, W. (1982). *Orality and Literacy*. London: Methuen.

Owen, J. (1957). "The Polls and Newspaper Appraisal of the Suez Crisis". 轉引自 K. E. Rosengren, 1985.

Paisley, W. and R. Rice (1981). *Public Communication Campaigns*. Beverly Hills, CA.: Sage.

Patterson, T. E. (1980). *The Mass Media Election: How Americans Choose Their President*. N. Y.: Praeger.

Peterson, R. A. (1976). "The Production of Culture", in *American Behavioral Scientist*, 19: 669–684. 轉引自 K. E. Rosengren (1981a). "Mass Communications as Cultural Indicators Sweden, 1945-1975", in *Communication Review Yearbook*, 2, pp. 717–737.

Press, A. (1989). "Class and Gender in Hegemonic Process: Class Differences in Women's Perceptions of Television Realism and Identification with Television Characters", in *Media, Culture and Society*, 11: 229–251.

Radway, J. (1984). *Reading the Romance: Women, Patriarchy, and Popular Literature*. Chapel Hill: University of North Carolina Press.

Ransford, H. E. (1968). "Isolation, Powerlessness and Violence: A Study of Attitudes and Participants in the Watts Riot", in *American Journal of Sociology*, 73: 581–591.

Read, J. M. (1941). *Atrocity Propaganda, 1914–1919*. New Haven, CT.: Yale University Press.

Reeves, B. and J. L. Baughman (1983). "The Historical Relationship of Communication Research to Mass Media Regulation", in O. H. Gandy et al. (eds.), *Proceedings from the 10th Annual Telecommunications Policy Research Conference*. Norwood, N. J.: Ablex. 轉引自 J. G. Blumler, 1985.

Riesman, D. (1961). *The Lonely Crowd: A Study of the Changing American Character*. New Haven, CT.: Yale University Press.

Robinson, J. P. (1972). "Mass Communication and Information Diffusion", in F. G. Kline and P. J. Tichenor (eds.), *Current Perspectives in Mass Communication Research*, pp. 71–93. Beverly Hills, CA. and London: Sage.

Rogers, E. M. (1962). *Diffusion of Innovations*. N. Y.: Free Press.

Rogers, E. M. (1976). "New Perspectives on Communication and Development", in E. M. Rogers (ed.), *Communication and Development*, p. 9. Beverly Hills, CA. and London.

Rogers, E. M. (1982). "The Empirical and the Critical Schools of Communication Research", in M. Burgoon (ed.), *Communication Yearbook*, 5. New Brunswick, N. J.: Transaction.

Rogers, E. M. (1983). *Diffusion of Innovations*. N. Y.: Free Press.

Rogers, E. M. (1985). "The Emperical and Critical School of Communication Research", in E. M. Rogers and F. Balle (eds.), *The Media Revolution in America and Western Europe*, 2, pp. 219–235. The Paris-Stanford Series. Norwood, N. J.: Ablex Publishing Corporation.

Rogers, E. M. and F. Shoemaker (1971). *Communication of Innovations*. N. Y.: Free Press.

Rogers, E. M. and F. Balle (1985). "Toward Integration of European and American Communication Research", in E. M. Rogers and F. Balle (eds.), *The Media Revolution in America and Western Europe*, pp. 297–307. Norwood, N. J.: Ablex Publishing Corporation.

Rogers, E. M. et al. (1991). "AIDS in the 1980s: The Agenda-setting Process for a Public Issue", in *Journalism Monographs*, 126.

Rosengren, K. E. (1974). "Uses and Gratifications: A Paradigm Outlined", in J. G. Blumler and E. Katz (eds.), *The Uses of Mass Communications*. Beverly Hills, CA.: Sage.

Rosengren, K. E. (1974). "International News: Methods, Data and Theory", in *Journal of Peace Research*, 11: 145–156.

Rosengren, K. E. (1977). "International News: Four Types of Tables", in *Journal of Communication*, 27: 67–75.

Rosengren, K. E. (1980). *Scandinavian Studies in Content Analysis*. Beverly Hills, CA.: Sage.

Rosengren, K. E. (1981a). "Mass Communications as Cultural Indicators Sweden, 1945–1975", in *Communication Review Yearbook*, 2, pp. 717–737.

Rosengren, K. E. (1981b). "Mass Media and Social Change: Some Current Approaches", in E. Katz and T. Szecsko (eds), *Mass Media and Social Change*, pp. 247–263. Beverly Hills, CA. and London: Sage.

Rosengren, K. E. (1981c). *Advances in Content Analysis*. Beverly Hills, CA. and London: Sage.

Rosengren, K. E. (1984). "Time and Culture: Developments in the Swedish Literary Frame of Reference", in G. Melishek et al. (eds.), *Cultural Indicators: An International Symposium*, pp. 237–257. Wien: Österreichischen Akademie der Wissenschaft.

Rosengren, K. E. (1985). "Communication Research: One Paradigm or Four", in E. M. Rogers and F. Balle (eds.), *The Media Revolution in America and Western Europe*, pp. 219–235. Norwood, N. J.: Ablex Publishing Corporation.

Rosengren, K. E. et al. (1975). "The Barsebäck 'Panic': A Radio Programmes as a Negative Summary Event", in *Acta Sociologica*, 18: 303–332. 轉引自 K. E. Rosengren, 1985.

Ross, E. A. (1901). *Social Control. A Survey of the Foundation of Order*. N. Y.: Macmillan. 轉引自 E. Noelle (1966). *Öffentliche Meinung und soziale Kontrolle*, p. 8，註 16. Tübingen.

Rothlisberger, F. J. and W. J. Dickson (1939). *Management and the Worker*. Cambridge, MA.: Harvard University Press. 轉引自 S. Lowery and M. C. DeFleur, 1983: 181.

Roy, D. (1960). "Bananatime: Job Satisfaction and Interaction", in *Human Organization*, 18: 158–168.

Ryan, M. P. (1992). "Gender and Public Access: Woman's Politics in Nineteenth-Century America", in C. Calhoun (ed.), *Habermas and the Public Sphere*, pp. 259–288. Cambridge, MA. and London: MIT Press.

Salmon, C. T. and F. G. Kline (1985). "The Spiral of Silence Ten Years Later. An Examination and Evaluation", in K. R. Sanders et al. (eds.), *Political Communication Yearbook*, pp. 3–30. Edwardsville.

Scanlon, T. J. (1972). "A New Approach to the Study of Newspaper Accuracy", in *Journalism Quarterly*, 49: 587–590.

Schenk, M. (1987). *Medienwirkungsforschung*. Tübingen: J. C. B. Mohr (Paul Siebeck).

Schiller, H. (1969). *Mass Communications and American Empire*. N. Y.: Augustus M. Kelley.

Schiller, H. (1973). *The Mind Manager*. Boston: Beacon Press.

Schiller, H. (1976). *Communication and Cultural Domination*. White Plains, N. Y.: International Arts and Sciences Press.

Schiller, H. (1989). *Culture, Inc.: The Corporate Takeover of Public Expression*. N. Y.: Oxford University Press.

Schimanoff, S. (1980). *Communication Rules*. Beverly Hills, CA.: Sage.

Schramm, W. (1971). "The Nature of Communication Between Humans", in W. Schramm and D. Roberts (eds.), *The Process and Effects of Mass Communication*, rev. ed., pp. 3–53. Urbana: University of Illinois Press.

Schrøder, K. C. (1987). "Convergence of Antagonistic Traditions? The Case of Audience Research", in *European Journal of Communication*, 2: 7–31.

Schudson, M. (1992). "Was There Ever a Public Sphere? If So, When? Reflections on American Case", in C. Calhoun (ed.), *Habermas and the Public Shpere*. Cambridge, MA. and London: MIT Press.

Severin, W. J. and J. W. Tankard (1988). *Communication Theories—Origins, Methods, Uses*. N. Y. and London: Longman.

Shaw, Donald L. (1977). "The Press Agenda in a Community Setting", in D. L. Shaw and M. E. McCombs (eds.), *The Emergence of American Political Issues*. St. Paul, MN.: West Publishing Co.

Shils, E. (1962). "The Theory of Mass Society", in *Diogenes*, 39. 轉引自 T. Bennett, 1984: 39.

Shuter, R. (1984). *Communication: Concepts and Skills*. N. Y.: CBS College Publishing.

Signorielli, N. (1990). "Television's Mean and Dangerous World: A Continuation of the Cultural Indicators Perspective", in N. Signorielli and M. Morgan (eds.), *Cultivation Analysis*, pp. 85–106. N. Y., London and New Delhi: Sage.

Smith, M. J. (1982). *Persuasion and Human Action*. Belmont, CA.: Wadsworth Publishing Company.

Sorokin, P. (1937–1941). *Social and Cultural Dynamics*, 1–4. London: Allen and Unwin, N. Y.: American Book Company. 轉引自 K. E. Rosengren, 1981a.

Spitzer, S. P. and N. K. Denzin (1965). "Levels of Knowledge in an Emergent Crisis", in *Social Forces*, 44: 234–237.

Stauffer, S. A. et al. (1948). *The American Soldier: Studies in Social Psychology in World War Two*, I and II. Princeton, N. J.: Princeton University Press. 轉引自 S. Lowery and M. C. DeFleur, 1983: 182.

Steeves, H. L. (1987). "Feminist Theories and Media Studies", in *Critical Studies in Mass Communication*, 4: 95–135.

Stewart, J. and G. Philipsen (1984). "Communication and Situational Accomplishment: The Cases of Hermeneutics and Ethnography", in B. Dervin and M. J. Voigt (eds.), *Progress in Communication Sciences*, 5: 179–217. Norwood, N. J.: Ablex.

Streeter, T. (1984). "An Alternative Approach to Television Research: Developments in British Cultural Studies at Birmingham", in W. D. Rowland Jr. and B. Watkins (eds.), *Interpreting Television: Current Research Perspectives*, pp. 74–97. Beverly Hills, CA.: Sage.

Takeuchi, D. (1974). "Grass in Hawaii: A Structural Constraints Approach". M. A. Thesis: University of Hawaii. 轉引自 E. Babbie, 1983: 44–45.

Taylor, D. G. (1982). "Pluralistic Ignorance and the Spiral of Silence: A Formal Analysis", in *Public Opinion Quarterly*, 46: 311–335.

Thompson, E. P. (1978). *The Making of the English Working Class*. London: Penguin, first publish in 1963.

Thunberg, A. M. et al. (1979). *Samverkansspiralen*. Stockholm: Liber Förlag.

Tichenor, P. J. et al. (1970). "Mass Media Flow and Differential Growth in Knowledge", in *Public Opinion Quarterly*, 34: 159–170.

Tichenor, P. J. et al. (1973). "Community Issues, Conflict and Public Affairs Knowledge", in P. Clarke (ed.), *New Models of Mass Communication Research*, pp. 45–79. Beverly Hills, CA. and London: Sage.

Tichenor, P. J. (1980). *Community Conflict and the Press*. Beverly Hills, CA. and London: Sage.

Tönnies, F. (1957). *Community and Society (Gemeinschaft und Gesellschaft)*. Translated and edited by C. P. Loomis. East Lansing: Michigan University Press.

Trenaman, J. and D. McQuail (1961). *Television and the Political Image*. London: Methuen.

Tuchman, G. (1978). *Making News: A Study in the Construction of Reality*. N. Y.: Free Press.

Tunstall, J. (1971). *Journalists at Work*. London: Constable.

Turner, J. (1974). *The Structure of Sociological Theory*. Homewood, Ill.: Dorsey.

Turner, G. (1990). *British Cultural Studies—An Introduction*. Cambridge, MA.: Unwin Hyman, Inc.

Vidich, A. J. and J. Benseman (1960). *Small Town in Mass Society*. N. Y.: Anchor Books. 轉引自 T. Bennett, 1984: 39.

Watt, I. (1957). *The Rise of the Novel*. London: Penguin.

Weaver, D. H. et al. (1975). "Watergate and the Media: A Case Study of Agenda-setting", in *American Politics Quarterly*, 3: 452–472.

Weber, M. (1947). *A Theory of Social and Economic Organization*. Chicago: Free Press.

Whannel, G. (1979). "Football, Crowd Behavior and the Press", in *Media, Culture and Society*, 1: 4.

White, D. M. (1950). "The Gatekeeper", in *Journalism Quarterly*, 27: 383–390.

Whitney, D. C. and Y. A. A. Lashin (1984). "The Limited Effects of Spiral of Silence: Some Kinds of Expression, of Opinion for Some Publics, for Some Issues, for Some Kinds of Individuals with Some Kinds of Routine Patterns of Communication". Paper presented to the Political Communication Division, International Communication Association. San Francisco. 轉引自 W. Donsbach, 1987: 338，註 46.

Whyte, W. F. (1943). *Street Corner Society*. Chicago: University of Chicago Press.

Wilensky, H. (1964). "The Professionalization of Everyone?", in *The American Journal of Sociology*, LXX (2): 137–158.

Wilensky, H. (1972). "Jeder Beruf Eine Profession?", in T. Luckmann and W. M. Sprondel (Hrsg.), *Berufssociologie*, pp. 198–251. Köln.

Williams, R. (1977). *Marxism and Literature*. N. Y.: Oxford University Press.

Williams, R. (1989). *Resources of Hope: Culture, Democracy, Socialism*. Edited by R. Gable. London: Verso.

Windahl, S. (1981). "Uses and Gratifications at the Crossroads", in C. G. Wilhoit and H. de Bock (eds.), *Mass Communication Review Yearbook*, 2, pp. 174–185. Beverly Hills, CA.: Sage.

Winter, J. P. (1981). "Contingent Conditions in the Agenda-setting Process", in *Mass Communication Yearbook*, 2, pp. 235–243.

Winter, J. P. and C. H. Eyal (1981). "Agenda-setting for the Civil Rights Issue", in *Public Opinion Quarterly*, 46: 376–383.

Wolfe, K. M. and M. Fiske (1949). "Why Children Read Comics", in P. F. Lazarsfeld and F. N. Stanton (eds.), *Communication Research 1948–1949*. N. Y.: Harper.

Wright, C. R. (1975[2]). *Mass Communication: A Sociological Perspective*. N. Y.: Randon House.

Zapf, W. (1975). "Systems of Social Indicators: Current Approaches and Problems", in *International Social Science Journal*, 27: 479–498.

第二篇

實證與專論部分

閱聽人研究實例

國小、國中和高中學生的公視
收視行為、滿意程度和休閒活
動區隔化分析

本研究為廣播電視事業發展基金公視製播組委託專題研究報告，由作者與陳世敏教授於 1989 年 1 月合作完成。本文為該研究之摘要。

第一節 研究動機與價值

我國的公共電視開播迄今即將步入第 5 個年頭。

回顧 1983 年的「公共電視節目製作中心計畫草案」中，曾特別強調公視須注意兒童及青少年的需要，因此深入了解兒童及青少年的需要及喜好，應為公視在獨立設臺以前的當務之急。

兒童及青少年學生既為公視的特殊觀眾，未來公視節目應如何照顧他們的特殊需要，有賴具體實徵資料以資參考。尤其在公視獨立設臺如箭在弦的今天，針對兒童及青少年學生使用電視的情形，收看及喜愛公視的程度等，做深入調查實有其必要性。

第二節 研究方法

本研究採人員調查訪問法。訪問自 1988 年 8 月 1 日起至 1988 年 9 月 6 日止，計 37 天。抽樣訪問採多階段地區分層比例抽樣法。母體以臺灣省（不包括山地鄉與離島），及臺北、高雄兩直轄市的 5 歲至 19 歲國中、小學及高中之在學學生為研究對象，計抽出 61 所學校，76 個班級，共得有效樣本 3,188 人，其中國小學童 1,330 人，國中學生 969 人，高中學生 889 人。

第三節 本研究主要發現及摘述

一、兒童及青少年學生收看公視節目的習慣

本主題有以下發現：

(一)全體樣本收看公視節目的習慣

在 37 個業已在公視播出的節目中，兒童及青少年學生收看比例最高的 10 個節目依次為：

    1. 愛的進行式

    2. 放眼看天下

    3. 妙妙貓

    4. 天方夜譚

    5. 我的飯盒

    6. 爆米花

    7. 新聞眼

    8. 健康人

    9. 大家來讀三字經

    10. 路隊長

(二)不同年齡層兒童及青少年學生收看公視節目的習慣

不同年齡層不僅代表了年齡的增長，也代表了心智成長過程及活動、興趣、價值觀念的轉變。相對於成人，青少年在學學生收看電視，尤須分析年齡漸長所帶來的不同節目選擇型態。

依年齡層的差異，國小三、五年級、國中二年級和高中二年級學生收看比例最高的 10 個公視節目分別為：

表 1　不同年齡層兒童及青少年公視節目收看比例排行榜

排　名	國小三年級	國小五年級	國中二年級	高中二年級
1	妙妙貓	愛的進行式	愛的進行式	放眼看天下
2	爆米花	妙妙貓	放眼看天下	愛的進行式
3	路隊長	放眼看天下	新聞眼	新聞眼
4	愛的進行式	爆米花	妙妙貓	國際瞭望
5	天方夜譚	天方夜譚	我的飯盒	大家談
6	動物園的故事	路隊長	爆米花	世界采風錄
7	我的飯盒	我的飯盒	健康人	健康人
8	大家來讀三字經	愛麗絲夢遊仙境	天方夜譚	科技新知
9	愛麗絲夢遊仙境	動物園的故事	國際瞭望	我的飯盒
10	為什麼	大家來讀三字經	為什麼	妙妙貓

　　綜合觀之，國小學童最常看的公視節目，多屬表達方式活潑和趣味化，且內容具強烈故事性者。以國小三年級學童收視比例最高的 3 個節目「妙妙貓」、「爆米花」和「路隊長」而言，可見這些以學齡前或低年級兒童為對象的節目，訴求對象與預定目標相符。就國小五年級學童收視最高的 3 個節目「愛的進行式」、「妙妙貓」及以開闊眼界為製作方針且具相當知性成分的「放眼看天下」而言，國小五年級學童的心智發展，即將邁入另一階段，已隱隱表露了接受知性節目的傾向。

　　必須特別解釋的是，在國小三年級與五年級兒童收看的公視節目中，均高居排行第五的「天方夜譚」，乃一在晚間 11:00 播出的夜間節目。據了解，受訪兒童在填答此節目的收視情形時，可能與中視頻道在 1987 年 1 月至 1988 年 1 月每週日下午 04:30～05:00 所播出的同名卡通節目「天方夜譚」有所混淆，導致收視情形有提高的可能，特此說明。

　　國中階段的青少年，開始顯露出與成人相似的收視型態，知性的「放眼看天下」、「新聞眼」及「國際瞭望」均列入前十名。高二學生選擇公視節目，大體沿襲國中生的型態，但知性節目的重要性繼續增加，童稚氣息較重的節

目重要性降低。易言之，高二學生收看公視的型態，與成年人相差無幾。

㈢心智發展階段與收看公視的習慣

本研究的設計，主要是以青少年心智發展階段為著眼點，觀察青少年學生的收看公視行為。資料顯示，年級是解釋節目偏好的最有力因素，青少年依心智發展階段而選擇自己偏好的公視節目。

㈣ 37 個節目收視比例分析

37 個節目的收視比例，差異極大，這種現象固然說明了青少年學生收看公視節目具有相當高的自主性選擇，同時也說明節目必須配合其作息時間，才能準確地把節目送達預定訴求對象。從這個角度來分析，若干收視比例偏低的節目，不一定由於其品質欠佳，亦可能是因為播映時段不恰當所致。基於此考慮，評斷公視節目成功與否，不宜僅憑收看比例高低，亦應參酌該節目是否能夠為目標對象所欣賞。

整體觀察，公視主要的青少年觀眾是國小中年級、非技術工人和農漁民子弟、居住鄉村、未參加校內補習者。這些人閒暇時間較多，可能是較常收看公視節目的原因。

二、兒童及青少年學生欣賞公視節目的程度

在商業電視為主的國家，公共電視存在的目的之一，是要在節目類型、節目內容、節目品味各方面，與商業電視互補 (complement)。言下之意，商業電視是優勢媒介，非公視所能取代。因此，衡量商業電視成敗的收視率，便不適宜用來衡量公視。衡量公視較佳的指標是「到達率」(reach) 和「欣賞程度」(degree of appreciation)。上一部分的收看程度分析，實是到達率分析。本部分則是在評估青少年在學學生對 37 個公視節目的欣賞程度。

㈠收看某一公視節目的青少年在學學生中，有多少人表示「很喜歡」 或「喜歡」這個節目呢？

表 2 顯示，全體樣本最欣賞的是「愛的進行式」：每 100 個觀眾中，有 95 人表示欣賞，領先第二名的「放眼看天下」4.5 個百分點之多。除「愛的 進行式」外，欣賞比例最高的其他 9 個節目，欣賞比例相去不遠。各節目的 欣賞比例都相當高，連第十名「愛麗絲夢遊仙境」在看過這個節目的人當中， 也有 80.4% 表示「喜歡」或「很喜歡」。各節目的收看比例差距甚大，但各 節目的欣賞比例卻相當接近。可見，整體而言，凡是收看某節目的人，多半 會欣賞該節目；連欣賞比例最低的「科學萬象」，欣賞該節目的人，都佔了收 看該節目總人數的 48.6%。此一研究發現，再度支持前述說法，即收視比例 低的公視節目，不一定是品質不佳或不被欣賞的節目。但對於欣賞比例殿後 的節目，仍有重估的必要。收看比例高而欣賞比例也高的節目，自然是公視 節目的寵兒。在「欣賞比例」最高的 10 個節目中，有 5 個出現在收看比例最 高的 10 個節目排行榜上。其中前 3 個節目（「愛的進行式」、「放眼看天下」、 「妙妙貓」）在兩項排行的順序完全相同，這些節目可說是叫好又叫座。

㈡不同年齡層青少年及兒童欣賞公視節目的程度

因心智成長而欣賞不同的公視節目，是可以預料的事，這就是為什麼每 一個公視節目在構想之初，就應區隔觀眾，然後選定目標觀眾的原因。表 3 列出 37 個公視節目在國小三年級、國小五年級、國中二年級、高中二年級階 段的欣賞程度。新聞性節目雖然在國中階段已擁有為數甚多的觀眾，但要到 高中階段才被列為欣賞對象。另外，以小組討論方式為主的新聞性節目，不 僅收看比例不高，而且欣賞比例也不高。此一現象在高中之前的階段尤其明 顯。青少年學生的收看行為和欣賞口味，差異甚大，隨年齡增長，心智逐漸 成熟，因而對公視節目的選擇也就日益頻繁。整體而言，年齡（年級）是欣 賞公視節目的一個重要因素。

表 2　全體樣本欣賞比例排行榜

排　名	節　目	欣賞比例
1	愛的進行式	95.0%
2	放眼看天下	90.5%
3	妙妙貓	88.7%
4	天方夜譚	88.5%
5	路隊長	85.9%
6	動物園的故事	84.7%
7	為什麼	83.7%
8	法窗夜語	83.4%
9	臺灣的生物世界	80.7%
10	愛麗絲夢遊仙境	80.4%

表 3　不同年齡層兒童及青少年公視節目欣賞比例排行榜

排　名	國小三年級	國小五年級	國中二年級	高中二年級
1	路隊長	愛的進行式	愛的進行式	放眼看天下
2	妙妙貓	妙妙貓	放眼看天下	愛的進行式
3	愛的進行式	文學頻道	小小科學家	新聞眼
4	天方夜譚	臺灣的生物世界	天方夜譚	天方夜譚
5	動物園的故事	天方夜譚	法窗夜語	科技先鋒
6	爆米花	路隊長	臺灣的生物世界	國際瞭望
7	愛麗絲夢遊仙境	動物園的故事	臺灣的海洋世界	臺灣的生物世界
8	為什麼	為什麼	路隊長	法窗夜語
9	小小戲法	愛麗絲夢遊仙境	為什麼	高山之旅
10	法窗夜語	放眼看天下	動物園的故事	健康人

㈢影響欣賞比例高低的因素

除了性別與年齡等先天因素影響收看比例和欣賞比例之外，屬於後天社會文化因素的家計負責人職業聲望、受訪人居住地區的都市化程度、有無參加校內外補習等，對收看比例影響甚大，對欣賞比例幾無影響。質言之，農村漁牧工人子女、鄉村地區學生、無參加校內補習者雖然比較常收看公視，但是他們卻不比其他人更欣賞公視節目。這些文化不利者 (culturally disadvantaged) 也有較少收看的節目，但值得注意的是，這些卻是新聞類或知識類節目。此一現象吻合了自「芝麻街」以來的一項研究發現：公視整體上雖然提高了所有收看兒童的知識水準，然而，「文化不利者」從公視得到的知識增長，卻低於優勢團體的子女，由此擴大了原已存在於兩者之間的「知識差距」(knowledge gap)。

㈣「公視智力商數」(PTVQ)

「公視智力商數」係源於歐美對於商業電視的不滿而設計的。論者以為，在商業電視主宰下，一個節目成功與否，全憑收視率高低決定；或者說，收視率高低被認為是決定節目存續與否的最重要參考資料。學術界不滿於這種「數人頭」的調查方式，而以「質」的方式代之，來測量觀眾對節目的「欣賞程度」。這種方法，是想測量一個人選擇電視節目的聰明程度，稱為 TVQ，意思是「電視智力商數」，在歐洲被稱為「欣賞指數」(appreciation index)。此法常被用在公共電視上，又稱為「公共電視智力商數」(PTVQ)。其代表的意義是：看過某一節目而且也喜歡該一節目的程度。表 4 是全體樣本和各年齡層的 PTVQ 前十名排行榜。由此表可知，PTVQ 的分析結果與「欣賞比例」的結果相似，但仍有若干差異。兩者都是很好的指標，但一般而言，PTVQ 的計算方法優於欣賞比例的方法。未來公視決策時要問的問題是：如果觀眾比例與 PTVQ 不一致時，究竟選擇較多人收看，還是選擇較受人欣賞？

表 4　各年齡層 PTVQ 前十名

排　名	全　體	國小三年級	國小五年級	國中二年級	高中二年級
1	愛的進行式	路隊長	妙妙貓	愛的進行式	愛的進行式
2	放眼看天下	天方夜譚	愛的進行式	放眼看天下	放眼看天下
3	天方夜譚	愛的進行式	動物園的故事	天方夜譚	新聞眼
4	動物園的故事	動物園的故事	天方夜譚	法窗夜語	動物園的故事
5	妙妙貓	妙妙貓	路隊長	妙妙貓	科技先鋒
6	路隊長	愛麗絲夢遊仙境	為什麼	臺灣的海洋世界	國際瞭望
7	法窗夜語	法窗夜語	愛麗絲夢遊仙境	路隊長	法窗夜語
8	格列佛遊記	爆米花	法窗夜語	百工圖	高山之旅
9	為什麼	格列佛遊記	放眼看天下	臺灣的生物世界	臺灣的生物世界
10	愛麗絲夢遊仙境	小小戲法	爆米花	為什麼	大家談

㈤公視節目的類型

　　經過上述的分析之後，可以把公視節目分為以下數類型：第一類型節目無論是收看比例、欣賞比例和 PTVQ 分數都高居前位，包括「愛的進行式」、「放眼看天下」、「妙妙貓」。

　　「我的飯盒」、「爆米花」、「健康人」、「大家來讀三字經」等節目，收視比例中上，但無論欣賞比例還是 PTVQ 排名，均大幅滑落。這是第二類型。

　　第三類型節目是收視比例稍低，但欣賞比例和 PTVQ 均大幅揚升者，包括「拾夢記」、「蕾蒂的故事」、「高山之旅」等節目。

　　第四類型是收視比例、欣賞比例、PTVQ 均低的節目，例如：「逍遙遊」、

「地平線」、「文學頻道」等。但要再度強調的是：此類節目如果深受某一年齡層觀眾特別鍾愛，仍應予以重視。

當然還可以分出其他類型的節目，例如：「科學萬象」、「百工圖」收看比例中下，但欣賞比例極低。顯然，除非另有有利證據顯示這些節目吸引某些目標觀眾，否則應予改善。

三、休閒與收看公視

兒童及青少年觀眾的性別、年齡、家計負責人職業聲望及居住地區都市化程度固然會影響其收看公視行為，但是，他們日常生活中的其他活動，例如：是否參加校內或校外補習、平日休閒活動及收看商業電視的習慣等，也或多或少影響他們收看公視的行為。因此，在本主題下，便以休閒型態和收看商業電視的型態，來區隔我國兒童及青少年觀眾。發現如下：

㈠資料顯示，我國兒童及青少年學生雖然年齡及心智發展階段大不相同，但活動卻大同小異；國小、國中和高中生最常做的 10 項活動幾乎完全重疊，只在排名上略有更動而已。以全體樣本（3,188 人）的資料來看，排列前十名的休閒活動依次是：

　　1.看電視 (94.3%)

　　2.聽收音機 (81.4%)

　　3.看課外書 (80.7%)

　　4.睡覺、休息 (80.4%)

　　5.看報紙 (78.6%)

　　6.聽錄音帶 (78.2%)

　　7.打球 (72.5%)

　　8.聊天 (69.3%)

　　9.看雜誌 (65.2%)

　　10.騎摩托車、腳踏車 (65.0%)

其中除了打球和騎摩托車、腳踏車外，幾乎全屬室內、靜態和個人可單獨從事的活動。同時，高居前三名的休閒活動均屬媒介行為，而看電視這項

活動，更在國小、國中和高中學生的休閒活動中排名第一。另外值得注意的是：睡覺、休息在三組學生的休閒活動中均高居第四。研究者得到的印象是：目前我國兒童及青少年學生的休閒活動十分單調，戶外及團體活動太少，同時學業壓力太大，致使學生一有空閒即休息、睡覺，這種現象值得教育主事者深思。

　　㈡為了方便分析，研究者將 39 種休閒活動透過因素分析簡化成 8 種休閒類型：「家庭靜態型」、「閒散型」、「逸樂型」、「社交型」、「室外動態型」、「印刷媒體型」、「聽覺媒介型」和「電視遊樂器型」，再以之和因素分析 37 個公視節目後的 7 大類公視節目：「兒童節目型」、「知識啟發與成長型」、「新聞、政治及國際事務型」、「冷僻型」、「科技新知型」、「大自然傾向型」及「其他類」間做相關分析後，發現兩者之間並無明顯的脈絡可循，這表示休閒活動類型並不是一個理想區隔兒童及青少年公視觀眾的指標。可能的解釋是：看電視本來就是兒童及青少年學生的最重要休閒活動（國小有 93.7%，國中有 95.7%，高中有 93.4% 的學生在休閒時以看電視來打發時間，在 3 組中均高居第一位），因此以休閒型態來解釋或區隔原先就佔休閒主要活動的電視習慣仍有其侷限，自然不易看出明顯趨勢。

　　另外一個區隔公視觀眾的重要指標是「看商業電視的情境」。

四、看商業電視與看公共電視

　　以臺灣目前的電視制度而言，公視是依附在 3 家商業電視臺的節目中。因此，觀眾收看商業電視的情形顯然會影響其如何收看公視，即使未來公視獨立設臺，看商業電視的情境依然會影響其看公視的習慣，所以研究者便以「喜歡商業電視的節目種類」來區隔公視觀眾。

　　㈠因素分析受訪人喜歡 8 類商業電視節目（戲劇、地方戲曲、新聞氣象、歌唱綜藝、益智社教、影片影集、卡通影片、兒童節目）的程度，得出「立即的報酬」和「延遲的報酬」兩個因素。前者由「國臺語單元劇、連續劇」、「地方戲曲」、「歌唱、綜藝節目」、「卡通影片」和「兒童節目」5 種節目類型組成；而後者由「新聞氣象和新聞性節目」、「益智和社教節目」和「外國

影集、電影影片」等 3 種節目類型組成。接著依每位受訪人在此兩個因素上得分的高低組成 4 種觀眾類型：「迷戀型」、「冷漠型」、「立即報酬型」和「延遲報酬型」。

結果，不論在國小、國中或高中，類屬「迷戀型」的觀眾在 37 個公視節目上的觀眾比例全部高過於「冷漠型」的觀眾。惟一的例外只有國小部分在「妙妙貓」這個節目上的觀眾比例是「冷漠型」反而多過「迷戀型」，但兩者相差不到一個百分點（「迷戀型」：89.7%、「冷漠型」：90.1%）。另外，凡在觀眾比例上，「延遲報酬型」高過「立即報酬型」的節目均類屬於「知識、啟發成長型」、「新聞、政治及國際事務型」、「科技新知型」或「大自然傾向型」等知識性、教育性或新聞性節目。

反之，「立即報酬型」的觀眾則在「卡通」、「兒童節目」等較軟性的娛樂性節目上的觀眾比例均高過「延遲報酬型」。足見以上各類型節目均能到達其預設的觀眾群。至於這種現象，是否會加深兩種類型觀眾間的知識差距，是另一個值得深入探討的問題。

㈡分析到這裡，一個明顯的結論是，在國小、國中和高中學生的電視觀眾中，確實可以分出 4 種基本的觀眾類型來。這 4 類觀眾（「迷戀型」、「冷漠型」、「立即報酬型」和「延遲報酬型」）不論是看商業電視或公視都採相同的模式：「迷戀型」是來者不拒，軟性、硬性的節目都看；「冷漠型」正好相反，他們不是電視的喜好者；「立即報酬型」的觀眾喜歡看戲劇、卡通、綜藝節目等軟性節目；而「延遲報酬型」則偏好新聞性、知識性的節目內容。這樣的結果，到底代表了什麼樣的社會意義？研究者因而進一步探究，什麼樣的人容易成為「冷漠型」、「迷戀型」、「延遲報酬型」或「立即報酬型」的觀眾。結果是：

「迷戀型」和「冷漠型」不論在性別、都市化程度、家計負責人職業聲望、是否參加校內外補習、平日和週末看電視時數上的特性，均和各組全體樣本極為類似。

「立即報酬型」是女性多於男性，家計負責人職業聲望以第三級（父母為技術工人、職員、買賣工作、服務工作）和第四級（父母為勞工）偏多，

較少參加補習，平日每天花 4 小時以上在電視機前，比例甚至比「迷戀型」還高。 很明顯地， 這一類的兒童和青少年學生來自於擁有較少社會資源 (social resources) 和權力 (power) 的弱勢階層。

「延遲報酬型」則代表了兒童及青少年電視觀眾的精英，他們的特色是：男性多於女性，大部分成長於高都市化程度的都市，家計負責人職業聲望以第一級（高級和中上級的經理、主管或專業工作者）和第二級（管理監督，較第一級次等的經理、行政或佐理人員）偏多，多半參加校內或校外補習，平時和週末都花較少的時間（與其他類型比較）在看電視上。他們代表了一群懂得挑精擇肥的兒童和青少年電視觀眾。

因此，以到達率而言，公視節目似已達到預期目標；但是，公視節目應如何朝縮小觀眾知識和社會差距的方向去做，似乎也是在制訂節目政策時一個值得注意的面向。根據美國最近的選舉研究顯示，電視已成為美國社會中、下階層的媒體；根據本次調查的結果顯示，這樣的趨勢，似乎在臺灣也日漸明顯。同時，看電視已經成為兒童及青少年休閒活動中最常做和最喜歡做的活動。有鑑於此，未來公視的製作走向似乎應朝縮小社會階層間的知識差距和社會差距而努力，而不是再去加大它們。

五、青少年一般收視行為

青少年收看電視的所有情境當中， 最重要的是家庭和學校的介入 (mediation)。文獻指出，電視對青少年的效果，往往與家庭或學校是否給予適當的指導有相當程度的關係。觀看公共電視節目通常較無暴力和色情之虞，而了解青少年收視情境，對於節目播出時段乃至節目素材的選擇，不無助益。本主題有以下幾項結論：

㈠父母親 「經常鼓勵」 或 「偶爾鼓勵」 青少年收看某些節目的， 佔 56.9%。 其中女性受訪者較男性常受到父母鼓勵去看電視 ； 而年級較低 、「無」 參加校內補習的受訪人，受父母鼓勵看電視的比例亦較高。父母親與子女之間「經常討論」或「偶爾討論」某些電視節目內容的，佔 65.2%。其中女性學生略較男性學生常與父母討論電視節目內容；年級愈低，與父母「經

常討論」與「從未討論」的比例也愈高，顯示父母對待低年級子女的態度，較有兩極化傾向。父母「經常陪伴」或「偶爾陪伴」子女收視的，佔 90.8%。其中女性學生表示父母「經常陪伴」的比例明顯高於男生；而年級愈低，父母「經常陪伴」的比例愈高。

㈡父母對子女一般收看電視行為，多半鼓勵與禁止兼施。男性、年級較高及「無」參加校外補習者，均表示父母「從不禁止」的比例較高。學校老師則較多鼓勵收看某些節目，較少禁止收看某些節目。女性、低年級、居住於高度都市化地區、「無」參加校內補習者，有較高比例答稱老師「經常鼓勵」她們收看其他電視節目；而男性、年級愈高、居住於高度都市化地區者，則答稱老師「經常禁止」的比例較高。

㈢青少年星期一至星期五收看電視的時段，集中在下午 05:00 至晚上 09:30，收視尖峰為 06:00～06:30，收視比例為 55.3%。此外，晚上 09:00 公視時段各級學生收視比例，都相當高，幾乎維持了目前黃金時段收視比例。晚上 09:30 公視播畢後，其他各時段收視比例漸下跌，顯示晚上 09:00 公視時段頗能配合青少年作息時間；針對青少年特殊需要的晚間公視節目，安排在 09:03～09:30，似甚恰當。星期六的收視曲線起伏較大，收視尖峰移至晚上 08:00～10:00 之間，其中 08:00 至 08:30 比例高達 72.1%；星期日則有兩個收視尖峰，一為上午 11:00～下午 02:30，另一為晚上 05:00～10:00，其中晚上 08:00～08:30 時段為全天收視比例最高者，為 64.7%。

㈣年級越高，收視曲線起伏越大，顯示對電視節目較有選擇。一般而言，週六下午 02:00～05:00 各級學生收視比例均低；而晚上 11:00 以後，仍有 32.7% 的高中學生收看電視。

㈤晚上 11:00 包含一臺公視節目在內的時段，收視比例較低。部分因素係此時段青少年學生較少看電視，不一定表示公視節目內容不佳。星期一至星期五晚上 09:00～09:30 三臺公視節目總收視比例，與前一時段的通俗娛樂節目的收視比例相近，不但遠高於平日晚間 11:00 一臺公視時段的總收視比例，也遠高於星期日上午和晚間一臺公視時段的總收視比例，故時段對公視收看比例的影響，似乎大於節目本身的性質如何。

六、各級學校使用電視教學情形

本研究在這個主題的主要發現如下：

㈠資料顯示，在所有受訪學生中，有七成以上表示老師曾經讓他們在學校看過電視；其中國中、高中較會讓學生在校看電視，國小的比例較小，但也達五成 (51.1%)。同時，都市化程度愈高的學校也愈會讓學生在校看電視。可見，電視這種媒體，不僅已經深入國內的家庭，也已觸及各級學校。

㈡國小目前主科使用電視教學的情形比副科多；到了國中和高中，副科使用電視教學的情形反而增加。原因可能是：各主科的內容難度隨著學校年級的增高而增加，比較不容易找到合適的電視節目或影片來播放給學生看。

㈢一般而言，學生希望學校在教學上能輔以電視的意願相當高，尤其是在各主科上的意願特別強，而國中、高中學生的這種趨勢又特別明顯。

第四節　建　議

㈠證據顯示，不同心智發展階段的青少年，對公視節目的收看比例和欣賞程度差異甚大。年級愈高，愈偏向知性節目，在時段上也愈具選擇性。因此，未來公視節目在製作時，對目標觀眾必須進一步加以區隔，不能再泛以「青少年」為目標觀眾。

㈡收看比例低而欣賞比例亦低的節目，除非有證據顯示對某一類觀眾具有明顯的訴求力，否則應予改進或停播。但此類節目應先進行「質」的評估，以確定為節目品質問題，而非時段問題。

㈢公視小組宜就收看比例和欣賞比例最高及最低的節目，各選出數個，委請專家進行節目「質」的評估，以了解這些節目成功或失敗的原因，提供給製作單位參考。換句話說，收看比例只是判定節目成敗的指標之一，這種「量」的評估並不能提供有用的資料，幫助製作公司提高未來製作的水準。

　　「質」的評估法通常包括焦點團體 (focus group) 試測、深度訪談、專家評鑑等。

　　㈣宜為家長和老師提供充分的節目資訊——不僅提供節目播出時刻和內容摘要，而且應包括有關此一節目的背景、製作過程、欣賞方法、與過去所學或經驗的關係等，以方便家長和老師推薦或進行討論。《公共電視季刊》大體符合這個方向，唯應再加強時效性，並擴大報導層面。

　　㈤本研究中的公共電視節目，甚多出現在公視小組委託的另一項調查報告「公共電視收視行為及收視意見調查」上。有關收看比例、欣賞比例（含PTVQ）問題，讀者如參考該項報告，比較青少年與成年公視觀眾的差異，將可進一步了解公視節目在不同生命週期者心目中的重要程度。此項資料對製作公司尤具參考價值。

　　㈥根據此次研究結果顯示，我國兒童及青少年學生的休閒活動內容相當貧乏，且多屬室內的、個人單獨做的活動。未來公視節目似可以「如何擴展個人休閒生活面向」為主題，做一系列的報導，提供兒童、青少年及其家長做參考，並刺激他們發展出更多樣化的休閒活動內涵。

　　㈦未來公視製作走向，除重視是否能「到達」(reach) 預定觀眾群外，尤應注意如何在製作技術上減少社會上不同階層間的知識差距和社會差距。也就是說，品質高、內容好的節目不一定是枯燥生硬的，只要略加設計，必定也能吸引「立即報酬型」或「冷漠型」觀眾的青睞。

　　㈧本次調查的結果顯示，不論是學生或教師，贊成以電視輔助教學的意願都相當高，特別是各主科方面的意願更強。未來公視設臺後，雖然不必以教學節目為主，但若有一部分的節目能配合各級學校教學需要，想必為教師及兒童、青少年所樂觀其成。

電視與兒童研究
實例：專論

從研究取向及方法看
「電視與兒童」

　　本文為作者於 1987 年 4 月應財團法人豐泰文教基金會邀請，於該會之幼教營中發表之論文。本文收錄於該基金會所編之《大眾傳播與幼兒》一書。

第一節　前　言

　　自從 1950 年代，電視在西方社會普及以後，它對兒童認知、情感和行為各方面的影響，一直是熱門而迄今尚無定論的話題。特別是電視節目中的暴力內容，是否會引起兒童模倣，進而引發侵略行為，更是教育專家、傳播學者和家長們所關心的問題。也就是說，電視在兒童社會化的過程中，究竟扮演了什麼樣的角色，一直是備受關注，迄無定論的論題。

　　從社會學的角度看，社會化代表兩個互補的過程：社會及文化遺產的轉移，與個人的發展（Broom and Selznick, 1977: 86，轉引自謝高橋，1986: 212）。它是一個持續不斷的過程，始於出生而終於死亡。人類經由社會化的過程，學習社會中通行的價值、信仰、觀點和社會規範，以便在社會中生存而能符合社會期望。

　　大眾傳播媒介，由於其普及性高，成為家庭、學校和同儕團體之外的重要社會化機構。

　　在美國，約有 95% 的家庭中有電視機（余也魯譯，1983: 168）。潘家慶等人的調查發現，臺灣電視機的普及率也高達 97.1%（潘家慶等，1984），可以說是達到家家都有電視機的地步。電視普及以後，它與大眾的日常生活，可以說是息息相關。徐佳士等人的研究發現，臺灣地區民眾接觸最多的媒介是電視，平均每人一天約看電視一個半小時（96.6 分鐘）（徐佳士等，1975）。10 年以後，潘家慶等人的調查發現，臺灣民眾中有 66.5% 的人每天看電視，幾乎從不看的只佔 6.5%，而 2 至 3 小時的佔 17.5%，看 3 至 4 小時的佔 10.3%；到了週末時，收看的時數有增加的傾向，雖然收看 2 小時以下的人減少了（佔 46.8%），但收看 4 小時以上的顯著增加，合計共佔 25.4%，其中

每日收看 7 小時以上的亦高達 5.1%（潘家慶等，1986）。

在美國，大人一天平均約看電視 3 小時，兒童更高，約 4 小時；而日本的兒童看電視的時間比美國的兒童還長（余也魯譯，1983: 252–253）。根據陳達群的研究，我國小學中、高年級（9 至 12 歲）的兒童在上課的週一至週五，每天約看電視 2 小時，週六增為 3 小時，週日更長達 4 小時（陳達群，1976）。10 年以後，陳世敏在〈兒童收看電視情形暨電視節目對兒童之影響〉研究中發現，我國三年級和六年級的兒童在週四時，觀看電視時數最短，約為 2.6～2.8 小時，其次是週三，大約在 3～3.4 小時，再其次是週日，大約4.3～4.6 小時，而最多的是週六，大約 5.2～5.8 小時（陳世敏，1986）。翁秀琪的研究中，國小學童回答在 6 種媒介中（電視、報紙、雜誌、收音機、漫畫書和電影）若只能保有 1 種媒介時，選擇保留電視這種媒介的兒童最多（佔36.4%）（翁秀琪，1973）。

以上資料顯示，若與成人每日收看 96.6 分鐘（徐佳士等，1975）比較，我國兒童使用電視的程度高於成人；而且，與其他媒介相比，電視對兒童的重要性亦居首位。因此，不論從接觸媒介的量，或電視在兒童心目中的地位而言，都是相當可觀，不容忽視。不過，兒童觀賞電視是否真的就會受其影響，應分三階段來說，即暴露、學習及接受。

本文將從研究取向的角度來探討過去有關電視對兒童影響的文獻，其次將簡介國內相關研究的結果，最後則從研究方法的角度探討如何在此主題上求得突破。

第二節　4 種研究取向

綜觀過去有關電視與兒童的研究文獻，大體上從以下幾種取向著手：心理學取向、社會學取向、人際互動取向及社會文化取向。

一、心理學取向

　　心理學取向著重於電視的短期效果，方法上大多採取實驗法，目的在探討媒介中的暴力內容與兒童侵略性行為之間的關係。有些學者著重在媒介暴力內容對兒童情感層面的影響，如柏考維茲 (L. Berkowitz) 一系列的研究 (Berkowitz, 1962a, 1962b; Berkowitz and Rawlings, 1963; Berkowitz et al., 1963; Berkowitz, 1964a, 1964b, 1965a, 1965b; Berkowitz and Geen, 1966; Geen and Berkowitz, 1966)；另有一些學者則從認知層面探討媒介暴力內容對兒童的影響，如班度拉 (A. Bandura) 等人一系列的研究 (Bandura and Huston, 1961; Bandura et al., 1961; Bandura et al., 1963a, 1963b, 1963c; Bandura and Walters, 1963; Bandura, 1963, 1965, 1967[2]; Bandura et al., 1967; Bandura and Menlove, 1968)。

　　這個研究取向通常注意媒介的直接效果（刺激→反應），忽略「個人人格差異」和「環境、社會關係、人際網路」這些中間變項。研究結果則大致可以綜合為以下論點：情緒宣洩說、抑制說、習慣說和刺激效果說。

(一)情緒宣洩說

　　費許巴赫 (S. Feshbach) 是此說的代表者。他認為媒介的暴力節目可使人的侵略性感情得到宣洩，反而不易產生侵略性的行為 (Feshbach, 1961, 1964, 1969)。此說的後續研究者有布拉梅等人 (D. Bramel et al., 1968)、哈特曼 (D. Hartman, 1965) 和塔能堡等人 (P. H. Tannenbaum and R. E. Goranson, 1969: 457ff.)。

(二)抑制說

　　此說的代表學者為柏考維茲及其同儕。他們的實驗研究發現，暴力節目可以減輕人的侵略性感情或行為。

㈢習慣說

持習慣說的學者有柏格 (S. M. Berger, 1962) 及拉查路斯等人 (R. S. Lazarus and E. Alfert, 1964; Lazarus et al., 1965; Lazarus, 1966)。這些學者的實驗研究發現，當成人在影片中看到有人受苦時，開始時會有極強烈的情緒反應，但之後的反應逐漸減弱。

㈣刺激效果說

前面曾提及的班度拉及其同儕是此說的重要代表人物。班度拉認為，兒童經由觀察，可以在認知層面上學習各種形式的侵略性行為，而且這種透過社會學習得來的侵略性行為可以保留很久。但是，這些學習來的侵略行為只有在某些特定的情況下才會出現，例如：班度拉等人曾有系統地實驗賞罰（加強作用）對侵略性行為的影響，結論是：正面的酬賞可以提高兒童侵略性行為的可能性，但學習侵略性行為本身並不受這種加強作用的影響 (Bandura, 1965)。站在一個長期效果的立場看，班度拉認為電視是有影響力的。電視內容不斷地提供兒童生活素材，累積個人的生活經驗，一旦時機成熟，配合適切的環境誘因，就可以重現螢光幕上的鏡頭（潘家慶，1981: 144–148）。

二、社會學取向

在社會學層面，就電視及兒童所做的研究，最常被提及的先驅研究有：希門懷特 (H. T. Himmelweit) 等人 1958 年在英國所做的大規模研究 (Himmelweit et al., 1958) 以及宣韋伯 (W. Schramm) 等人 1961 年在美國的研究 (Schramm et al., 1961)。這一系列的研究，使用的方法不同於心理學取向，大多採取調查訪問法，有些並配合內容分析法。這些研究的基本出發點是：具有不同人口學變項的兒童，媒介內容對他們會產生不同的影響力，而他們使用媒介的頻次及習慣亦有所不同。

㈠希門懷特等人在英國的研究

希門懷特等人在英國所做的大規模研究，主要在探討：

1. 電視對兒童作息及休閒時間的影響。
2. 對兒童認知及學校功課表現之影響。
3. 兒童對電視上某些節目的看法。

希門懷特等人的研究樣本包括 10～11 歲的兒童 908 人，13～14 歲的兒童 946 人，以問卷調查訪問兒童及部分老師，並對電視節目進行粗略的內容分析，其主要發現有：

1. 兒童每週看電視計 11 至 13 小時，看電視的時間多於其他休閒活動。
2. 智商高的兒童看電視的時間較智商低的少。
3. 約有四分之三的受訪兒童喜歡看成人節目，內容主要是暴力刺激的節目（西部片），其次才是喜劇式的家庭劇場。
4. 電視所以能吸引兒童的原因有：易得性、殺時間和滿足求知慾等。
5. 看電視多的兒童，通常是智商較低的兒童，他們沒有安全感，與朋友間的人際關係亦較差。
6. 觀賞電視最初會減少兒童閱讀印刷品（如漫畫書）的數量，但以後反而會增加兒童對印刷品的閱讀量。

㈡宣韋伯等人在美國的研究

1960 年，宣韋伯等從美、加 10 個地方，包括大都會、城市、城鎮、鄉村等，抽出 5,951 名學童、1,958 名家長，此外並訪問老師、學校、行政人員和教育專家，蒐集資料進行研究。

宣韋伯等人在這次的大型研究中，不僅採用了問卷調查及訪談，更於 1960 年 10 月下旬，每日 16:00～21:00 做為時一星期的電視節目內容分析。

研究發現可粗分為兒童使用電視的情形、兒童觀賞的電視節目內容和兒童的潛在學習三部分。

在兒童使用電視情形方面，研究發現：3 歲左右的兒童每天平均看 45 分

鐘，5 歲兒童每天平均看 2 小時，11 至 12 歲的兒童則增長至每天看 3 至 4 小時。就十年級以前的兒童而言，看電視的時間長短與其智商成正比，十年級以後則正好相反。來自勞工階級家庭的兒童，看電視的時間比中產階級家庭的兒童為長。社會關係不良的兒童看電視的時間也較長，且多喜歡奇幻式的電視內容。

至於不同年齡層的兒童各愛看哪些電視內容呢？一般而言，學齡前兒童喜歡動作、幽默的兒童節目；年齡愈大，則愛看犯罪性刺激動作片、流行音樂節目。10 歲以上、智商較高的兒童多選擇知識性節目；同時，隨著年齡的增長，他們會逐漸減少看電視的時間，而增加印刷品的閱讀量。

有關兒童的潛在學習，本研究的發現有：當兒童為了娛樂而看電視時，會比為求知而看電視從電視上學的東西多。一年級的學童，看電視多的比看電視少的字彙能力強，但這種能力差別，到了六年級時即消失。此外，不良社會關係的挫折，易使兒童記起或尋求暴力的電視內容。

不論是在英國或美國的研究發現，我們均可將之歸類於媒介效果有限論的範疇內。也就是說，電視對兒童的影響力，會因為人口變項（如性別、年齡、智商、家庭社經地位等）及一些中介變項（如兒童看電視時數的長短等）的影響而有所不同，並非如心理學取向研究中所強調的，電視能對兒童產生立即而直接的影響。

三、人際互動取向

除了從心理學或社會學取向看電視對兒童的影響外，近年來另有一批學者從兒童人際互動取向看電視對兒童的影響，如柯林斯等人 (W. Collins et al., 1981) 及戴斯蒙等人 (R. J. Desmond et al., 1985)。

㈠柯林斯等人的研究

柯林斯等人的研究，主要想了解兒童在觀賞電視上的戲劇性節目時，有成人在旁討論、註解，是否對兒童了解劇情的程度有影響。

柯林斯等人的研究採實驗法，讓成人和兒童一起看戲劇節目。實驗中讓

成人在觀賞電視的過程裡對兒童提供詳盡和含混兩種不同註解，然後以問卷的方式測量兒童的認知、記憶能力。

研究的結果發現：對於電視戲劇節目中的隱喻部分，經過成人詳盡的註解，會使兒童較易理解；但是成人的註解，並不影響兒童對全部電視內容的理解。另外的發現是：兒童會使用成人的註解，修正自己不正確的理解。

(二)戴斯蒙等人的研究

戴斯蒙等人的研究主要在探討家庭及個人因素如何影響兒童對電視節目的理解。

首先，戴斯蒙等人先測量一批 5 至 6 歲兒童的智商，後採觀察法，觀察兒童在家中看電視以及他們在戶外玩耍的情形。另外，又安排家長和兒童一起在實驗室中看電視。戴斯蒙等人以 5 幅親子互動圖作為測量家庭中親子互動情形的指標。當家長和兒童在實驗室看完電視後，研究者對兒童施測，以了解兒童對電視內容的理解程度和對攝影鏡頭的注意。

本研究最重要的發現是：兒童對電視內容的了解，歸因於在家中看電視的規則。親子互動良好的家庭和家長經常對媒介內容的註解，可以加強兒童對媒介內容的正確認知；如果家長控制兒童觀賞電視的時數及立下規則，則兒童較容易分辨電視內容中何者為真實，何者為虛構，且更易了解電視節目的內容。

四、社會文化取向──電視如何建構社會現實

除了以上提到的心理學、社會學、人際互動取向外，在傳播理論的模式上另有所謂的社會文化模式。社會文化模式肯定大眾傳播媒介在建構社會現實上的效果，而效果具體呈現在提供人們認知世界的參考架構。社會文化取向的研究專以兒童為對象的並不多，其餘研究雖與本主題無直接相關，但亦可從中窺視大眾傳播媒介（特別是電視）在建構社會現實上的力量。以下試舉 4 個研究闡釋之。

㈠哈特曼 (P. Hartman) 與哈斯班 (C. Husband) 對英國兒童對有色人種移民印象之研究

研究發現，居住地區與移民隔絕的兒童，只能靠媒介上的訊息了解移民問題，他們比住在跟移民有親身接觸的地區者，更容易認為移民製造社會問題，導致社會紛爭（Hartman and Husband, 1974，轉引自李金銓，1981: 184）。

㈡美國賓州大學以葛柏納 (G. Gerbner) 為首的研究

自 1967 年以來，葛柏納等人逐年以暴力指標 (violence index) 來統計及分析電視暴力節目對大眾的影響 (Gerbner and Gross, 1976)。葛柏納的研究配合了電視節目的內容分析和大眾的意見調查，將大眾分為看得多 (heavy viewers) 和看得少 (light viewers) 的兩群，比較接觸電視媒介的不同頻率是否會影響大眾對某些問題的態度。葛柏納等人在分析資料時控制了性別、年齡、教育及種族因素，結果發現電視看得多的人較易認為：

1. 大多數人不可信，與人交往時需持防人之心。
2. 大多數人有機會時會想佔便宜，不會求公平。
3. 人們多半只顧自己，不會助人。
4. 世界是卑鄙、可怕的。
5. 一個人介入暴力行為成為犧牲者的機會較高。

雖然有許多人對葛柏納等人所提出的「涵化理論」(cultivation theory) 提出批評 (Comstock et al., 1978; Newcomb, 1978; Hughes, 1980; Hirsch, 1980, 1981)，但該研究從方法上解決了電視內容與大眾間的關係性問題，且逐年累積資料予以分析，為媒介長期效果的研究提供了最佳範例，亦有其值得肯定的地方。

㈢密西根大學對電視黃金時段節目所做之內容分析

密西根大學的葛林堡 (B. Greenberg) 於 1975 年至 1978 年對電視黃金時段節目中之人物進行內容分析，發現電視上所呈現的人物比例與真實世界中

的人物比例間有極大差異，例如電視上呈現的 (Greenberg, 1980)：

1.男性與女性的比例是 3 比 1。

2.白人與黑人的比例是 9 比 1。雖然反映了真實的人口比例，但黑人只出現在極少的節目中。

3.西班牙裔的美國人在電視節目中以 5 比 1 偏低的比例出現。

4.年輕人以 6 比 1 的比例被過度呈現；20～49 歲間的人以 2 比 1 的比例被過度呈現；65 歲以上的人以 5 比 1 偏低的比例呈現。

5.專業及經理級的職業以 2 比 1 的比例被過度呈現，而工人階級以 3 比 1 偏低的比例呈現。

6.男性佔有 70% 的職位，而女性佔有 30%，大體上符合事實。然而在電視節目中的經理級位置只有 15% 為女性，85% 為男性，女性的呈現率偏低。而服務業中，女性佔 19%，男性佔 81%，女性呈現率偏低。

7.經理級職業中，白人與黑人呈現 20 比 1 的比例，黑人呈現率偏低。

8.從事法律行業的人在電視中以 20 比 1 的比例被過度呈現。

以上的統計數字告訴我們，美國黃金時段的電視節目主要是白人、中產至中上階級的男人和年輕人的天下，黑人註定是要住在貧民窟，女人註定是要受歧視，而墨西哥裔美國人、工人階級及老年人幾乎從電視螢光幕上完全消失。

葛林堡對這些內容分析得來的資料有很有趣的分析，他認為只要是黃金時段電視節目中未被呈現或呈現率偏低者即被「烙」上無價值的烙印，進而影響了民意的取向 (Greenberg, 1984[2]: xii)。因此，他主張要全盤了解媒介如何建構社會現實，不僅要透過內容分析了解媒介內容中呈現了什麼，更要設法揭開媒介「未呈現什麼」的謎底。進一步說，媒介內容除了具體地呈現某些社會真實外，它也可能有意或無意地掩飾或忽略了另一部分的社會真實，例如：

1.電視內容可能掩蓋了真實事件中的重要事實，例如：女人在經理級職位上的比例及能力。

2.電視內容可能忽略了真實世界中帶動變動的可能性，例如：除了利用

警力外，還有其他消除犯罪的可能性。

　　3.電視內容可能受真實世界中社會經濟及政治利益的影響，例如：某個廣告贊助者可能成為電視節目中的主角——節目廣告化。

㈣西德曼茵茲大學的石油危機研究

　　西德的大眾傳播媒介❶在 1973 年秋季(也就是第一次國際性的石油危機發生時)對西德境內的石油供應量有 2 次相當密集的報導。

　　在第一次較不密集的報導以後，汽油、柴油和家用燃油的購買量增高。第二次的報導較第一次密集，而老百姓的反應(購買量)卻沒有相對地提高，反而減少(購買量的多少有石油公司提供的統計數據為準)。

　　凱普林傑 (H. M. Kepplinger) 和羅斯 (H. Roth) 指出，這種現象主要在於大眾反應能力的減低，而並非第二次的傳播效果比第一次低。因為在第二波密集報導的當時，老百姓家裡的儲存庫已經達飽和狀態，因此並不是他們不想反應，而是反應能力已用盡。

　　所以，在探討傳播媒介的長期效果時，不僅應考慮媒介內容的影響力，同時也應將大眾的反應能力考慮在內。因為，許多媒介內容的效果不彰，可能不在於傳播媒介沒有影響力，而在於大眾的反應能力已達極限。

　　這個研究除了上面提到的大眾的反應能力之外，還有一些對當時客觀環境的描述是值得注意的，例如：國際石油危機發生的當時，西德國內實際的供油情況如何？

　　西德境內的石油主要依靠輸入。在 1973 年時，西德國內 60% 的能源須由國外輸入，而 80% 的能源屬原油和原油產品。在 1973 年的 10 月和 11 月時，雖然阿拉伯國家限制石油輸出，然而西德國內此時的石油儲存量反而比前一年同一時期多，理由是：

　　1.某些阿拉伯國家減少石油輸出，但另一些阿拉伯國家卻增加輸出量，

---

❶　本研究以西德的 5 份報紙為內容分析對象，即：*Frankfurter Allgemeine Zeitung*、*Süddeutsche Zeitung*、*Die Welt*、*Bild Zeitung*、*Express*。時間：1973 年 9 月 1 日至 1974 年 2 月 28 日。樣本：每隔 1 天抽 1 份報，以各報前 4 頁為分析對象。

彼此抵消了差異。

　　2.阿爾及利亞對荷蘭禁運石油後，西德原來透過荷蘭鹿特丹進口的石油，改經西德本國靠北海的威廉斯港 (Wilhelmshafen) 進口，石油進口未受影響。

　　3.由阿拉伯到歐陸，油輪在路途中約需 4 星期。因此，在宣布禁止石油輸出以前，已經有許多油輪在半途中了。

　　因此，當西德的大眾傳播媒介在 1973 年的 10 月、11 月對西德石油儲存量危機加以報導時，事實上並沒有所謂的「石油危機」存在，而在後來媒介報導量逐漸減少時，所謂的「石油危機」事實上在西德國內才開始形成。所以，當老百姓搶購石油產品時，並非是對一件事實的反應，而是對媒介報導一件事實的反應；等到西德國內石油儲量真正發生危機時，老百姓的反應能力已經用盡。

　　西德的這個研究報導公布以後，學者專家們的評語是這次的石油危機報導對西德的經濟而言具有積極的、正面的效果，因為老百姓透過這次的石油危機報導而對節約能源有了更進一步的體認；但就西德的傳播系統而言，這卻是一次真正的「危機」，因為媒介的報導並未能正確地反映社會現實。

　　社會現實和媒介現實之間的差距，是研究大眾傳播媒介效果問題的人(包括關心媒介內容對兒童的影響者) 不可不重視的課題。

　　根據以上的討論可以得到以下幾點結論：

　　1.心理學取向主要採實驗法研究媒介的短期效果。研究所得相當分歧，計可歸納為情緒宣洩說、抑制說、習慣說和刺激效果說。

　　2.社會學取向的研究者採用調查訪問、觀察和內容分析法，著眼於兒童的個人差異對其認知、接受和使用媒介內容所可能產生的不同影響。

　　3.人際互動取向則將重點放在親子互動對兒童認知、接受和使用媒介內容所可能產生的影響，對父母如何在日常生活中指導兒童觀賞電視、事後討論電視節目內容等，提供了最直接而實用的建議。

　　4.社會文化取向的研究者關注的重點在於媒介如何建構社會現實。雖然研究者很少以兒童作為研究對象，但這個研究典範的結果，提供了一個了解媒介長期效果的新角度。

 第三節　**國內相關研究簡介**

國內有關「電視與兒童」的研究不在少數（曾虛白，1970；翁秀琪，1973；楊文俊，1973；羅文坤，1976；鄭植榮，1979；郭為藩，1980；郭為藩，1981；陳墉，1984；陳世敏，1986），研究所得亦相當分歧。以下將以研究取向、研究使用方法以及研究結果的實用價值為指標，選出以下 3 個研究簡介之。

一、師範大學以郭為藩為首的研究

郭為藩在 1980 年和 1981 年的 2 次研究，分別以國小四、五年級的學童和幼稚園大班的兒童為研究對象，從教育心理學的角度，探討觀賞電視對學童認知發展上的影響，以及電視內容對兒童性別角色、認同和社會行為學習上的影響。

㈠郭為藩 1980 年發表的研究

研究目的：比較從未觀看、短期和長期觀看電視對兒童認知發展的影響。

研究對象：研究 300 名四、五年級的學童，依年級、性別和觀賞電視的
　　　　　長短（從未觀看、短期觀看和長期觀看 3 組）分配成 12 組。

測量工具：1.瑞文氏非文字推理測驗、電視研究專案基本資料表、在學
　　　　　　成績。

　　　　　2.語言、看圖說故事、常識測驗及兒童看電視的行為調查表。

研究發現：1.在電視對兒童語言能力影響方面：

　　　　　　⑴長期觀看電視組優於從未觀看電視組。

　　　　　　⑵短期觀看電視組優於從未觀看電視組。

　　　　　　⑶長、短期組之間沒有明顯的差異。

　　　　　2.電視對兒童說話的影響：

⑴長期組優於未看組。

⑵長期組在說話內容、句子結構上均優於短期組。

⑶短期組與未看組之間並無明顯的差異。

3.電視對兒童常識的影響：

⑴長期組優於未看組。

⑵短期組在一般常識上優於未看組。

㈡郭為藩 1981 年發表的研究

研究目的：電視內容對兒童性別角色、認同和社會行為學習上的影響。

研究對象：幼稚園大班兒童 100 名：實驗組（看選錄影片）、控制組（未看選錄影片）各 50 名，男女各半，均選自中上階層的家庭。

研究方法： 1.電視兒童卡通內容之分析。

2.兒童平日收看電視之行為調查，分別詢問教師及母親。

3.引入實驗因素（看、不看選錄影片）後，以性別角色、認同、社會行為 3 份問卷，對兒童進行晤談並加以記錄。

研究發現： 1.電視經驗與兒童認定性別角色間有關聯。看過選錄影片（實驗組）的兒童，正確認定性別角色的比率較高。

2.兒童對愈接近現實的電視人物，認同愈深。

3.看過選錄影片（實驗組）的兒童，傾向報應性懲罰的觀念。

二、陳世敏 1986 年的研究

研究目的： 1.了解國小兒童（三年級、六年級）收看電視的情形。

2.了解國小兒童收看電視與其家人的互動情形。

3.了解家長對兒童收看電視的一般態度。

4.了解家長對兒童電視節目製作的意見與期望。

5.了解電視節目對兒童的職業角色認知與態度之可能影響。

研究對象：研究樣本分為 2 類，一為國小兒童 405 人，一為家長 405 人，合計 810 個樣本。國小兒童抽國小三年級與六年級為代表；

家長部分則訪問兒童之父母或其他同居之監護人。

研究方法：以問卷調查蒐集資料，包含 3 種型式：兒童部分有問卷及日記卷，家長部分只有問卷。

研究發現：1. 兒童觀賞電視距離太近，影響視力。

　　2. 兒童平均每天看電視 3.6 小時。週六下午看電視時數最長，平均 5.5 小時；週六下午非兒童節目，多為神怪動作內容，兒童收看比例甚高。

　　3. 兒童收看的節目，有 71.3% 屬「成人軟性節目」。公共電視節目及成人硬性節目，收看比例遠低於播出比例，顯然不受兒童歡迎。兒童節目播出比例為 5%，收看比例高達 14.9%，顯示一般兒童對電視兒童節目之迫切需要。

　　4. 兒童每天看電視，以「成人及其他兒童陪看」的情形最多。

　　5. 家長和子女對於「家長陪看」的觀點，有將近一半的家庭是一致的，另有 35.3% 的兒童高估父母親的陪看行為，18.4% 兒童低估父母之陪看行為。看電視時，共同收看的比率雖然不低，但父母親卻未利用陪看電視時適時給予輔導，大多數情況是：父母親和子女一起看電視，但是各看各的，缺少親子間的互動關係。

　　6. 有 42.2% 的家長不規定子女每天看電視的時數，兒童愛看就看，有的家長還允許兒童看晚間十點以後的節目。

　　7. 42.6% 的家長並不在乎子女邊吃邊看電視，46.9% 的父母也不重視子女是否做完規定的家事；但是 68% 的家長卻會注意孩子學校的功課是否寫完了，否則不准看電視。另有 69.3% 的父母不許子女在晚間九點半以後繼續看電視。

　　8. 甚多家長對子女收看電視的行為採放任態度，對節目缺乏選擇。

　　9. 較常看電視的兒童，由於混淆了媒介真實性與社會真實性，所以對各行業之了解與人數估計，可能會有誤解。

10. 本研究涵蓋的 11 種職業中（董事長、總經理、工廠工人、運動員、司機、歌星、演員、科學家、小偷、百貨店員和法官），40% 以上的兒童，長大後不願意從事以下行業：小偷、工廠工人、司機、歌星或演員、百貨店員、法官，而願意當董事長、總經理、科學家及運動員。兒童願意選擇的職業都是較常出現在電視上的角色，並非聲望較高的職業。

11. 兒童看電視時數之多寡，大體與相信廣告的程度成正比，也就是說看廣告愈多的兒童，就愈相信該類產品。

三、小　結

國內自 1970 年代起，開始有人關注「電視與兒童」此一主題，研究取向大多從教育心理學、社會學及人際互動的角度探討電視內容對兒童認知、情感及行為等各方面的影響，研究方法方面則是實驗法、觀察法、內容分析法和問卷調查法都有人使用，而以問卷調查法的使用最為普遍。

第四節　研究方法之探討

由於研究對象——兒童——的限制，研究者在選擇研究方法時先天上受到了很大的限制；質言之，研究者在選擇研究方法時首先須考慮兒童的年齡 (Sturm, 1986)。研究者研究學齡前兒童和學齡兒童的方法應有所不同，例如：研究學齡前兒童即無法採用問卷調查法（除非是調查兒童的家長）。如果採用實驗法，即須考慮研究倫理的問題，例如：將兒童分為實驗組和控制組，讓實驗組兒童長期觀賞含暴力內容的電視節目是否道德，會不會因此對受測兒童的身心產生不良影響等，都是研究者必須考慮的問題。以下針對「兒童與電視」此一主題的研究方法提出幾點討論。

一、根據兒童年齡選擇適當的研究方法

有鑑於兒童在不同年齡層，其認知、情感和社會等各方面的發展程度不一，因此針對不同年齡層的兒童自應選擇不同的、適合各年齡層的研究方法，例如：對學齡前兒童的研究宜採觀察法、實驗法（在不妨害兒童身心的前提下）或採訪問兒童教師或監護人的方法。對低年級學童除以上方法外，可考慮措辭簡明易懂的問卷調查法；對於中、高年級的學童則可以難度較深的問卷來蒐集資料。

二、根據兒童的個人特質事先分組

媒介效果研究的一個基本假設是：具不同個人特質、人口變項和社會關係的受眾，對同一媒介內容會有不同的反應，這種現象在以兒童為對象的研究中尤其經常成為分析及解釋資料時的棘手問題。因此，西德專門研究電視與兒童的學者司東女士 (H. Sturm) 即建議，在實際從事研究以前，事先將兒童依年齡、智力、興趣、社會關係、媒介習慣等分組，再分別加以蒐集資料，如此所得之資料當然僅能用以推斷各相關組兒童的態度、行為等，無法做概判，但所獲取之資料卻可以更具體 (Sturm, 1986)。

三、非語言傳播的重要性

非語言傳播的研究在「電視與兒童」這個主題上別具意義。因為一些心理學者和腦神經學者的實證研究結果和過去單獨透過語言傳播（指問卷等）蒐集的結果大相逕庭，這是否透露了後者在方法上有其極限性，不足以洞悉事實真相？因此，對於電視內容在非語言層面可能對兒童產生什麼樣的影響，應是值得國內研究者開拓的新方向。

四、結合多種研究方法另闢蹊徑

對於電視內容可能對兒童產生什麼樣的影響，應結合心理學、教育心理學、社會學、腦神經學等方法，發展出各種測量工具，包括各類量表、觀察

指標及適合各年齡層兒童使用的問卷，並配合對電視內容的內容分析結果，做長期之資料蒐集和分析，方可望對此一主題有更深一層之了解。

五、結　論

　　根據以上討論，我們知道各國在「電視與兒童」這個主題上的研究雖可粗分為心理學、社會學、人際互動和社會文化等研究取向，但研究結果仍相當分歧、零亂，無一定論。或許社會科學的各種問題本無定論，但若要對此一主題有更進一步之了解，似可從研究方法的改良上尋求突破。

參考書目

一、中文部分

余也魯譯，W. Schramm 原著 (1983)。《傳學概論》。香港：海天書樓。

李金銓 (1983)。《大眾傳播理論》，修訂初版。臺北：三民。

徐佳士、楊孝濚、潘家慶 (1975)。《臺灣地區民眾傳播行為研究》。臺北：國立政治大學新聞研究所。

翁秀琪 (1973)。《臺北市國民小學學童觀賞電視與其晚間作息之關係》。臺北：國立政治大學新聞研究所碩士論文。

郭為藩 (1980)。〈電視影響兒童認知發展之研究〉。臺北：國立臺灣師範大學教育研究所集刊，23 輯。

郭為藩 (1981)。〈電視影響兒童社會學習之研究〉。臺北：國立臺灣師範大學教育研究所集刊，24 輯。

陳世敏 (1986)。〈兒童收看電視情形暨電視節目對兒童之影響〉。行政院新聞局委託中華民國民意測驗協會辦理。

陳達群 (1976)。《兒童接觸電視程度與其若干個人因素之關係》。臺北：國立政治大學新聞研究所碩士論文。

陳墉 (1983)。《電視對國民中小學學生生活影響之研究》。臺北：文景。

曾虛白 (1970)。《電視對兒童的影響》。臺北：國家科學委員會研究報告。

楊文俊 (1973)。《電視暴力節目對兒童侵略性的影響》。臺北：國立政治大學新聞研究所碩士論文。

潘家慶 (1981)。《傳播、媒介與社會》，第 2 版。臺北：臺灣商務印書館。

潘家慶、曠湘霞、王石番 (1984)。《政令宣導與媒體效用之調查研究》。臺北：行政院新聞局專題研究。

潘家慶、王石番、謝瀛春 (1986)。《臺灣地區民眾傳播行為研究 (1986)》。臺北：國立政治大學新聞研究所。

潘家慶、曠湘霞、王石番 (1987)。〈臺灣地區民眾傳播行為 (1984)〉，《新聞學研究》，38 期，頁 65–138。

鄭植榮 (1979)。《兒童對職業角色的認識與接觸大眾媒介的關聯性》。臺北：國立政治大學新聞研究所碩士論文。

羅文坤 (1976)。《不同暴力程度電視節目對不同焦慮程度及電視暴力接觸程度國中學生在暴力態度上之差異》。臺北：國立政治大學新聞研究所碩士論文。

二、外文部分

Baker, R. K. and S. J. Ball (1969). *Violence in the Media. A Staff Report to the National Commission on the Causes and Prevention of Violence*. Library of Congress, Cataloque No. 72–604084.

Bandura, A. and A. C. Huston (1961). "Identification as a Process of Incidental Learning", in *Journal of Abnormal and Social Psychology*, 63: 311–318.

Bandura, A. et al. (1961). "Transmission of Aggression through Initiation of Aggressive Models", in *Journal of Abnormal and Social Psychology*, 63: 575–582.

Bandura, A. et al. (1963a). "Imitation of Film-mediated Aggressive Models", in *Journal of Abnormal and Social Psychology*, 66: 3–11.

Bandura, A. et al. (1963b). "A Comparative Test of the Status Envy, Social Power and Secondary Reinforcement Theories of Identificatory Learning", in *Journal of Abnormal and Social Psychology*, 67: 527–534.

Bandura, A. et al. (1963c). "Vicarious Reinforcement and Imitative Learning", in *Journal of Abnormal and Social Psychology*, 67: 601–607.

Bandura, A. and R. H. Walters (1963). *Social Learning and Personality Development*. N. Y.

Bandura, A. (1963). "What TV Violence Can Do to Your Child", in O. N. Larsen (ed.), *Violence and the Mass Media*, pp. 123–130. N. Y.

Bandura, A. (1965). "Influence of Models Reinforcement Contingent on the Acquisition of Imitative Responses", in *Journal of Personality and Social Psychology*, 1: 589–595.

Bandura, A. et al. (1967). "Vicarious Extinction of Avoidance Behavior", in *Journal of Personality and Social Psychology*, 5: 16–29.

Bandura, A. (1967). "Vicarious Processes. A Case of No-trial Learning", in L. Berkowitz (ed.), *Advances in Experimental Social Psychology*, pp. 3–35. N. Y. and London.

Bandura, A. and F. L. Menlove (1968). "Factors Determining Vicarious Extinction of Avoidance Behavior through Symbolic Modeling", in *Journal of Personality and Social Psychology*, 8: 99–108.

Berger, S. M. (1962). "Conditioning through Vicarious Instigation", in *Psychological Review*, 69: 405–456.

Berkowitz, L. (1962a). *Aggression. A Social Psychological Analysis*. N. Y.

Berkowitz, L. (1962b). "Violence in the Mass Media", in Institute for Communication Research (ed.), *Paris-Stanford Studies in Communication Research*. Stanford, CA.

Berkowitz, L. and E. Rawlings (1963). "Effects of Film Violence on Inhibition against Subsequent Aggression", in *Journal of Abnormal and Social Psychology*, 66: 405–412.

Berkowitz, L. et al. (1963). "Film Violence and Subsequent Aggressive Tendencies", in *Public Opinion Quarterly*, 27: 217–229.

Berkowitz, L. (1964a). "Aggressive Cues in Aggressive Behavior and Hostility Catharsis", in *Psychological Review*, 71: 71–122.

Berkowitz, L. (1964b). "The Effects of Observing Violence", in *Scientific American*, 210: 35–41.

Berkowitz, L. (1965a). "The Concept of Aggressive Drive: Some Additional Considerations", in L. Berkowitz (ed.), *Advances in Experimental Social Psychology*, Bd. 2, pp. 301–329. N. Y.

Berkowitz, L. (1965b). "Some Aspects of Observed Aggression", in *Journal of Personality and Social Psychology*, 2: 359–369.

Berkowitz, L. and R. G. Geen (1966). "Film Violence and Cue Properties of Available Targets", in *Journal of Personality and Social Psychology*, 3: 525–530.

Berkowitz, L. and R. G. Geen (1967). "The Stimulus Qualities of the Target of Aggression: A Further Study", in *Journal of Personality and Social Psychology*, 5: 364–368.

Berkowitz, L. (1968). "The Frustration-Aggression-Hypothesis Revisited", in L. Berkowitz (ed.), *Roots of Aggression. A Reexamination of the Frustration-Aggression-Hypothesis*. N. Y.

Bramel, D. et al. (1968). "An Observer's Reaction to the Suffering of His Enemy", in *Journal of Personality and Social Psychology*, 8: 384–392.

Broom, L. and P. Selznick (1977). *Sociology*. N. Y.: Harper and Raw，轉引自謝高橋編著 (1986)。《社會學》。臺北：巨流。

Collins, W. A. et al. (1981). "Effects of Adult Commentary on Children's Comprehension and Inferences about a Televised Aggressive Portrayal", in *Child Development*, 52: 158–163.

Comstock, G. et al. (1978). *Television and Human Behavior*. N. Y.: Columbia University Press.

Desmond, R. J. et al. (1985). "Family Mediatior Patterns and Television Viewing: Young Children's Use and Grasp of the Medium", in *Human Communication Research*, Summer, 1985: 461–480.

Geen, R. G. and L. Berkowitz (1966). "Name-mediated Aggressive Cue Properties", in *Journal of Personality*, 34:

456–465.

Geen, R. G. and L. Berkowitz (1967). "Some Conditions Facilitating the Occurrence of Aggression after the Observation of Violence", in *Journal of Personality*, 35: 666–676.

Gerbner, G. and L. Gross (1976). "Living with Television: The Violence Profile", in *Journal of Communication*, 26 (2): 173–199.

Greenberg, B. (1984²). *Life on Television: Content Analysis of U.S. TV Drama*. Norwood, N. J.: Ablex.

Hartman, D. (1965). "The Influence of Symbolically Modeled Instrumental Aggression and Pain Cues on the Disinhibition of Aggressive Behavior", unpublished Doctoral Diss. Stanford University，轉引自 H. Kellner and I. Horn (1977). *Gewalt in Fernsehen*. Schriftenreihe des ZDF. Heft 8, S. 11.

Hartman, P. and C. Husband (1974). *Racism and the Mass Media*. London: Davis-poynter，轉引自李金銓 (1984)。《大眾傳播理論》。臺北：三民。

Himmelweit, H. T. et al. (1985). *Television and the Child. An Empirical Study of the Effects of Television on the Young*. London, N. Y. and Toronto.

Hirsch, P. (1980). "The 'Scary World' of the Nonviewer and Other Anomalies", in *Communication Research*, 7: 403–456.

Hirsch, P. (1981). "On not Learning from One's Own Mistakes", in *Communication Research*, 8: 3–37.

Hughes, M. (1980). "The Fruits of Cultivation Analysis: An Reexamination of Some Effects on TV Watching", in *Public Opinion Quarterly*, 44: 287–302.

Kepplinger, H. M. and H. Roth (1978). "Kommunikation in der Ölkrise des Winters 1973/74—Ein Paradigma für Wirkungsstudien", in *Publizistik*, 23: 337–356.

Lazarus, R. S. and E. Alfert (1964). "The Short-circuiting of Threat", in *Journal of Abnormal and Social Psychology*, 69: 195–205.

Lazarus, R. S. et al. (1965). "The Principle of Short-Circuiting of Threat: Further Evidence", in *Journal of Personality*, 33: 622–635.

Lazarus, R. S. (1966). *Psychological Stress and the Coping Process*. N. Y.

Newcomb, H. (1978). "Assessing the Violence Profile Studies of Gerbner and Gross: A Humanistic Critique and Suggestion", in *Communication Research*, 5: 264–282.

Schramm, W. et al. (1961). *Television in the Lives of Our Children*. Stanford, CA.

Sturm, H. (1986). "Medienwirkungen auf Kinder und Jugendliche", in D. F. G.: *Medienwirkungsforschung in der Bundesrepublik Deutschland*, pp. 29–46. Teil I: Berichte und Empfehlungen.

傳播者研究實例：專論

西德新聞記者的養成教育、
工作權及內部新聞自由

本文曾收錄於陳世敏、彭芸、羅文輝的《制定新聞記者法可行性之研究》(1988) 中。

第一節　新聞法保障個人辦報及從事新聞事業之自由

西德沒有《新聞記者法》，僅有《新聞法》(Presserecht)。因為西德為聯邦政府，故各邦及柏林、布萊梅和漢堡市均各有新聞法。另於西德《基本法》、《民法》、《刑法》及《著作權法》等中，各有相關條文規範新聞事業及新聞從業人員。

各邦《新聞法》第二條明文保障個人辦報及從事新聞事業 (指擔任記者、編輯等職務) 的自由，兩者均不須經由任何方式的許可。

對於新聞記者資格應否硬性規定，西德法界人士有不同的看法，例如：拉胡森 (A. Lahusen) 即贊成對新聞記者資格有所限制 (Lahusen, 1976)，而曼茵茲大學的新聞法教授李克 (R. Ricker) 則基於《基本法》維護新聞自由的原則，極力反對限制新聞記者資格 (Ricker, 1976)。

雙方的主要爭執點在於對報業定位的詮釋不同。各邦《新聞法》中的第三條，基於西德《基本法》第五條的精神，均認定報業為社會公器，負有「公眾責任」(Öffentliche Aufgabe der Presse)。拉胡森認為對「公眾責任」的解釋應僅限於「與社會有關之事務」(relevant für die Gesellschaft)，不可將其延伸為「第四公權力」(vierte Gewalt)。據此，新聞記者應經由國家考試後方得執行職務及硬性規定其加入新聞記者公會並不違背報業作為社會公器的精神 (Lahusen, 1976: 112)。曼茵茲大學的李克則極力反對記者須經由國家考試及強迫加入記者公會。他指出：由於《基本法》第五條新聞自由的精神賦予了新聞記者不同於醫生、律師、建築師等的特殊地位，他主張新聞自由不應納入《基本法》第十二條的限制下；也就是說，政府對於報業和記者不論直接或間接都不可加以限制或控制。報業作為社會公器，主要就在監督政府作為，

如果政府可對報業加以限制或控制，被監督者反而變成監督者，無異反其道而行 (Ricker, 1976: 113–114)。

李克更舉納粹歷史為例，警告後人切不可重蹈覆轍。原來在 1924 年時，即曾由「德國報業全國聯合會」(Reichsverband der Deutschen Presse)──一個新聞記者組織──提出《記者法》草案。後來《記者法》雖未通過，但納粹當政時的 《主筆法》 (Das Schriftleitergesetz) 和 《國家文化部法》 (Das Reichskultur Kammergesetz) 造成了由政府統一發證和控制報業的情形，新聞自由因此遭受空前未有之傷害。

李克認為，由政府統一考試發證，無異將新聞記者的身分變為「半公務員」，與《憲法》及《新聞法》賦予之政府監督人的身分相違背。但是，李克並不反對新聞界自律；相反地，他呼籲「德國報業評議委員會」 (Der Deutscher Presserat) 應積極負起維護新聞自由及提高報界形象的道德責任。

第二節　新聞記者進入報社工作之途徑

在西德，如果任何人想當新聞記者的話，通常是透過私人途徑，不須經過任何官方考試。基本上，不論一個求職者的學歷如何，只要他的求職信引起報社興趣，他就會被安排面談，多半是報社中的一名高級主管，少數報社也會由數名主管組成口試委員會加以面試 (Von Hadel, 1977: 37)。

面試錄取者，如果沒有大學學位，通常須經 2 年的見習期間 (volontariat)；有學位者只須 1 年，方有機會成為正式記者 (Von Hadel, 1977: 37, 39)。因此，見習記者這條途徑幾乎可說是在西德要從事記者工作的惟一途徑。

成為見習記者的機會如何呢？1970 年代初期，奧地利沙茲堡的大眾傳播學院 (Salzburger Institut für Kommunikationstheorie) 曾針對西德的 490 家報社寄發問卷，結果有 395 家報社的見習記者寄回問卷。調查發現：見習記者共有 940 名，其中 270 名為女性，約佔 29% (Kieslich und Mitarbeiter, 1974:

15)。到了 1974 年左右，各報社提供的見習記者位置大為減少，特別是一些地區性大報更將見習記者的數量大量裁減。德國新聞記者協會 (Deutscher Journalisten Verband) 的一項調查顯示，當時（指 1974 年）全德約只有 500 名見習記者，而大多數在中型和小型報社中服務❶。

這種新聞記者養成的法律基礎是 1969 年德國聯邦報業出版人協會 (Der Bundesverband Deutscher Zeitungsverleger) 和各地新聞記者協會 (die Journalisten Verbänden) 之間的一項合同──「日報見習記者養成原則合約」(Vertrag über Ausbildungsrichtlinien für Redaktionsvolontare an Tageszeitungen)❷。

合約中明文規定，見習記者起碼應具備高中或同等學歷，但實際運作上卻有許多例外。在 1970 年代所做的一項調查研究顯示，200 名受訪的見習記者中，只有約 70% 的受訪者具高中學歷，其中又有五分之一進了大學，但就讀大學者中有四分之三未能唸完就中斷學業 (Von Hadel, 1977: 38)。

羅德 (K. Rohde) 的研究也發現，在所有唸大學的新聞記者中，約有三分之二沒有唸完就離開大學 (Rohde, 1979: 205)。但是，這並不表示記者輕視大學教育；事實上，絕大多數的記者仍贊成新聞記者應具備大學學位 (Donsbach, 1979: 211)。同時，記者在大學中半途而廢，並不表示他們的學習能力有問題；正好相反，他們通常是相當出色的學生，之所以中途離開學校多半是因為對所學的科系失望，或該系的出路有問題（例如教師的失業率在 1970 年代的德國是出名地高）(Rohde, 1979: 206)。

有關記者養成教育的問題，近年來在西德學界和實務界曾引起相當大的爭議 (Aufermann, 1975: 198)。學界首先提出呼籲：所有的新聞記者均應接受完整的大學教育。約在 1971 年初，德國報業評議委員會通過了一項「新聞記者養成教育備忘錄」(Memorandum zur Journalistenausbildung)，起草人為已逝的沙茲堡傳播學者奇斯里希 (Günter Kieslich) 和慕尼黑大學傳播學者朗恩布柯

---

❶ 德國新聞記者協會在 1970 年代時，從 1974 年 12 月 31 日起，每半年做一次問卷調查，調查結果公布在該協會刊物《新聞記者》(*Der Journalisten*) 上。這裡的資料主要引自刊於 *Der Journalisten*, Nr. 11, 1975: 16 上的 1975 年 6 月 30 日的調查結果。

❷ 本合約自 1969 年 9 月 1 日生效，且由各參與之新聞記者協會以小冊印行發布。

(Wolfgang R. Langenbucher)。備忘錄中最主要的內容是：未來的新聞記者養成教育應由公共的教育機構 （指大學） 來執行，而不應由各報社自行解決。1973 年 11 月，這份備忘錄經過傳播學界和實務界修改後，被稱為「新聞記者養成教育的新備忘錄」 (Neues Memorandum für einen Rahmenplan zur Journalistenausbildung)。其中最重要的精神是：保持新聞記者職業的公開性和自由性，不硬性規定新聞記者資格 (Von Hadel, 1977: 43)。

　　總之，西德學界及實務界均認為由大學或專科以上學校來擔任新聞記者的養成教育單位是必須的；但是，他們也堅持不應硬性規定新聞記者資格，以確保新聞記者職業的公開性和自由性，進而體現《基本法》第五條中的新聞自由精神。

第三節　記者同業組織

　　西德目前約有 25,000 名記者，分布在報紙、雜誌、廣播、電視和工商界的公關部門。他們分別隸屬於以下組織 (Meyn, 1985: 100)：

　　一、德國新聞記者協會（Deutscher Journalisten Verband，簡稱 DJV），約有會員 14,000 人。

　　二、德國新聞記者工會（Deutsche Journalisten Union，簡稱 DJU），約有會員 7,500 人。

　　三、廣播、電視、電影工會 （Rundfunk-Fernseh Film Union， 簡稱 RFFU），約有會員 2,000 人。

　　四、德國僱員工會 (Deutsche Angestelltengewerkschaft)，會員不到 100 人。

　　多年以來，實務界想把所有傳播媒介的工作人員統合於一個工會組織之內的努力終於在 1984 年宣告失敗。失敗的主要原因是：

　　德國新聞記者協會中的多數會員認為，應將記者和排字、印刷、發行人員分開組織。

但是，隸屬於印刷、紙業工業工會 (Die Industriegewerkschaft Druck und Papier) 的德國新聞記者工會和隸屬於藝術工會 (Die Gewerkschaft Kunst) 的廣播、電視、電影工會則認為，以上的想法純粹是一種「充滿階級優越性的想法」。他們認為，要抵抗資方的強大勢力，惟有靠勞方不分階級的團結一致方能竟其功。這兩個工會在 1985 年時決定，將不考慮德國新聞記者協會，而於 1988 年以前在德國工聯 (Dentscher Gewerkschaftsbund) 下成立「媒介工會——印刷、紙業、傳播和藝術」(IG Medien－Druck und papier, publizistik und Kunst) (Meyn, 1985: 100)。

第四節　記者的教育和在職訓練

在過去的幾年裡，西德有愈來愈多的學界和實務界人士不相信歐陸傳統的想法——「記者是天生的」；因此，也有愈來愈多的人認為記者應由大學來養成訓練。

慕尼黑大學大眾傳播研究工作小組 (Die Münchener Arbeitsgemeinschaft für Kommunikationsforschung) 的一項調查研究顯示，西德的日報記者當中，受過完整大學教育的，在地方版佔 8%，政治版佔 29%，其餘各版佔 17%。

為了解決這種專業訓練上的不足及缺陷，在 1970 年代時，西德許多有傳播和新聞科系的大學，如柏林大學 (Berlin)、波洪大學 (Bochum)、多特蒙大學 (Dortmond)、哥廷根大學 (Göttingen)、漢堡大學 (Hamburg)、曼茵茲大學 (Mainz)、慕尼黑大學 (München)、明斯特大學 (Münster) 和史徒特加大學 (Stuttgart-Hohenheim) 等在正式新聞科系外均附設以實務為主的新聞記者專業訓練班。以曼茵茲大學的「新聞記者討論班」(journalistisches seminar) 而言，申請人必須大學畢業，課程以 2 年為限，內容則完全偏重實務，任課教授則為西德各大媒體之主筆、編輯、製作人等有實務經驗者。2 年訓練結業後，發給證書。

但在西德誰要想到報社當記者的話，還是得經過見習記者這條途徑。一些針對見習記者所做的調查，顯示了見習記者制度中的許多缺陷：

　　一、見習記者經常被當做廉價勞工差喚。

　　二、見習記者通常得不到很好的照顧和指導，每 4 名記者即應有 1 名見習記者的規定也經常不能實現。

　　三、大多數的見習記者都只能在地方版工作、受訓，而很少有機會能跑其他路線的新聞。

　　以下將列舉目前存在於西德的新聞從業人員養成訓練機構：

　　一、慕尼黑的德國新聞記者學校。

　　二、漢堡的古魯納和雅爾新聞記者學校。

　　三、慕尼黑的電視和電影大學。

　　四、柏林的德國電影與電視學院。

　　五、科隆的大眾傳播學系。

　　另有提供新聞記者深造的機構如下：

　　一、漢堡的大眾傳播學院。

　　二、哈根的德國大眾傳播學院。

　　三、法蘭克福的基督教新聞學院。

　　四、曼茵茲的新聞記者討論班。

　　五、慕尼黑的傳播後進培育學院。

　　六、奧古斯堡的巴伐利亞新聞學校。

　　七、柏林自由大學曾於 1979 年至 1984 年間嘗試透過空中大學播出新聞教學課程。

第五節　記者的待遇和工作時數

根 據 1985 年 5 月 1 日 西 德 「日 報 編 輯 記 者 薪 資 等 級 合 同」

(Gehaltstarifvertrag für Redakteure an Tageszeitungen) 的規定，各級記者編輯的薪資下限為：

一、第一年的見習記者，按年齡不同，收入介於 1,600～1,775 馬克之間❸。

二、第一年的正式記者，視報社大小，收入介於 2,959～3,018 馬克之間。

三、主管級的記者編輯，收入則介於 4,877～5,609 馬克之間。

以上是最低工資標準，通常報社記者的收入都要超出上列的最低標準額。1970 年代中期，慕尼黑的一個傳播研究工作小組曾針對記者待遇做過問卷調查，結果發現：約有 53% 的地方記者，84% 的政治記者和 71% 的其他各版記者的收入超過最低標準額。根據曼恩 (H. Meyn) 的說法，這個結果至今仍然適用 (Meyn, 1985: 102)。

由於新聞記者的收入相當優厚，因此他們的工作時數通常會超過契約上規定的每週 40 小時。上述同一研究指出，約有一半以上的地方版記者在週一至週五的正常工作日，每天工作 9 小時左右。

第六節　記者與報老闆間的關係

1951 年，報紙發行人組織 (Die Organisation der Zeitungsverleger) 和德國新聞記者協會簽訂了 「日報編輯工資等級合同」 (Manteltarifvertrag für Redakteure an Tageszeitungen，簡稱 MTV)。合同中明文規定，報紙發行人須於聘約中約束受聘記者編輯遵守報社之編輯方針；基於西德自由經濟報業結構之本質，報社老闆擁有如下之權限，決定報社之政治、經濟、文化走向。

實際狀況如何呢？阿倫斯巴赫民意測驗機構 (Institut für Demoskopie Allensbach) 在 1973 年針對 75 家報社的 50 名總編輯、60 名各版主任和近 100 名的編輯記者所做的一項調查顯示，對於「誰決定報社言論方針」這樣

❸ 根據 1988 年的匯率，每 1 馬克約換算 18 元新臺幣，故西德的見習記者，每個月收入換算成新臺幣約介於 28,800～31,950 元之間。

一個題目，有 71% 的編輯記者，53% 的各版主任和 64% 的總編輯回答「由
編輯部全體同仁決定」；只有 9% 的編輯和 5% 的各版主任回答「主要由報老
闆決定」。

　　有 67% 的編輯，44% 的各版主任和 35% 的總編輯指出，報老闆的確偶
爾會干涉報紙的編輯作業程序，小自字句，大至版面的更動都可能發生
(Meyn, 1985: 104−105)。

　　1976 年，德國新聞部委託慕尼黑大學大眾傳播研究工作小組，在羅格勒
(O. B. Roegele) 主持下，調查訪問了全德 90 家日報和週報的老闆，發現絕大
多數報老闆的政治傾向保守，有 41% 希望基督教民主聯盟／基督教社會聯盟
(CDU/CSU) 當政，29% 希望基督教民主聯盟／基督教社會聯盟和自由民主黨
(FDP) 組成聯合政府，6% 希望社會民主黨 (SPD) 和自由民主黨組成聯合政
府，4% 希望自由民主黨單獨執政，沒有人希望社會民主黨單獨執政。

第七節　報業的內部新聞自由

　　為了體現報業內部的新聞自由，防止經濟力量或其他力量干預報紙的運
作，西德的學界、實務界和傳播政策決策人士歷年來提出以下建議：

　　一、報業的經營不應純粹民營，而應以基金會方式或公營（如西德的廣
播、電視制度）方式營運。

　　二、記者編輯應可在經濟上參與報館經營。

　　三、加強記者編輯在報館中的決定權。

　　1972 年在杜塞爾道夫召開的德國全國法律會議中的新聞法小組就曾經
做了如下的決議：「為了保障一個自由的報業，和自由、周延的資訊和意見形
成，勢必要經過立法的程序來規範報業內部的組織……最起碼的法律規範應
包括：報紙的基本言論立場應由報紙的發行人決定。如果有新的情況發生，
報紙的發行人可徵求編輯部意見，共同決定報社言論取向。所有編輯記者之

更動，均須經由總編輯之同意，且須於聽取相關版面主任意見及經過編輯部代表們的同意後方能行之。發行人可於聽取前述編輯部代表們的意見後決定總編輯人選。由於總編輯與編輯部的關係特別密切，因此如果編輯部代表多數反對的話，發行人不得聘用或解聘總編輯。」(Meyn, 1985: 106)

當時執政的社會民主黨和自由民主黨聯合政府想把以上法界人士的建議擬入一般性的新聞法中，結果遭受極大的批評及阻力。可以想見地，絕大多數的報老闆不願見到「內部新聞自由」的具體法律化。因此，截至目前為止，「記者治報」的理想也只能在少數報社或雜誌社實現，而且完全是在一種自願的情況下實施，沒有任何法律上的效力。

少數實施記者治報的西德傳播媒介包括：《曼漢姆晨報》(*Mannheimer Morgen*)、《南德日報》(*Süddeutsche Zeitung*)、《科隆市廣告報》(*Kölner Stadt-Anzeiger*) 和《明星》(*Stem*) 雜誌。

1976 年由羅格勒教授主持的研究結果顯示，西德有 81% 的報社沒有「編輯部規章」(redaktionsstatut)。有三分之二的報老闆根本反對訂定這種規章。

《明鏡》雜誌的編輯記者亦曾在 1970 年代初期積極爭取記者治報卻告失敗，其間的經過由當時的《明鏡》記者崔能 (Bodo Zeuner) 寫成書於 1972 年出版。

霍夫曼‧林恩 (Wolfgang Hoffmann-Rim) 和柏拉拿 (Udo Branahl) 也在他們的書中，針對「傳播媒介內部新聞自由」這個主題訪問了許多地方性日報的記者編輯，結果發現大多數的受訪者認為 (Hoffmann-Rim und Branahl, 1975)：

一、編輯部諮詢委員會絕非如報老闆們想像的是一個「鬥爭機構」，也不是專門製造衝突和矛盾的地方。相反地，它可以在勞資雙方意見不合時，提供勞方道義上的支援。

二、編輯記者參與報館營運並不會影響編輯部作業的效率和品質。

三、有 14% 的受訪者甚至認為記者治報反而可以大大提高編輯部的工作效率。

除了報紙與雜誌，廣播與電視的工作人員也不甘寂寞，他們隨後也提出

同樣的要求。西德第一家有「編輯部規章」的電臺是北德電臺 (Norddeutsche Rundfunk)，時間在 1973 年。北德電臺「編輯室規章」的第四條明文：「如果節目被取消播出，或在內容上做有違作者原意的修改時，經由原作者的要求，主張取消播出或修改內容者須於編輯會議上說明理由。」也就是說，電視節目仍有被停播或修改內容的命運，但如果作者提出要求，則決策者須對以上決定提出說明❹。

第八節　報業集中及其因應之道

西德的報業集中是以出版社為主的報團形式出現。

西德最大的報團是環繞著史賓格出版社 (Springer Verlag) 的報團。 西德近一半的日報和星期日報屬於 5 個報團，其中 30% 屬於史賓格報團。60% 的雜誌屬於 4 大集團，其中三分之一隸屬包爾出版社 (Bauer Verlag)。

一、因應之道

1960 年代，西德政府在國會的要求下成立了一個委員會。這個委員會有個很長的名字「西德研究報業經濟危機和報業集中對意見自由後果委員會」，簡稱「報業委員會」(Pressekommission)。

該委員會在 1968 年提出的終結報告（該報告未能得到所有委員之同意）中指出：「本委員會的憂慮是，本國國民在不久的將來將因為報業的高度集中，不再能從足夠的獨立媒體獲得資訊，自由地建構自己的意見。這種情形在政治性週刊、街頭零售報和星期日報已經是事實。同樣地，有許多都市和地區目前只存在一家報紙……」(Meyn, 1985: 86)。

報告公布以後，當時的德國聯邦報業出版人協會的成員有不同的看法。

---

❹　有關西德傳播媒介內部的新聞自由，可參閱翁秀琪 (1987)。〈傳播媒介內部的新聞自由──開放報禁後的另一個問題〉，《自立晚報》，4 版，4 月 7 日、8 日。

他們指出，報業委員會的研究範圍不夠廣泛，所做之結論亦未能確切指出新聞自由「何時」遭到妨礙或危害，因此是相當主觀的論斷。

報業委員會則認為，政府如不採取預防措施，報業集中的情形將會在不久的將來達到不可收拾的地步，因此做成了以下的建議：

㈠確定報團在市場中所佔比率的上限

如果一個報團擁有的日報和星期日報的發行總數佔市場的

　　20%，則新聞自由受妨礙；

　　40%，則新聞自由受危害。

如果一個報團同時發行日報和星期日報，而該報團在以上任何一個範疇擁有市場的

　　20%，則它只要在另一範疇再佔有市場的 10%，則新聞自由已受妨礙；

　　40%，則它只要在另一範疇再佔有 15%，則新聞自由已受危害。

㈡政府每年須對西德境內之報紙現狀做詳盡之研究報告。

㈢按照巴伐利亞和黑森兩邦的例子，充實修訂各邦之《新聞法》，明文規定各報團須將財務結構在所屬刊物上公開 ❺。

㈣提供中、小型報紙經濟上的支援，加強其在市場上的競爭能力。

㈤改善記者的社會地位。

報業委員會的這些建議並未為當時執政的社會民主黨／自由民主黨聯合政府所採納，而以通過一項限制報業合併的法律取代之。根據該法的規定，如果報業的合併使得年收入超過 2,500 萬馬克時，則合併須經過聯邦企業聯合局 (das Bundeskartellamt) 的同意。聯邦企業聯合局對於提出合併申請的案子通常可有以下 2 種處理方式：如果透過合併造成市場壟斷或加強原報館勢

---

❺　黑森邦《新聞法》第五條明文：

⑴當一家出版定期刊物的出版社以股份公司或股份兩合公司 (die kommanditgesellschaft auf Aktion) 的形式營運時，必須對股權所有人加以明示。

⑵一家出版定期刊物的出版社必須每隔固定時間在刊物上明示誰是該刊物的經濟來源，亦即日報是在每一季的第一份報紙上，其餘定期刊物則是在每年的第一份刊物上刊出。

力，則予拒絕；如果欲合併的報社能提出證明，透過合併確能平衡市場競爭，且優點大過市場壟斷的缺點時，可予批准合併。

聯邦企業聯合局在實際作業時並未嚴格遵守上述 2,500 萬馬克年收入的規定，不過，通常當報業合併後其報份不超過 8 萬份時，該局不會加以干涉。這種作業方式當然無法完全阻止報業集中，但在許多情況下卻可以維持報業市場的公平競爭形勢。

二、《報業統計法》

由於各報社提供的統計數字相當不全，有時甚至前後矛盾，因此 1974 年時西德國會通過了《報業統計法》(Presse Statistik Gesetz)。這項法律的主要目的在督促報業提供各項精確的統計數字。這些具體的資料可以使政府和大眾對可能影響新聞自由的不利發展及早發覺防範。

1976 年時，當時執政的社會民主黨／自由民主黨聯合政府決定自 1977 年起，減收所有日報一部分的所得稅。這樣的決定引起了許多爭議，因為有些日報的盈利頗多，政府不分彼此一律予以補助，使強者無異如虎添翼，更助長了他們併吞其他小報的能力。

三、瑞典和法國的例子

瑞典在這方面的作法也許可以提供我們做參考。瑞典政府自 1969 年起對報業提供以下資助：

㈠設立報業借貸基金。

㈡對於在市場上居劣勢的報紙，政府提供直接的津貼。

㈢廣告收入予以減稅優待。

瑞典自從實施上述對弱勢報紙的輔助措施以後，迄今只有 1 家日報宣布關門。比諸從前，自 1945 年至 1968 年，共有 77 家報紙宣告倒閉。目前瑞典政府對報業的補助佔瑞典每年國庫支出的 0.2%。

至於法國，自 1946 年至 1984 年，全國性的報紙從原有的 28 家減為 11 家，而地方報則從原有的 175 家減為 73 家。法國政府為了遏阻報業集中趨勢

更趨嚴重，乃於 1984 年通過了一項法律，以確實防止報業集中並維持報業的多元本質。根據這項法律的規定，沒有任何一個報團可以擁有超過 15% 的全國性或地方性報紙，兩者合起來則不得超過 10%，但是黨的機關報不受以上限制。以上的法律主要是針對同情在野保守黨的「赫桑報團」(Hersant-Konzern) 而來的。該報團僅在巴黎一地就擁有《費加洛》(*Figaro*)、《奧羅萊》(*Aurore*) 和《法國晚報》(*France Soir*) 三大報，而在地方更擁有大小報紙 15 家，每日發行量超過 100 萬份。法國憲法院在該法律通過不久後又做了部分修訂。根據修訂後的法律，政府不得對現存的報團採取任何措施，算是執政黨對代表反對勢力的赫桑報團的一種政治讓步。

第九節　記者的工作權

目前西德規範報業勞資關係的法令是 1951 年時報紙發行人組織和德國新聞記者協會共同簽訂的「日報編輯工資等級合同」。目前適用的是 1976 年 10 月 1 日修正，1977 年 1 月 1 日生效的新規範內容。以下將舉其重要者說明之❻：

第一條規定此合同適用範圍為西德及西柏林。適用對象為所有日報報社及在日報工作之專任記者編輯（總編輯除外），各報駐外特派員包括在內。

第二條規定聘用記者編輯應備有正式之書面合同。

第三條規定最低工資（有關最低工資請參閱本文第五節「記者的待遇和工作時數」）。

第四條規定報社每年應發 13 個月的薪金。

第八條規定記者編輯在一個 40 小時的工作週後，應有一個不受干擾的連續休息時間。加班費的計算，每 1 小時以正常月薪的一百五十分之一計；星期日或國定假日另加 40 馬克。

❻　所有條文均取材自 Löffler und Ricker, 1978。

第十條詳細規定休假。在這裡，《聯邦休假法》(das Bundesurlaubsgesetz) 亦適用；也就是說，當法律規定較 MTV 規定有利時，法律規定優先適用。休假的長短視當事人的年資和年齡而定。在漢堡市、黑森和下薩克遜邦 (Niedersachsen)，記者編輯甚至可以要求帶薪的「進修休假」 (bezahlter Bildungsurlaub)；也就是說，當記者編輯利用休假期間從事與工作有關的進修時，則可要求照領薪水。

第十四條規定辭職和解聘的期限。無論是記者編輯主動辭職或僱主解聘均須於每年 3、6、9、12 月結束前的 6 星期提出，且須於各企業（報社）之諮詢委員會中提出討論。

至於當報社合併而造成記者、編輯工作上之變動時，除上述之 MTV 外，尚可適用之規範為 1968 年 9 月 10 日通過之「日報合作、集中導致之社會困境救濟合同」。該合同第五條規定，當記者編輯因報業合併而需尋找其他工作機會時，可申請過渡時期補助；依第八條可申請失業救濟金；依第七條則可申請養老補助金 (Löffler and Ricker, 1978: 175)。

有關退休、養老補助，除了合同及薪資分級契約 (gehaltstarifvertrag) 分別有所規定外，尚可引用「日報編輯養老契約」 (Tarifvertragüber die Altersversorgung für Redakteure an Tageszeitungen) 中的規定。該契約於 1976 年 10 月 22 日修正，1977 年 1 月 1 日生效實施。根據該契約第二條規定，日報的發行人有義務替所有記者編輯在 「報業人員安養事務所」 (das Versorgungswerk der Presse Gmb H) 投保，投保年限至 65 足歲止，保險金額各按保額由勞資雙方各付一半。資方有權自勞方薪資中主動扣除勞方應負擔之保險金額。

第十節　記者編輯的罷工權

記者、編輯可否罷工？罷工是否違反《憲法》新聞自由的精神？這是一

個相當複雜的問題。一方面，記者、編輯是勞資關係中的勞方，按理於爭取合理的工作待遇和環境時，在不得已的情況下應可以罷工作為爭取權益的手段。但是，大眾傳播媒介是社會公器，負有告知、監視環境、承傳文化等神聖使命，同時，社會大眾多賴傳播媒介提供之訊息建構意見，大眾傳播媒介更負有監督政府及議會運作等公眾任務，如果任意罷工，勢必妨礙大眾知的權利，有違《憲法》新聞自由之精義。

　　贊成記者編輯可以無條件罷工的人表示，當報業罷工期間，大眾可以從廣播、電視上獲得資訊，但法界人士如賀能坎普 (Hernekamp)、勒伏勒 (M. Löffler) 等人均反對這樣的說法。他們指出：一個自由報業在民主政治運作的過程中所佔的地位是無可取代的。傳播及民意學者諾爾紐曼 (E. Noelle-Neumann) 則在 1976 年的一次報業罷工期間做調查，發現報紙罷工期間，廣播、電視的新聞節目收視情形不僅沒有增加反而減少。特別是在只有一家報紙的地區，廣播、電視更無法取代報紙的地位 (Noelle-Neumann, 1976)。

　　為了解決這種兩難的困境，西德法界人士提出一種解決的辦法，即在報業罷工期間發行所謂的「緊急報紙」(Notzeitungen)。緊急報紙的頁數較正常時期的報紙少，但須包括最低限度的必要訊息。這種緊急報紙的發行是勞資雙方共同的責任，資方須提供一切必要的設備（雇主此時不得運用其在勞資衝突中的殺手鐧——「反罷工」，關閉工作場所不准勞方上工），勞方亦須安排足夠出報的人手，其餘的人則可繼續罷工。這種作法不失為兩全之計，既顧到了記者編輯的工作權，也不違背《基本法》中新聞自由的精神。

　　1976 年時，西德還發生過排字工人因不滿記者某篇稿子的立場而拒絕排字，予以開天窗。法界人士對這件事的看法相當一致，均認為排字工人這種行為嚴重危害了新聞自由的精神。記者報導的自由絕不可受任何利益集團或政府的干預威脅，排字工人如有不同意見，理應循各邦《新聞法》中均有規定之「相反意見之陳述」(Gegendarstellung) 的規定，要求報社做平衡之報導，切不可運用形同暴力的手段——開天窗——來危害新聞自由。

參考書目

Aufermann, J. (1975). "Pläne und Modelle zur Hochschulausbildung von Journalisten: München, Dortmund, Berlin, Mainz", in Jörg Aufermann und Ernst Elitz (Hrsg.), *Ausbildungswege zum Journalismus. Bestandsaufnahmen, Kritik und Alternativen der Journalistenausbildung*, p. 198ff. Opladden (Studienbilder zur Sozialwissenschaft 18).

Donsbach, W. (1979). "Kommunikationswissenschaftler ante Portas. Journalisten-Einstellungen zur Journalisten-Ausbildung", in H. M. Kepplinger (Hrsg.), *Angepabte Aubenseiter — Was Journalisten denken und wie sie arbeiten*, pp. 210–222. Freiburg and München.

Hoffmann-Lange, U. und K. Schönbach (1979). "Geschlossene Gesellschaft — Berufliche Mobilität und Politisches Bewustsein der Medienelite", in H. M. Kepplinger (Hrsg.), op. cit., pp. 49–75.

Hoffmann-Riem, W. und U. Branahl. (1975). *Redaktionsstatute in der Bewährung* (Materialien zur interdiziplinären Medienforschung 2). Baden-Baden: Nomos Verlagsgesellschaft.

Von Hadel, W. (1977). "Ausbildungspraktiken in der Bundesrepublik Deutschland", in Heinrich-Dietrich Fisher und Otto B. Roegele (Hrsg.), *Ausbildung für Kommunikationsberufe in Europa*, pp. 37–47. Düsseldorf: Droste Verlag.

Kieslich, G. und Mitarbeiter (1974). *Der journalistische Nachwuchs in der Bundesrepublik Deutschland, Daten zur Volontärausbildung in der Tagespresse.* Köln，此處轉引自 W. Von Hadel (1977). op. cit., p. 37.

Kühnl, R. (1969). "Springerpresse und Neofaschismus", in Peter Brokmeier (Hrsg.), *Kapitalismus und Pressefreiheit. Am Beispiel Springer*, p. 135ff. Frankfurt am Main: Europäische Verlagsanstalt.

Lahusen, A. (1976). "Berufsordnung für Journalisten", in *Zeitschrift für Rechtspolitik*, 5: 111–113.

Löffler, M. und R. Ricker (1978). *Handbuch der Presserechts.* München: C. H. Beck'sche Verlagsbuchhandlung.

Meyn, H. (1985). *Massenmedien in der Bundesreplik Deutschland.* Berlin: Colloquium Verlag.

Noelle-Neumann, E. (1972). "Pressekonzentration und Meinungsbildung", in Dieter Prokop (Hrsg.), *Masson-Kommunikationsforschung. 1: Produktion*, pp. 242–274. (Bücher des Wissens 6151). Frankfurt am Main: Fischer Taschenbuch Verlag.

Noelle-Neumann, E. (1976). *die Zeitung*, Nv. 7/8，此處轉引自 M. Löffler und R. Ricker (1978). op. cit., p. 182.

Ricker, R. (1976). "Kein Standeszwang im Pressewesen", in *Zeitschrift für Rechtspolitik*, 5: 113–115.

Rohde, K. (1979). "Die Karriereleiter. Ausbildung und Einkommen in Journalismus von der Mitte des 19. Jahrhunderts bis zur Gegenwart", in H. M. Kepplinger (Hrsg.), op. cit., pp. 189–209.

Schneider, P. et al. (1969). Pressekonformität und Studentischer Protest. Unveröffentlichtes Manuskript Berlin，此處轉引自 H. Meyn (1985). op. cit., p. 84.

Springer, A. (1967). *Über den Beruf des Zeitungsverlegers. Rede für Karl Andreas VoB zum 1. Juni 1967.* Sonderuck, herausgegeben von der Abteilung Information Berlin im Verlagshaus Axel Springer.

Zeuner, B. (1972). *Veto gegen Augstein. Der Kampf in der "Spiegel" — Redaktion um Mtbestimmung.* Hamburg: Verlag Hoffmann und Campe.

知溝研究實例

知溝模式在臺灣地區之初探
——以 **1989** 年選舉期間之
選舉、股票知識為例

本研究由張雯音小姐和作者合作完成，曾於 1989 年於國立政治大學傳播學院大樓落成學術研討會上發表。

摘　要

　　本論文依據原始「知溝假說」及後續研究之修正，以 1989 年選舉期間，臺灣北區成人之選舉及股票知識為例，用內容分析法及小樣本連續電話訪問法，探討知識分配及消息來源的改變。本研究主要的發現如下：

　　一、部分人口學變項會影響知識的多寡，但因議題而異。

　　二、興趣對知識的影響，視議題、時間而定。

　　三、股票知識多寡由投資與否所決定，但選舉知識則不受與選舉是否有關聯的影響。

　　四、知識有累積性存在，且和教育程度無必然之關係。

　　五、不同類的知識，消息來源不同。

　　六、選舉前，衝突性大的議題其知溝較小，選舉後則否。

　　七、選舉前，地區議題之知溝不顯著；選舉後，當地議題之知溝大於非當地議題之知溝。

　　八、在報紙上高刊載量的選舉議題，其知溝大於低刊載量的股票議題。

　　九、多元程度高的臺北社區，其選舉知溝大於多元程度低之桃園社區，而股票知溝則無此現象發生。

　　十、經過競選活動後，選舉和股票兩議題的知溝都變大了；此外，以電視及家人親友得知選舉消息的程度顯著增加，而以各消息來源得知股票消息的程度不變。受訪者由選舉前到選舉後，對民進黨的印象也有顯著的改善。

第一節　緒　論

西方資本主義認為經濟發展到了某個階段，其成果會自然向社會各階層擴散，稱為「下滴效果」(trickle-down effect)。在一些低度開發的國家，經濟即令有些成長，都被優勢階層吞併，反而加深社會上貧富懸殊的現象（引自李金銓，1984: 224）。

提契納 (P. J. Tichenor) 等人提出「知溝假說」 (knowledge gap hypothesis)❶，認為知識也會和財富一樣，有貧富差距日大的現象 (Tichenor et al., 1970)。

臺灣近年來在政治、社會和經濟上都有巨大的轉變。在政治上，解除了40 年的戒嚴令、開放大陸探親以及報禁、黨禁，使得 1989 年底的 3 項公職人員選舉顯得格外重要。

在社會上，開放報禁解除了議題禁忌，加上學生和農民運動興起，街頭請願活動日增，以及伴隨解嚴而來的治安惡化，都使社會秩序大為混亂。

在經濟上，國內的投資管道有限，利率又低，使得許多資金都由銀行流入股市；而且國外也有熱錢流入，股票市場開始吸引一般民眾的注意，造成人們工作意願低落；又加上證券商開放設立，媒體大幅報導，連大家樂賭徒也轉向股市發展，使得股價指數在 3 年內，由 1,000 多點升至 10,000 多點，買賣股票成為全民運動，影響層面更由臺北擴散到全省。

研究者選擇了臺灣地區 1989 年的兩個熱門話題——「選舉」和「股票」，

---

❶ "Knowledge gap" 的中文譯名有許多種，如 「知溝」（李金銓，1984 ；林東泰，1988）、「知識溝」（張錦華，1979）、「知識代溝」（彭芸，1986）、「知識鴻溝」（李茂政，1984）、及「知識差距」（王小惠，1988 ；陳世敏，1983 ；莊克仁，1988 ；潘家慶，1983）。今取 「知溝」 因其簡潔易懂。此外英文名稱亦有 "information gap"，"information inequity", "information inequality", "information poor" 及 "communication gap" 等，也是指類似的概念，除特別說明之外，本文一律以「知溝」稱呼。

一方面要檢驗知溝假說在臺灣地區之適用性，一方面也想知道選民對選舉的認識，及民眾對股市的參與和了解，期望對理論的建構及政策的擬訂有所助益。質此，本研究之研究問題如下：

一、選舉及股票兩種知識的分配如何？經過一段期間的資訊傳佈以後，知識是普及了抑或知溝增大了？

二、如果有知溝，是什麼因素造成的？

三、選舉及股票知識的來源為何？是否會因議題種類、時間而有所不同？

四、經過一段期間的資訊傳佈活動之後，對政黨的印象、對議題的興趣與態度，是否也有了改變？

第二節　文獻探討及研究架構

一、知溝研究的起源及修正

知溝假說是由提契納等人在 1970 年代提出的。其內容為 (Tichenor et al., 1970: 159–160)：

「流入社會系統的大眾傳播媒介資訊一旦增加時，社經地位較高者，其吸收資訊的速度會比社經地位較低者快，以致這兩類人的知溝會擴大而不會縮小」。

提契納等人認為，造成知溝擴大的原因有：

㈠傳播技巧：提契納等人以教育程度為社經地位的指標，認為受愈多正規教育者，其閱讀、理解和記憶的能力也愈高。

㈡資訊存量：高教育程度者有較多的資訊存量，比較容易了解媒介上的新資訊。

㈢社會接觸：教育使個人有較廣的活動範圍、較頻繁的人際接觸、較深入的討論，導致高教育程度者吸收新知的速度較快。

㈣選擇性的暴露 、 接受與記憶 (selective exposure, acceptance and retention of information)：高教育程度者比較會主動接觸訊息；態度和教育程度會有聯合效果，使高教育程度者吸收較多的知識。

㈤媒介性質：大部分科學及公眾事務的新聞，都刊登在報紙或雜誌等印刷媒介上，而傳統上印刷媒介又有取悅及迎合高教育程度者的習慣，因此高教育程度者較易由媒介得到知識。

提契納等人認為，知溝對社會有很大的影響，會造成社會的緊張。原始知溝假說提出 5 年之後，他們又提出了一些修正和補充，加入社會系統的變數如下 (Donohue et al., 1975)：

㈠事件的本質。

㈡系統對事件的衝突程度。

㈢社區的結構及多元程度。

㈣媒介報導的頻率及重複的程度。

以上這些社會因素交互影響知溝，例如：在同質程度高的小社區，民眾對於媒介很少報導的當地衝突性議題，知溝最小；人們普遍知道此事，而不因教育程度之差別，有知識上的不同。

貝利 (G. A. Bailey) 在威斯康辛州研究「地球日」環保運動的效果。研究結果顯示，教育程度高、年輕、職業階層較上層及對政治事務較熱衷者，所獲得的 「地球日」 相關知識較多 。「地球日」 宣導運動增大了知溝 (Bailey, 1971)。

傑諾瓦 (B. K. L. Genova) 和葛林堡 (B. S. Greenberg) 調查密西根中部的受訪者對「足球聯盟罷工」及「尼克森彈劾案」的知識與興趣。傑諾瓦等人發現，興趣比教育程度更能影響知識的多寡 (Genova and Greenberg, 1979)。

伊特馬 (J. S. Ettema) 和克萊恩 (F. G. Kline) 認為，除教育程度之外，動機更是影響知溝的因素 。 他們提出以下幾種影響知溝的因素 (Ettema and Kline, 1977)：

㈠跨情境缺陷因素 (transsituational deficits factor)：缺少傳播技巧如語言、認知能力、教育程度不足等不因情境而改變的因素。

㈡特定情境差異因素 (situation-specific difference factor)：知識的多寡要視情況而定，例如：個人對某類資訊較有興趣，或者這種資訊被認為有用，吸收資訊的動機就會比較強。

㈢天花板效果 (ceiling effect)：

1.人為的 (artifact)：因測量及方法上的問題，造成知溝縮小。

2.強制的 (imposed)：

⑴來源強制的 (source-imposed)：因訊息所含資訊有限而造成知溝縮小。

⑵受眾強制的 (audience-imposed)：知識較多的受訪者，覺得自己所知已經夠了；而知識較少的人因知識貧乏而有較強的動機吸收知識，因此導致知溝縮小。

3.真正的 (true)：知識領域有上限。

伊特馬等人在有關「心臟血管疾病及健康宣導活動」的連續研究中發現，動機較強者在宣導活動中收穫較大；而無宣導活動時，高教育程度者知識較多 (Ettema et al., 1983)。羅夫利奇 (N. P. Jr. Lovrich) 和皮耶斯 (J. C. Pierce) 分析影響「水資源管理政策」知識多寡的因素，研究結果支持了伊特馬等人的看法：低社經地位者如果對某種資訊有特別的需要或興趣，他們所獲得的知識並不會比較少，知溝也不會因宣傳活動而擴大 (Lovrich and Pierce, 1984)。

道格拉斯 (D. F. Douglas) 等人在威斯康辛州長達 6 個月的智障宣傳活動前後，調查人們對智障的了解。活動之後，實驗組（有活動的社區）的智障知識多於控制組（沒有活動的社區）；而實驗組中知溝縮小了，但控制組的知溝反而擴大，道格拉斯等人無法解釋此一現象 (Douglas et al., 1970)。

阿多尼 (H. Adoni) 和柯恩 (A. A. Cohen) 研究以色列的猶太成人對經濟知識的了解。結果顯示他們的經濟知識很少，但和自己直接有關的知識，比只是間接有關的知識高一些。女性、低教育程度及低收入者的經濟知識較少，而男性、高教育程度及高收入者的經濟知識較多 (Adoni and Cohen, 1978)。

蓋西安諾 (C. Gaziano) 在 1980 年研究明尼蘇達州居民閱讀鄰近報 (neighborhood newspaper) 和參加組織活動對知溝的影響。資料顯示，教育程度仍是影響知識高低之重要因素；閱讀鄰近報和參加組織活動的效果，並不

能彌補低教育程度所造成的知識貧乏。教育程度有助於形成資訊環境，影響個人的興趣及吸收資訊的能力，也造成知溝；並藉著知溝，導致社會結構的改變 (Gaziano, 1984, 1989)。

　　馬奎爾 (D. McQuail) 和溫德爾 (S. Windahl) 認為，社會中並不是只有一種知溝，而是有很多種知溝，依切入社會人群的不同角度而有所變化 (McQuail and Windahl, 1981)。

　　張錦華在整理影響知溝的諸多因素後，認為興趣才是影響知溝大小的直接因素，而間接因素有以下幾個：

　　㈠個人因素：社經地位、教育程度、需求及預存立場。

　　㈡社會因素：人際結構、社會結構及衝突。

　　㈢媒介因素：媒介特質、報導技巧及重複。

　　㈣問題性質：是否為大眾關心。

　　張錦華認為，社會衝突是減小知溝的最佳時機，但這並不是說，為了消除知溝，我們必須製造衝突，因為衝突只是促使人們關心某一議題，並對其產生興趣的條件，興趣才是影響知溝的直接因素（張錦華，1979）。

　　由上述各項後續研究可知，除了教育程度所代表的社經地位之外，其他影響知溝的因素，還包括個人的動機、興趣和議題的關己程度，而個人所處的社區結構也是一個重要因素。此外，議題本身的性質和媒介報導量的多寡也會影響知溝。修正後的知溝假說，不僅拓廣其關懷的層面，也增加假設本身的解釋力。

二、傳播效果差距

　　羅吉斯 (E. M. Rogers) 認為，知溝假說應擴大為傳播效果差距 (communication effcct gap)，以下幾點值得注意 (Rogers, 1976)：

　　㈠除了考慮閱聽人所獲得的知識之外，也要考慮態度和行為上的改變。

　　㈡除了考慮大眾媒介的刊載量之外，也要考慮人際傳播，以及人際傳播與大眾傳播的聯合效果。

　　㈢除了社經地位之外，也要找出其他影響傳播效果差距的因素。

星吉 (P. M. Shingi) 和謀第 (B. Mody) 配合印度電視臺每週播放 3 次的農業新知介紹，調查農民對於「馬鈴薯耕種」及「小麥播種」的無知程度 (ignorance)。結果發現愈無知的農民由電視學得的知識愈多，且所得之新知量與教育程度、社會地位、財富及農業資源均無關 (Shingi and Mody, 1976)。

　　蓋樂魏 (J. J. Galloway) 選擇「健康」及「農業」為題，研究印度農夫們在知識及採納上的改變。他用了許多方法來區隔農民，例如：教育程度、年齡、職業、社會參與、媒介接觸等。研究結果顯示知溝縮小了，而採用差距 (gaps in adoption) 並沒有顯著的變化。蓋樂魏認為，知識的傳播已達天花板效果，而採用新事物方面仍有發展的空間 (Galloway, 1977)。

　　這些創新傳布的研究者認為，如有適當的傳播策略，並付出一些額外的努力，傳播效果差距並非無可避免之事。他們提出的建議如下 (Rogers, 1976, 1983; Rogers and Adhikarya, 1979; Röling et al., 1976; Shingi and Mody, 1976)：

　　㈠利用傳統的傳播媒介，如木偶戲和說書，在傳統人們聚集之處如茶館、市場等，向窮人散布新事物。

　　㈡重複發出訊息，並利用天花板效果使低社經地位者趕上高社經地位者。

　　㈢為低社經地位者製作適合於他們的訊息，即所謂的先饋 (feedforward) 訊息，並以他們可以接受的方式展現。

　　㈣利用窄播 (narrow-casting)，如使用錄音帶，針對特定對象製作特殊的訊息，並可由受眾自己選擇收聽的時間，而不必受廣播時間的限制。

　　㈤找出低社經地位者中的意見領袖，並且請助理協助推動新事物。

　　㈥加強低社經地位者對於精英及改變策動者的信任。

　　創新傳布整合了人類學、社會學、鄉村社會學、教育、公衛、傳播、行銷及地理等諸多領域對新事物、新觀念傳布的研究，又將創新決策過程的第一階段——知曉階段——與知溝研究相連結，形成傳播效果差距研究 (Rogers, 1983)。傳播效果差距研究也擴大了知溝假說的範圍，將態度與行為上的差距與知溝做比較，也將人際傳播納入知溝研究考慮的範圍；更提供了改善知溝的傳播方式，使知溝研究由單純的知識分配理論研究走向減小傳播效果差距的實務研究。

三、選舉研究

畢夏普 (G. F. Bishop) 等人研究 1976 年美國總統競選的電視辯論效果，結果發現看電視辯論者的政治知識較不看者多；同時，看電視辯論者中，高教育程度者收穫較多 (Bishop et al., 1978a–b)。

米耀 (Y. Miyo) 研究 1980 年美國總統大選，在 3 次的調查中，以大選前的選舉知識最多，而且經過一年之後，所保存的知識雖減少了，但還記得相當多，而初選前測得的知識最少。高教育程度者的選舉知識多於低教育程度者，但兩者的資訊增加量並沒有顯著差異；也就是說，知溝在 3 次訪問期間保持不變 (Miyo, 1983)。

莫耳 (D. W. Moore) 研究 1978 年新罕布什爾州的州長選舉，並選擇了「稅收」和「進步建設工作」(construction-work-in-progress) 為題調查。他發現所有的受訪者在經過 6 週的競選活動之後，有關兩個議題的知識都增加了。稅收議題在高、低教育程度者間的知溝保持不變，而進步建設工作議題的知溝卻加大了。莫耳特別提出時間因素的重要性；新事物散佈時間呈 S 曲線與其特性有關，故各種新事物之知溝有不同的變化 (Moore, 1987)。

查菲 (S. H. Chaffee) 和麥克柳 (J. M. McLeod) 在威斯康辛州州長及參議員選舉前的調查中發現，社會影響資訊尋求的變項中，影響力以社會層面的變項大於個人層面的變項。對候選人的知識，則和資訊尋求有正相關。人們尋找資訊是為了參與討論與建立其社會角色 (Chaffee and McLeod, 1973)。

在選舉期間，有大量平時所沒有的資訊流入社會，正好符合知溝假說的前提，因此選舉可以說是研究知溝的大好時機。以上所提之選舉研究，都用電話訪問，且重視時間因素對於知溝的影響。

四、消息來源對知溝的影響

不同的媒介對知識的獲得及分配具有不同的效果。米耀在威斯康辛所做的選舉研究發現，無論受訪者的教育程度如何，依賴報紙為主要消息來源者，都比依賴電視者的政治知識多 (Miyo, 1983)。

　　沙波 (E. B. Sharp) 研究肯薩斯州魏曲塔 (Wichita) 有線電視轉播市議會開會的情況。他發現，無論社經地位是高是低，大家都很愛看轉播節目，並沒有知溝存在 (Sharp, 1984)。星吉和謀第在印度所做的研究，也顯示電視是有潛力縮小知溝的媒體 (Shingi and Mody, 1976)。馬奎爾和溫德爾亦認為電視可以減小知溝 (McQuail and Windahl, 1981)。

　　然而電視也不是在任何情況都會縮小知溝。庫克等人 (T. D. Cook et al.) 研究兒童收看電視節目「芝麻街」的情況，發現家長教育程度愈高，其子女收看芝麻街的比例也愈高。卡茲曼 (N. Katzman) 發現，只有看芝麻街最頻繁的組別 (heavy user)，其中處於劣勢的兒童有趕上處於優勢的兒童之趨勢；其他 3 組看芝麻街較少的兒童，優勢及劣勢間之知溝並沒有縮小（引自 Severin and Tankard, 1988）。

　　魏納 (Werner) 研究挪威的一個兒童讀物電視廣告，發現在廣告播出之後，購買讀物的中產階級孩童人數，是勞工階級孩童的 5 倍，使得兩個階級孩童的知溝因而擴大（引自王小惠，1988）。卡提曼 (Katyman) 認為，當資訊負荷大時，資源富者可利用電腦來解決資訊超載的問題。新的傳播科技常在舊的知溝未癒合之前，又形成新的知溝，致使知溝似乎難以縮小（引自莊克仁譯，1988）。

　　同一個社會中，不同媒介帶給閱聽人的知識量不相同。通常，由報紙得知消息的受訪者知識多於由電視得知消息者，但電視被諸多學者寄予厚望，期望它能縮小知溝。此外，新的傳播科技也可能擴大現有的知溝。

　　不同媒介影響知識的獲得及分配，但和媒介傳播密不可分的人際傳播，顯然是被忽略了。人際傳播通常發生於兩個在資訊、社會地位、興趣和年齡上相近的個體之間，而且人際網路對於大眾媒介的內容，有重要的影響。大眾媒介提供「不相似的人們」(dissimilar persons) 另一個溝通管道，其「非人性」(impersonality) 的特色在許多地方都有作用，可以使無知的人不暴其短，並幫助人們做進入人際傳播的準備 (Chaffee, 1972)。

　　不同的社會其傳播型態及媒介結構都不相同。以臺灣研究中的各種知識類別為例，其消息來源分別如下：

政治知識來源以報紙為主，次為電視（張妮秀，1982；張讚國，1976；劉行健，1990），或以人際討論為輔（賴國洲，1978）。工業界科技人員的一般科技新知，其中有 72.92% 的人是得自《科技簡訊》或《技術資料》兩期刊；但工作上的技術新知，主要則來自專門書籍，及與同輩的人際討論（謝瀛春，1976）。新竹縣醫師對新藥的知識，主要來自醫學雜誌的介紹，及藥品代理商派人上門推介（皇甫河旺，1970）。

大學生的性知識主要來自書報刊物，其次是同學和朋友（楊煥烘，1980）。高職學生的人口教育知識，主要來源為大眾傳播工具（鄭惠美，1983）。南港民眾對高血壓防治的認識，主要來自鄰居及親友，其次為大眾傳播媒介（林淑華，1984）。

由此看來，不同類型的知識，其來源不盡相同，而且人際傳播和大眾媒介在不同類型的知識中，有不同程度的重要性。

其次，不同類型的知識，其知識量是否都和教育程度成正向的關係？還有其他的影響因素嗎？國內的研究結果如下：

大學生（賴國洲，1978）及高中生（張妮秀，1982）裡，男生的政治知識多於女生。青少年的政治知識，受家庭傳播型態的影響。家庭傳播型態為一致型及多元型的高中高職學生，政治知識較高，而保護型和放任型的學生政治知識較低。女生的政治人物知識會受家庭傳播型態的影響，但男生則否（張慧心，1988）。大臺北地區計程車司機中，年齡輕者、高教育程度者、偏國民黨者、參加品牌組織者、參加社團組織者、知識性動機及人際交流動機愈高者、傳播行為愈積極者，政治知識愈多（劉行健，1990）。

省立醫院對門診病人及住院病人進行為期 1 年的高血壓衛生教育，其方式有海報、錄影帶、傳單、上課、俱樂部、血壓測量訓練及演講等。在衛生教育之前，男性的高血壓知識多於女性；而高教育程度者，其知識也較高。但經過 1 年的高血壓衛生教育後，教育程度和性別之間的知識差異已不顯著了；而且使用愈多傳播方式者，其知識增加愈多（顏榮皇，1987）。

臺中某一股票投資班的學員中，實務投資組（沒修過投資學的投資者）的知識高於學術組（修過投資學的非投資者）及學用組（修過投資學的投資

者)。年齡方面,中年人知識最高。職業方面,則以學生的知識最少。非投資者的知識最少,但投資年數和知識並不成正比。教育程度方面,教育程度愈高,股票知識愈低,兩者呈負相關(黃玻莉,1988)。

　　一般說來,知識和教育程度(或父母的教育程度)呈正相關,唯股票知識例外。其他影響知識的因素還有年齡、性別、動機、是否切身有關、消息來源之多寡等。而消息來源,則視知識種類及議題之切身相關程度等因素而有不同。

五、知溝研究的檢討

　　德爾文 (B. Dervin) 認為,知溝研究完全站在傳播者的立場,看傳播者送出的訊息有哪些人沒收到,這些人是缺了什麼,例如:由於教育程度不夠,才沒有接收到訊息;這是接受者缺陷論,也是個人責備論。德爾文將箭頭由接受者轉向消息來源,強調是媒介系統造成的知溝,又針對傳播原理中的資訊及接受者進行檢討 (Dervin, 1980)。

　　德爾文認為,資訊並非絕對的 (absolute),而是使用者所建構的 (user construct)。資訊是閱聽人對其個人所面對的問題所提出的答案,每個接受者有其獨立的看法,資訊對每個接受者也有不同的影響。使用資訊並非像捕手接住投手的球一樣,而是充滿創造性的過程。資訊對每個接受者的價值也不同;研究者強迫受訪者,就與其生活無關的事情發表看法,是沒有意義的。因此,這種絕對資訊的概念是自欺的,在學理上也站不住腳,這也是知溝研究者為什麼找得到知溝的原因。

　　皮下注射的傳播模式失效之後,研究者開始注意哪些人適用皮下注射模式,以及哪些人不適用。他們找出人格及人口特質,企圖預測資訊使用及傳播行為。知溝研究最初也是以人口變項——教育程度來預測知識獲得量,但因各種知溝結果都有,所以知溝研究者開始用情境來解釋,例如:興趣、衝突性、社區多元程度等。但如何尋找情境變項呢?德爾文認為找不到,因為時間、空間的不同,加上使用資訊者會自己建構資訊及描繪情境,所以沒有辦法找到一個通則。

陳世敏從知識社會學的角度看知溝假說，除了認為社會經濟地位無法完全代表社會基礎之外，知溝假說還有以下缺漏（陳世敏，1983: 105–107）：

　　㈠思想和行為類型植基於團體結構和團體關係，且依社會組織而改變。知溝假說似乎認定人類的社會組織具有普遍性和固定性。

　　㈡知溝研究迄今多屬科學和公共事務消息，全然忽略了知識類別的問題。是否各類知識都有知溝現象呢？

　　㈢知識社會學談到知識類型，由功能的觀點來看，每一類知識並不盡然對整個社會具有相同的功能，且社會各階層關懷的知識有別，如此比較資訊數量，勢必發現差距。知識類型與其對各類閱聽人的功能、關係如何，也是知溝研究尚待解答的一個問題。

　　㈣對知識社會學貢獻甚多的休茲 (A. Schutz) 特別關心知識分配的問題。一個人具有的社會地位，及隨此地位而來的角色，使他具有某類人沒有的知識，同時也未必具有別人專精的知識。因此，熟悉知識的社會分配狀況，其本身便是日常知識的重要部分。知溝基本上是研究知識的社會分配，但對社會結構的分配機能則語焉不詳。若以「核心知識」來比較「邊際知識」，顯然沒有意義。

　　蓋西安諾檢視了 58 個知溝研究，其中大部分支持了知溝擴大之說，但也有一些研究結果是知溝縮小、知溝不變或找不到知溝的，這些分歧的結果可能由以下因素造成 (Gaziano, 1983)：

　　㈠忽略媒介報導量。

　　㈡各研究除了共同考慮「教育程度」對知溝的影響，其他的考慮因素如動機、題目性質及社會結構都不相同。

　　㈢「知識」的操作性定義不同。用開放問卷訪問，由受訪者自己定義知識，會比封閉問卷測得的知溝小。

　　㈣訪問的時間，如在晚間新聞的前後，可能會造成知識量的不同。

　　㈤「知溝」的操作性定義不同。

　　蓋西安諾也對未來的知溝研究提出一些建議：

　　㈠使用連續調查法 (panel study)。

㈡比較不同程度的媒介報導量。

㈢把握「時間」因素，考慮學習及忘記的過程。

㈣知識的測量，須分辨只是「曉得與否」，或進一步測量「了解的深度」。

㈤須注意使用開放問卷或封閉問卷測量知識的差異。

㈥教育程度以外的變項也應予考慮。

㈦考慮社會結構及媒介結構。

㈧注意新科技可能帶來的新知溝。

㈨研究結果期望能提供給決策當局作為改革的參考。

總結上述對知溝研究的檢討，可知後續的研究者分別以不同的角度來看知溝，並提出對知溝研究的建議。未來的知溝研究應考慮知識對個人的價值及關聯程度、知識的類別、媒介及社會結構，也應注意知識及知溝的操作方式，以免淪為各說各話的景況，如此方能有助於知溝研究的累積。

六、知識的定義及分類

從事知溝研究的學者所使用的字包括「資訊」(information) 和「知識」(knowledge)，因在諸多研究中，並沒有清楚地界定兩者，經常混合使用。只有蓋西安諾指出知溝 (knowledge gaps) 不只是由傳播效果而得到的資訊溝 (information gaps)，知溝更是社會階層中的一環，反映了低社經地位者所缺少的諸多資源之一；知識差異 (knowledge differentials) 的改變會導致其他方面的差異，甚至可以改變社會的本質 (Gaziano, 1989: 36)。蓋西安諾的說法，除了表明知溝的重要及其影響的深遠超過資訊溝，同時也說明在某個層次上，知溝和資訊溝是相同的。在操作上，兩者並無顯著差異；甚至在韋氏英英字典中，知識和資訊兩字互相被用來解釋對方，可見這兩個字有許多重疊的意思。納特 (J. Knott) 及偉達斯基 (A. Wildavsky) 認為「知識」是有因果關係、有用的；而「資訊」則不牽涉到有用與否 (Knott and Wildavsky, 1981)。陳世敏則認為「知識」是有系統、有結構的；而「資訊」則是片斷的（陳世敏，1983）。

羅素將知識分為 「親知」 (knowledge by acquaintance) 和 「述知」

(knowledge by description)，前者指親身體會出的知識，後者則是指由別人敘述而得知的知識（黃凌霜譯，1988）。

羅吉斯則將知識由淺至深分為 3 級（引自 Shingi and Mody, 1976）：

㈠「知曉上的知識」(awareness knowledge)：意指和創新事物之存在有關的資訊。

㈡「方法上的知識」(how-to knowledge)：正確地使用創新事物的資訊。

㈢「原理上的知識」(principle knowledge)：創新事物的原理。

阿金 (C. Atkin) 和葛林堡 (B. Greenberg) 將知識分為 2 種 （引自 Genova and Greenberg, 1979）：

㈠「事實知識」：某事件的名字、時間、日期、地點、事實等。

㈡「結構知識」：了解事件中的關係、發生的原因及如何發生的。

知溝研究中所指的「知識」，大多是「述知」、「知曉上的知識」及「事實知識」；嚴格來說，可能只是資訊。本研究不刻意分別「知識」和「資訊」，而一律以「知識」稱呼。

七、研究架構及假說

本研究利用 1989 年 11 月增額立委、縣市長及省市議員選舉活動期間，有大量選舉資訊流入社會之際，以選舉知識和股票知識為依變項，並以個人人口學變項（性別、年齡、教育程度、職業階層及政黨偏好）、對議題的興趣、和議題的關聯性、消息來源、議題的衝突性、議題的地域性、社區多元程度及議題在媒體上的刊載量為獨立變項，在競選活動前及競選活動後各調查一次（見圖 1）。綜合以上文獻探討的結果，本研究的假設如下：

假設一、人口學變項會影響知識之多寡。

假設一之一、男性知識多於女性。

假設一之二、年輕者知識多於年長者。

假設一之三、高教育程度者，知識多於低教育程度者。

假設一之四、高職業階層者，知識多於低職業階層者。

假設一之五、政黨偏好強者，知識多於政黨偏好弱者。

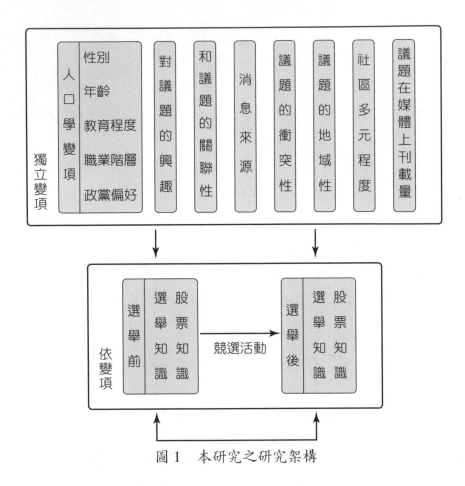

圖 1　本研究之研究架構

假設二、對議題興趣高者，知識多於對議題興趣低者。

假設三、和議題有關者，知識多於和議題無關者。

假設四、興趣、關聯性比教育程度更能預測知識的多寡。

假設五、不同類別的議題，消息來源也不同。

假設六、消息來源愈多者，知識也愈多。

假設七、以報紙得知消息的多寡，比以電視得知消息的多寡，更能預測知識量。

假設八、衝突性較大的議題，知溝較小。

假設九、非當地議題，知溝大於當地議題。

假設十、多元程度高的社區，知溝大於多元程度低的社區。

假設十一、刊載程度高的議題，知溝較刊載程度低的議題大。

假設十二、經過選舉活動後，選舉消息來源有改變，而股票消息來源不改變。

假設十三、選舉後的知溝，大於選舉前的知溝。

假設十四、傳播效果差距不僅表現在知識上，也表現在政黨印象、議題態度及議題興趣上。

假設五和假設十二中，消息來源被當成依變項處理，而假設六和假設七中，消息來源仍如研究架構中所述，為獨立變項。

第三節　研究方法

本研究以內容分析法，分析 1989 年選舉及股票消息在報紙上的刊載量，作為獨立變項「媒介刊載量」的基礎。再以電話訪問進行 2 次小樣本連續研究，測量同一批受訪者在選舉前後，對選舉及股票議題的知識量。又因連續研究可能導致重複訪問的偏差，所以在研究設計上，另選一批受訪者作為控制組，在選舉後進行訪問，以比較重複訪問及單次訪問之異同。

一、內容分析法

本研究選擇 1989 年年初（1 月、2 月）、年中（7 月）、及年尾（11 月、12 月）5 個月份之《聯合報》為分析對象，再以系統隨機抽樣法，每隔 5 天抽出一個樣本，共 32 個樣本。本研究之內容分析以「1 天的報紙」為分析單元，而以面積為類目。除分類廣告版不分析外，其他各版都要測量選舉及股票消息的面積，計算單位為平方公分；至於報導的形式及角度，則非本研究所涵蓋的範圍。選舉及股票消息認定的條件如下：

選舉消息方面，凡內容有關於本次 3 項公職人員選舉的，無論其形式為新聞、評論、社論、專欄、特稿、民意調查、廣告、讀者投書、圖表、照片

或漫畫，都要測量其面積。下列關鍵字為判斷標準：選罷法、候選人、競選活動、投開票、政見發表會、選情、提名、選票、初選、參選、選務機關、選舉、當選、當選無效、選舉糾紛和檢討、得票率、廢票、落選、謝票及僑選立委等。股票消息方面，作為判斷之關鍵字有：股票、股市、投資公司、投資人、股友、證券、利多、利空、長紅、長黑及套牢等。

分析時所要做的惟一判斷，就是「是否為選舉消息？是否為股票消息？」測量工作全部由研究者一人擔任，所以沒有相互同意度的問題。

二、小樣本連續電話訪問

小樣本連續研究是以同一批受訪者，在不同的時間，做 2 次以上的調查，所得的資料比橫斷法豐富很多，因此小樣本連續研究也日趨受到重視。本研究採用電話訪問法進行調查，以 20 歲以上的成人為研究對象。因研究經費有限，加上臺灣北區之每百人電話用戶數最高，所以選擇臺灣北部地區為研究範圍（行政院經建會都市及住宅發展處編印，1988）。研究者以臺北縣市為多元程度高的社區代表，而以桃園縣楊梅、新屋、觀音及龍潭 4 鄉鎮為多元程度低的社區代表，2 社區各取 175 個樣本，因採電話簿系統隨機抽樣法，所以真正的母體為大臺北地區住宅電話號碼簿 （不包含臺北縣東北的幾個鄉鎮），以及桃園縣 4 鄉鎮住宅電話簿中的電話擁有戶。

本研究之問卷包括：㈠選舉知識測驗題；㈡選舉消息來源；㈢股票知識測驗題；㈣股票消息來源；㈤對衝突性議題的態度；㈥對議題的興趣和關聯性；及㈦個人基本資料。

預訪問卷的選舉知識測驗題，由研究者參考選罷法及報紙，列出 16 題；股票知識測驗題則請 2 位股票投資者代為出題，共 20 題。知識測驗題都以是非題方式呈現。本研究問卷採專家效度，選舉知識測驗題請國立政治大學選舉研究中心陳義彥教授審閱；股票知識測驗題則請 1 位證券商營業員檢定。研究者參考學者專家的意見，再配合預訪 41 位受訪者的結果，進行難易度和鑑別度的分析，刪除沒有鑑別力者，再挑取不同難易度的題目，修改對受訪者易造成陷阱或語意不清的用字，又因預訪問卷費時太久，故將選舉及股票

測驗題各減為 10 題，而消息來源題數也大為刪減。此外，有些受訪者完全不懂股票，因此在正式訪問中，若受訪者不願意回答股票問題，就跳過股票知識測驗題及消息來源，繼續其他問題。如此，形成選舉前訪問的正式問卷。

本研究之訪員多為修過研究方法之輔仁大學大眾傳播系所同學。每個訪員訪問 10 至 20 個樣本。訪問在各訪員家中以電話進行。訪問時間大多是週末假日或週間晚上，以避免受訪者集中於家庭主婦及老年人。訪問時使用的語言是國語。受訪者為戶內任意接電話的成人。訪問時並不告訴受訪者，選舉後還要再度進行訪問。

選舉後訪問沒有備取樣本。訪員在電話接通後，以受訪者之性別、年齡及姓氏資料，找「1 個月以前接受過我們訪問的××歲的×姓小姐（先生）」；找到受訪者後，問對方「請問您在 1 個月以前接受過我們訪問嗎」，以作為確認。控制組的執行方式和選舉前訪問相同。整份問卷平均費時 20 分鐘，未回答股票問題者約 10 分鐘。

選舉前訪問抽取 350 個樣本，成功 263 人，成功率為 75.1%；選舉後再訪這 263 人，成功 180 人，成功率為 68.4%。樣本損失率 (panel mortality) 為 31.6%。選舉前後訪問都成功者佔全部樣本的 51.4%。而控制組抽取 80 個樣本，成功 69 人，成功率達 86.3%。

第四節　結論與建議

一、研究結果摘要

有 180 名受訪者在選舉前後都回答了選舉知識測驗題；而股票知識測驗題在選舉前有 109 人回答，選舉後有 104 人回答，選舉前後都回答者有 102 人。以下的資料分析，在選舉前或選舉後，取所有回答測驗題者；而選舉前到選舉後之趨勢分析，則取 2 次皆回答測驗題者。本研究之研究結果可摘要

如下：

(一)總體資料分析

受訪者之個人基本資料見表 1。各人口變項間的關係如下：男性和高職業階層有關，女性和低職業階層有關。年齡低和高教育程度有關，年齡高和低教育程度有關。高教育程度和高職業階層有關，低教育程度和低職業階層有關。臺北的受訪者教育程度較高，桃園的受訪者教育程度較低。

國民黨偏好方面，選舉前，偏好強者佔 26%，偏好弱者佔 37%，無偏好者佔 37%；選舉後，偏好強者佔 16%，偏好弱者佔 44%，無偏好者佔 40%。選舉前到選舉後，偏好減弱，其中有 51% 偏好不變。而民進黨偏好方面，選舉前，偏好強者佔 17%，偏好弱者佔 45%，無偏好者佔 38%；選舉後，偏好強者佔 11%，偏好弱者佔 45%，無偏好者佔 44%。選舉前到選舉後，偏好減弱，其中有 50% 偏好不變。民進黨偏好強者，國民黨偏好亦強；對民進黨無偏好者，對國民黨亦無偏好。在選舉前回答選舉問題者中，年齡高者對國民黨偏好較強，此現象在選舉後不復存在。

受訪者中，有 50% 對選舉興趣高，有 31% 對股票興趣高。整體來說，選舉前到選舉後，受訪者對兩議題的興趣並沒有顯著改變。而受訪者和議題的關聯性方面，受訪者或其家人擔任本次選舉的候選人、助選員或參與選務工作者，僅佔受訪者的 6%。而受訪者中，在選舉前有 34% 為股市投資人，選舉後降為 27%。

選舉消息來源方面，選舉前，依得知消息之多寡，依序為報紙、電視、家人親友、雜誌及政見發表會；選舉後，依得知消息之多寡，依序為報紙、電視、宣傳單、家人親友、宣傳車、政見發表會及雜誌。而股票消息來源方面，選舉前，依得知消息之多寡，依序為報紙、家人親友、電視、雜誌、投資顧問公司及股友社；選舉後，依得知消息之多寡，依序為報紙、電視、家人親友、投資顧問公司及股友社。

議題的衝突程度由大到小，依序為「女性保障」、「政黨政治」、「結構問題」及「候選人資格」；選舉前後，衝突大小順序都一樣。兩種知識分數的分

表 1　受訪者之個人基本資料表

個人基本資料		選舉前 n = 263		選舉後 n = 180		控制組 n = 69a	
		人	%	人	%	人	%
性別	男	157	60	110	61	38	55
	女	106	40	70	39	31	45
年齡	20－29	79	30	51	28	25	36
	30－39	92	35	64	36	21	30
	40－49	42	16	28	16	14	20
	50以上	50	19	37	21	9	13
教育程度	初中以下	84	32	54	30	17	25
	高　中	105	40	72	40	29	42
	大　專	42	16	31	17	12	17
	大學以上	32	12	23	13	11	16
職業階層	專業主管	11	4	7	4	1	1
	管理監督	54	21	37	21	18	26
	技工、職員	71	27	52	29	21	30
	勞　工	57	22	37	21	5	7
	其　他	69b	26	47	26	24	35
地區	臺　北	122	46	79	44	69	100
	桃　園	141	54	101	56	0	0

百分比四捨五入

a.相對於控制組的為實驗組，實驗組為選舉後訪問成功之臺北受訪者 (n = 79)

b.缺失資料 1

配都近似常態分布；選舉後比選舉前，選舉知識平均分數及分散程度都顯著增加。而股票知識的平均分數在選舉前後都差不多，但選舉後的分散程度卻比選舉前增加了。

㈡人口學變項、對議題的興趣、議題關聯性與知溝之關係

人口學變項、對議題的興趣及議題關聯性與知識之關係見表 2。選舉知識方面，在選舉前，性別及教育程度的影響最大，解釋力達 20%；而選舉後，選舉知識還受職業階層的影響，若與性別及教育程度共同預測知識，可以有 16% 的解釋力。選舉知識不受興趣及關聯性的影響，而受教育程度和性別的影響較大。選舉前到選舉後，除低教育程度者、政黨偏好強者、無國民黨偏好者及對選舉興趣低者之外，大部分受訪者的知識分數都顯著增加。股票知識方面，受關聯性的影響最大，在選舉前達 9% 之解釋力；選舉後，也受選舉前興趣及地區的影響，三者共同預測知識，解釋力可達 30%。選舉前到選舉後，僅有高中教育程度者及臺北地區受訪者的知識分數顯著增加。

無論哪一種知識，在選舉後都受選舉前知識多寡的影響，在此可以看出知識的累積性。

㈢消息來源與知溝之關係

不同類別的議題，消息來源種類不完全一樣。選舉知識有其特有的消息來源，如宣傳車、宣傳單及政見發表會，而股票知識有少許來自投資顧問公司及股友社，但兩種知識的主要消息來源，則是共同的大眾媒介（報紙和電視）及家人親友。兩種議題由相同的來源中得知消息的程度也不一，受訪者自認由報紙和電視所得之選舉消息，在程度上多於股票消息。在選舉前，消息來源愈多，選舉知識也愈多；而在選舉後，則無此直線關係。而股票知識方面，無論在選舉前後，消息來源愈多者，知識也愈多。

無論在選舉前或選舉後，選舉知識及股票知識的諸多消息來源中，僅有「以報紙得知消息的多寡」可以預測知識量，以其他消息來源得知消息的多寡都不足以預測知識量。

表2　人口學變項、興趣、關聯性及地區與知識的關係

	選舉知識				股票知識			
	選舉前 F值	選舉後 F值	選舉前到選舉後 t值		選舉前 F值	選舉後 F值	選舉前到選舉後 t值	
性　別	32.2741 ***	14.5994 ***	男－3.05** 女－3.67***		0.7477	0.0093	男－0.81 女－1.94	
年　齡	0.2236	0.1046	39－3.15** 40－3.51***		1.7537	1.5162	39－1.57 40－0.83	
教育程度	5.4473 **	7.6620 ***	低－1.68 中－2.81** 高－3.52***		2.0474	3.0920 *	低 1.07 中－3.16** 高－1.14	
職業階層a	2.9731	4.3540 *	低－3.44*** 高－3.09**		0.2744	0.2993	低－1.95 高－1.08	
國民黨偏好	1.0903	0.8802	強－0.80 弱－2.10* 無－1.60	b1	3.2483 *	1.5873	強－0.67 弱－1.10 無－0.90	b3
民進黨偏好	0.1315	1.0159	強－0.94 弱－3.60*** 無－2.52*	b2	1.0122	0.9230	強 0.00 弱－1.71 無 0.00	b3
興　趣	0.1201	1.2206	低－1.33 高－3.33*	c1	2.6429	9.5318 **	低－0.58 高－1.72	c2
關聯性	0.0912	1.1583	有－2.54* 無－4.14***	d1	14.8241 ***	30.3719 ***	有 0.00 無 0.09	d2
地　區	1.5996	0.2912	北－3.41*** 桃－3.11**		1.3336	4.4328 *	北－2.09* 桃－0.37	

*, $P < 0.5$; **, $P < 0.01$; ***, $P < 0.001$

a.職業為「其他」者不計。選舉知識，n = 133；股票知識，選舉前 n = 86，選舉後 n = 84，選舉前到選舉後 n = 82。

b.只算選舉前後偏好不變者。b1, n = 92; b2, n = 90; b3, n = 55。

c.只算興趣不變者。c1, n = 60; c2, n = 77。

d.只算關聯性不變者。d1, n = 177; d2, n = 73。

㈣議題的衝突性、地域性與知溝之關係

在選舉前,衝突性愈大的議題知溝愈小;而在選舉後,衝突議題的衝突程度沒有明顯的改變,知溝卻與衝突程度呈不規則的關係。可能因時間的推進,衝突熱度消減(「政黨政治」及「候選人資格」兩議題);或因沒有實質衝突(「女性保障」議題),使得潛在衝突沒有燃起,致使部分人淡忘,導致知溝擴大。惟有一直在進行中的資深立委逼退行動,及「新國家聯線」新科立委之活動,使「結構問題」的衝突熱度不褪,也因此沒形成知溝。

臺北及桃園兩地的受訪者,對兩地議題的知道程度,以桃園人對桃園議題的知識最多,而臺北人對兩地議題及桃園人對臺北議題的知識差不多,這種情況在選舉前後都一樣。媒介因素可以解釋桃園受訪者的知識狀況,但無法說明臺北受訪者何以對兩地議題所知相當的現象。

在選舉前,北桃兩地受訪者的臺北議題知溝及桃園議題知溝都不顯著;而在選舉後,北桃兩地的受訪者,其當地議題的知溝都很顯著,而非當地議題的知溝都不顯著。原因可能是「當地」與「非當地」之定義不僅有地理上的區別,也要考慮受訪者在心理、社會及文化上的認定;另一個原因可能是教育程度不同者,其社會接觸不同,而當地議題的傳播通道包含大眾媒介及人際傳播,且非當地議題的傳播通道來自人際傳播者較少,使得當地議題的知溝在選舉後大於非當地議題的知溝。

㈤社區多元程度、媒體刊載量與知溝之關係

選前或選後,多元程度高的臺北社區,其選舉知溝都大於多元程度低的桃園社區。而兩社區無論選舉前後,股票知溝都不顯著,沒有差異可言。所以社區多元程度與知溝之關係,也受議題類別或性質的影響。

由內容分析的結果,可知選舉議題是刊載程度高的議題,而股票議題是刊載程度低的議題(見圖2)。選舉前或選舉後,選舉議題的知溝都大於股票議題的知溝,意即刊載程度高的議題,其知溝較刊載程度低的議題大。

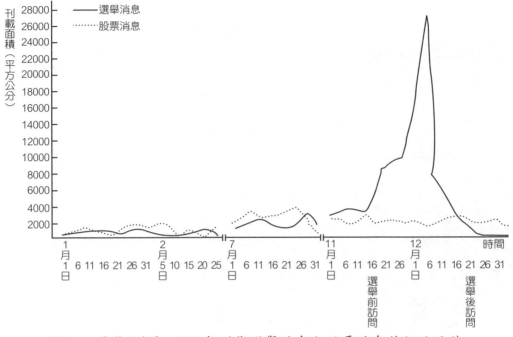

圖 2　《聯合報》1989 年刊載選舉消息和股票消息的版面面積

㈥競選活動對消息來源、知溝及其他方面的影響

　　經過競選活動之後，以電視及家人親友為選舉消息來源的程度顯著提高，而以其他來源得知消息的程度沒有改變。股票議題方面，經過競選活動之後，以電視、報紙、雜誌、家人親友、投資顧問公司及股友社等來源得知消息的程度均不變。

　　選舉前到選舉後，選舉知溝擴大。在選舉前，沒有顯著的股票知溝存在；而選舉後知溝變為顯著。選舉前到選舉後，股票知溝擴大。

　　若依羅吉斯的說法，將知溝的概念擴大為傳播效果差距 (Rogers, 1976)，則在知識改變之外，受訪者對民進黨的印象顯著改善。除了因民進黨已依《人民團體法》之施行而成為合法政黨之外，民進黨在本次選戰中也獲得相當程度的勝利，使得民眾對民進黨的印象顯著改善。

　　以上本研究之假設，其驗證結果列於表 3。

表 3　本研究假設驗證結果一覽表

假　　設	選舉知識		股票知識	
	選舉前	選舉後	選舉前	選舉後
假設一、人口學變項會影響知識之多寡	△	△	×	△
假設一之一、男性知識多於女性	○	○	×	×
假設一之二、年輕者知識多於年長者	×	×	×	×
假設一之三、高教育程度者，知識多於低教育程度者	○	○	×	○
假設一之四、高職業階層者，知識多於低職業階層者	×	○	×	×
假設一之五、政黨偏好強者，知識多於政黨偏好弱者	×	×	×	×
假設二、對議題興趣高者，知識多於對議題興趣低者	×	×	×	○
假設三、和議題有關者，知識多於和議題無關者	×	×	○	○
假設四、興趣、關聯性比教育程度更能預測知識的多寡	×	×	△	○
假設六、消息來源愈多者，知識也愈多	○	×		
假設七、以報紙得知消息的多寡，比以電視得知消息的多寡，更能預測知識量	○	○	○	○
假設八、衝突性較大的議題，知溝較小	○	×	－	－
假設九、非當地議題，知溝大於當地議題	×	×	－	－
假設十、多元程度高的社區，知溝大於多元程度低的社區	○	○	×	×
假設十二、經過選舉活動後，選舉消息來源有改變，而股票消息來源不改變	△		○	
假設十三、選舉後的知溝，大於選舉前的知溝	○		○	
假設十四、傳播效果差距不僅表現在知識上，也表現在政黨印象、議題態度及議題興趣上	△			
	選舉前		選舉後	
假設五、不同類別的議題，消息來源也不同	○		○	
假設十一、刊載程度高的議題，知溝較刊載程度低的議題大	○		○	
○，成立；×，不成立；△，部分成立；－，沒有分析				

(七)實驗組與控制組的比較

　　視選舉前訪問為實驗處理，將選舉後訪問之臺北受訪者歸為實驗組 (n = 79)，和只在選舉後訪問之控制組 (n = 69)，以獨立樣本 t 檢定做比較。控制組對民進黨的偏好較實驗組強；而實驗組的教育程度，在回答股票問題者中比控制組高；除此之外，實驗組及控制組的人口學變項都沒有顯著差異。若進一步以相關係數檢測人口學變項間之關係，發現回答選舉問題者中，實驗組受訪者的教育程度與性別、職業階層、民進黨偏好都有關，而控制組受訪者的這三項相關係數都不顯著；回答股票問題者中（實驗組，n = 50；控制組，n = 58），實驗組受訪者的職業階層與性別及教育程度有顯著相關，而控制組之此二項相關係數均不顯著；由此看來，實驗組及控制組的人口結構實不相同。

　　實驗組和控制組的選舉知識，整體看來沒有顯著差異，但分組來看，則是男性、民進黨偏好強者及對選舉興趣高者的實驗組受訪者，其選舉知識較控制組同類的受訪者多。實驗組的股票知識多於控制組，若分組來看，則有年齡低者（39 歲以下）、教育程度高者（大專以上）、對股票興趣高者及與股票有關聯者的實驗組受訪者，其股票知識多於控制組的同類受訪者。因本實驗法並非實驗室中的實驗法，而是自然狀況下的擬實驗法，許多變項無法控制，因此因果關係不能完全確定。依以上結果，只能說「選舉前訪問」這個實驗處理和其他未測得的因素，共同促成男性、民進黨偏好強者及對選舉興趣高者吸收選舉知識，並共同促成年輕、高教育程度、對股票有興趣及與股票有關聯之受訪者吸收股票知識。

二、檢　討

　　本研究的結果，基本上支持了提契納等人所提的知溝假說中「社經地位較高的人，吸收資訊的速度會比社經地位較低的人快，以致這兩類人的知溝會擴大而不會縮小」(Tichenor et al., 1970)。選舉前到選舉後，選舉議題知溝擴大了；選舉知識深受教育程度的影響，而性別則是另一個決定性的因素。

刊載程度對知溝的影響，亦如提契納等人所預測的，高刊載程度的選舉議題，其知溝較低刊載程度的股票議題大。股票議題的知溝，由選舉前的不顯著變為選舉後的顯著，一如選舉議題般，其知溝也擴大了。股票議題雖然在這點上符合了原始的知溝假說，但在其他方面，則未能支持提契納等人的說法。

　　首先，本研究發現，決定受訪者股票知識多寡的並非教育程度，而是與股票之關聯性——是否為股市投資人。與股票之關聯性正如傑諾瓦及葛林堡所提之個人興趣 （interest ， 亦可譯為利害關係） （Genova and Greenberg, 1979），屬於伊特馬及克萊恩所說之特定情境因素 (Ettema and Kline, 1977)。本研究所做之股票知識影響因素，其結果與林淑華的「高血壓患者，其高血壓知識較高」（林淑華，1984）、阿多尼及柯恩的「與自己有直接關係的經濟知識較多，與自己有間接關係的經濟知識較少」(Adoni and Cohen, 1978)、伊特馬等人的「高年齡者與自認有心臟病威脅者，心臟血管疾病知識收穫較豐」(Ettema et al., 1983) 及羅夫利奇和皮耶斯研究水資源政策知識的結論「教育程度低者若有足夠的動機去吸收知識，他們所獲得的知識並不會比教育程度高者少」(Lovrich and Pierce, 1984) 相呼應。

　　其次，原始知溝假說認為，知溝擴大有一條件，即「流入社會系統的大眾傳播媒介資訊增加」，而本研究中股票議題所得的結果對此一前提產生了質疑。股票議題在報紙上之刊載量於 1989 年 11、12 月保持平穩，並不符合知溝假說之前提——大眾傳播媒介報導量大增。此結果卻和道格拉斯等人研究「智障宣傳活動效果」之部分發現相符。道格拉斯等人發現，在沒有宣傳活動的控制組中，知溝擴大了 (Douglas et al., 1970)。因此知溝擴大是否需要大眾傳播媒介資訊增加的前提，仍有待進一步的研究。

　　再其次，提契納等人提出，「資訊存量」是造成知溝擴大的原因之一；他們認為，教育程度高的人有較多的資訊存量，比較容易了解媒介上的新資訊，以致知溝擴大。本研究發現，無論是選舉知識或股票知識，都可以由選舉前的知識量來預測選舉後的知識量，這種知識的累積性和提契納所說的「資訊存量」類似；但知識的累積性和資訊存量並不必然與教育程度有關，本研究中的股票知識即為一例。因此，此命題或許應修正為「原來知識愈多者，比

較容易了解媒介上的新資訊，而使知識多者及知識少者間的知溝擴大」。

此外，消息來源愈多者，股票知識也愈多，印證了顏榮皇所做的「高血壓衛生教育」之研究結果（顏榮皇，1987）。消息來源中，以報紙得知消息之多寡最能預測選舉及股票知識量，也和米耀所做之媒體依賴效果相似 (Miyo, 1983)。

唐羅許 (G. A. Donohue) 等人修正知溝假說時，提出事件本質、衝突程度及社區結構等影響知溝的因素 (Donohue et al., 1975)。本研究發現，多元程度高的臺北社區，其選舉議題之知溝大於多元程度低之桃園社區，和唐羅許等人之說法相符；但股票議題的知溝則不然。社區之多元程度和知溝的關係，恐怕還要考慮議題的類別及性質才能確定。在選舉前，衝突性大的議題，如唐羅許等人之言，知溝較小；但在選舉後，議題的衝突性和知溝的關係則不規律，沒有直線關係。至於議題的地域性與知溝的關係，本研究發現，在選舉前，地區議題的知溝都不顯著；而選舉後，當地議題的知溝變為顯著，且大於非當地議題之知溝。而唐羅許等人認為，當地議題的知溝比非當地議題之知溝小，恰好與本研究之結果相反。研究者推測，對「當地」及「非當地」議題之區別、媒介因素及傳播通道因素，是造成結果不相同的原因。

羅吉斯擴大知溝範圍，提出傳播效果差距 (Rogers, 1976)。本研究發現，經過競選活動後，除了知溝擴大之外，受訪者對民進黨的印象改善了，民眾由電視及家人親友 2 種來源得知選舉消息的程度也增加了；而民眾對 2 議題之興趣、對 4 個衝突議題的態度及由各種來源得知股票消息的程度並無改變。由此看來，羅吉斯的傳播效果差距大致成立，但仍需進一步找尋改變或不改變的條件。

正如馬奎爾及溫德爾所言，社會中並非只有一種知溝，而是有許多知溝存在 (McQuail and Windahl, 1981)。如選舉議題知溝存在於男女之間，也存在於教育程度高低者之間，股票議題知溝存在於投資者與非投資者之間，也存在於臺北受訪者與桃園受訪者之間，全看研究者以何種角度區隔受訪者。

依據本研究之結果，選舉前到選舉後，選舉知識和股票知識的分散程度都擴大了。因此研究者對於「縮小知溝，使社會趨於平等」並不樂觀，無論

此知溝是由性別、教育程度、與議題之關聯性或地區造成的。熱力學第二定律認為，宇宙趨向極大亂度（entropy，或譯為「熵」），在日常生活中的例子很多，例如：家裡不整理就會愈來愈亂；一籃蘋果由樓梯上倒下來，就會散落滿地，而不會聚集在一起。知識分散程度如果也是一種亂度的表現，由本研究結果看到 2 種知識的分散程度都增加了。也許知溝研究應參考柯曼 (J. S. Coleman) 的 《教育機會均等報告書》（*Equality of Educational Opportunity*）的看法，略做調整。柯曼在研究教育機會均等時所做的結論是（詹火生、楊瑩，1986: 143）：「事實上，這種均等機會的分配是無法達成的，因此，正確的說法不是『……的均等』，而應是『……不均等之減少』。」知溝研究者可能應將「縮小知溝」的期望，改為「減緩知溝的擴大」，才不至於太過失望。

本研究在研究方法上也有一些值得提出來檢討的：

㈠電話訪問方面：電話訪問雖然容易控制時間、節省時間，但在本研究中仍發現一些限制：因電話訪問時間不能太長，故問卷的長度受到了相當的限制。本研究訪問在各訪員家中進行，並沒有吳統雄所說「電訪使研究人員聚在一起，產生彼此激勵士氣的效果；研究者亦可以隨時在場監聽與協助」的好處（吳統雄，1984）。本研究沒有電話與電腦連線的設施，所以也沒有電腦直接輸入答案的優點。本研究訪問以國語進行，在桃園地區有許多年長者不會說國語，也不會聽國語，因此以國語電訪等於刪除了這些人被訪問的機會。電話通信品質不良、有雜音或中途斷掉、電話費沒繳線被切斷、電話故障、區碼改變及電話答錄機等，都減少訪問的成功率。相似的發音在電話中，容易造成混淆，例如：「立委候選人汪臨臨是女性」，若聽成「立委候選人王令麟是女性」，就會有完全不同的答案，這是進行電訪所應注意的。

㈡小樣本連續研究：控制組的設計是為了找出重複訪問的效果，本研究雖然找出一些實驗組和控制組的不同之處，但是其因果關係仍然很難下定論。本研究之控制組在人口變項上的組合異於實驗組，因為研究者無法知道實驗組的受訪者中，有哪些人會接受第二次訪問；而且又怕時間因素造成偏差（如遺忘或學習），因此也不能等實驗組訪問完再抽控制組，2 組必須在選舉後同時訪問，所以無法將控制組掌握好。本研究中最大的疑點，在於比較 2 個人

口結構不同的組是否有意義，是否可以找出實驗處理的效果。因此小樣本連續研究的重複訪問效果，應用什麼方法找出來，仍有待進一步的研究。此外，2 次訪問間相隔的時間長短也應留意；但除了經驗之外，似乎找不到標準可遵循。

㈢問卷：國內選舉由候選人登記到競選活動開始，時間不到 1 個月，要出題、預訪及選舉前訪問，時間非常緊迫。不像美國總統選舉有初選、大選，中間相隔近 1 年，研究者可以充分準備合宜的題目。因為是連續研究，研究者又無法預測經過競選活動後，受訪者的知識會增加多少。為避免因工具造成的天花板效果，所以整個知識測驗題有些偏難。

知識測驗題的效度採專家效度。因時間緊迫，專家學者各請 1 位，分別評估選舉及股票問題。如果時間許可，應多請幾位專家學者，會更客觀。本研究採連續訪問，測知識的改變，不適合用再測信度。因問題難易程度不一（研究特別設計的），又隨機排列順序，也不適用折半信度及庫李信度(Kuder-Richardson reliability)。因此連續訪問中的知識測驗題，應用何種信度檢驗，值得探討。股票知識測驗題是翻書找出來的題目，稍嫌專業，和股市投資人所擁有的股票「知識」有些差距，可能應該多出一些比較常識的題目。

「選舉關聯性」操作的方式不夠好。因為所有受訪者都在 20 歲以上，都有投票權，因此可以說人人都與選舉有關。成為候選人、助選員或擔任選務工作者佔的比例極小，且關聯性不及投資人之於股票那麼強，所以選舉關聯性不影響知識量可能因操作不佳所致。議題衝突性以研究者自定之「衝突程度指數」操作，只注意到意見的不同程度，而忽略了時間因素，因此「衝突程度指數」並非十分良好的衝突程度指標。

三、建　議

本研究對未來的知溝研究，提出一些建議：

㈠在測量某議題之媒介刊載程度時，除報紙之外，也應分析電視的刊載量。臺灣地區的電視雖有 3 臺，但報導內容雷同度高，而且新聞焦點集中於臺北。報紙則在各地有分版，且各報立場不似電視臺那麼一致。在此特殊的

媒介型態下，電視、報紙為一般民眾的主要消息來源，在做內容分析時，應兼顧電視與報紙。而在做議題地域性與知溝的關係時，也應區分地方版的報紙，針對地方議題做內容分析。

㈡在分析議題地域性和知溝的關係時，應選擇 2 個多元程度相似的社區，例如：桃園觀音及宜蘭蘇澳，或臺中市及臺南市，以避免城鄉差距及媒體不平衡報導之干擾。

㈢知溝除了在教育程度高低者間存在之外，其他因素如性別也會造成知溝，羅吉斯認為知溝研究者應致力於找出這些「其他因素」(Rogers, 1976)。蓋樂魏以各種社會資訊變項來區隔社會中的成員，檢驗其間的知溝 (Galloway, 1977)。消費者研究在區隔消費者方面，已由人口學變項、社會階層變項轉為生活型態變項 (Wells, 1975)。生活型態的研究，最主要的就是要盡可能地了解消費者，才知道要怎樣對他們有效地傳播與行銷 (Plummer, 1974)。張慧心以家庭傳播型態來區隔青少年，測量其政治知識（張慧心，1988）；如果將吸收知識視為一種消費行為，知溝的研究者也可以用生活型態變項來區隔社會成員，可能會有一些新的發現。

㈣如果知溝假說中所提「刊載程度愈高的議題，知溝愈大」為真，議題設定 (agenda-setting) 認為的「刊載愈多，愈能引起人們的討論」也為真，那麼議題設定所指，被媒介挑起討論此高刊載議題者，是否皆為高教育程度者？知溝的擴大是直接受議題刊載程度的影響，或透過人際討論而達成的？知溝和議題設定的關係是值得探討的。

參考書目

一、中文部分

王小惠 (1988)。〈大眾傳播媒介與資訊分配問題──知識差距理論〉,《民意月刊》,131 期,頁 22–29。

行政院經建會都市及住宅發展處編印 (1988)。《都市及區域發展統計彙編》。臺北：行政院經建會都市及住宅發展處。

李金銓 (1984)。《大眾傳播理論》,修訂再版。臺北：三民。

李茂政 (1984)。《大眾傳播新論》。臺北：三民。

吳統雄 (1984)。《電話調查：理論與方法》。臺北：聯經。

林東泰譯 (1988)。《傳播理論之應用》。臺北：正中。

林淑華 (1984)。《地區民眾對高血壓防治之認識、態度與行為之調查》。臺北：國立臺灣大學公共衛生研究所碩士論文。

皇甫河旺 (1970)。《專業資料傳播的過程──新竹縣五鄉鎮醫生採用新藥之研究》。臺北：國立政治大學新聞研究所碩士論文。

陳世敏 (1983)。《大眾傳播與社會變遷》。臺北：三民。

莊克仁譯 (1988),E. M. Rogers 原著 (1987)。《傳播科技學理》。臺北：正中。

張妮秀 (1982)。《高中生傳播行為與政治社會化》。臺北：臺北：國立政治大學新聞研究所碩士論文。

張慧心 (1988)。《家庭傳播形態與青少年的政治知識與興趣之關聯性研究》。臺北：國立政治大學新聞研究所碩士論文。

張錦華 (1979)。〈大眾傳播與知識溝〉,《報學》,6 卷 3 期,頁 63–67。

張讚國 (1976)。《鄉村居民傳播行為與政治參與──一項以后里鄉選民為對象的研究》。臺北：國立政治大學新聞研究所碩士論文。

彭芸 (1986)。《政治傳播》。臺北：巨流。

黃玻莉 (1988)。《知識、態度和多空訊息影響股價預測之研究》。臺中：東海大學企業管理研究所碩士論文。

黃凌霜譯 (1988)。《哲學問題》。臺北：水牛。

詹火生、楊瑩 (1986)。〈從教育結構之變遷看教育機會之分配〉(上),《國立編譯館館刊》,15 卷 2 期,頁 137–167。

楊煥烘 (1980)。《我國大學生性知識、態度、行為之調查研究》。臺北：國立政治大學教育研究所碩士論文。

劉行健 (1990)。《計程車司機傳播行為與政治態度相關性研究──以大臺北地區為例》。臺北：中國文化大學新聞研究所碩士論文。

潘家慶 (1983)。《傳播與國家發展》。臺北：國立政治大學新聞研究所。

鄭惠美 (1983)。《臺北市高級職業學校學生人口教育知識、態度調查研究》。臺北：國立臺灣師範大學衛生教育研究所碩士論文。

賴國洲 (1978)。《大學生政治消息的傳播型態及其影響因素之研究》。臺北：國立政治大學新聞研究所碩士論文。

謝瀛春 (1976)。《科技消息傳播過程之研究──科技簡訊與技術資料讀者的傳播行為與創新性之關係》。臺北：國立政治大學新聞研究所碩士論文。

顏榮皇 (1987)。《某省立醫院高血壓病人教育評價之研究》。臺北：國立臺灣大學公共衛生研究所碩士論文。

二、外文部分

Adoni, H. and A. A. Cohen (1978). "Television Economic News and the Social Construction of Economic Reality", in *Journal of Communication*, 28: 61–70.

Bailey, G. A. (1971). "The Public, the Media, and the Knowledge Gap", in *The Journal of Environmental Education*, 2: 3–8.

Bishop, G. F. et al. (1978a). "Debate Watching and the Acquisition of Political Knowledge", in *Journal of Communication*, 28: 99–113.

Bishop, G. F. et al. (1978b). "The Presidential Debates as a Device for Increasing the 'Rationality' of Electoral Behavior", in G. F. Bishop et al. (eds.), *The Presidential Debates*. N. Y.: Praeger.

Chaffee, S. H. (1972). "The Interpersonal Context of Mass Communication", in F. G. Kline and P. J. Tichenor (eds.), *Current Perspectives in Mass Communication Research*. Beverly Hills, CA.: Sage.

Chaffee, S. H. and J. M. McLeod (1973). "Individual vs. Social Predictors of Information Seeking", in *Journalism Quarterly*, 50: 237–245.

Dervin, B. (1980). "Communication Gaps and Inequities: Moving toward a Reconceptualization", in B. Dervin and M. J. Voigt (eds.), *Progress in Communication Sciences II*. Norwood, N. J.: Ablex.

Donohue, G. A. et al. (1975). "Mass Media and the Knowledge Gap: A Hypothesis Reconsidered", in *Communication Research*, 2: 3–23.

Douglas, D. F. et al. (1970). "An Information Campaign that Changed Community Attitudes", in *Journalism Quarterly*, 47: 479–487, 492.

Ettema, J. S. and F. G. Kline (1977). "Differences and Ceilings: Contingent Conditions for Understanding the Knowledge Gap", in *Communication Research*, 4: 179–202.

Ettema, J. S. et al. (1983). "Knowledge Gap Effects in a Health Information Campaign", in *Public Opinion Quarterly*, 47: 516–527.

Galloway, J. J. (1977). "The Analysis and Significance of Communication Effects Gaps", in *Communication Research*, 4: 363–386.

Gaziano, C. (1983). "The Knowledge Gap: An Analytical Review of Media Effects", in *Communication Research*, 10: 447–486.

Gaziano, C. (1984). "Neighborhood Newspapers, Citizen Groups, and Public Affairs Knowledge Gaps", in *Journalism Quarterly*, 61: 556–566, 599.

Gaziano, C. (1989). "Mass Communication and Class Communication", in *Mass Communication Review*, 16: 29–38.

Genova, B. K. L. and B. S. Greenberg (1979). "Interests in News and the Knowledge Gap", in *Public Opinion Quarterly*, 43: 79–91.

Knott, J. and A. Wildavsky (1981). "If Dissemination is the Solution, What Is the Problem?", in R. F. Rich (ed.), *The Knowledge Cycle*. Beverly Hills, CA.: Sage.

Lovrich, N. P. Jr. and J. C. Pierce (1984). "'Knowledge Gap' Phenomena: Effect of Situation-Specific and Transsituational Factors", in *Communication Research*, 11: 415–434.

McQuail, D. and S. Windahl (1981). *Communication Models for the Study of Mass Communications*. Singapore: Singapore National Printers.

Miyo, Y. (1983). "The Knowledge-Gap Hypothesis and Media Dependency", in R. N. Bostrom and B. H. Westley (eds.), *Communication Yearbook*, 7. Beverly Hills, CA.: Sage.

Moore, D. W. (1987). "Political Campaigns and the Knowledge-Gap Hypothesis", in *Public Opinion Quarterly*, 51: 186–200.

Plummer, J. T. (1974). "The Concept and Application of Life Style Segmentation", in *Journal of Marketing*, 38: 33–37.

Rogers, E. M. (1976). "Communication and Development: The Passing of the Dominant Paradigm", in *Communication Research*, 3: 213–240.

Rogers, E. M. (1983). *Diffusion of Innovations*, 3rd ed. N.Y.: The Free Press.

Rogers, E. M. and R. Adhikarya (1979). "Diffusion of Innovations: An Up-to-Date Review and Commentary", in D. Nimmo (ed.), *Communication Yearbook*, 3. New Brunswick, N. J.: ICA.

Röling, N. G. et al. (1976). "The Diffusion of Innovations and the Issue of Equity in Rural Development", in *Communication Research*, 3: 155–170.

Severin, W. J. and J. W. Tankard (1988). *Communication Theories*, 2nd ed. N.Y.: Longman.

Sharp, E. B. (1984). "Consequences of Local Government under the Klieg Lights", in *Communication Research*, 11: 497–517.

Shingi, P. M. and B. Mody (1976). "The Communication Effects Gap: A Field Experiment on Television and Agricultural Ignorance in India", in *Communication Research*, 3: 171–190.

Tichenor, P. J. et al. (1970). "Mass Media Flow and Differential Growth in Knowledge", in *Public Opinion Quarterly*, 34: 157–170.

Wells, W. D. (1975). "Psychographics: A Critical Review", in *Journal of Marketing Research*, 12: 196–213.

大眾傳播與社會變遷研究實例

傳播內容與社會價值變遷——
以報紙對勞工運動的報導為例

本研究為行政院國家科學委員會資助專題報告，於 1991 年 3 月完成。

第一節　緒　論

一、研究目的與價值

客觀真實、符號真實和主觀真實間的關係如何？(Adoni and Mane, 1984) 媒介文化和真實文化間的關聯性如何？(Kepplinger, 1975) 媒介如何建構客觀真實？它到底是如一面鏡子般地反映客觀真實？還是像一部馬達一樣在帶動、塑造客觀真實？(Kepplinger and Hachenberg, 1980; Kepplinger and Roth, 1978) 以上一連串的問題，是 1970 年代以來，傳播學者急於尋求答案的問題。

早期的效果研究，偏重於短期效果及個人層面的研究；1970 年以後，特別是一些媒介大效果理論，例如：媒介的議題設定理論 (McCombs and Shaw, 1972; McCombs, 1977, 1981a, 1981b)、涵化理論 (Gerbner and Gross, 1976; Gerbner et al., 1980a, 1980b, 1982, 1984) 以及沉默螺旋理論 (Noelle-Neumann, 1973a, 1973b, 1974, 1977a, 1977b, 1984) 大抵均體認到，研究媒介效果尤須注意媒介的長期、累積效果，並須將媒介體系置於社會、文化架構下來檢視。其中特別是西德曼茵茲學派的學者，更體認到累積 (cumulation)、諧和 (consonance) 和公眾效果 (public effect) 等變數，更是影響媒介效果的主要因素，透過以上因素的交互作用，媒介內容就長期而言，確實可以改變社會價值 (Noelle-Neumann, 1973b)。

曼茵茲大學自 1965 年創系以來，20 餘年以來在這方面的研究計有：針對媒介累積效果和傳播者同質性研究的代表作有「被同化了的外圍分子——新聞記者怎麼想和如何工作」(Kepplinger, 1979)；研究因公眾效果而產生的影響力則有諾爾紐曼 (E. Noelle-Neumann) 與沉默螺旋理論有關的系列作品，整合了選舉、民意和傳播效果研究。此外，曼茵茲的學者更以長時期的內容

分析結果和外在資料做比較，來探討媒介如何建構客觀真實，其中最具代表性的作品有凱普林傑 (H. M. Kepplinger) 的《真實文化和媒介文化》(*Realkultur und Medienkultur*, 1975)、凱普林傑和羅德 (H. Roth) 的石油危機研究 (Kepplinger and Roth, 1978)，以及凱普林傑和哈亨柏格 (M. Hachenberg) 的研究〈提出要求的少數——以拒絕服兵役為例研究社會偏差行為對社會變遷之影響〉(Kepplinger and Hachenberg, 1980) ❶。其中特別是凱普林傑和哈亨柏格的研究，探討 1961 年至 1975 年，15 年間西德拒絕服兵役運動的發展，研究重心廣及西德 10 家日報、1 家週報和 1 家週刊在上述期間對「拒絕服兵役者」報導的內容分析。作者在一個長達 15 年的時間序列中，仔細觀察一個議題在其生命週期中的消長過程，以及大眾傳播媒介在議題生命週期中所扮演的既能反映、又能形成民意的威力。

　　本研究即準備仿照上述凱普林傑和哈亨柏格的研究，針對勞工運動在國內的發展此一議題作為研究觀察的主題，選擇國內 5 家報紙（《中國時報》、《聯合報》、《中央日報》、《青年日報》及《自立晚報》）做內容分析，觀察此一議題生命週期之消長。勞工運動議題在國內正在發展階段，因此或未能做全程之觀照，但至少可觀察議題興起到激進化之過程，並配合外在資料，例如：《勞動基準法》之制訂與勞工團體、政黨之組織等相互比照研究，藉以了解媒介內容對社會價值變遷之影響。

　　因此，本研究試圖回答以下幾個問題：

　　㈠媒介建構社會真實時，有何規則可循？

　　㈡一個議題在其生命週期中，會以什麼不同的面向呈現出來？❷

---

❶　有關凱普林傑《真實文化和媒介文化》及凱普林傑和哈亨柏格的研究〈提出要求的少數——以拒絕服兵役為例研究社會偏差行為對社會變遷之影響〉之介紹，詳見翁秀琪 (1989)。〈從兩個實證研究看大眾傳播媒介如何建構社會真實〉，《新聞學研究》，41 期，頁 125–136。

❷　根據政治學者魯曼 (N. Luhmann) 的說法，議題在初期會以中立的方式被呈現，以吸引最大多數的注意；愈到後期，愈會滲雜入價值 (Luhmann, 1971: 9–34)。魯曼的這種理論性假設，將在本研究中加以驗證。

㈢不同經營型態的媒體,在以上各點上是否有所不同?

㈣解嚴前後與勞工運動相關的社會價值報導有何不同?

㈤在規範性社會價值的變遷上,解嚴前後媒體的處理方式有何不同?

㈥媒介究竟是鏡子還是馬達?媒介真實與社會真實間的關聯性如何?

至於本研究的架構可分理論部分、研究方法部分及研究結果部分:

㈠理論部分:試從社會文化層次著手,建立大眾傳播的理論模式。

㈡研究方法部分:

1.採取多樣化蒐集資料的方式,包括:

⑴報紙的內容分析(媒介真實)。

⑵外在資料的收集(客觀真實),包括:勞工運動重要文獻(如〈勞動人權宣言〉)、勞基法內容、勞支會的《臺灣工權報告》及學者專家相關文獻等,以了解客觀之社會價值變遷。

2.長時間的相關資料蒐集,例如:臺灣勞工運動大事紀。

3.民意調查結果(雖然為數極少)。

㈢研究結果部分:

1.了解本國勞工運動的生命週期中,由發軔至激化有何特徵。

2.試擬報紙建構社會運動議題的規則。

3.比較媒介真實與社會真實,並試圖解答兩者間的關聯。

簡言之,研究結果就是為了幫助我們了解大眾傳播媒介(報紙)在社會價值變遷(以勞工運動所反映出來的價值變遷為關注點)的過程中,扮演了什麼角色,以及如何扮演的問題。

二、問題的背景——臺灣地區的勞工運動

㈠臺灣勞工運動的發展

徐正光在分析臺灣勞工運動的基本性格和趨勢時曾指出:「臺灣工業化的前 25 年是一個沒有勞工運動的時期。」因此,勞工運動在臺灣「是一個名符其實的新興社會現象」(徐正光,1988: 8)。

徐文並將 1961 年定為臺灣產業結構快速轉化的時期。在這段期間，勞動者亦曾有一些斷斷續續的抗爭行動，但多數屬於個人經濟性的短暫訴求。這種現象，一直要到最近兩、三年以來，才有顯著的轉變。具體地說，臺灣近年與早期的勞工運動有以下幾點不同（徐正光，1988: 8）：

1.抗爭的議題不再被當做個別勞動者、單一企業或特定地區所發生的現象，而逐漸把問題視為「整體經濟體制」所導致的普遍現象。

2.抗爭的行動逐漸以集體組織的形式出現；同時，更透過串連和聯盟的方式將個別工會加以連繫，形成地域性或全省性的聯合行動。

3.勞工運動的目標不再限於短暫的經濟訴求　（如個別勞工福利的改善等），而是長時間持續性帶動變革的行動；因此，其影響層面不再限於單一的企業單位，而是對整個社會、政治、經濟體制產生結構性的衝擊。

㈡臺灣勞工運動的性格

徐正光認為，臺灣勞工運動的性格是反支配體制、非單純的階級性以及補償和期望並立（徐正光，1988: 11–13）。

反支配體制指的是，以執政黨為主導的國家體制和在經濟掛帥政策下賴以快速成長穩定的經濟體制，成為影響勞工命運的兩大枷鎖，而這正是勞工運動者希望加以擺脫的。

其次，臺灣的勞工運動並非一種單純的階級運動❸。徐正光將其視為現代社會的勞動者追求民主和自由的運動，並指出臺灣的勞工運動不能自外於其他社會、政治運動，而侷限為勞工和資本家間的階級對立運動。

「挫折補償與期望昇高並立指的是在黨的意志和資方利益的雙重運作下，勞動者的團結權被瓦解，締結協約權被擱置，集體爭議權被扭曲和禁阻，……

---

❸　王振寰在〈工會運動的階級性〉一文中，亦認為臺灣目前的勞工具有的是工會意識，而非階級意識。王文指出工會意識要求法令給予的權益，其對工會運作的看法，主要是認為工會在維護法令給予的正當權利，而並不會去質疑法令背後的政治、經濟意義。「因此，這一看法未必等同於將勞工視為一個不同於資本家階級的看法，也未必預含了勞工有不同於資本家的世界觀。」（王振寰，1990）

勞動者這種長期遭受挫折而產生的不滿和怨懟，正是引動他們採取集體行動爭取依法應享有的權益的基本原因。」（徐正光，1988: 12）

㈢臺灣勞工運動的策略

臺灣勞工運動的興起是解嚴（1987 年 7 月 15 日）以後的事，因此是一個新興的社會運動❹。根據徐正光的分析，目前工運的策略「主要在建立自主性的行動據點以及透過各種的聯繫與結合以累積行動資源」（徐正光，1988: 13–14）。因此，目前臺灣的工運是以工會運動及釐清與政黨之間的關係為其著力點（徐正光，1988: 12）。

至於工會運動的策略則又包括：1.設立新的工會❺；2.改革現有工會體

---

❹ 馬康莊在〈當前我國勞資關係與工黨現階段的走向〉一文中，亦指出「1987 年是臺灣勞資關係轉變的關鍵時刻」。他並認為，「事實上這種轉變在 1986 年底的增額中央民意代表選舉中，就已出現端倪，不但四分之三的勞工團體選民改投區域候選人，勞工也捨棄了全國總工會理事長、現任立法委員陳錫淇與省總工會理事長彭光政」（馬康莊，1988）。

1987 年臺灣工運的兩件大事是：

⑴五一勞動節的前夕，30 多位學者及民意代表，共同發表由臺灣大學張曉春教授起草的〈勞動人權宣言〉，主張確保最低薪資、照顧退休生活、不得濫施加班、解僱應有法律依據、勞動者全體投保、健全福利制度、工作生命保障、工會自主及恢復工權等。

⑵夏潮聯誼會中的部分成員王拓、陳映真、王津平、蘇慶黎結合了高雄市工聯會、人織業的兄弟工會、臺北市計程車司機聯誼會以及民進黨籍立委王義雄，在獨立學者促成下，於 11 月正式成立工黨。

❺ 根據徐正光的資料，目前臺灣從事生產的廠場單位不下 7 萬家，但將產、職業工會合計，還不到 2,500 個單位（徐正光，1988: 12）。原因在於政策、法令的限制及不符現實需要，例如：《工會法》第六條規定，凡員工在 30 人以上時，應依法組織產業工會或職業工會。此一規定剝奪了佔臺灣工廠數 90% 以上且人數少於 30 人的小廠場的勞工組織工會的權利；又如工會法第八條規定，同一區域之產業工人或職業工人，以設立一個工會為限。

又如內政部所頒布的「產職業工會分等標準分類表」是根據主計處頒布的「中華民

質，落實工會的自主與民主； 3.加強工會的連繫，擴大工會活動空間； 4.充實工會經費，成立罷工基金； 5.支援勞工權益受損事件的爭議。

　　臺灣新興的工會運動以爭取工人集體組織的自主和民主運動為要務，希望以之來與現存的政治工會（存在於各級總工會及全國性的職業工會，為國民黨黨團外圍組織）及公司工會（大多由資方及管理階層所控制，自主性相當低）對抗。1986 年底中央民意代表選舉，國民黨提名的全國與全省總工會理事長落選，1987 年中電信工會理事長在工會基層代表選舉中落選，南亞工會選舉風波，以及中油、臺電與郵政工會選舉，具有濃厚獨立色彩的勞工紛紛當選（鄭村祺，1988；王幼玲，1988），顯示臺灣勞工追求工會自主和民主的強烈意願。

　　至於工會與政黨間的關係，自從工黨在 1987 年 11 月 1 日成立以後，國民黨與民進黨均感到巨大的威脅，勞工資源進入「立體切割的時期」（黃越欽，1987）。目前勞工運動者所強調的「超越黨派，影響政黨而不受操縱」的策略（官鴻志，1988），正是勞工運動者企圖爭取政黨支持，壯大運動聲勢的最好寫照。

㈣臺灣勞工運動的階段

　　毛斯 (A. Mauss, 1975) 在分析社會運動時，認為所有的運動均須經歷以下階段（蕭新煌，1989: 39–40）：

　　1.發端 (incipiency)：問題形成和萌芽。

　　2.集結 (coalescence)：逐漸形成較組織化的動員力量。

　　3.制度化 (institutionalization)：政府機構對於運動訴求的問題給予正視，並且開始採取官僚的反應模式，或是設置機構，或是制定必要因應法令，同時運動的組織化也趨於更成熟。

國職業標準分類表」而來，根據規定凡未列於分業標準表者即不得另行組織工會。由於上列分類表並不符合經濟發展所帶來的職業分化的實際情況，所以使得許多新行業的員工往往被排斥在組織工會的權利之外，例如：「臺北市計程車駕駛工會」即屬非法就是很明顯的一個例子。

4.分化 (fragmentation)：運動原來的訴求已被公權力的措施取代，而開始呈現疲態。

5.消失 (demise)：運動的最後一個階段。運動的主要成員大部分在這一階段已各奔東西，只剩下「死黨」或「真實的信徒」。

蕭新煌認為，目前我國的勞工運動是處於「集結」與「制度化」的過渡階段（蕭新煌，1989: 42）。至於一個社會運動能否順利進展至下一階段，則須視運動內部動員能力的大小和外在條件的配合等因素能否產生助力而定（蕭新煌，1989: 43）。社會運動與政治、大眾傳播媒介間的互動關係，即是影響社會運動發展的重要因素。有關這點，以下將再有討論。

三、勞動立法與勞工運動

法律是一個社會所遵循的道德規範的具體呈現。一般而言，它代表了一個社會在特定時間範圍裡大多數人的價值觀；它並能相當程度地反映出立法當時的政治、社會結構。因此，要了解一個社會的政治、社會結構，法律是很好的一個途徑。

政府播遷來臺以後至 1987 年 7 月解嚴，30 餘年間，臺灣地區一直都處在動員戡亂時期與戒嚴狀態下。政府基於國家安全理由，制定了許多非常時期的法令，全面地規範政治、經濟和社會活動。勞工運動兼具政治、經濟和社會意義，難免成為權力中心高度關注的焦點（鄭陸霖，1987: 35）。

觀諸臺灣地區規範勞資關係及勞工的法律與本研究密切相關的有：《勞動基準法》、《工會法》和《勞資爭議處理法》。以下即針對這些法律在本研究所涉及的時段期間內（1983 年 8 月至 1989 年 12 月）所做過的修法情況及爭議內容提出討論，提供讀者對於本研究「客觀真實」部分的了解。

㈠《勞動基準法》

《勞動基準法》的基本精神依陳國鈞的說法：勞動基準 (labor standard) 一辭最早見於 1938 年美國國會通過的 "Fair Labor Standard Act"。二次大戰後日本國會通過了《勞動基準法》，「勞動基準」漸成為我國的法定名詞（陳國

鈞，1986: 84–87）。

　　而所謂勞動的基本標準，即指勞動條件的最低標準，主要是針對勞工受僱於僱主從事勞動時，勞僱之間必須針對勞動時間、工資、休息等條件加以約定。

　　依陳昆良的說法，我國於 1984 年 8 月 1 日所公布的《勞動基準法》，其立法精神在於預防勞工問題之發生，並提供已發生的問題的解決標準（陳昆良，1985: 39–67）。

　　《勞動基準法》之本質在於以社會立法的方式保護某些特別需要救助的個人或團體，增進其福利；強制企業主對於處在經濟劣勢的勞動者，給予最低標準之勞動條件；以基於人道及社會公益的理由使勞動契約的自由受到限制，加設最低標準的保護措施。

　　足見，《勞動基準法》旨在保障勞工個人的權益，其中至為明顯之處在於，確定積欠工資在 6 個月以內者，有最優先受清償之權。

　　綜觀《勞動基準法》的相關規定，多半是保障勞工之最低勞動標準，「個人取向」色彩至為濃厚。

㈡《工會法》

　　《工會法》為勞工團體組織的根本及其組織之基本法（林大鈞，1975: 1）。我國之《工會法》制定於 1929 年，其間歷經 6 次修正，而 1988 年由行政院勞工委員會主持完成第 7 次修正草案（張曉春，1988a）。然而這次的修法卻連帶地引發相關爭議，造成當年 11 月 12 日由勞工界人士發起「二法一案」大遊行，表達他們對修法的不滿。我們從多年來的爭議中可發現工會法現行的特質：

　　1. 1985 年對《工會法》的爭議集中在：

　　⑴區分產業及職業工會之必要。尤其是產業工會，極易被僱主阻撓，甚或操縱及控制（林大鈞，1975: 194–196）；其原因在於產業工會必須以「廠」、「場」為其組織範圍，易形成公司工會之型態，從形式上阻撓了工會間相互聲援之機會，使工會失去了維護或增進勞工權益之本質。

⑵主管機關是否可以解散工會。依《工會法》第四十條規定，行政機關對於破壞安寧秩序者得解散之，使行政機關兼具司法功能，有違世界潮流。

2. 1987 年延續前一時期的爭議，時遇解嚴，再次引發了開放罷工權的問題（林大鈞，1975: 194-196）。執政當局擬只開放「經濟性」罷工，然而對於罷工程序的限制則尚有《工會法》第二十六條之規定：工會罷工不得妨害公共秩序之安寧；工會不得因為要求超過標準工資之加薪而罷工；非經調解程序及會員大會之無記名投票二分之一以上同意，不得罷工（張曉春，1987）。

3.依據《工會法》，工會乃是獨立自主的法人組織，應依法獨立運作，不受任何團體或個人的控制及支配，以發揮法定功能（張曉春，1988b）。

由以上的討論可知，以目前《工會法》的爭議及未來的修正方向而言，仍保留了不少以社會整體利益為考量來約束工會的行為，同時也希望能確保工會運作在獨立自主、不受外力干擾下進行。

㈢《勞資爭議處理法》

1988 年 7 月 1 日以前，我國規範勞資爭議的法規計有： 1. 1928 年 6 月 9 日國民政府所公布之《勞資爭議處理法》； 2. 1947 年 11 月 1 日行政院公布之《動員戡亂期間勞資糾紛處理辦法》。

兩法均未能以《憲法》為依據，致使我國之勞資爭議處理制度產生若干癥結問題（陳繼盛，1984）：

1.《動員戡亂期間勞資糾紛處理辦法》開宗明義指出，其法源來自《動員戡亂期間完成憲政實施綱要》第五條：「各業勞資雙方應密切合作，如有爭議並應依法調解及仲裁，凡怠工、罷工、停業、關廠及其他妨礙生產及社會秩序之行為均應依法懲處。」而處理辦法中另訂評斷制度解決勞資爭議，卻只以行政命令函釋其結果強制執行之權力歸屬行政單位，非法院執行，使之缺乏民事法上之執行力，然依特別法優於普通法原則，若發生勞資爭議地區有設「勞資評斷委員會」者，多盡先交付評斷，致使勞資爭議問題更形嚴重。

2.依內政部行政命令及《動員戡亂期間勞資糾紛處理辦法》尚有「調處」

一項，成為法定制度外之勞資爭議處理方式。然而調處方式所邀請的單位除了主管勞工事務的單位外，尚包括警備總部、警察局、黨部等，如此處理實有誤將經濟性勞資爭議當作治安問題處理之弊端。

3.《勞資爭議處理法》第三十六條規定：「非國營之公用或交通事業之僱主或工人不得因任何勞資爭議停業或罷工。前項以外之僱主或工人，其爭議在調解期內，或已付仲裁者不得停業或罷工；如在非常時期不得因任何勞資爭議停業或罷工。」因此，罷工時期如經確定為非常時期，則勞動者顯無罷工權利。

至於 1988 年 7 月以後合併修正的《勞資爭議處理法》有以下要點值得注意（張曉春，1988c）：

1.根據《憲法》擴大該法適用範圍，明確規定應涵蓋僱主或僱主團體與勞工或勞工團體發生爭議時。

2.權利事項調解不成立時，依新法第五條規定，由勞工法庭處理，鼓勵興訟，使勞方因訴訟而無法維生；調解仲裁結果一方不履行，他方可向法院聲請強制執行，但第三十八條卻有聲請駁回之規定。

3.在苗栗客運事件過後，勞委會頒布《處理重大勞資爭議事件實施要點》及《各級勞工行政主管機關處理勞資爭議事件應行注意事項》兩個重要的行政命令，期使公營、公用及交通事業重大勞資爭議，能迅速疏通，否則依法逕付調解或仲裁（劉志鵬，1989）。

而 1989 年 2 月的臺達化工勞資糾紛事件亦扯出了《非常時期農礦工商管理條例》的適用問題，其中第十一條規定「依該條例重新指定之企業及物品項目」項下所及，其生產員工不得罷市、罷工及怠工（《青年日報》，1989）。這個規定與《國家總動員法》第十四條之規定相同。

透過上述的討論，我們發現當前屬於規範勞資爭議行為的法律規定，其考慮點仍以維持整體社會經濟秩序為主。至於當事人救濟保護，則非以爭議的當事人權益是否受損，而給予對等的救濟保護措施為考量標準。

臺灣近年來風起雲湧的勞工運動，其明顯的分界當以 1987 年 7 月 15 日解嚴起算；在解嚴之前的勞工運動以個別、個人的型態出現，所關注的訴求

多以法定權益問題為限；解嚴之後的勞工運動則以多人、集體交涉的型態出現，所關注的訴求已從單純的經濟層面延伸至工會獨立自主等整體層面。

1984 年 8 月《勞動基準法》公布實施後，國內經濟正陷入不景氣階段，美國進口需求降低，造成關廠、歇業、解僱事件層出不窮，曾發生的事件有美國 RCA 公司裁員糾紛、復興煤礦勞資糾紛等。

1985 年，經濟持續不景氣，勞資糾紛有明顯增加的趨勢。同年 1 至 9 月勞資糾紛的件數較前年超出近 1 倍，多以：1.無故資遣；2.積欠工資；3.職業災害補助為主❻。著名的案件有：楊鐵工廠資遣費糾紛、中華陶瓷解僱員工未資遣、臺電解僱長期聘僱工等。

1986 年以後，出口貿易轉旺，經濟成長率達 9%，勞資糾紛雖仍有成長，但大型抗爭事件並不多。

1987 年，在勞工的知識水平提升下產生更多的抗爭事件；又因為 1986 年底，國民黨工會領袖落選，民進黨獲取 2 席，更強化了勞工爭取應有權益之意願；外加南韓工潮的示範作用。因此，自解嚴後有計程車工會籌組、國父紀念館女性員工抗議、基隆輪船理貨職業工會罷工等各種事件的發生。

1988 年《勞資爭議處理法》修正完成公布，正式賦予勞工罷工權；年終獎金爭議正式上臺；積極進行《工會法》及《勞動基準法》修正工作，激起勞工界「二法一案」大遊行。

---

❻　本段發展歷程整理自以下資料：

1.(1)湯蘭瑞 (1984)。〈一年來推展勞工行政之回顧〉，《中國勞工》，804 期，頁 10–14。

　(2)湯蘭瑞 (1986)。〈一年來勞工行政之回顧與展望〉，《中國勞工》，832 期，頁 6–9。

　(3)湯蘭瑞 (1987)。〈一年來勞工行政之發展〉，《中國勞工》，844 期，頁 8–11。

　(4)湯蘭瑞 (1988)。〈當前勞工狀況及發展趨勢〉，《勞工之友》，頁 5–10。

2.(1)張曉春 (1985)。〈守法就沒有勞資問題〉，《中國論壇》，20 卷 9 期（237 期），頁 19–21。

　(2)陸民仁 (1985)。〈為勞基法鳴不平〉，《中國論壇》，20 卷 9 期（237 期），頁 21–23。

3.方怡人 (1985)。〈現階段施行勞基法的問題〉，《聯合月刊》，48 期，頁 10–14。

4.黃寶祚 (1988)。〈我國勞工問題的探討〉，《勞工研究》，93 期，頁 76–85。

5.李碧玲 (1989)。〈臺灣的工會運動〉，《勞工研究》，97 期，頁 123–143。

　　1988 年迄今，經濟成長下跌，工會會員人數成長趨緩，政府也針對大型抗爭事件進行反制工作。

　　以下將本研究期間發生之重要勞工運動里程碑整理如下（資料來自： 1.《中國時報》(1988 年 5 月 1 日)——今年春節後勞工運動重大趨勢一覽表； 2.《聯合報》(1989 年 1 月 28 日)——臺灣地區 1988 年至 1989 年 1 月重大勞資爭議； 3.《自立早報》(1989 年 1 月 3 日)——1988 年臺灣重大工農運動事件簡表。所取事件皆為提及再三或兩次者)：

1988.1　新竹縣亞洲水泥年終獎金爭議

　　　　宜蘭客運追討積欠工資罷駛 3 天

1988.2　新竹縣遠東化纖年終獎金爭議

　　　　中壢市福特六和年終獎金爭議

　　　　國瑞汽車年終獎金爭議

　　　　臺北市大同公司年終獎金爭議

　　　　桃園縣客運自行休假以爭取落實《勞動基準法》

1988.3　唐榮公司罷工

　　　　石油工會勞工聯線爭取理事長職位

　　　　臺鐵火車駕駛人聯誼會成立

1988.4　臺電員工聯誼會成立抵制體制內工會

　　　　臺汽工會分離於公路局工會而自立

　　　　工黨新竹大遊行

　　　　全國總工會改選，上而下改造，國民黨全力輔選謝深山當選

　　　　大同三峽廠唐聰明被調職風波

　　　　中纖高雄廠員工籌組工會

1988.5　工黨五一節遊行

　　　　臺鐵駕駛員工全面罷駛

　　　　高雄汽車客運公司集體罷駛要求加薪

1988.6　嘉義及臺南新營客運罷駛爭取調整待遇

　　　　臺北大同公司調職風波再起

　　　　　工黨因理念及派系不合而分裂

　　　　　自主工聯成立

1988.7　苗客大罷工──全國首次合法罷工事件

　　　　　臺中港倉儲事件

　　　　　員林客運竹山站及彰化客運罷工爭取調薪

　　　　　新光合纖新屋廠自力救濟

1988.9　《中國時報》解僱勞工記者

　　　　　臺鐵工會改選，國民黨介入，警方戒備起衝突

　　　　　機場圓山空廚要求調整薪資結構

1988.10　新營客運追討工資召開會員大會停駛 2 天

　　　　　《勞動基準法》研修激起「二法一案」行動委員會成立

　　　　　遠東化纖新埔廠修訂團體協約風波

1988.11　「二法一案」大遊行

　　　　　桃客工會幹部曾茂興被資遣

　　　　　士林新光紡織廠員工抗議惡性關廠

1988.12　大連化工公司高雄廠合法罷工 1 天半，簽訂團體協約及年終獎金

　　　　　勞工局責令大同工會改選

　　　　　康平食品公司新竹廠資遣風波

　　　　　勞動黨成立，春節後正式建黨

　　　　1989 年上半年除了年終獎金的持續爭議，各地工會幹部頻傳調職、解僱，加上資方揚言撤資及退出勞委員，使上半年工運已走下坡，至遠化事件激起最後一個高峰而告平息，大型爭議場面不再出現。

　　　　下半年開始，勞保給付成為熱門話題，工運人士投身年底大選的熱身賽，直至 12 月中才有高雄加工區十全美、安強公司員工陳情案造成警民衝突。

　　　　以下再將《勞動基準法》的制定及修正過程、《勞資爭議處理辦法》及《工會法》的修正過程與本研究分期間之關係製成圖表，以凸顯各分期間相關勞工立法的背景變化。

表1　《勞動基準法》制定及修正過程與研究分期對照表

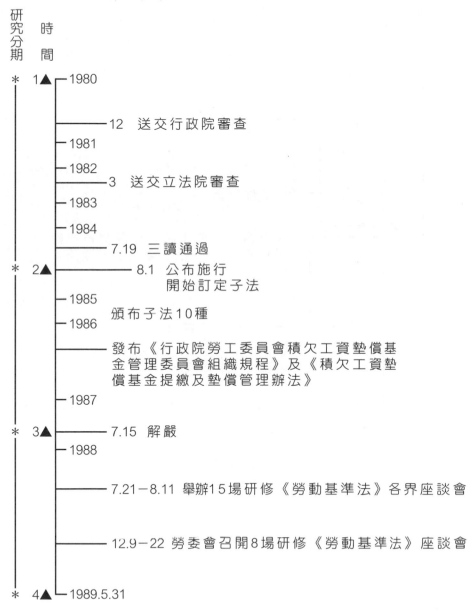

研究分期　時間

＊　1▲──1980

　　　　　　──12　送交行政院審查
　　──1981

　　──1982　　3　送交立法院審查
　　──1983

　　──1984
　　　　　　7.19　三讀通過
＊　2▲──　　8.1　公布施行
　　　　　　　　　開始訂定子法
　　──1985
　　　　　頒布子法10種
　　──1986

　　　　　發布《行政院勞工委員會積欠工資墊償基
　　　　　金管理委員會組織規程》及《積欠工資墊
　　　　　償基金提繳及墊償管理辦法》

　　──1987

＊　3▲──7.15　解嚴
　　──1988

　　　　　──7.21－8.11 舉辦15場研修《勞動基準法》各界座談會

　　　　　──12.9－22 勞委會召開8場研修《勞動基準法》座談會

＊　4▲──1989.5.31

表2　《勞資爭議處理辦法》修正過程與研究分期對照表

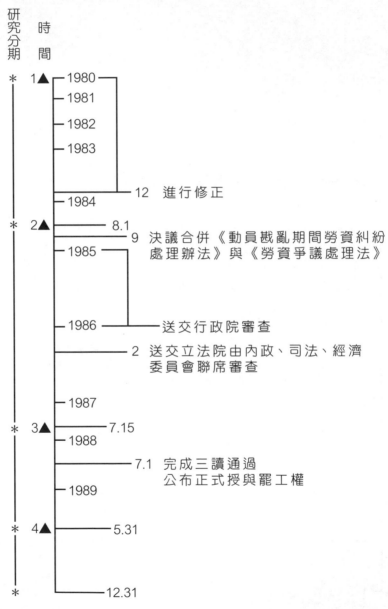

研究分期　時間

* 1▲—1980
　　　　—1981
　　　　—1982
　　　　—1983
　　　　　　　　　　　12　進行修正
　　　　—1984
* 2▲—　　8.1
　　　　　　　9　決議合併《動員戡亂期間勞資糾紛
　　　　—1985　　　處理辦法》與《勞資爭議處理法》

　　　　—1986　　　——送交行政院審查
　　　　　　　　2　送交立法院由內政、司法、經濟
　　　　　　　　　委員會聯席審查
　　　　—1987
* 3▲—　　7.15
　　　　—1988
　　　　　　　7.1　完成三讀通過
　　　　　　　　　公布正式授與罷工權
　　　　—1989

* 4▲—　　5.31

* 　　—12.31

表3　《工會法》修正過程與研究分期對照表

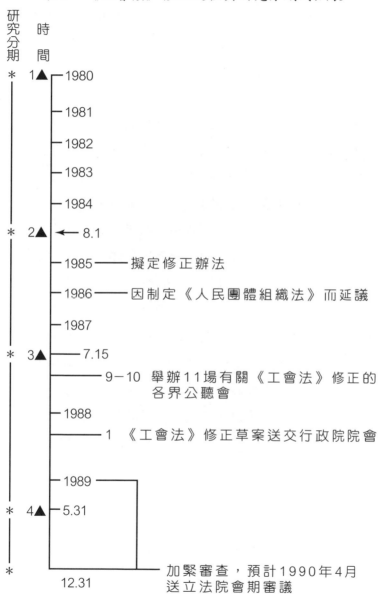

研究分期　時間

* 1▲ 1980

1981

1982

1983

1984

* 2▲ ← 8.1

1985 —— 擬定修正辦法

1986 —— 因制定《人民團體組織法》而延議

1987

* 3▲ — 7.15

9－10　舉辦11場有關《工會法》修正的各界公聽會

1988

1　《工會法》修正草案送交行政院院會

1989

* 4▲ 5.31

* 加緊審查，預計1990年4月送立法院會期審議

12.31

四、大眾傳播與勞工運動

張茂桂在《社會運動與政治轉化》一書中，以資源動員理論來解釋社會運動的興起與外在資源環境（包括政治過程、經濟利益、大眾傳播、知識分子及專業人員等）間的關係（張茂桂，1989: 30）。

張茂桂指出，社會運動的產生，雖然與社會中的不滿情緒有一定程度的關聯，但運動之所以發生，與其說是不滿情緒、悲慘環境所造成，「毋寧說是這些問題經過有效的組織運作，掌握某些社會精英分子的權力及資源之後，方能形成。組織網絡與資源流通，因此是早期資源動員理論之重點。」（張茂桂，1989: 30）

基於社會運動與大眾傳播媒介間可能的互動關係，自由主義及日後社會責任報業理論所揭櫫的「客觀報導」並不意味著媒體工作人員真會嚴守價值中立立場，或只安心於做客觀事實的紀錄者與反映者，並盡量平衡地去呈現事實的諸種面向。以美國的例子來說，1960 年代興起的反越戰運動、黑人民權運動、男女平權運動、學生運動等，大眾傳播工作者中不乏有人本著「參與宣揚」(participant advocate) 的新聞意理對以上的社會運動加以宣揚報導，使得社會運動益發蓬勃發展 (Cohen, 1963)。同時，大眾傳播理論中的議題設定理論亦認為，大眾傳播媒介賦予不同議題重要性的程度不同，會造成受眾對不同議題重要性的認知。總之，由於大眾傳播媒介對單一新聞事件的披露報導以及討論，可使其進入公共議程，使得事件逐漸「問題化」，社會問題逐漸「運動化」。因此，任何社會運動由發軔初期進入壯大成熟乃至分化解體，大眾傳播媒介顯然扮演著極為重要的催化角色。

1988 年 1 月解除報禁以來，開放報紙登記並增加張數。張茂桂和林東泰認為，報禁的開放刺激了同業間的競爭，促使某些媒體開始積極扮演「界定議題」的角色，也就是在標榜客觀、挖內幕、做獨家的壓力下，一方面對於社會抗議做更大、更深入的報導（因為報紙增張而可能），另一方面則可藉議題發揮，設定社會注意力的焦點（張茂桂、林東泰，1989）。總之，「報禁的開放，新聞自由的擴大化，促成臺灣有關抗議運動資訊的更大流通，意識型

態更難操縱壟斷，也提供運動人更多的可動員資源以及保護。」（張茂桂，1989: 39）

　　解嚴及報禁開放前，因政府當局的防制心態及傳播政策的限制，使得除了由上而下的社會運動（例如：文化復興運動）較能得到大眾傳播媒介的支援鼓吹之外，一般由下而上的社會運動（例如：勞工運動、婦女運動和環保運動等）凡涉及意識型態之爭，往往不易被納入大眾傳播媒介的報導中。此情況在解嚴和開放報禁後，有了極大轉變，值得進一步的實證探討。

　　因此，本文基本上假定解嚴是一個明顯的時間切割點。解嚴以前和以後，報紙對勞工運動的報導不論在量（報導篇幅）或質（報導議題、運動涉入之主角、社會價值取向、社會價值具體性、社會價值立場及規範性社會價值等）上都有極大的差異。本文將以內容分析的資料來檢證以上的說法，並以附錄三所列之臺灣勞工運動大事紀的時間序列資料與內容分析結果相互比對，來看看勞工運動與大眾傳播媒介的關聯及互動情形，檢視資源動員理論中「外在資源環境與社會運動興起有關」的說法是否能得到實證資料的支持（換言之，大眾傳播媒介是推動社會運動發展的原動力）。

第二節　理論建構與文獻探討

　　雷歇 (N. Rescher) 創造了一種有不同類型價值變遷的類型學 (redistribution, de-emphasis, rescaling etc.)。他認為，資訊的變遷、經濟科技的變遷等，都會造成一個社會中的價值變遷 （Rescher, 1969，轉引自 Rosengren, 1981b）。

　　本研究則以社會價值變遷來說明社會變遷，乃是將意識 (ideology) 及價值 (value) 的變遷視為社會變遷的主要動因（蔡文輝，1983: 30–33）。至於大眾傳播媒介在社會價值變遷與社會變遷之間究竟扮演一個什麼樣的角色，將於本節之二中詳細闡述。

一、大眾傳播與社會

在剖析大眾傳播內容與社會價值變遷及社會變遷的關聯性以前，先從不同理論觀點就大眾傳播媒介在現代社會中所扮演的角色加以說明。

馬奎爾 (D. McQuail) 從不同層面綜合各種理論來討論大眾傳播媒介與社會的關係 (McQuail, 1987: 59)：

㈠單元對應多元 (dominance vs. pluralism)

單元論者認為，媒介掌握於少數或優勢階級手中，表現於媒介的是：權力集中、資訊來源由少數人控制、標準化的內容以及大眾對媒介內容的極度依賴等。

多元論者則認為，資訊來源及內容均相當多元，個人可依興趣及需要選擇媒介內容 (McQuail, 1987: 58–59)。

㈡媒介的離心和向心趨勢 (centrifugal vs. centripetal tendencies of media)

依研究者不同的價值觀點及實證觀察結果而有媒介具向心及離心傾向等兩種完全不同的看法。主張媒介具有向心力者認為，往正面想，媒介內容具有促進社會整合、帶給社會安定秩序的功能；往負面看則是在進行社會控制。主張媒介具有離心力者則認為，往好處講，媒介內容可以促進現代化、傳播新知；從壞處想是媒介內容製造了疏離、價值解體及社會脫序等。馬奎爾同時指出要結合這 2 種不同觀點的困難性 (McQuail, 1987: 59–60)。

㈢媒介先變還是社會先變？ (media or society as first mover?)

這個觀點指出了 2 種理論趨勢： 1.以媒介為中心； 2.以社會為中心。

前者認為，媒介是改變的原動力，原因則是傳播科技的改變或傳播內容的帶動；後者則認為，社會中的政經變化才是帶動社會變遷的主力。最有名的媒介科技掛帥論是加拿大的多倫多學派 (Innis, 1951; McLuhan, 1962) 以及

後續的作者如苟德納等人 (Gouldner, 1976; Febvre and Martin, 1984; Eisenstein, 1978)。

而持媒介中心理論的另一派學者則並不那麼極端地認為媒介科技或媒介內容是帶動變遷的唯一力量。他們認為，媒介在某種情況下可以帶動某些社會變遷。

至於葛柏納 (G. Gerbner) 的 「涵化理論」 (cultivation theory) (Gerbner et al., 1980a, 1980b) 在近期的發展中似乎傾向於認為，「優勢的訊息系統」 (dominant message systems) 主要來自社會組織中力量的運作而非單純地只來自媒介 （電視），因此而結合了 「傳播」 及 「社會」 兩種觀點 (McQuail, 1987: 61)。

至於社會中心理論也是眾說紛紜，因為對於社會動力的解釋不同，有人強調鉅觀的階級、文化和社會結構，也有人強調微觀的個人動機、興趣、需求等。

以上的分析方法也有學者 （例如瑞典的羅森袞 (K. E. Rosengren) 的文化指標研究）以上層結構或下層結構主導、唯心或唯物主導的辯證關係來解釋大眾傳播媒介與社會間的關係 (Rosengren, 1981a, 1981b, 1981c)。

足見，在社會變遷的過程中，究竟以媒介為中心抑或以社會為中心，截至目前為止並無定論，有待進一步實證資料的蒐集及檢驗。

二、大眾傳播與社會變遷

透過以上的分析，我們約略能了解大眾傳播媒介與社會間的辯證關係。以下就從相關理論及實證研究部分加以闡述。

㈠理論陳述：羅森袞提出的文化—社會關係類型說

羅森袞檢討了馬克思 (K. Marx) 下層結構 （經濟）影響上層結構 （政治、法律、意識型態），韋伯 (M. Weber) 上層結構 （宗教）影響下層結構 （資本主義社會） 和彼得生 (R. A. Peterson) 提出的 3 種文化與社會的關係 (Peterson, 1976)： 1.文化自主； 2.唯心論 （文化創造社會結構）； 3.唯物論

（社會結構創造文化）以後，提出他自己的文化—社會關係類型說。羅森袞認為，社會結構與文化之間的辯證關係，可以簡略地以下圖表示 (Rosengren, 1981a: 724)：

社會結構影響文化

	是	否
是	互　賴	唯　心
否	唯　物	自　主

（左側縱標：文化影響社會結構）

圖 1　文化與社會結構之間的關係圖
（資料來源：Rosengren, 1981a: 724）

羅森袞所謂的文化在實證的階段即指大眾傳播媒介中所呈現的內容，因此他主張在經濟指標、社會指標之外，應有系統地建立文化指標。

有關社會指標的研究在 1930 年代曾經造成風潮。1960 年以後，在包爾 (R. Bauer, 1966)、查普發 (W. Zapf, 1975) 等人的研究下而逐漸有所突破。

至於文化指標的研究，在 1930 年代也有小規模的發展，例如：索羅金 (P. Sorokin) 的 《社會及文化動力學》 (*Social and Cultural Dynamics*, 1937–1941)。

社會指標逐漸在 1960 年代被人接受，而文化指標則是葛柏納在 1969 年首先提出與採用的。葛柏納致力於美國電視的研究，他最負盛名的文化指標是「暴力素描」(violence profile)。

葛柏納認為，社會結構和媒介內容的關係是文化變遷起源於科技革命後帶來的訊息生產；換言之，代表訊息生產的大眾傳播媒介影響了一個社會的文化變遷。而這種大眾產品（指媒介內容）經過快速的分配後，創造了新的符號環境。因此，文化指標是一套標示變遷的符號環境系統，它的作用在於

協助政策的決定與指導個人從事有效的社會行為。

　　羅森袞發揚文化指標的概念，以之作為研究大眾傳播與社會變遷的方法 (Rosengren, 1981a, 1981b, 1981c)。瑞典的 CISSS (Cultural Indicators: The Swedish Symbol System, 1945–1975) 研究計畫中便運用文化指標，進行宗教、廣告、文學、外交政策和自由、平等等研究。這個計畫由瑞典蘭德和斯德哥爾摩大學 (the Universities of Lund and Stockholm) 的歷史學家、心理學家、社會學家、政治科學家、神學家和哲學家共同合作。這個研究計畫的目標在於為戰後瑞典社會的不同部分建構文化指標：在文化環境下，建構標準化的工具，以測量不同的符號系統。

　　瑞典的 CISSS 研究計畫底下分為五個獨立但又彼此合作的研究計畫，分別涉及國內政治、國外政策討論、宗教、廣告、文學，這 5 個研究計畫都要建構並應用文化指標。主要的分析材料則是瑞典的日報。

　　羅森袞的文化指標研究之理論背景是，假設戰後瑞典文化的發展是由「國際主義」 (internationalism)、「行動主義」 (activism) 與 「極端主義」 (radicalism) 所共同主導 ， 其組成空間若以古德曼空間 (Goldman's space) 表示，結果如下：

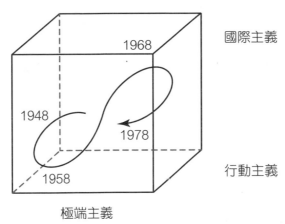

圖 2　戰後時期瑞典文化氣候假設性發展圖
（資料來源：Rosengren, 1981a (2): 722）

此圖引發的問題有： 1.這些因素的代表性； 2. 1950 年代及 1960 年代的

轉折，也就是圖 3 中所呈現的轉折；以及 3.什麼因素導致圖形如此呈現。

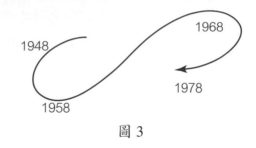

圖 3

羅森袞進一步說明可能的因素，包括：

1.瑞典文化氣候難免受到外力影響，而所謂的外力，羅森袞認為就是
1950、1960、1970 年代時的國際強權系統變化（見圖 2-4）。

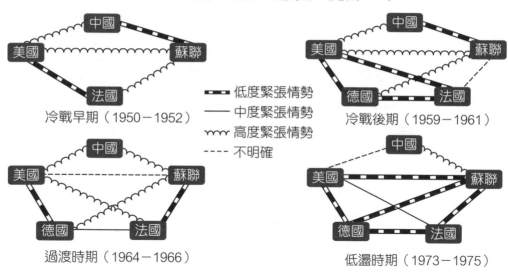

圖 4　四大強權國家系統圖
（資料來源：Rosengren, 1981a: 723）

2.考慮「文化與社會結構的關係型態」。

3.時間因素必須列入考慮。

4.世代 (generations) 的改變，這又包括：

(1)「世代效果」(generation effects)，指的是每一世代的特殊經驗所可能
帶來的永久影響；

⑵「風尚效果」(zeitgeist effects)，指的是規範、價值和信仰等的系統性改變所可能帶來的影響。

羅森袞綜合上述諸變項，並以下列架構圖呈現（見圖5）。

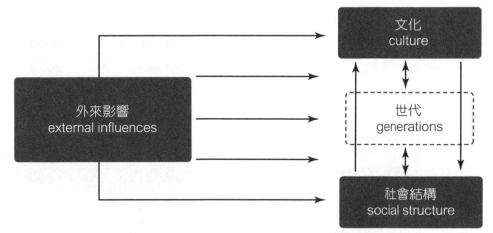

圖5　文化與社會結構之間的整體關係模型
（資料來源：Rosengren, 1981a: 726）

CISSS 研究計畫的初步研究結果如下 (Rosengren, 1981a)：

1.在國內政策的研究方面，羅森袞等人研究 5 份最主要的瑞典報紙，其社論所反映出來的「自由」與「平等」價值從 1945 年至 1975 年的變遷，結果發現「自由」這個價值有日漸減少的趨勢，而「平等」這個價值則有日漸增加的趨勢。羅森袞等人認為，這足以說明瑞典文化正從一個自由主義的政治文化轉變成一個社會主義的政治文化。至於 1975 年至 1980 年的發展，則可能又發展回一個較傾向自由主義的政治文化。

2.在國外政策的研究計畫裡研究了 6 份最主要的瑞典報紙，分析瑞典報紙對遙遠地區的報導趨勢，發現在 1960 年代 (1963–1965) 有關遙遠地區的報導遠較 1952 年至 1962 年時為多，而 1966 年至 1975 年時，則又較 1960 年代為多。這樣的變化趨勢被解釋為瑞典文化「國際主義」化的證明。

3.在有關宗教的研究中，瑞典的學者們研究了瑞典報紙廣告中的死亡宣告。在傳統的瑞典死亡宣告中，通常會包含一首詩或一句宗教的句子。研究結果發現，特別在都會地區，死亡宣告有愈來愈世俗化的趨勢，亦即宗教的

成分愈來愈少。

4.研究《瑞典週刊》上,「您」和「你」代名詞的使用情形。研究結果發現從 1965 年開始,在廣告用語中「您」的用法漸趨減少,而「你」的用法日漸加多。研究者在日用的瑞典語中亦發現了同樣的現象。同樣的語言變化趨勢亦可以在法語和德語中發現。研究者將《瑞典週刊》廣告上的這種代名詞使用趨勢解釋為瑞典文化中日趨平等和團結的趨勢。

5.在研究日報文學評論的計畫中,研究者發現,1960 年代以來,以瑞典文發表的文學書籍有減少的趨勢 (社會真實,或羅森袞架構中的 「社會結構」);但分析瑞典 6 大報上發表的文學評論中所評論到的以瑞典文發表的著作卻不見得有這樣的趨勢(媒介真實,即羅森袞架構中的「文化」)。羅森袞等人將這種現象解釋為瑞典「國際主義」化的表徵。

從以上的討論可以看出,雖然瑞典文化指標研究的企圖心極旺盛,試圖在理論建構中涵括進「外力影響」、「文化」、「社會結構」和「世代」等變數,但在實證層次也只能處理「文化」和「社會結構」2 個變項。而且,CISSS計畫的結果亦未能釐清究竟是社會結構影響文化,還是文化影響社會結構的中心議題,例如:上述 1 至 4 的研究結果似乎顯示是社會結構影響文化(媒介內容),但在 5 有關文學評論的研究中,兩者之間又似乎呈現出毫無關聯的自主模式。足見瑞典的文化指標研究起碼在目前這個階段尚無法解決鏡子和馬達的問題。

這樣的結果,如與西德曼茵茲學派的發現相比較,則瑞典的發現似乎是支持了「唯物」與「自主」2 個模式,而西德的發現則更類似羅森袞的「互賴」模式。

本研究就理論建構的觀點言,毋寧更傾向於媒介內容(文化)與社會結構(社會價值)變遷間的關係是一種互賴的狀況,至於什麼狀況下是媒介內容影響社會結構,什麼狀況是社會結構引導媒介內容,則受到議題特性、媒介組織特性、議題相關參考團體的消長及議題生命週期(時間)的影響。

㈡實證研究探討

1.社會運動中的媒介角色

高登柏格 (E. Goldenberg) 指出，社會運動通常希望大眾傳播媒介幫它達成⑴確立身分；⑵建立形象；⑶傳播有利消息；及⑷指明目標。此外，就運動目標而言，也需藉助大眾傳播媒介的報導，以形成議題 (Goldenberg, 1984: 232–234)。

蘇蘅研究國內報紙在核四廠興建問題的報導中所扮演的角色，發現大眾傳播媒介在該議題的報導上的確有議題設定的功能。由於媒介的大量報導，凸顯了該事件的重要性，也因而擴大了閱聽眾對該問題的注意（蘇蘅，1986: 251–285）。

羅慧娟以 1985 年發生的餿水油事件為例，探討報紙在國內消費者運動中所扮演的角色時發現，⑴大眾傳播媒介扮演告知（守望）的角色；⑵在消費事件上，我國報紙對消費者僅具有部分議題設定效果，報紙報導愈多與愈強調的內容，消費者也知曉愈多，但並不視其為重要內容（羅慧娟，1985）。

張茂桂和林東泰則指出，報禁的開放促使抗議運動（社會運動）資訊的更大流通，意識型態亦更難操控壟斷，而報業同業間由於競爭益趨激烈，促使某些媒體開始積極扮演議題界定的角色，企圖設定社會注意力的焦點（張茂桂、林東泰，1989: 39）。

2.媒介如何報導社會運動？媒介建構社會現實時，是否有任何規則可循？

馬奎爾認為，大眾傳播是「社會關係的中介」 (the mediation of social relations)，媒介機構從事知識的生產、複製及發行，並扮演外在客觀真實及個人親身經驗的中介角色 (McQuail, 1987, 2nd ed.: 51–53)。

基本上，媒介所展現的象徵事實 (symbolic reality) 乃取材自真實世界，並對眾多素材加以選擇與處理，經常企圖簡化社會衝突事件的報導。格拉斯哥大學媒介小組 (Glasgow University Media Group) 的研究指出：社會衝突的發生事實上有其階段性的發展，而電視新聞則將焦點集中於顯性階段 (manifest stage)，忽略了造成衝突的結構性原因以及社會過程的演進

(Glasgow University Media Group, 1976)。

希爾希 (P. Hirsch) 認為，媒介選擇訊息時會受「人物」的影響，其原因有：⑴媒介傾向於選擇顯著的個人或團體作為資訊來源或報導對象；⑵媒介經常樂於報導著名人物的說詞，而不報導事件。如果發言者對事件的發展有進一步的影響力，則其說詞本身就是新聞；⑶新聞的蒐集大部分是找相關人物發言，因為人物比事件來得好找，並且能說話（轉引自 McQuail, 1987, 2nd ed.: 163–164）。

另外，凱普林傑引用李普曼 (W. Lippman) 「刻板印象」 (stereotype) 和「新聞價值」(news value) 的概念 (Lippman, 1922) 來研究《明鏡》雜誌 (*Der Spiegel*) 如何報導文學性內容時發現 (Kepplinger, 1975)：一份新聞性的刊物通常在文學方面比較不專精，它的讀者群多半也不是文學家或對文學特別有興趣的人，所以它在報導涉及文學的、過分複雜的內容時多半會將之簡化，其原則通常是透過「個人化」和「衝突結構」兩種方式（請參閱翁秀琪，1989: 126）。

因此，本研究根據以上文獻導出的第一個假設是：

假設一：媒介報導勞工運動時，有「衝突化」和「個人化」的傾向。

3. 一個議題在其生命週期中，會以什麼方式出現？

議題的生命週期與社會運動的時間長度，理論上應成正比。對議題的報導量，亦應與運動的激化或衰弱成正比。

本研究將研究時期（1983 年 8 月至 1989 年 12 月 31 日）粗分為：

第一期（初期）：1983 年 8 月至 1984 年 8 月 1 日《勞動基準法》公布以前。

第二期：1984 年 8 月 2 日至 1987 年 7 月 15 日（《勞動基準法》公布以後至解嚴以前）。

第三期：1987 年 7 月 16 日至 1989 年 5 月 31 日（解嚴以後至遠化事件落幕）。

第四期（近期）：1989 年 6 月 1 日至 1989 年 12 月 31 日。

若根據毛斯對社會運動的 5 階段分法（發端、集結、制度化、分化、消

失）(Mauss, 1975)，又參照蕭新煌的說法，認為我國目前的勞工運動是處於「集結」與「制度化」的過渡階段（蕭新煌，1988: 42），則本研究的 4 個階段約相當於：初期（發端），第二期（集結），第三、四期（制度化）。

政治學者魯曼在描繪民意形成的過程時曾經區別「議題」和「對議題的意見」。他認為「議題」的提出是民意形成過程中的第一步，主要目的在於引起大眾對於該議題的注意。因此，在民意形成的過程中，一個中立議題的提出永遠是在一些具有價值判斷色彩的、對議題的意見之前（Luhmann, 1971；參閱翁秀琪，1989: 132）。

吉特林 (T. Gitlin) 研究美國的大眾傳播媒介對當時爭取民主的學生組織 SDS (Students for a Democratic Society) 的報導時，以 5 個階段來說明兩者之間的關係 (Gitlin, 1984: 244)：

第一階段：SDS 未被媒介報導，組織本身也並不主動、熱衷於尋求上報的可能。

第二階段：媒介開始注意 SDS，對其有零星的報導。

第三階段：當 SDS 本身運動開始激烈化以後（例如走上街頭示威），媒介主動尋求相關新聞。但報導內容多趨於瑣碎、兩極化和衝突。

第四階段：由於媒介的報導，引發內部對媒介運用的爭執。

第五階段：SDS 內部因媒介的深入報導而變質，最後媒介不惜醜化此發生質變的運動團體。

塔克曼 (G. Tuchman) 指出，在社會運動初期，媒介對社會運動通常會排斥，甚至予以嘲笑，等運動持續發展以後，才會逐漸加以注意，並詳加報導，形成議題 (Tuchman, 1978: 135–155)。

熊傳慧在對報紙（《中央日報》、《聯合報》、《自立晚報》、《中國時報》）之環境問題報導的長時間分析中發現，報導普遍多於專論，官方消息也逐漸較地方消息為多（熊傳慧，1985）。

另外，羅慧娟以《聯合報》、《中國時報》、《中央日報》及《民生報》為對象，分析「餿水油事件」，結果發現（羅慧娟，1985）：

⑴報紙所報導的主題，以「餿水油破獲過程及涉嫌人有關問題」最多。

⑵消息來源依次為「調查局」、「學者專家」、「記者」及「衛生局」等。

⑶報導方式多半為「客觀陳述」（佔 71.6%）。

⑷記者的報導型態依次為「一般新聞」型態 (61.2%)、「文字特寫」、「圖片」和「專欄」。

足見報紙在報導類似的消費者危機事件時，多半仍持事件取向，以新聞報導的方式來處理，並多屬於中立的立場。

因此，本研究參照上述文獻導引出的第二個假設是：

假設二：勞工運動議題在其生命週期中，初期會以中立方式出現，愈到後期，滲入的價值愈多。同時，媒體對勞工運動議題的報導量，亦會隨其議題生命週期由初期至近期而逐漸遞增。

4. 媒介經營型態不同，是否會影響其報導？

社會運動或社會爭議事件通常是媒體報導的焦點，也是社會變遷的重要軌跡。國內外的許多研究，運用科學的實證方法，對媒介內容進行分析，發現在許多情況下，媒介立場的確會影響其報導方式。

葛柏納與馬文尼 (G. Marvanyi) 研究經營權與國外新聞多寡時發現，公營報的國際新聞較商營報紙為多，可見經營權的確可能會影響媒介內容 (Gerbner and Marvanyi, 1977)。

此外，游其昌在《報紙對社會衝突報導之研究——以杜邦事件為例》的研究中有下列發現（游其昌，1987）：

⑴報紙立場與報導傾向一致。立場愈趨向保守的報紙有利於杜邦公司的內容愈多。

⑵報社的立場，可能會使論題重心產生差異。

⑶整體來說，報紙報導主角偏向中央政府及跨國公司，只有《中國時報》在衝突升高期間，以鹿港民眾為主角的報導多於以杜邦公司為主角的報導。

⑷不同立場的報紙，會使新聞的陳述方式產生差異。

吳淑俊以《中央日報》、《聯合報》和《中國時報》為對象，分析消費者保護新聞，結果發現（吳淑俊，1989: 109–112）：

⑴報導隨時間變動而變動：

第一階段：醞釀期。

第二階段：解釋鼓吹期。

第三階段：制度化期。

⑵在不同階段中，報導有顯著差異。

⑶對於消基會的報導，因經營者不同而有差異。《聯合報》與《中國時報》對消基會各項主題的報導大致平均，《中央日報》對消基會的報導，明顯較其他報少。而以態度來看，雖然都以中立立場較多，但《中央日報》給予有利報導的次數卻較其他報少。

謝錦芳在《我國主要報紙社論之社會價值趨勢分析——中央日報、中國時報、自立早報、經濟日報有關勞工問題的社論初探 (1969～1988)》中則發現（謝錦芳，1990）：

⑴勞工問題社論所呈現的社會價值取向，不因報紙經營型態的不同而有差異。

⑵勞工問題社論所呈現的結構複雜度，隨報紙經營型態的不同而有差異。黨營報紙的平均結構複雜度比民營報紙低。

⑶勞工問題社論所呈現的社會價值具體性，隨報紙經營型態的不同而有差異。

此外，陳秀鳳在《我國主要報紙政治衝突事件報導初探——中央日報、中國時報、自立晚報有關民主進步黨街頭運動報導的內容分析》中指出（陳秀鳳，1990）：

⑴政治衝突事件中，報導量、版位與版次、圖片報導量、報導型態上均因立場而有不同。

⑵在議題重視程度上，由於組織立場的不同而有顯著的差異。

⑶在新聞描述手法上出現顯著差異。《中央日報》偏重情緒取向，《中國時報》偏重理性分析，《自立晚報》偏重事實陳述。

⑷呈現出來的民進黨形象，負面程度以《中央日報》最高，《中國時報》次之，《自立晚報》較低。

由上述文獻，我們可以看出媒介經營型態不同，的確可能影響其報導。

質此，導引出本研究的第三個假設：

假設三：媒介經營型態不同，會影響其對勞工運動之報導。

三、一：對勞工運動的報導篇幅，民營多於黨營，黨營又多於軍營。

三、二：對勞工運動的重視，民營、黨營、軍營依次遞減。

三、三：對勞工運動相關主角的報導，民營較偏勞方，而黨營和軍營較偏行政單位和資本家。

5.解嚴前後與勞工運動相關的社會價值報導有何不同？

徐正光在分析臺灣勞工運動的基本性格和趨勢時，曾將 1961 年定為臺灣產業結構快速轉化的時期。徐正光認為，這個時期的勞動者雖亦曾有一些斷斷續續的抗爭行動，但多屬於個人經濟性的短暫訴求。這種現象一直要到近兩、三年來才有改變，勞工運動的目標不再限於短暫的經濟訴求（如個別勞工福利的改善等），而是長時間持續性帶動變革的行動；其影響層面不再限於單一的企業單位，而是對整個社會、政治、經濟體制產生結構性的衝擊（徐正光，1988: 8–13）。

謝錦芳在《我國主要報紙社論之社會價值趨勢分析──中央日報、中國時報、自立早報、經濟日報有關勞工問題的社論初探 (1969～1988)》中發現「時間與社會價值取向有關。愈早期的社論愈強調集體取向的社會價值，愈晚期愈強調個人取向的社會價值」。同時亦發現原假設「黨營報紙社論比民營報紙更傾向集體取向；反之，民營報紙社論比黨營報紙社論傾向於個人取向」並未能得到實證資料的支持。具體資料呈現：民營報紙和黨報一樣，皆偏向集體取向（謝錦芳，1990: 210）。在研究中的 15 項社會價值中，「個人福利」、「個人尊嚴」、「知能品德」、「社會和諧」、「社會福利」、「愛國主義」和「經濟發展」等項與報紙之經營型態有關（謝錦芳，1990: 216–217）。其中民營報紙比黨營報紙強調「個人福利」；黨營報紙則比民營報紙強調「個人尊嚴」、「社會和諧」、「社會福利」、「愛國主義」、「經濟發展」和「反共」等社會價值（謝錦芳，1990: 217）。

同時，報紙內容與其經營者密切相關。本研究將報紙的經營型態粗分為黨營、軍營和民營。不論其制度如何，報紙通常都受到政治經濟體系的影響；

黨報、軍報通常以傳遞黨政、國家意識為主，而民營報的主要目的則在謀求利潤。因此，我們假設黨營及軍營報紙為配合政令宣導，會較強調生產報國、經濟發展等社會價值，所以會比民營報紙更傾向於國家及社會取向的社會價值。至於民營報紙通常言論空間較寬廣，亦較少政治包袱，因此所呈現的價值應較傾向於反映個人福利等個人取向。

質此，導出本研究的第四個假設：

假設四：報紙對與勞工運動相關的社會價值報導，會因勞工運動議題發展的不同階段及報紙的不同經營型態而有不同。

四、一：在社會價值取向的變遷上，解嚴以前與勞工運動相關的社會價值報導偏向於國家取向和個人取向；而解嚴以後偏向於社會取向。

四、二：黨營及軍營報紙比民營報紙更傾向於國家及社會取向；反之，民營報紙比黨營及軍營報紙更傾向於個人取向。

四、三：在社會價值立場的變遷上，解嚴以前與勞工運動相關的社會價值立場報導偏向於有利資方；而解嚴以後偏向於有利勞方。

四、四：黨營及軍營報紙比民營報紙更傾向於有利資方之報導；反之，民營報紙比黨營及軍營報紙更傾向於有利勞方之報導。

6.在規範性社會價值的變遷上，解嚴前後媒體的處理方式有何不同？

由於社會運動通常具有反現存制度及價值規範的特性，常被視為不合法的、不正常的、間歇的、例外的，也因此而較不易為媒體所接受。

同時，一種社會行為的改變和政府對這種行為的因應措施，事先都需經過知識性的準備過程，亦即事先都需經過告知和合理化的過程。另一方面，舊有的制度和價值規範仍繼續存在，它與透過社會運動所欲達到的新價值規範及新制度間呈現一種拉鋸的現象。而不同經營型態的媒體則在整個拉鋸的過程中擔負起不同的角色，較保守的媒介為維護舊有價值體系通常會對新價值體系提出嚴厲的批評；反之，立場較自由的報紙則將社會運動中一些目前可能尚不合法的行為予以合理化。

西德的研究〈提出要求的少數——以拒絕服兵役為例，研究社會偏差行為對社會變遷之影響〉(Kepplinger and Hachenberg, 1980) 即發現：某些媒體

的確試圖將不合法的行為（政治動機的拒服兵役行為）加以合理化。研究也發現，報紙呈現拒服兵役者之動機與目標的方式，與報紙立場有直接關係：立場愈左者（愈自由者），愈會正面報導拒服兵役者之動機與目標；反之，立場愈右者（愈保守者），愈會對拒服兵役者做負面之報導。

同時，塔克曼亦指出，在社會運動初期，媒介對社會運動通常會排斥，甚至予以嘲笑，等運動持續發展以後，才會逐漸加以注意，並詳加報導，形成議題 (Tuchman, 1978: 133–155)。

研究者根據上述文獻導出本研究最後一組假設：

假設五：對於規範性社會價值的呈現，會因議題的不同發展階段及報紙的不同經營型態而有不同。

五、一：在規範性社會價值的變遷上，解嚴以前對於不合法之勞工抗爭行為的報導傾向於明顯批評，解嚴以後則傾向於合理化。

五、二：對於不合法之勞工抗爭行為的報導，黨營及軍營報紙傾向於明顯批評；反之，民營報紙傾向於合理化。

7. 媒介究竟是鏡子還是馬達?媒介真實與社會真實間的關聯性如何?(「文化」與「社會結構」間的關係如何？)

瑞典傳播學者羅森袞曾指出，研究社會價值變遷需要注意：⑴時間（是否有週期性？趨勢如何？）；⑵分析的層次（是個人、團體、機構或社會？）；⑶變遷的部分（是社會情境、經驗、態度、標準、常模、目標，還是價值？）(Rosengren, 1981b)。

他更建議，若要研究「大眾傳播與社會變遷」應該考慮以下因素：

⑴何種媒介型式？

⑵什麼媒介內容？

⑶什麼型式的社會？

⑷什麼社會區域？

⑸什麼型式的變遷？

⑹什麼部分的變遷？

⑺現狀如何？

換言之，他認為若要研究社會結構和大眾傳播媒介所呈現的價值觀之間的關係，以下資料是必不可少的：

⑴社會結構。

⑵大眾傳播媒介所呈現的價值觀。

⑶一般人的價值觀。

⑷媒介內容生產者與控制者的價值觀。

同時，這些資料仍必須按時間來蒐集。

　　羅森袞同時以圖 6 來表示，什麼樣的情況下媒介是鏡子，什麼樣的情況下媒介可能是馬達，而什麼樣的情況下媒介既非鏡子亦非馬達。

社會發展來自

	媒介	社會	兩者或兩者都不是
是	唯心　　1 媒介是馬達	唯物　　2 媒介是鏡子	互相依賴　　3 媒介既是鏡子又是馬達
否	獨立　　4 媒介既非鏡子亦非馬達		

媒介時間系列資料與社會時間系列資料間的雷同性

圖 6　時間序列資料呈現的媒介內容與社會結構間的可能關係
（資料來源：Rosengren, 1981b: 252）

　　為了進一步探究媒介究竟是鏡子還是馬達，羅森袞列舉一些實證研究資料來說明：

　　哈伯 (J. C. Hubbard) 等人研究以下兩組時間序列資料：⑴媒介上呈現的社會問題及這些問題的公眾意見；⑵政府對這些問題的統計資料，結果發現：⑴媒介會塑造問題的重要性 ； 但是⑵大眾的意見較接近官方統計資料（Hubbard et al., 1975，轉引自 Rosengren, 1981b: 25）。

　　英格利斯 (R. A. Inglis) 比較美國 1900～1910, 1911～1920, 1921～1930 這 3 個時期裡，真實世界與小說中的職業婦女比例，發現小說頗能反映真實

世界（唯物的鏡子模式）(Inglis, 1938，轉引自 Rosengren, 1981b: 252)。

另外，米德爾頓 (M. Middleton) 研究美國 1916 年、1936 年和 1956 年的生育情況，結果發現是互賴模式 (Middleton, 1960，轉引自 Rosengren, 1981b: 253)。

而戴維斯 (F. J. Davis) 發現，社會犯罪率的發展和犯罪新聞的報導之間並無關聯 (Davis, 1952，轉引自 Rosengren, 1981b: 253)；另外，芬克豪瑟 (G. R. Funkhouser) 的研究則發現，針對越戰、通貨膨脹和犯罪等議題，官方的統計數字和媒介報導間並無關聯，但公眾對議題重要性的認定，則又和議題在媒體上出現的程度有關 (Funkhouser, 1973，轉引自 Rosengren, 1981b: 253)，這顯然又是羅森袞所謂的自主模式 (autonomy)。

瑞典的卡森 (G. Carlsson) 等人研究瑞典 1967 年至 1974 年間的經濟狀況、媒介內容和政治意見（資料分別來自勞工統計資料、瑞典各報的社論和民意調查結果），結果發現媒介在某些情況下是中介者或強化者 (mediators or reinforcers) (Carlsson et al., 1979，轉引自 Rosengren, 1981b: 253)；但在另一些情況下，媒介也能對民眾的政治意見發生影響 (Rosengren, 1981b: 254)。因此，在這個研究中，媒介與社會結構間的關聯是一種互賴模式。

羅森袞指出，在過去的 40 餘年裡，所有想探討社會結構和社會價值之間關聯性的研究結果可以說是十分紛紜龐雜，迄無定論 (Rosengren, 1981b: 254)。

無論如何，所有這類的嘗試通常至少須具備對媒介的內容分析資料和外在客觀資料。有些研究更引進研究期間民意測驗的結果作為相互比對的依據，俾便解開存在於傳播理論界懸疑多年的問題：媒介究竟是鏡子還是馬達？

本研究將在後面討論部分以本次內容分析的結果和外在資料做一比較，企圖替上述問題尋找一個本土的答案。但是基本上，研究者對這個問題的預期答案是：媒介既是鏡子又是馬達的互賴模式。

第三節　研究方法

一、研究問題與假設

根據前述第一、二小節的討論，本研究的研究問題有以下 6 個：

㈠媒介如何報導社會運動？媒介建構社會真實時，是否有任何規則可循？

㈡一個議題在其生命週期中，會以什麼方式出現？

㈢媒介經營型態不同，是否會影響其報導？

㈣解嚴前後與勞工運動相關的社會價值報導有何不同？

㈤在規範性社會價值的變遷上，解嚴前後媒體的處理方式有何不同？

㈥媒介究竟是鏡子還是馬達？媒介真實與社會真實間的關聯性如何？（「文化」與「社會結構」間的關係如何？）

針對這 6 個研究問題，檢視國內、外相關文獻的研究結果，本研究導出以下 5 個研究假設：

假設一：媒介報導勞工運動時，有「衝突化」和「個人化」的傾向。

假設二：勞工運動議題在其生命週期中，初期會以中立方式出現，愈到後期，滲入的價值愈多。同時，媒體對勞工運動議題的報導量，亦會隨其議題生命週期由初期至近期而逐漸遞增。

假設三：媒介經營型態不同，會影響其對勞工運動之報導。

三、一：對勞工運動的報導篇幅，民營多於黨營，黨營又多於軍營。

三、二：對勞工運動的重視，民營、黨營、軍營依次遞減。

三、三：對勞工運動相關主角的報導，民營較偏勞方，而黨營和軍營較偏行政單位和資本家。

假設四：報紙對與勞工運動相關的社會價值報導，會因勞工運動議題發展的不同階段及報紙的不同經營型態而有不同。

四、一：在社會價值取向的變遷上，解嚴以前與勞工運動相關的社會價

值報導偏向於國家取向和個人取向；而解嚴以後偏向於社會取向。

　　四、二：黨營及軍營報紙比民營報紙更傾向於國家及社會取向；反之，民營報紙比黨營及軍營報紙更傾向於個人取向。

　　四、三：在社會價值立場的變遷上，解嚴以前與勞工運動相關的社會價值立場報導偏向於有利資方；而解嚴以後偏向於有利勞方。

　　四、四：黨營及軍營報紙比民營報紙更傾向於有利資方之報導；反之，民營報紙比黨營及軍營報紙更傾向於有利勞方之報導。

　　假設五：對於規範性社會價值的呈現，會因議題的不同發展階段及報紙的不同經營型態而有不同。

　　五、一：在規範性社會價值的變遷上，解嚴以前對於不合法之勞工抗爭行為的報導傾向於明顯批評，解嚴以後則傾向於合理化。

　　五、二：對於不合法之勞工抗爭行為的報導，黨營及軍營報紙傾向於明顯批評；反之，民營報紙傾向於合理化。

　　研究者根據上述之假設陳述繪出研究架構圖（見圖 7）。

二、研究對象與抽樣

　　本研究以報紙有關勞工運動的新聞，作為抽樣的對象。報紙的選擇標準，根據報紙經營型態之不同，選擇《中央日報》（黨營）、《青年日報》（軍營）、以及民營的《中國時報》、《聯合報》、《自立晚報》3 家。

　　本研究的抽樣時間，由 1983 年 8 月至 1989 年為止，歷時近 6 年半。舉凡《勞動基準法》的公布（1984 年 8 月 1 日）、解嚴（1987 年 7 月 15 日）、遠化事件（1989 年 5 月）這些重大事件，都能涵蓋於這段抽樣時間當中，因此以這近 6 年半作為抽樣的範圍，應該足以提供研究者作為觀察勞工運動議題發展的根據。

　　本研究的抽樣方法，根據等距抽樣法的原則，隨機抽取樣本月、樣本週及樣本日。

　　樣本月的抽樣方法，首先依據樣本年分隨機抽出第一個月，再根據這個樣本月，每隔 1 個月抽取，輪迴下去；若超過年底，則必須倒算回來繼續抽

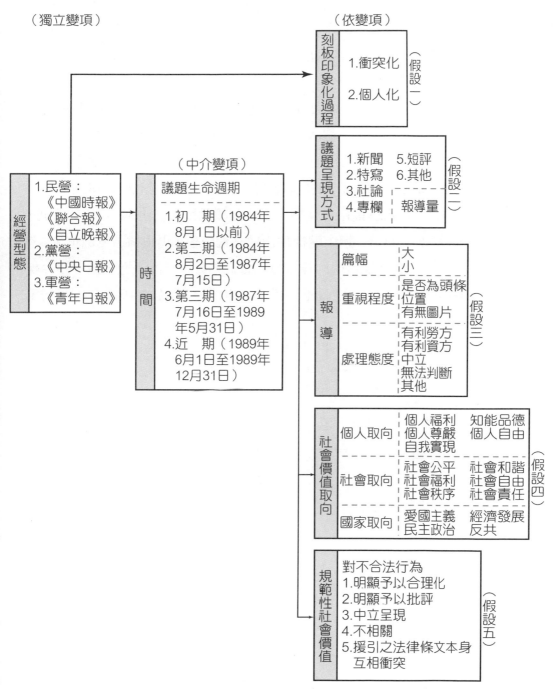

圖 7　研究架構圖

取，例如：1984 年抽到的第一個月是 10 月，以後每隔 1 個月抽取，依序為
12 月、2 月、4 月、6 月、8 月。根據這種方式抽樣，除了 1983 年外，每個
樣本年分最後都應該有 6 個樣本月。1983 年因為從 8 月以後才算抽樣範圍，
是故該年分只有 3 個樣本月。

　　樣本月決定後，再隨機抽出 2 個樣本週。抽樣的方法，依據樣本月的週數
隨機抽取第一週，然後根據這個樣本週，以 1 週為間隔，抽出第二週。如第二
週的抽取超過該樣本月，則必須倒算回來抽取，例如：1983 年 12 月抽到的第一
個樣本週是該月的第五週，第二個樣本週倒算回來，應該是該樣本月的第二週。

　　至於樣本日的抽取，則由每個樣本週中隨機抽取 1 天決定。抽樣的方式，
首先由 1983 年 8 月的第一週中隨機抽出第一個數值，再根據這個數值，以 7
天為間隔，決定第二個樣本週的樣本日，按此推算下去。不過根據等距抽樣
的原則，可能發生該樣本週中找不到樣本日的情形，例如：1984 年 6 月的第

表 4　樣本日期一覽表

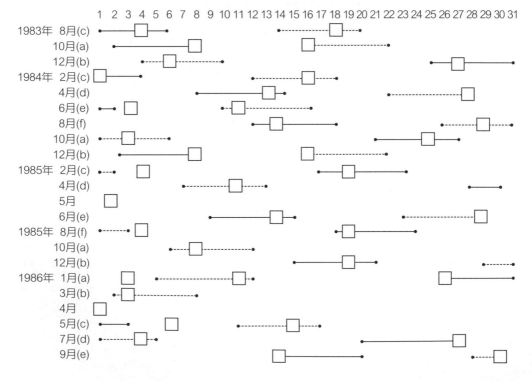

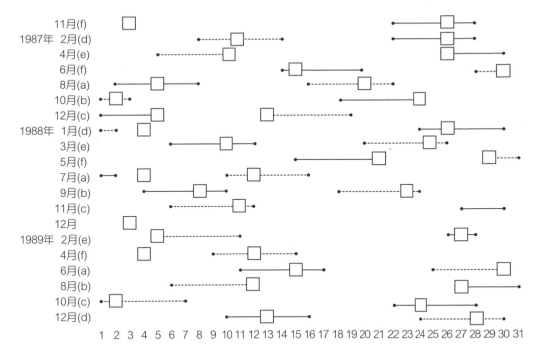

* a、b、c…f代表樣本月在抽樣時所抽得的順序。例如：1983年抽得的第一個樣本月份是10月，以
  (a)表示，第二個樣本月為12月，故以(b)表示。
* ●———● 代表抽樣時抽得的第一個樣本週。
  ●-------● 代表第二個樣本週。
* □ 代表樣本日。

一週，只有星期五、星期六2天，可是依間隔7天的等距抽樣結果，該週的
樣本日應該在星期日那一天。遭遇這種情況，本研究以樣本日的抽取間隔為
標準，放棄樣本週的限制，往下尋找到樣本日為止。所以1984年6月的樣本
日，應該是該月第二週的星期日。

　　樣本根據上述抽樣方式決定後，還必須考慮替換樣本的選擇。因為在前
測（詳見第三小節）中，研究者經常面臨樣本日中找不到可供分析的新聞的
狀況，所以必須事先準備替換樣本作為補充。使不使用替換樣本，首先要看
看該樣本日是否真的沒有相關新聞；樣本日如無相關新聞，則往後推1日，
以該日作為替換或備取的樣本日；若該替換的樣本日亦無法找到相關新聞，
則必須再由原來的樣本日往前推1日作為第二個替換樣本日。假如第二個替
換樣本日也不能找到相關新聞，只好放棄，由下一個樣本日找起。

　　根據上述的抽樣方法，本研究從 1983 年 8 月至 1989 年為止，共取得 78 個樣本日（見表 4）。而實際執行抽樣後，共得到 696 則勞工運動新聞。

三、單元與類目

　　本小節主要有 3 個部分。第一部分將說明類目的建構過程，第二部分是類目說明，最後一部分為單元的界定。

㈠類目的建構過程

　　類目的建構有以下原則：1.反映研究目的；2.窮盡；3.互斥；4.獨立；5.單一分類 (Holsti, 1969)。為達到類目建構的標準，前測的施行是必須的。

　　本研究前後一共進行了 4 次前測。第一次前測根據類目初稿，由 2 位研究助理試登 100 則相關新聞。登錄的結果，作為第一次類目修正的參照。第二次前測的進行，由 14 位將參與正測的登錄員（大傳所研究生 9 名、大傳系學生 3 名、研究助理 2 人，以及研究者），登錄 10 則相關新聞。但這次前測的結果並不理想。在某些類目上，不但登錄員的答案莫衷一是，就連研究者與研究助理 2 人的登錄結果都不易達到一致。因此研究者決定再次訓練登錄員，並根據這次登錄的結果，修改及刪除一些不合適的類目。第三次前測的進行，亦由研究者與 14 位登錄員參與，登錄 6 則相關新聞，並針對幾個答案不容易達成一致的類目，施予信度的檢驗。本研究使用 2 套信度檢驗公式：研究者與登錄員之信度，登錄員之間與研究者之信度（楊孝濚，1988）。根據檢驗結果顯示，「衝突化」、「個人化」、「主題」、「主角」、「社會價值取向」、「不合法行為」、「不合法行為之報導態度」、「違法者」這幾個類目的信度都很高，惟有「社會價值立場」、「社會價值具體呈現方式」、「整體印象」這些類目的信度較低❼。為了提高這些類目的信度，研究者決定再度召集登錄員

---

❼　第三次前測的信度如下：

㈠研究者與登錄員之信度

1.衝突化：1，2.個人化：1，3.主題：1，4.主角：0.80，5.社會價值取向：1，6.社會價值立場：0.67，7.社會價值具體呈現方式：0.50，8.不合法行為：1，9.不合

施予訓練，並安排 3 則新聞登錄，重新計算信度。檢驗結果顯示，「價值立場」和「呈現方式」的信度都能夠提高，只有「整體印象」的信度反而滑落❽。這可能是因為該類目的答案，本來就是要登錄員憑自己主觀的感覺而寫下，因此類目信度低，應該不是意外。不過該類目可以作為研究上的參考，所以仍予以保留。

經過 4 次的前測，類目的修訂才算完成。下面這一部分將解說這些測量的類目。

㈡類目說明

本研究測量的類目主要如下：

1.一般資料：包括新聞編號、標題、登錄員編號及刊載日期。

2.中介變項：主要指時間分期。

本研究的時間分期主要有：

⑴第一期（初期）：1984 年 8 月 1 日《勞動基準法》公布前。

⑵第二期：1984 年 8 月 2 日至 1987 年 7 月 15 日（《勞動基準法》公布以後至解嚴以前）。

⑶第三期：1987 年 7 月 16 日至 1989 年 5 月 31 日（解嚴以後至遠化事件落幕）。

⑷第四期（近期）：1989 年 6 月 1 日至 1989 年 12 月 31 日。

法行為之報導態度：0.80，10.違法者：0.80，11.整體印象：0.67。

㈡登錄員之間與研究者之信度

1.衝突化：0.97，2.個人化：0.98，3.主題：0.85，4.主角：0.77，5.社會價值取向：0.91，6.社會價值立場：0.64，7.社會價值具體呈現方式：0.53，8.不合法行為：0.86，9.不合法行為之報導態度：0.84，10.違法者：0.81，11.整體印象：0.61。

❽　第四次前測的信度如下：

㈠研究者與登錄員之信度

1.社會價值立場：0.80，2.社會價值具體呈現方式：0.80，3.整體印象：0.50。

㈡登錄員之間與研究者之信度

1.社會價值立場：0.62，2.社會價值具體呈現方式：0.73，3.整體印象：0.56。

3.獨立變項：**主要指報別。**

本研究總共分析《中央日報》、《中國時報》、《聯合報》、《青年日報》、《自立晚報》5 家報紙。

4.依變項：**包含的類目可按「重要性」、「怎麼說」和「說什麼」來區分。**

⑴重要性

本研究測量新聞重要性如何的類目，主要包括「版次」、「是否為頭條」、「位置」及「篇幅」。

①版次：新聞所在的版面位置。

②頭條新聞：位於版面最上方或最右方的第一條純新聞。

③位置：以報紙長與寬的二分之一為基準，分為右上、左上、右下、左下。新聞一半以上所在之處，即為其在版面上的位置。

④報導篇幅：包含新聞標題、新聞內容、新聞圖片的面積。測量方法以公分為單位，面積的求法為長乘以寬。求得的面積數字，以四捨五入計算。標題如有加框，則連框一起測量。固定專題名稱，如「社論」、「謑謑集」等，也需要測量。

其中「頭條新聞」類目，答「是」者給予 1 分，答不是者給 0 分；「位置」類目，在上區者給 1 分，在下區者給 0 分。

這 2 個類目的分數將與後面「有無圖片」類目的分數合計，得分愈高者表示該則新聞重要性愈高。這 3 個類目的合計分數，代表報紙對議題的重視程度。

⑵怎麼說

這是測量新聞如何描述的項目。下面就一一解說本研究包含的相關類目。

①報導方式類目

本研究將報導方式分為以下幾種型態：

A.新聞：凡新聞故事前冠有「本報訊」或「臺北訊」等新聞來源者屬之。即新聞寫作中所指的「純粹新聞」。新聞又可分為純敘述或夾議夾敘。

B.特寫：凡以事實做基礎，擴大而深入描述報導，使讀者獲得較完整或特殊印象的新聞報導者屬之。

C.社論：代表各報立場及看法的言論。通常註明「社論」兩字者即是。

D.專欄：由學者、專家、行政人員或記者署名，針對某一問題予以分析、解釋之報導者屬之。

E.短評：凡文字具有固定版面型式或名稱，經常分析、解釋不同問題，含有議論、批評之意見者屬之。通常字數約在千字左右，如《聯合報》的「黑白集」、《中央日報》的「諤諤集」均是。

F.其他：凡不屬於以上各類的內容均予以歸入。讀者投書亦包括在內。

除了上述報導型態，本研究還將報導方式，以有無照片或漫畫的搭配來區分。若有圖片配合者給 1 分，無圖片配合者給 0 分。

②衝突性類目

衝突性意指新聞報導中的議題本身具有爭議性，或報導之事件中有衝突活動發生。

例如：十全美及安強鞋廠女工陳情與警方發生衝突，兩員工遭警棍擊中送醫，數名工運人士被逮（《自立早報》，1989 年 11 月 30 日）。

③個人化類目

個人化意指新聞報導特別凸顯某一個人在整個事件中所扮演之角色。

例如 ： 避免勞動者淪於宰割命運 ， 客家子弟羅美文表現令人耳目一新（《自立早報》，1989 年 1 月 5 日）。

④社會價值立場類目

這個類目與新聞報導所採取的社會價值立場有關。本研究將其區分為以下幾種型態：

A.有利資方：凡新聞報導的立場對資方有利或明顯傾向資方為資方爭取利益者屬之。

B.有利勞方：凡新聞報導的立場對勞方有利或明顯傾向勞方為勞方說話者屬之。

C.中立：凡新聞報導的立場不特別偏向資方或偏向勞方者屬之。通常純敘述的新聞報導是立場中立的。

D.無法判斷：凡無法判斷新聞報導的立場者屬之。

E.其他：凡不屬於以上各類的內容均歸於此項，例如：報導中明顯批評資方，但對勞方又不見得有利者，必須歸於這一選項中。

⑤社會價值具體呈現方式類目

社會價值具體呈現方式意指社會價值的明確程度 (explicitness) (Kluckhohn, 1951)。本研究將社會價值具體呈現方式分為下列幾項：

A.陳述事實：社會價值的呈現以事實為基礎的報導者屬之。

B.責成行政機關：凡要求行政機關負起責任，提出解決方針者屬之。

C.責成資方：凡要求資方負起責任以解決問題者屬之。

D.督促立法修法廢法：凡呼籲法律的制定、修改或廢除者屬之。

E.勞工意識培養：凡論及勞工培養個人對福利、自主、尊嚴、智識、品德、自我實現等意識的內容者屬之。

F.批評勞方：凡社會價值呈現的方式為批評勞方的不是者屬之。

G.其他：凡不屬於以上各類的內容者歸於此項。

⑥規範性社會價值類目

這個社會價值類目與法律條文的規範有關。新聞報導對不合法行為的報導態度有以下幾種：

A.明顯予以合理化：把明顯不合法律的行為，找各種理由或藉口予以合理化者屬之。

B.明顯予以批評：對不合法律的行為明顯予以批評者屬之。

C.中立呈現：對不合法律的行為報導，只是陳述事實，不表示任何意見者屬之。

⑦整體印象類目

登錄員讀完該則新聞報導後，憑個人主觀的感覺判斷該則新聞的社會價值立場為何。主觀印象的型態有以下幾種：

A.有利資方：新聞報導明顯或暗示性地為資方爭取利益者屬之。

B.有利勞方：新聞報導明顯或暗示性地為勞方爭取利益者屬之。

C.中立：新聞報導只是陳述事實，不特別站在資方或勞方的立場者屬之。

D.其他：凡不屬於上面 3 類者歸於此項。

⑶說什麼

這個項目和內容的說明有關，主要有「主題」、「主角」、「外力團體」、「社會價值取向」、「規範性社會價值」這幾個類目。

①主題類目

本研究探討勞工運動新聞的主要問題，主要分為甲、乙兩大類：

甲、一般勞工問題或《勞動基準法》相關問題

A.一般勞工問題：以一般勞工問題為報導主題者屬之。

B.《勞動基準法》相關問題：以《勞動基準法》為報導主題者屬之。選擇此項者，還必須找出該新聞報導所談及的《勞動基準法》相關事項有哪些。本研究根據《勞動基準法》全文 12 章的設計（陳國鈞，1986），將《勞動基準法》相關事項分為下面 12 類：

a.總則：凡論及勞動最低條件，談到解釋名詞及適用範圍者屬之。

b.勞動契約：凡論及契約擬定、契約屆滿與年資計算、契約終止與僱主預告、遣散費計算、服務證明等事項者屬之。

c.工資：凡論及基本工資、延長工資、工資墊償基金、工資按期給付等事項者屬之。

d.工作時間、休息、休假：凡論及工作時間、休假、休息等相關事項者屬之。

e.童工、女工：凡論及童工年齡、工時，女工的工時、產假、妊娠、哺乳等事項者屬之。

f.退休：凡論及自請或強制退休、基數計算原則、勞工退休準備金提撥、同一工作單位內調職年資不受影響等事項者屬之。

g.職業災害補償：凡論及補償原則，承攬人之責任者屬之。

h.技術生：凡論及技術生的年齡限制、書面訓練契約、免訓練費、訓練期滿留用、同工同酬、技術生人數、福利等事項者屬之。

i.工作規則：凡探討工作規則相關事項者屬之。

j.監督與檢查：凡論及檢查機構、檢查證件、檢查違法等事項者屬之。

k.罰則：凡針對違法事項施以徒刑、拘役、罰金或罰鍰者屬之。

1.附則：凡論及勞資會議、公務員兼勞工身分適用《勞動基準法》、施行細則等事項者屬之。

乙、勞工運動議題

勞工運動新聞中論及的議題，主要有下列 7 種型態：

A.勞工政策：凡針對勞工問題而論及政府的行政策略者屬之。

B.勞工法令：凡論及勞工法律或行政命令，如《勞動基準法》、《勞資爭議處理法》等屬之。

C.勞保：凡論及勞工保險事項者屬之。

D.勞資爭議處理：凡探討勞方資方間的糾紛與爭執協議的處理者屬之。

E.工會法或工會問題：凡論及《工會法》或有關工會的各項問題，如工會組織等問題者屬之。

F.勞工運動或勞工團體：凡針對勞工運動的問題，如罷工、違反《集會遊行法》，或針對勞工團體而引發的探討者屬之。

G.其他：凡不屬於以上各型態的議題歸於此項。

若是該則新聞報導的勞工運動議題為勞資爭議處理，則必須找出勞資爭議的原因為何。本研究根據勞委會的統計資料：第一份統計從 1956 年至 1988 年，第二份為 1989 年，作為建構爭議原因這個類目的依據。據此，本研究爭議原因類目的型態如下：

A. 1988 年 12 月 31 日以前的報導，爭議原因有下面幾項：

a.因故解僱：凡資方藉故解除勞方職務而引發爭議者屬之。

b.無故遣散：凡資方沒有適當理由而遣散勞方引發爭議者屬之。

c.要求調整工資：凡勞方要求資方調整工作薪資而引起爭議者屬之。

d.積欠工資：凡因資方未按時給付工資而拖欠引發的勞資爭議者屬之。

e.減低工資：凡因資方減低勞方工作薪資而引發爭議者屬之。

f.要求賠償：凡資方未顧及勞方的權利事項，例如：未發或已發但不足額之資遣費、退休金、未替勞方投保，或資方採用的勞動條件未符法令規定使勞方蒙受損失，進而要求資方賠償而引發爭議者屬之。

g.傷害賠償：凡勞方因工作之緣故而發生傷害，進而要求資方賠償而引

發爭議者屬之。

h.業務爭執：凡勞資雙方因為職業與事務上的糾紛，包括調動工作、留職停薪、遷廠、請假期間、裁員不公、年資疑義等事項者屬之。

i.其他：凡不屬於以上各項的爭議原因，包括勞資相處不和諧、勞工非因公死亡之撫卹等原因者歸於此項。

B.1989 年 1 月 1 日以後之報導，爭議原因包括下面幾項：

a.契約爭議：勞資雙方因訂定勞動契約、終止勞動契約以及資遣費之發給等所生之爭議。

b.工資爭議：勞資雙方因工資內容、工資調整及積欠工資等所生之爭議。

c.工時爭議：勞資雙方因正常工作時間、延長工時及假日等所生之爭議。

d.退休爭議：勞資雙方因退休之規定及給付之適當與否等所生之爭議。

e.福利爭議：勞資雙方因年終獎金、分紅、入股、職工福利金及其他福利措施等所生之爭議。

f.勞保爭議：勞資雙方因投保手續、投保薪資及保險給付等所生之爭議。

g.管理爭議：勞資雙方因工作規則之內容，如獎懲、考核、職務調動及其他因管理等所生之爭議。

h.職災爭議：勞資雙方因職業災害之認定與補償或承攬、再承攬補償責任及其他賠償等所生之爭議。

i.安全衛生爭議：勞資雙方因安全衛生設備、物料、環境、規定等不當所生之爭議。

j.工會爭議：勞資雙方因組織工會、工會運作等所生之爭議。

k.其他爭議：凡不屬於以上各項之爭議均列屬於本項。

②主角類目

主角意指在新聞報導中，明確指出身分，且以該人士或機構為全文中心者。本研究分析的主角型態主要有以下幾類：

A.中央級行政機構：包含行政院勞委會在內的中央行政機關。

B.地方級行政機構：包括各縣市政府在內的地方行政機關。

C.中央級司法機構：包括司法院、法務部在內的中央司法機關。

D.地方級司法機構：包括地方法院、地檢處在內的地方司法機關。

E.中央級民意機構：包含立法院、監察院等在內的中央民意機關。

F.地方級民意機構：涵蓋省議會、市議會等在內的地方民意機關。

G.學者專家。

H.技術官僚：意指政府行政官員。

I.增額民意代表。

J.資深民意代表。

K.民間勞工團體：包含勞支會、勞工人權促進會在內的民間勞工團體。

L.受害民眾。

M.資方。

N.勞方：包含工會在內。

O.其他：凡不屬於上列的主角者歸入此項。

③外力團體類目

外力團體意指勞資雙方以外之團體或個人。該則新聞報導若曾引述或評介外力團體，則必須找出該新聞報導所引述或評介的外力團體為何。本研究包含的外力團體型態有以下幾類：

A.官方。

B.民意機構。

C.民意代表。

D.司法機構。

E.勞委會。

F.國民黨。

G.民進黨。

H.工黨。

I.勞動黨。

J.勞工法律支援會。

K.婦女新知會。

L.文化勞研所。

M.勞工人權會。

N.學者專家。

O.警察。

P.其他。

④社會價值取向類目

本研究根據謝錦芳的社會價值取向類目，作為測量勞工運動新聞社會價值取向的指標。社會價值取向主要有：個人取向、社會取向及國家取向（謝錦芳，1990）。

A.個人取向：以個人為價值利益的承受者，較重視個人尊嚴、個人權益的維護。個人取向包含以下幾個項目：

a.個人福利：個人的生命與追求幸福的權利。針對勞工而言，包括生存權（以工作安全為主）、工作權（以工資、工時為主）和福利權（以勞保、職工福利為主）。

例如：法院於判決理由中指出：員工退休辦法關係員工退休金權益至鉅……，勞方自應有參與權及爭議權……（《中國時報》，1987 年 8 月 1 日）。

b.個人尊嚴：從人道精神出發，強調人人皆有被尊重的權利。在此則強調勞工神聖、勞工地位應受尊重。

例如：企業家要有工業倫理觀念：企業家視勞工為生產伙伴，不是只能說話會吃飯的活機器；要尊重他們作為人而應有的權利（《中國時報》，1985 年 1 月 1 日）。

c.自我實現：強調個人應充分發揮潛力，追求自我成長和發展。

例如：公營事業優先實施勞動者企業參與制度，保障勞動者參與事業單位決策與營運的權利（《中國時報》，1989 年 5 月 1 日）。

d.知能品德：包括個人在知識上（聰明才智、教育程度）、體能上（體力、耐力）、意志上（勤奮、勇敢、主動積極、創新）的特質。

例如：「勞動力是經濟發展中一項非常重要的因素」，李總統說，「我國勞工對整體經濟的發展，一直扮演著很重要的角色」（《中國時報》，1990 年 5 月 2 日）。

e.個人自由：人人有決定自己生活方式的權利。依《憲法》所賦予的個人基本自由，包括良知、信仰自由、表意自由、居住遷徙自由、集會結社自由等。針對勞工而言，勞工享有勞動三權：結社權（組織、參與工會的權利）、集體交涉權（以集體談判方式與僱主交涉，締結團體協約）、集體爭議權（以集體力量來解決勞資之間權利義務的爭執）。

　　例如：陳文鏘宣布成立連線是求工會自主化的宗旨……，黃越欽致辭，他強調當前臺灣工運的特點是勞工向公營及大型私營企業的官僚體制挑戰……（《中國時報》，1988 年 5 月 8 日）。

　　B.社會取向：以社會為價值利益的承受者，較重視社會的和諧與責任。它主要包括以下幾個項目：

　　a.社會公平：社會資源的公平分配，包括機會均等、利益均享和法律地位平等。

　　例如：臺灣地區的勞工，既往三、四十年為臺灣經濟發展創造奇蹟盡了力，但卻不能對等享受權利……，實質既不公平又不合理……（《聯合報》，1987 年 11 月 3 日）。

　　b.社會福利：由政府訂定社會安全政策，實施失業保險、勞工保險、退休保險、就業服務、勞工教育等措施，以保障勞工的生活福祉。

　　例如：各國負責勞保單位，無不在不增加保險費的原則下，擴大勞保範圍，提高給付標準，放寬給付條件及增加給付項目，為被保險人提供更多的生活保障和醫療服務而努力（《自立晚報》，1987 年 3 月 5 日）。

　　c.社會秩序：社會上、政治上、經濟上的安定與正常運作。

　　例如：臺勤公司年終獎金糾紛一日上午調解未成，下午臺北市勞工局即宣布直接交付仲裁……，這項爭議……，關係臺北松山機場能否在春節正常營運……，臺北市勞工局應扮演更積極角色，使這些事件得以落幕（《中國時報》，1989 年 2 月 2 日）。

　　d.社會和諧：主要針對勞資關係之和諧而言，強調勞資一體，才能共存共榮。

　　例如：覆巢之下無完卵！臺幣升值工運抬頭，工廠叫苦連天，勞資雙方

應建共識，才能度過難關（《自立晚報》，1989 年 2 月 2 日）。

　　e.社會自由：此為開放社會或多元社會的特徵，社會成員可自由討論、理性批評，尤其容許對政府施政措施加以討論批評。

　　例如：勞委會擬訂「十四項重要建設工程人力需求因應措施方案」，同意引進外籍勞工後，被學者評為「自失立場」，也被其他部會指為「閉門造法」……（《自立晚報》，1989 年 10 月 26 日）。

　　f.社會責任：企業或勞工在追求經濟目標或自身利益的同時，也必須顧及一般社會大眾的權益。

　　例如：……企業家的良心和政府的能力。若企業家能稍微犧牲個人利益，照顧勞工生活和做好公害防治；而政府也能加強社會安全制度……，則不見得必然造成經濟萎縮（《中國時報》，1989 年 2 月 2 日）。

　　C.國家取向：以國家為價值利益的承受者，較重視國家整體的發展與維護。它主要包含以下幾個項目：

　　a.愛國主義：對國家的擁護與忠誠，一切以國家利益為最大考慮，強調國家的獨立自主、強盛繁榮與尊嚴。

　　例如：長期以來國內反對運動亦經常援引外人相助，挾洋自重以介入國內政治運動，對於這類行為……，在民主國家亦頗為戒懼（《聯合報》，1989 年 3 月 20 日）。

　　b.民主政治：一種政治制度，一種生活方式，一套有關政治權力分配的價值體系，強調自主性（如工會自主）、參與（工人參與工會、政黨）、理性與法治。

　　例如：各地勞工所以雲湧而起，紛紛籌組工會，一則由於他們已了解應有的法定結社權，依法可以組織工會；二則他們也確認並且體驗到，勞工惟有團結組成工會，才能確保應享有的法定各項權利（《自立晚報》，1988 年 4 月 13 日）。

　　c.經濟發展：包括生產量的增長和生活品質的提升。

　　例如：經濟欲求發展，除了資本、企業精神與技術水準等因素外，仍有賴勞力把這些因素轉化成產品，所以勞力仍是現代生產過程中的關鍵因素

（《中國時報》，1985 年 8 月 1 日）。

　　d.反共：主張對抗共產主義，打倒共匪。

　　例如：一年多以前香港梁某應邀來臺傳授工人如何罷工，以及如何策動工運，警備總部曾予以約談後讓其返港……少數政治欲望特強，別有企圖的陰謀分子，即已策畫「南工北學」，來搞垮臺灣經濟，搞亂臺灣社會，從貧窮混亂中掀起所謂「島內革命」，以期掌握政權（《青年日報》，1989 年 2 月 2 日）。

　　⑤規範性社會價值類目

　　這是一種以法律作為規範的社會價值。本研究探討的面向主要如下：

　　A.有無援引法律？

　　B.援引的法律有無衝突：意指法律之間有無衝突或矛盾存在。

　　C.有無不合法行為？

　　D.違法者是誰？

　　本研究將違法者分為：資方、勞方或其他。

㈢單元的界定

　　本研究使用的單元主要有「分析單元」及「測量單元」：

1.分析單元

分析單元就是抽樣單元。本研究的分析單元為「則」。

2.測量單元

本研究使用的測量單元主要有下面幾種：

⑴報導篇幅：以平方公分為單位。

⑵頻次。

⑶分數：重視程度分數——由頭條新聞、版面位置、有無圖片等分數合計而成。

第四節　資料的分析和解釋

一、基本資料分析

㈠勞工運動議題在各時期的分布狀況

在本研究的研究期間：1983 年 8 月 1 日至 1989 年 12 月 31 日，研究者以隨機抽樣在《中央日報》、《中國時報》、《聯合報》、《青年日報》和《自立晚報》 總共抽得 696 則有關勞工運動的報導。 其中， 在勞工運動第一期（1984 年 8 月 1 日以前）的報導計有 50 則，佔 7.2%；第二期（1984 年 8 月 2 日至 1987 年 7 月 15 日公布解嚴以前） 計 194 則， 佔 27.9% ； 第三期（1987 年 7 月 16 日至 1989 年 5 月 31 日，從解嚴到遠東化纖罷工事件） 計有 364 則，佔 52.3%；第四期 （1989 年 6 月 1 日至 1989 年 12 月 31 日） 計有 88 則，佔 12.6%（見表 5）。

表 5　勞工運動議題報導則數在各時期的分布狀況

則數、百分比、加權後則數、排名 時間分期	則　數	百分比	以 1:3:2:0.5 的比例加權後，每年平均則數	排名
第一期 (1983.8.1～1984.8.1)	50 則	7.2%	50 則	4
第二期 (1984.8.2～1987.7.15)	194 則	27.9%	64 則	3
第三期 (1987.7.16～1989.5.31)	364 則	52.3%	182 則	1
第四期 (1989.6.1～1989.12.31)	88 則	12.6%	176 則	2
總　　計	696 則	100.0%		

資料顯示，勞工運動議題在各時期的分布狀況以第三期的則數最多，佔全部則數的一半以上，其次是第二期，再來才是第四期（近期）和第一期（初期）。就整個則數分布的狀況來看，則從第一期到第二期逐漸遞增，至第三期達到報導則數的顛峰，至第四期則數急劇減少。但是這裡我們必須注意的是，

各時期的時間長度並不相同，故研究者以 1:3:2:0.5 的比例予以加權後，再從每年平均則數來看各時期刊載則數的排名，則以第三期的年平均 182 則最多，其次是第四期的 176 則，接下來才是第二期的 64 則，最後是第一期的 50 則。可見，報紙對勞工運動議題的報導從每年平均 50 則，逐漸增加為每年 64 則，到了第三期則急劇增加為 182 則，而且報導的熱度到第四期仍然維持不變。

㈡勞工運動議題在各報的分布狀況

本研究的 696 則勞工運動相關報導，在各報的分布狀況是：在整個研究期間，《中央日報》有 231 則，佔 33.2%，居第一位；其次是《聯合報》的 155 則，佔 22.3%；《中國時報》以 144 則 (20.7%) 居第三位；《青年日報》有 91 則 (13.1%)，居第四位；而《自立晚報》則有 75 則 (10.8%)，是 5 家報紙中刊載則數最少的（見表 6）。

表 6　勞工運動議題在各報的分布狀況

報　則　　則數、百分比、排名	則　數	百分比	排　名
《中央日報》	231 則	33.2%	1
《聯合報》	155 則	22.3%	2
《中國時報》	144 則	20.7%	3
《青年日報》	91 則	13.1%	4
《自立晚報》	75 則	10.8%	5
總　計	696 則	100.0%	

㈢勞工運動議題的呈現方式

這部分的資料包括勞工運動議題刊載的版次、是否為頭條、刊載的位置、報導的篇幅和報導的方式，簡單描述如下：

1.版次

各議題出現的版次以第二版的 166 則最多，佔 23.9%；其次是第九版的 147 則 (21.1%)，接下來依次是第三版（118 則，17.0%）、第一版（47 則，

6.8%)、第七版（33 則，4.7%）、第五版（32 則，4.6%）和第四版、第六版（均為 29 則，分別佔 4.2%）（見表 7）。

表 7　勞工運動議題在各版分布狀況

則數、百分比、排名　版次	則　數	百分比	排　名
第二版	166 則	23.9%	1
第九版	147 則	21.1%	2
第三版	118 則	17.0%	3
第一版	47 則	6.8%	4
第七版	33 則	4.7%	5
第五版	32 則	4.6%	6
第四版	29 則	4.2%	7
第六版	29 則	4.2%	7

（＊本表僅列出前 8 名的版次，故未列總數）

就勞工運動議題在各版的分布狀況而言，該議題應該是一個受相當程度重視的議題。

2.是否為頭條

頭條新聞乃指位於版面最上方或最右方的第一條純新聞，其標題多為本版最醒目者。

在 696 則報導中，有 122 則為頭條，佔 17.5%，其餘的 574 則 (82.5%) 則非頭條之報導。

3.刊載的位置

以報紙長與寬的二分之一為基準，分為右上、左上、右下、左下。被分析的報導其面積一半以上所在之處即為其在版面上的位置。

本研究發現勞工運動議題的報導分布情形依次是：

⑴右上 240 則 (34.5%)。

⑵左上 195 則 (28.0%)。

⑶右下 132 則 (19.0%)。

⑷左下 129 則 (18.5%)。

4. 報導篇幅

本研究的報導篇幅包括新聞標題、新聞內容及新聞圖片。測量方法以公分為單位，長乘以寬等於面積，面積經四捨五入後即為報導篇幅，測量的單元為平方公分。

研究結果發現：有關勞工運動議題的報導總篇幅是 87,926 平方公分。其中第一期佔 7,106 平方公分 (8.08%)；第二期佔 23,730 平方公分 (26.98%)；第三期佔 44,595 平方公分 (50.72%)；第四期佔 12,495 平方公分 (14.22%)。與前述則數分配狀況的排名相同，也是第三期最多，其餘依次是第二期、第四期和第一期（見表 8）。

以 1:3:2:0.5 的比例加權後的年平均面積則以第四期的 24,990 平方公分最多，其次是第三期的 22,297 平方公分，第二期的 7,910 平方公分居第三位，最後是第一期的 7,106 平方公分。

表 8　勞工運動議題的篇幅在各時期的分布狀況比較表

則數、百分比、加權後的年平均面積、排名 時間分期	面積（平方公分）	百分比	以 1:3:2:0.5 的比例加權後的年平均面積（平方公分）	排名
第一期 (1983.8.1～1984.8.1)	7,106	8.08%	7106	4
第二期 (1984.8.2～1987.7.15)	23,730	26.98%	7910	3
第三期 (1987.7.16～1989.5.31)	44,595	50.72%	22297	2
第四期 (1989.6.1～1989.12.31)	12,495	14.22%	24990	1
總　　計	87,926	100.00%		

5. 報導方式及照片搭配

甲、報導方式

即內容分析中「怎麼說」的部分，亦即訊息內容在報紙上的表達型態。本研究按一般新聞學的分類方式，將報導方式分為：「新聞」、「特寫」、「社論」、「專欄」、「短評」和「其他」等次類目。內容分析獲得之結果如下：「新聞」有 504 則，佔 72.4%，居第一位；其次是「特寫」，有 101 則 (14.5%)，其餘依次為「專欄」（27 則；3.9%）、「其他」（25 則；3.6%）、「短評」（24

則；3.4%）和「社論」（15 則；2.2%）（見表 9）。

表 9　勞工運動議題報導方式

則數、百分比、排名 報導方式	則　數	百分比	排　名
新　聞	504 則	72.4%	1
特　寫	101 則	14.5%	2
專　欄	27 則	3.9%	3
其　他	25 則	3.6%	4
短　評	24 則	3.4%	5
社　論	15 則	2.2%	6
總　計	696 則	100.0%	

　　資料顯示，絕大多數的勞工運動議題報導是以「新聞」報導的方式出現。而在 504 則「新聞」中，純新聞報導有 331 則，佔 65.67%；夾敘夾議的報導有 173 則，佔 34.33%。足見勞工運動議題之報導，型式上雖是「新聞」，但其中約有三分之一以上是摻雜著記者意見的夾敘夾議報導。

　　乙、照片搭配

　　696 則新聞中，有照片搭配的只有 31 則，佔 4.5%，另有 4 則 (0.6%) 配有漫畫，其餘絕大部分（661 則；95%）的勞工運動議題報導並未配有照片。

(四)勞工運動議題報導的刻板印象化過程

　　曾有文獻發現，大眾傳播媒介在報導時通常有刻板印象化的過程，即有「衝突化」和「個人化」的趨勢 (Kepplinger, 1975)。

　　本研究發現，國內報紙在報導勞工運動議題時，696 則報導中，397 則 (57%) 有「衝突化」的趨勢，但亦有 299 則 (43%) 沒有「衝突化」的報導。至於「個人化」的報導，在 696 則中只有 117 則 (16.8%)，絕大部分的報導（579 則；83.2%）並未有「個人化」的趨勢。

(五)勞工運動報導的主題

　　就勞工運動報導的主題而言，696 則中有 511 則 (73.4%) 是報導「一般勞

工問題」，而具體地與《勞動基準法》直接相關的報導有 185 則，佔 26.6%。

　　與《勞動基準法》相關的 185 則報導中，牽涉到「總則」的有 41 則 (22.16%)，「勞動契約」有 50 則 (27.02%)，「工資」有 80 則 (43.24%)，「工作時間、休息休假」有 47 則 (25.40%)，「童工、女工」有 24 則 (12.97%)，「退休時間」有 72 則 (38.91%)，「職業災害補償」有 11 則 (5.94%)，「技術生」有 3 則 (1.62%)，「工作規則」有 4 則 (2.16%)，「監督與檢查」有 5 則 (2.70%)，「罰則」有 14 則 (7.56%)，「附則」有 13 則 (7.02%)。據上述資料，名列前四位的依次是：「工資」、「退休時間」、「勞動契約」和「工作時間、休息休假」。

　　就整體的勞工運動議題報導而言，與「勞工政策」相關的有 112 則，佔 16.1%；其餘的報導則是：「勞工法令」有 153 則 (22.0%)，「勞保」有 77 則 (11.1%)，「勞資爭議處理」有 147 則 (21.1%)，「工會法或工會問題」有 63 則 (9.0%)，「勞工運動或勞工團體」有 47 則 (6.8%)，「其他」有 97 則 (13.9%)（見表 10）。

表 10　勞工運動議題分布狀況

勞工運動議題＼則數、百分比、排名	則　數	百分比	排　名
勞工法令	153 則	22.0%	1
勞資爭議處理	147 則	21.1%	2
勞工政策	112 則	16.1%	3
其　他	97 則	13.9%	4
勞　保	77 則	11.1%	5
工會法或工會問題	63 則	9.0%	6
勞工運動或勞工團體	47 則	6.8%	7
總　計	696 則	100.0%	

　　就「勞資爭議處理」的 147 則報導而言，其中牽涉的爭議原因（1983 年至 1988 年❶）如下（複選）：

　　「因故解僱」有 20 則 (13.60%)

---

❶　本研究因要將內容分析結果與勞委會公布之勞資爭議原因間做比較，故須配合勞委會之資料。勞委會所公布的勞資爭議原因，1989 年以後與 1989 年以前不同。

「無故遣散」有 15 則 (10.20%)

「要求調整工資」有 31 則 (21.08%)

「積欠工資」有 21 則 (14.28%)

「減低工資」有 1 則 (0.68%)

「要求賠償」有 6 則 (4.08%)

「傷害賠償」有 3 則 (2.04%)

「業務爭執」有 5 則 (3.40%)

「其他」有 26 則 (17.68%)

根據上述資料，1989 年以前報紙報導的爭議原因前四名是： 1.「要求調整工資」； 2.「其他」； 3.「積欠工資」；和 4.「因故解僱」（見表 11）。

勞委會公布之爭議原因前四名則是： 1.「要求賠償」（2,998 人次）； 2.「因故解僱」（1,428 人次）； 3.「積欠工資」（1,222 人次）； 4.「傷害賠償」（795 人次）（見表 11）。

1989 年以後的爭議原因分配如下（複選）：

「契約爭議」有 7 則 (4.76%)

「工資爭議」有 27 則 (18.36%)

「工時爭議」有 5 則 (3.40%)

「退休爭議」有 1 則 (0.68%)

「福利爭議」有 9 則 (6.12%)

「勞保爭議」有 44 則 (29.93%)

「管理爭議」有 4 則 (2.72%)

「職災爭議」有 44 則 (29.93%)

「安全衛生爭議」有 44 則 (29.93%)

「工會爭議」有 4 則 (2.72%)

「其他」有 4 則 (2.72%)

因此，1989 年以後報紙報導的爭議原因前四位是：「勞保爭議」、「職災爭議」、「安全衛生爭議」均以 44 則名列第一，緊接著是「工資爭議」有 27 則，佔 18.36%（見表 11）。

勞委會公布之爭議原因前四名則是：1.「契約爭議」（708 件，5,952 人次）；2.「工資爭議」（492 件，18,260 人次）；3.「退休爭議」（232 件，483 人次）；4.「職災爭議」（206 件，236 人次）（見表 11）。

可見，就勞資爭議原因的客觀真實和媒介真實而言，其間的關聯並不密切，似乎呈現出一種「自主」的模式。

表 11　勞資爭議原因之客觀真實與媒介真實比較表

排名　　勞資爭議原因　　勞委會或報紙資料	1983 年至 1988 年勞資爭議原因									1989 年以後勞資爭議原因										
	因故解僱	無故遣散	要求調整工資	積欠工資	減低工資	要求賠償	傷害賠償	業務爭執	其他	契約爭議	工資爭議	工時爭議	退休爭議	福利爭議	勞保爭議	管理爭議	職災爭議	安全衛生爭議	工會爭議	其他
勞委會公布之資料排名	2	6	9	3	8	1	4	5	7	1	2	9	3	7	5	6	4	10（0 件）	9	8
報紙報導之則數排名	4	5	1	3	9	6	8	7	2	6	4	7	11	5	1	8	1	1	8	8

㈥勞工運動報導的主角

就勞工運動報導的主角而言，被報導最多的主角類目依次是：

1.「勞方」（包括工會）（241 則；34.6%）。

2.「中央級行政機關」（例如：行政院勞委會）（211 則；30.3%）。

3.「資方」（53 則；7.6%）。

4.「其他」（44 則；6.3%）。

5.「地方級行政機關」（例如：縣市政府）（39 則；5.6%）。

其餘的類目依次是：「技術官僚」（例如：某政府官員）（38 則；5.5%）；「學者專家」（24 則；3.4%）；「民間勞工團體」（16 則；2.3%）；「增額民意代表」（14 則；2.0%）；「中央級民意機關」（例如：立法院、監察院等）（8 則；1.1%）；「中央級司法機關」（4 則；0.6%）；「地方級民意機構」（3 則；0.4%）；及「受害民眾」（1 則；0.1%）。

㈦外力團體

在 696 則勞工運動議題的報導中，有 578 則引述了外力團體（意指勞資雙方以外之團體或個人），佔了全部報導的 83%，只有 17% 未涉及外力團體（118 則）。

在 578 則引述外力團體的報導中，牽涉的外力團體分配狀況見表 12。

表 12　勞工運動議題報導中的外力團體分布狀況

外力團體	則　數	百分比	排　名
官　方	408 則	70.58%	1
民意機構	43 則	7.43%	
民意代表	85 則	14.70%	3
司法機構	35 則	6.05%	
勞委會	111 則	19.20%	2
國民黨	36 則	6.22%	
民進黨	13 則	2.24%	
工　黨	15 則	2.59%	
勞動黨	2 則	0.34%	
勞工法律支援會	6 則	1.03%	
婦女新知會	0 則	—	
文化勞研所	5 則	0.86%	
勞工人權會	5 則	0.86%	
學者專家	81 則	14.01%	5
警　察	39 則	6.74%	
其　他	82 則	14.18%	4

㈧勞工運動議題報導所呈現的社會價值取向

本研究分為個人取向、社會取向、國家取向和無法判斷。其中個人取向指的是以個人為價值利益的承受者，較重視個人尊嚴、個人權益的維護。社會取向指的是以社會為價值利益的承受者，較重視社會的和諧與責任。國家取向指的是以國家為價值利益的承受者，較重視國家整體的發展與維護。

個人取向包含：個人福利、個人尊嚴、自我實現、知能品德和個人自由等。社會取向包含：社會公平、社會福利、社會秩序、社會和諧、社會自由和社會責任等。國家取向則包含：愛國主義、民主政治、經濟發展和反共等。

內容分析的結果顯示，在 696 則報導中，屬「個人取向」的報導有 364 則 (52.3%)；「社會取向」的報導有 316 則 (45.4%)；而「國家取向」的報導最少，只有 95 則 (13.6%)（見表 13）。

表 13　勞工運動議題之社會價值取向分配情形

則數、百分比 社會價值取向	則　數	百分比
個人取向	364 則	52.3%
社會取向	316 則	45.4%
國家取向	95 則	13.6%
無法判斷	13 則	1.86%
總　計	696 則	113.16%*

(*複選題，故總百分比超過 100%)

㈨勞工運動報導之社會價值立場

本研究之社會價值立場粗分為有利資方、有利勞方、中立、無法判斷及其他。內容分析的結果發現，在 696 則報導中，「有利資方」者有 38 則 (5.5%)，「有利勞方」者有 209 則 (30.0%)，「中立」者最多，有 320 則 (46.0%)，「無法判斷」者有 71 則 (10.2%)，「其他」者（例如：報導中明顯批評資方，但對勞方又不見得有利）有 58 則 (8.3%)。

㈩規範性社會價值之報導

在 696 則報導中，有 116 則報導 (16.7%) 牽涉到不合法行為。在這 116 則報導中，有 78 則報導 (67.24%) 的違法者是資方，18 則 (15.51%) 報導的違法者是勞方，另有 20 則 (17.24%) 的違法者是勞資雙方以外的其他人。

報紙對不合法行為的報導所採取的態度則絕大多數「明顯予以批評」(72 則；62.06%)，有三分之一則以「中立」方式處理（39 則；33.62%），僅有 5

則 (4.31%) 是「明顯予以合理化」。

㈡整體印象

有近半數是「有利勞方」的（299 則；43%），其次是「中立」（234 則；33.6%），再來是「其他」（99 則；14.2%），「有利資方」的報導最少，只有64 則，佔整體的 9.2%。

二、媒介內容如何刻板印象化勞工運動議題

696 則新聞中，具有「衝突化」傾向的報導有 397 則，佔 57%；而有「個人化」傾向的報導僅有 117 則，佔 16.8%（見表 14）。足見報紙在報導勞工運動議題時，的確有「衝突化」的刻板印象化過程存在，至於國外研究發現的「個人化」傾向，則在本實例中未能獲得足夠的支持。

本研究分為 4 個議題生命週期，不同時期的「衝突化」報導傾向有顯著差異，以第三期最嚴重，其次是第二期（見圖 8）。

表 14　報紙報導勞工運動議題時的刻板印象化過程

刻板印象化過程	衝突化		個人化	
	n	%	n	%
有	397	57.0	117	16.8
無	299	43.0	579	83.2
總　計	696	100.0	696	100.0

有「衝突化」
傾向之報導

第一期 ⊢—⊣ 23則（5.8%）

第二期 ⊢————————⊣ 106則（26.7%）

第三期 ⊢—————————————————⊣ 226則（56.9%）

第四期 ⊢———⊣ 42則（10.6%）

圖 8　各時期有「衝突化」傾向之報導

若就各時期而言，也是第三期和第二期的「衝突化」報導較多，均超過50%（第三期：62.1%；第二期：54.6%）（見表 15）。

表 15　議題生命週期中報紙報導有無「衝突化」傾向

時　期 衝突化	第一期 (1983.8.1~ 1984.8.1)		第二期 (1984.8.2~ 1987.7.15)		第三期 (1987.7.16~ 1989.5.31)		第四期 (1989.6.1~ 1989.12.31)	
	n	%	n	%	n	%	n	%
有	23	46.0	106	54.6	226	62.1	42	47.7
無	27	54.0	88	45.4	138	37.9	46	52.3
總　計	50	100.0	194	100.0	364	100.0	88	100.0

$(x^2 = 9.8429;$ D.F. $= 3;$ P $< .05)$

以上各期間在有無「衝突化」報導的差異上，均達統計上的顯著水準 $(x^2 = 9.8429;$ D.F. $= 3;$ P $< .05)$。

我們可以從圖 9 中，看出勞工運動議題「衝突化」傾向在各時期的分布狀況是與該議題的報導在各時期的分布狀況十分雷同，這顯示了報導則數和「衝突化」傾向則數間具有相當密切的關聯性。雖然我們無法證明兩者之間具有因果關係，但兩者在議題生命週期中出現的模式卻是相同的。可能的解釋是：衝突發生時，就有報導；衝突愈大，報導也愈多。這點從「新聞價值」的觀點來看，也具有解釋的意義。

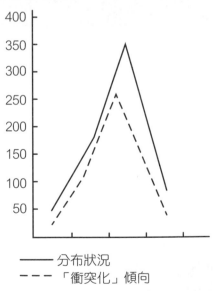

―――― 分布狀況
― ― ― 「衝突化」傾向

圖 9　勞工運動議題在各時期的分布狀況與各時期「衝突化」傾向比較圖

其次，再就不同的報紙經營型態加以分析，則發現民營報（《中國時報》、《聯合報》、《自立晚報》）明顯有「衝突化」的傾向（《中國時報》：有衝突：78.5%，無衝突：21.5%；《聯合報》：72.9%, 27.1%；《自立晚報》：62.7%, 37.3%）；黨營報（《中央日報》：有衝突：47.2%，無衝突：52.8%）較少有「衝突化」傾向；而軍營報沒有「衝突化」傾向（《青年日報》：有衝突：16.5%，無衝突：83.5%）（見表 16），報紙經營型態與有無「衝突化」傾向的報導間達統計上極顯著的差異（$x^2 = 114.1156$; D.F. = 4; P < .001***）。

表 16　報紙經營型態與有無「衝突化」傾向之報導

報　別 衝突化	《中央日報》		《中國時報》		《聯合報》		《青年日報》		《自立晚報》	
	n	%	n	%	n	%	n	%	n	%
有	109	47.2	113	78.5	113	72.9	15	16.5	47	62.7
無	122	52.8	31	21.5	42	27.1	76	83.5	28	37.3
總　計	231	100.0	144	100.0	155	100.0	91	100.0	75	100.0

（$x^2 = 114.1156$; D.F. = 4; P < .001***）

足見民營報紙在報導勞工運動議題時，較會以「衝突化」的報導來刻板印象化整個「衝突化」，而黨營和軍營報紙這種現象較不明顯。

至於「個人化」的刻板印象過程中，值得一提的是，在 117 則有「個人化」傾向的報導中，以《自立晚報》的個人化傾向最顯著（有個人化：25.3%，無個人化：74.7%），其次是《聯合報》(23.9%, 76.1%)，接著才是《青年日報》(14.3%, 85.7%)，「個人化」傾向最不顯著的是黨營的《中央日報》(12.1%, 87.9%)。

民營報紙在報導勞工運動相關問題時，的確較有「個人化」的刻板印象化過程，報紙的經營型態和報紙的「個人化」報導傾向的確有關聯，且兩者達到統計上的顯著程度（$x^2 = 14.3469$; D.F. = 4; P < .01）（見表 17）。

表 17　報紙經營型態與有無「個人化」傾向之報導

報　別 個人化	《中央日報》		《中國時報》		《聯合報》		《青年日報》		《自立晚報》	
	n	%	n	%	n	%	n	%	n	%
有	28	12.1	20	13.9	37	23.9	13	14.3	19	25.3
無	203	87.9	124	86.1	118	76.1	78	85.7	56	74.7
總　計	231	100.0	144	100.0	155	100.0	91	100.0	75	100.0

$(x^2 = 14.3469; D.F. = 4; P = .0063; P < .01^{**})$

　　由上述的討論，我們發現報紙在報導勞工運動新聞時，的確有「衝突化」趨勢，這點與西德之研究發現相同 (Kepplinger, 1975)。至於國外研究發現之「個人化」報導趨勢，在本研究中未能得到充分的支持。因此，本研究之假設一「媒介報導勞工運動時，有『衝突化』和『個人化』的傾向」，僅得到部分之支持。但若就報紙經營型態來區分，則資料顯示民營報紙在報導勞工運動時，比黨營及軍營報紙更會以「衝突化」及「個人化」手法來報導。

三、議題生命週期與其呈現方式

　　本研究將勞工運動議題之發展分為：

　　第一期（初期）：1983 年 8 月至 1984 年 8 月 1 日《勞動基準法》公布以前。

　　第二期：1984 年 8 月 2 日至 1987 年 7 月 15 日（《勞動基準法》公布以後至解嚴以前）。

　　第三期：1987 年 7 月 16 日至 1989 年 5 月 31 日（解嚴以後至遠化事件落幕）。

　　第四期（近期）：1989 年 6 月 1 日至 1989 年 12 月 31 日。

　　表 5、表 8 資料顯示，加權前無論刊載則數或面積，都是第三期居首，第二期排名第二，緊接著才是第四期和第一期。刊載則數與面積在解嚴和遠化事件這段期間開始大幅增加並達到高峰，至第四期則急劇減少（詳見表 5、表 8）。

　　至於報紙在社會運動的各議題生命週期中分別會以什麼樣的方式來呈

現，研究者將議題生命週期和議題呈現方式加以交叉分析後發現，中立的報導方式（新聞）在第一、二、三期均佔極大的比例（分別是 72%, 70.6%, 76.6%），一直到第四期才有明顯減少的趨勢（由第三期的 76.6% 減為 59.1%）。至於含有價值評析的特寫、社論、專論和短評則是從第一期的 18.0% 略增為第二期的 24.7%，第三期又略降為 20.9%，而到第四期則有明顯增加，變為 38.6%，這種情形且達統計上極顯著程度 ($x^2 = 21.2794$; D.F. = 6; P < .001)（詳見表 18）。

表 18　議題生命週期及其呈現方式

呈現方式 ＼ 議題分期	第一期		第二期		第三期		第四期	
	n	%	n	%	n	%	n	%
新　聞	36	72.0	137	70.6	279	76.6	52	59.1
特寫、社論、專論、短評	9	18.0	48	24.7	76	20.9	34	38.6
其　他	5	10.0	9	4.6	9	2.5	2	2.3
總　計	50	100.0	194	100.0	364	100.0	88	100.0

($x^2 = 21.2794$; D.F. = 6; P < .001***)

在圖 7 中，更可看出一個極明顯的趨勢：報紙對勞工議題的報導，初期會以中立的新聞方式出現；而愈到後期，滲入的價值愈多，愈會以特寫、社論、專論和短評的方式出現。這個發現，相當符合魯曼對議題生命週期及其呈現方式的論述 (Luhman, 1971)。

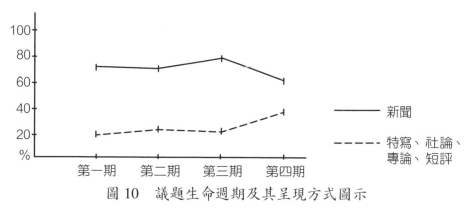

圖 10　議題生命週期及其呈現方式圖示

因此本研究之假設二「勞工運動議題在其生命週期中，初期會以中立方式出現，愈到後期，滲入的價值愈多。同時，媒體對勞工運動議題的報導量，亦會隨其議題生命週期由初期至近期而逐漸遞增」得到實證資料的支持。主要因為本研究根據蕭新煌的分期，認為勞工運動在我國社會仍處於「集結」與「制度化」的過渡階段（蕭新煌，1988: 42），因此假設報紙對勞工運動議題至近期仍將十分重視，實證結果也證明研究者的假設是正確的。

四、不同經營型態之媒體及其對勞工運動議題之報導

　　從表 19 的資料中可看出，就刊載的總篇幅而言，以《中央日報》居冠（29,177 平方公分），其餘依次是《聯合報》的 18,346 平方公分，《中國時報》的 17,973 平方公分，及《青年日報》的 11,916 平方公分，《自立晚報》則以 10,514 平方公分居於最後。但是，若就平均數而言，則以《自立晚報》的 140.19 平方公分最多，其次則是《青年日報》的 130.95 平方公分，《中央日報》的 126.31 平方公分，《中國時報》的 124.81 平方公分，以及《聯合報》的 118.36 平方公分。

表 19　各報對勞工運動議題之報導篇幅

報導篇幅 報　別	總篇幅 （平方公分）	排　名	平均數 （平方公分）	排　名
《中央日報》	29,177.00	1	126.31	3
《中國時報》	17,973.00	3	124.81	4
《聯合報》	18,346.00	2	118.36	5
《青年日報》	11,916.00	4	130.95	2
《自立晚報》	10,514.00	5	140.19	1

　　因此，假設三、一「對勞工運動的報導篇幅，民營多於黨營，黨營又多於軍營」的說法並未能得到支持。因為，就總面積而言，民營不見得比黨營多，雖然黨營的《中央日報》的確在刊載面積上多過軍營的《青年日報》。但是，這種情形若以平均數來看就又呈現出完全不同的面貌。在平均數方面，軍營的《青年日報》反多過黨營的《中央日報》和民營的《中國時報》及《聯

合報》。

表 20　各報在各時期對勞工運動議題之報導篇幅

報導 篇幅 報　別	第一期			第二期			第三期			第四期		
	則數	篇幅	平均數	則數	篇幅	平均數	則數	篇幅	平均數	則數	篇幅	平均數
《中央日報》	15	1819	121.27	32	3303	103.22	161	20078	124.71	23	3977	172.91
《中國時報》	10	1373	137.30	51	6293	123.39	68	8029	118.07	15	2278	151.87
《聯合報》	11	1770	160.91	56	6949	124.09	67	7568	112.96	21	2059	98.05
《青年日報》	7	1429	204.14	26	2918	112.23	38	4654	122.47	30	4266	142.20
《自立晚報》	7	715	102.14	29	4267	147.14	30	4266	142.20	9	1266	140.67

　　至於各報會不會因為經營型態不同而對勞工運動議題做不同程度之處理？本研究以：是否為頭條（是頭條給 1 分，不是頭條給 0 分）、報導所在位置（以中線為隔，在報紙上方者給 1 分，在報紙下方者給 0 分）、有無圖片（有圖片配合者給 1 分，無圖片者給 0 分）作為對議題重視程度之指標。研究者以單因子變異數分析計算各報對勞工運動議題之重視程度與議題分期及報紙經營型態間是否有顯著之差異。表 21 之資料顯示，各報對勞工運動議題之重視程度並不因議題分期不同而有顯著之差異 (F = .1648; P > .05)。同時，各報對勞工運動議題之重視程度也不會因報紙經營型態不同而有顯著之差異 (F = .3845; P > .05)（見表 22）。

　　可見假設三、二「對勞工運動的重視，民營、黨營、軍營依次遞減」並未能在此次研究中獲得實證資料的支持。

表 21　各報對勞工運動議題之重視程度與議題分期單因子變異數分析

變異來源	自由度	平方和	均　方	F Ratio	F Prob.
組　間	3	4.8545	1.6182	1.7041	.1648
組　內	692	657.1096	9496		
全　體	695	661.9641			

表 22　各報對勞工運動議題之重視程度與其經營型態單因子變異數分析

變異來源	自由度	平方和	均　方	F Ratio	F Prob.
組　　間	4	3.9695	.9924	1.0421	.3845
組　　內	691	657.9946	.9522		
全　　體	695	661.9641			

　　至於對勞工運動相關主角的報導，從表 23 中可以看出各報在處理勞工運動相關主角時有極明顯之不同 (x^2 = 142.52; D.F. = 48; P < .001)。值得注意的是：

　　1.《聯合報》和《青年日報》都最重視「中央行政機構」的報導（《聯合報》：36.8%（57 則），《青年日報》：45.1%（41 則））。

　　《中央日報》(43.7%)、《中國時報》(37.5%) 和《自立晚報》(36%) 則最重視「勞方」之報導。相對地，《聯合報》對「勞方」之報導僅佔 26.5%，而《青年日報》更少，只佔 19.8%。

　　2.各報對「地方司法機構」、「資深民意代表」全未報導，而對受害民眾之報導，亦只有《聯合報》之 1 則。

　　3.對「資方」之報導，《聯合報》最多 (10.3%)，其次是《中國時報》(9.7%) 和《中央日報》(7.8%)。

　　根據以上說明我們可以看出，《聯合報》和《青年日報》在報導勞工運動議題時，在主角的選擇上較重視「中央行政機構」，比較忽略「勞方」意見；反之，黨營的《中央日報》和民營的《中國時報》及《自立晚報》則較重視「勞方」之報導。《聯合報》和《聯合報》的處理方式與《中央日報》、《中國時報》、《自立晚報》呈現出 2 種不同的模式。

　　因此，假設三、三「對勞工運動相關主角的報導，民營較偏勞方，而黨營和軍營較偏行政單位和資本家」的說法僅部分得到支持。

表 23　各報對勞工運動相關主角之報導情況

百分比　報別 主　角	《中央日報》 (n = 231)	《中國時報》 (n = 144)	《聯合報》 (n = 155)	《青年日報》 (n = 91)	《自立晚報》 (n = 75)
中央行政機構	27.3 (63)	21.5 (31)	36.8 (57)	45.1 (41)	25.3 (19)
地方行政機構	5.6 (13)	2.1 (3)	6.5 (10)	11.0 (10)	4.0 (3)
中央司法機構	0.4 (1)	0.7 (1)	1.3 (2)	–	–
地方司法機構	–	–	–	–	–
中央民意機構	1.3 (3)	–	1.3 (2)	1.1 (1)	2.7 (2)
地方民意機構	0.9 (2)	–	0.6 (1)	–	–
學者專家	3.5 (8)	2.1 (3)	1.9 (3)	6.6 (6)	5.3 (4)
技術官僚	5.2 (12)	4.2 (6)	8.4 (13)	5.5 (5)	2.7 (2)
增額民意代表	0.9 (2)	2.1 (3)	0.6 (1)	–	10.7 (8)
資深民意代表	–	–	–	–	–
民間勞工團體	–	4.9 (7)	2.6 (4)	–	6.7 (5)
受害民眾	–	–	1.1 (1)	–	–
資　方	7.8 (18)	9.7 (14)	10.3 (16)	3.3 (3)	2.7 (2)
勞　方	43.7 (101)	37.5 (54)	26.5 (41)	19.8 (18)	36.0 (27)
其　他	3.5 (8)	15.3 (22)	3.2 (5)	6.6 (6)	4.0 (3)
合　計	100.1%	100.1%	101.1%	99%	100.1%

(x^2 = 142.5207; D.F. = 48; P < .001; Cell F < 5 = 55.4%)

　　若分期檢視各報對勞工運動相關主角的報導，則發現（見表 24）：

　　1.解嚴以前（第一期和第二期）的主角偏重於「中央行政機構」（第一期：38%，第二期：42.8%）。對「中央行政機構」的報導在第三期 (22.5%) 和第四期 (30.7%) 則明顯下降。

　　2.對「勞方」的報導則由第一期的 24.0%，增加為第二期的 25.3%，第三期更明顯增加為 41.5%，至第四期又略為減低至 33.0%。

　　各時期對主角報導上的差異達到統計學上極明顯的水準 (x^2 = 82.84; D.F. = 36; P < .001)。

　　以上資料顯示，解嚴這個事實，使得報紙對勞工運動相關主角的處理有了明顯的改變。解嚴以前，各報較偏向於對「中央行政機構」的報導；而解

嚴以後，有關「勞方」的報導明顯增加了（詳見圖8）。

表 24　各時期中勞工運動相關主角被報導的情況

百分比　　時期 主　角	第一期 (n = 50)	第二期 (n = 194)	第三期 (n = 364)	第四期 (n = 88)
中央行政機構	38.0 (19)	42.8 (83)	22.5 (82)	30.7 (27)
地方行政機構	4.0 (2)	2.6 (5)	6.6 (24)	9.1 (8)
中央司法機構	–	0.5 (1)	0.8 (3)	–
地方司法機構	–	–	–	–
中央民意機構	4.0 (2)	3.1 (6)	–	–
地方民意機構	–	–	0.8 (3)	–
學者專家	4.0 (2)	3.6 (7)	3.8 (14)	1.1 (1)
技術官僚	8.0 (4)	7.7 (15)	3.8 (14)	5.7 (5)
增額民意代表	4.0 (2)	3.6 (7)	0.5 (2)	3.4 (3)
資深民意代表	–	–	–	–
民間勞工團體	–	1.5 (3)	3.6 (13)	–
受害民眾	–	–	0.3 (1)	–
資　方	6.0 (3)	5.2 (10)	9.3 (34)	6.8 (6)
勞　方	24.0 (12)	25.3 (49)	41.5 (15)	33.0 (29)
其　他	8.0 (4)	4.1 (8)	6.3 (23)	10.2 (9)
合　計	100.0%	100.0%	99.8%	100.0%

$(x^2 = 82.8452; D. F. = 36; P < .001; Cell F < 5 = 55.4\%)$

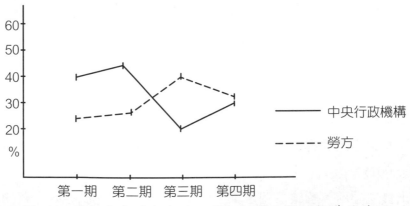

圖 11　議題生命週期中勞工運動相關主題被報導的情況

五、報紙對與勞工運動相關的社會價值之報導

在社會價值取向的變遷上，解嚴前的第一期以「社會取向」的報導最多，佔 40.35%，其次是「個人取向」的報導，佔 36.85%，「國家取向」的報導最少，只佔 22.80%。到了解嚴前的第二期，「個人取向」的報導增加為 44.90%，「社會取向」的報導亦由第一時期的 40.35% 升高為 44.90%，而「國家取向」的報導則減低為 10.20%。到了解嚴後的第三時期，則「個人取向」的報導大幅增加至 50.62%，「社會取向」的報導略為減少 (37.83%)，而「國家取向」的報導則略為增加 (11.55%)。到了第四期，「社會取向」的報導再度升高為第一位，佔 44.21%，而「個人取向」的報導則由前期的高峰降為本期的 42.10%，「國家取向」的報導亦小幅增加為 13.69%。

表 25　社會價值取向與不同報導時期之關聯

時　期 社會價值取向	第一期		第二期		第三期		第四期	
	(n =)	(%)	(n =)	(%)	(n =)	(%)	(n =)	(%)
個人取向	21	36.85	97	44.90	206	50.62	40	42.10
社會取向	23	40.35	97	44.90	154	37.83	42	44.21
國家取向	13	22.80	22	10.20	47	11.55	13	13.69
總　計	57	100.00	216	100.00	407	100.00	95	100.00

以上資料顯示，解嚴前後與勞工運動相關的「社會取向」報導，大致保持穩定狀況；至於「個人取向」的報導，則是解嚴前後起伏較大，第三期達到報導高峰，第四期以來則有漸趨減少的趨勢；「國家取向」的報導則在解嚴前最多，以後即有減少的現象。

這樣的結果與假設四、一「在社會價值取向的變遷上，解嚴以前與勞工運動相關的社會價值報導偏向於國家取向和個人取向；而解嚴以後偏向於社會取向」的陳述僅解嚴以前部分相符。我們發現在剛解嚴以後的第三期有關「個人取向」的報導仍大幅成長，至於「社會取向」的報導則果然在解嚴以後的第四期，再度拔得頭籌，成為主導的報導取向。

表 26　社會價值取向與不同報紙之關聯

報　別 社會 價值 取向	《中央日報》		《中國時報》		《聯合報》		《青年日報》		《自立晚報》	
	(n =)	(%)	(n =)	(%)	(n =)	(%)	(n =)	(%)	(n =)	(%)
個人取向	123	47.13	89	56.33	80	47.62	34	35.06	38	41.76
社會取向	105	40.23	62	39.24	67	39.88	44	45.36	38	41.76
國家取向	33	12.64	7	4.43	21	12.50	19	19.58	15	16.48
總　計	261	100.00	158	100.00	168	100.00	97	100.00	91	100.00

從表 26 中則可看出社會價值取向與報紙經營型態間之關聯。

《中央日報》以「個人取向」的報導最多，佔 47.13%，其次是「社會取向」的報導，佔 40.23%，「國家取向」的報導最少，佔 12.64%。《中國時報》在 5 家報紙中，「個人取向」所佔的比例最高 (56.33%)，其次是「社會取向」，佔 39.24%，而《中國時報》有關「國家取向」的報導也是 5 家報紙中最少的，只佔 4.43%。《聯合報》在 3 種社會價值取向上的報導比例分配與《中央日報》極為類似。《青年日報》在 3 種社會價值取向上的報導比例分配獨樹一幟，以「社會取向」報導最多，佔 45.36%；其有關「國家取向」之報導為 5 報之冠，佔 19.58%，幾達五分之一。《自立晚報》則「個人取向」與「社會取向」報導各佔 41.76%，「國家取向」報導佔 16.48%。

因此，假設四、二「黨營及軍營報紙比民營報紙更傾向於國家及社會取向；反之，民營報紙比黨營及軍營報紙更傾向於個人取向」大致得到實證資料的支持。值得注意的是：民營報紙中的《聯合報》，在勞工運動報導的價值取向上與黨營的《中央日報》幾乎為同一模式，背後隱藏的意義頗堪玩味。

表 27 的資料顯示，不同時期的勞工運動相關報導，有關社會價值立場的處理固然有顯著的不同 (x^2= 28.5698; D.F. = 12; P < .01)，但各時期仍以「中立」的報導最多，其次就是「有利勞方」的報導了。至於「有利資方」的報導，在議題生命週期中的各時期均是少數，且保持相當穩定的百分比例。因此，假設四、三的陳述「在社會價值立場的變遷上，解嚴以前與勞工運動相關的社會價值立場報導偏向於『有利資方』；而解嚴以後偏向於『有利勞方』」

並未能在本次研究中獲得實證資料的支持。

表 27　社會價值立場與不同報導時期之關聯

時　期 價值 立場	第一期 (n = 50)	第二期 (n = 194)	第三期 (n = 364)	第四期 (n = 88)	合　計
有利資方 (n = 38)	7.9 6.0 (3)	15.8 3.1 (6)	60.5 6.3 (23)	15.8 6.8 (6)	100%
有利勞方 (n = 209)	8.1 34.0 (17)	30.1 32.5 (63)	47.8 27.5 (100)	13.9 33.0 (29)	99.9%
中　立 (n = 320)	7.8 50.0 (25)	24.7 40.7 (79)	56.3 49.5 (180)	11.3 40.9 (36)	100.1%
無法判斷 (n = 71)	4.2 6.0 (3)	47.9 17.5 (34)	32.4 6.3 (23)	15.5 12.5 (11)	100%
其　他 (n = 58)	3.4 4.0 (2)	20.7 6.2 (12)	65.5 10.4 (33)	10.3 6.8 (9)	99.9%
合　計	100%	100%	100%	100%	

(CHi-Square = 28.5698; D. F. = 12; P < .01; Cell F < 5 = 15.0%)
上：以單一價值立場報導量為基數之百分比
下：以個別時期總報導量為基數之百分比

　　若再就不同經營型態的報紙來看，則（詳見表 28）：

　　《中央日報》以「中立」的報導最多，佔 42.9%，其次是「有利勞方」的報導，佔 38.5%，再來是「其他」(10.4%) 和「有利資方」(8.2%) 的報導。

　　《中國時報》則以「有利勞方」的報導最多，佔了所有報導的五分之三以上 (64.6%)，「中立」的報導其次，但與「有利勞方」之報導相距甚遠，尚不及五分之一 (19.4%)，接著才是「有利資方」(12.5%) 和「其他」(3.5%)。

　　總體看來，《中國時報》和《自立晚報》較偏重「有利勞方」的報導（《中國時報》：64.6%，《自立晚報》：46.7%）；而《中央日報》、《青年日報》和《聯合報》「有利勞方」的報導各約佔了報導量的三分之一（《中央日報》：

38.5%，《青年日報》：36.3%，《聯合報》：31.6%）。

表 28　整體印象與不同報紙之關聯

百分比　　報　別 整體印象	《中央日報》 (n = 231)	《中國時報》 (n = 144)	《聯合報》 (n = 155)	《青年日報》 (n = 91)	《自立晚報》 (n = 75)	合　　計
有利資方 (n = 64)	29.7 8.2 (19)	28.1 12.5 (18)	23.4 9.7 (15)	15.6 11.0 (10)	3.1 2.7 (2)	99.9%
有利勞方 (n = 299)	29.8 38.5 (89)	31.1 64.6 (93)	16.4 31.6 (49)	11.0 36.3 (33)	11.7 46.7 (35)	100%
中　立 (n = 234)	42.3 42.9 (99)	12.0 19.4 (28)	17.9 27.1 (42)	14.5 37.4 (34)	13.2 41.3 (31)	99.9%
其　他 (n = 99)	24.2 10.4 (24)	5.1 3.5 (5)	49.5 31.6 (49)	14.1 15.4 (14)	7.1 9.3 (7)	100%
合　計	100%	100%	100%	100.1%	100%	

(CHi-Square = 94.8698; D.F. = 12; P < .001; Cell F < 5 = 0.0%)
上：以單一整體印象選擇量為基數之百分比
下：以各報紙總報導量為基數之百分比

　　至於「有利資方」的報導，亦以《中國時報》居首，佔 12.5%，《青年日報》其次，佔 11%，接下來才是《聯合報》(9.7%) 和《中央日報》(8.2%)。《自立晚報》「有利資方」的報導在 5 報中是最少的。

　　上述實證資料顯示，假設四、四「黨營及軍營報紙比民營報紙更傾向於『有利資方』之報導；反之，民營報紙比黨營及軍營報紙更傾向於『有利勞方』之報導」僅後半部分得到實證，即：民營的《中國時報》和《自立晚報》的確有較多的「有利勞方」之報導，但同為民營的《聯合報》「有利勞方」的報導卻為 5 報中最少的，甚至少過軍營的《青年日報》（《聯合報》：31.6%，《青年日報》：36.3%）；另外，民營的《中國時報》「有利資方」的報導居 5 報之首，也是不符合假設四、四的說法的。

六、報紙對規範性社會價值之報導

本研究之假設五假設報紙對於規範性社會價值的呈現，會因議題的不同發展階段及報紙不同的經營型態而有不同。

研究資料顯示，在 696 則新聞中，報導中的主角明顯觸犯法律的有 116 則 （佔 16.7%）。而在這 116 則報導中，資方是犯法者的有 78 則 （佔 67.24%），勞方是犯法者的僅有 18 則 （佔 15.52%），其他的有 20 則 （佔 17.24%）。

若將勞方犯法的部分和資方犯法的部分到底會被「合理化」或「明顯批評」與時期和報紙經營型態再做交叉分析，則兩者均沒有顯著的差異。可見，不論解嚴前後或不同經營型態的報紙在處理規範性社會價值時並沒有很大的差異（見表 29 至 32）。惟必須說明的是，本研究蒐集的資料中，相關部分的則數太少，報導中資方明顯觸犯法律的只有 78 則，而勞方明顯觸犯法律的則更僅得 18 則，是否具有統計學上的意義頗值商榷。

因此，假設五、一「在規範性社會價值的變遷上，解嚴以前對於不合法之勞工抗爭行為的報導傾向於明顯批評，解嚴以後則傾向於合理化」及假設五、二「對於不合法之勞工抗爭行為的報導，黨營及軍營報紙傾向於明顯批評；反之，民營報紙傾向於合理化」均未能獲得本研究實證資料之支持。

表 29　報紙在不同時期處理資方犯法時之態度

規範性社會價值 ＼ 時期	第一期		第二期		第三期		第四期	
	(n =)	(%)	(n =)	(%)	(n =)	(%)	(n =)	(%)
合理化	0	–	2	6.3	1	2.7	0	–
批　評	2	33.3	17	53.1	24	64.9	3	100.0
中　立	4	66.7	13	40.6	12	32.4	0	–
總　計	6	100.0	32	100.0	37	100.0	3	100.0

（$x^2 = 5.7261$; D.F. = 6; P = .4546 不顯著）

表 30　不同經營型態的報紙處理資方犯法時之態度

規範性社會價值＼報別	《中央日報》		《中國時報》		《聯合報》		《青年日報》		《自立晚報》	
	(n =)	(%)	(n =)	(%)	(n =)	(%)	(n =)	(%)	(n =)	(%)
合理化	0	–	1	4.5	2	10.0	0	–	0	–
批　評	13	61.9	13	59.1	11	55.0	2	66.7	7	58.3
中　立	8	38.1	8	36.4	7	35.0	1	33.3	5	41.7
總　計	21	100.0	22	100.0	20	100.0	3	100.0	12	100.0

（x^2 = 3.6081; D.F. = 8; P = .8906 不顯著）

表 31　報紙在不同時期處理勞方犯法時之態度

規範性社會價值＼時期	第一期		第二期		第三期		第四期	
	(n =)	(%)	(n =)	(%)	(n =)	(%)	(n =)	(%)
合理化	0	–	0	–	0	–	0	–
批　評	0	–	3	75.0	7	53.8	0	–
中　立	1	100.0	1	25.0	6	46.2	0	–
總　計	1	100.0	4	100.0	13	100.0	0	–

（x^2 = 1.8778; D.F. = 2; P = .3910 不顯著）

表 32　不同經營型態的報紙處理勞方犯法時之態度

規範性社會價值＼報別	《中央日報》		《中國時報》		《聯合報》		《青年日報》		《自立晚報》	
	(n =)	(%)	(n =)	(%)	(n =)	(%)	(n =)	(%)	(n=)	(%)
合理化	0	–	0	–	0	–	0	–	0	–
批　評	3	42.9	2	66.7	2	50.0	3	75.0	0	–
中　立	4	57.1	1	33.3	2	50.0	1	25.0	0	–
總　計	7	100.0	3	100.0	4	100.0	4	100.0	0	–

（x^2 = 1.2696; D.F. = 3; P = .7364 不顯著）

第五節　結論與討論

一、本研究重要發現

㈠基本資料分析

1.勞工運動議題在各時期的分布狀況，以第三期（1987年7月16日至1989年5月31日，也就是從解嚴到遠東化纖罷工事件）的則數最多（364則，佔52.3%），其次是第二期（194則，佔27.9%），再來才是第四期（88則，佔12.6%）和第一期（50則，7.2%）。就整體則數的分布狀況來看，從第一期到第二期逐漸遞增，第三期達到則數顛峰，至第四期又急劇減少。

但是，加權後的結果略有改變，以第三期的年平均182則最多，其次是第四期的176則，再來才是第二期的64則和第一期的50則。

2. 5家報紙報導勞工運動議題的情形，則以《中央日報》最多（231則，佔33.2%），其次是《聯合報》（155則，22.3%）、《中國時報》（144則，20.7%）、《青年日報》（91則，13.1%）和《自立晚報》（75則，10.8%）。《中央日報》則數之所以最多，可能因《中央日報》有專門的勞工版面報導勞工新聞所致。

3.就報導篇幅而言，加權以後的年平均面積是以第四期最多（24,990平方公分），其次是第三期（22,297平方公分）、第二期（7,910平方公分）和第一期（7,106平方公分）。

4.就報導方式而言，以「新聞」方式處理的最多（504則，佔72.4%），其次是「特寫」（101則，14.5%）和「專欄」（27則，3.9%）。

5.就報導的刻板印象化過程而言，本研究的696則報導中，397則(57%)有「衝突化」的趨勢，但亦有299則(43%)沒有「衝突化」的報導。至於「個人化」的報導，在696則中只有117則(16.8%)，絕大部分的報導

（579 則，83.2%）並未有「個人化」的傾向。

　　6.本研究將報紙報導的勞資爭議原因（媒介真實）與勞委會公布的勞資爭議原因（客觀真實）間做比較，發現：

　　1989 年以前報紙報導的勞資爭議原因前四名是：⑴「要求調整工資」；⑵「其他」；⑶「積欠工資」和⑷「因故解僱」。勞委會公布之爭議原因前四名是：⑴「要求賠償」；⑵「因故解僱」；⑶「積欠工資」和⑷「傷害賠償」。

　　1989 年以後報紙報導的勞資爭議原因前四名是：「勞保爭議」、「職災爭議」、「安全衛生爭議」（均以 44 則名列第一），其次則是「工資爭議」，以 27 則 (18.36%) 居第四位。勞委會公布之爭議原因前四名是：⑴「契約爭議」；⑵「工資爭議」；⑶「退休爭議」；⑷「職災爭議」。

　　可見，就勞資爭議原因的媒介真實和客觀真實而言，其間的關係並不密切，似乎呈現出一種各自發展的「自主」模式。

　　7.就勞工運動議題報導的主角而言，被報導最多的 5 個主角依次是：

　　⑴「勞方」（包括工會）（241 則，34.6%）。

　　⑵「中央級政府機構」（例如：行政院勞委會）（211 則，30.3%）。

　　⑶「資方」（53 則，7.6%）。

　　⑷「其他」（44 則，6.3%）。

　　⑸「地方級政府機構」（例如：縣市政府）（39 則，5.6%）。

　　8.就勞工運動議題報導所呈現的社會價值取向而言，以「個人取向」的報導最多，有 364 則，佔 52.3%；其次是「社會取向」的報導（316 則，45.4%）；「國家取向」的報導在 3 種報導取向中為數最少（95 則，13.6%）；另外，有 13 則報導（佔 1.86%）則是「無法判斷」其報導取向者（本類目為複選題，故總百分比超過 100%，詳見表 13）。

　　9.有關勞工運動報導之社會價值立場，本研究之社會價值立場分為「有利資方」、「有利勞方」、「中立」、「無法判斷」及「其他」。內容分析的結果發現，在 696 則報導中，「中立」的報導最多，有 320 則 (46.0%)；其次是「有利勞方」（209 則，30.0%）、「無法判斷」（71 則，10.2%）和「其他」（58 則，8.3%），「有利資方」的報導最少，只有 38 則，佔 5.5%。

10.在規範性社會價值之報導上，696 則報導中僅有 116 則 (16.7%) 牽涉到不合法行為，其中 78 則 (67.24%) 的違法者是資方，只有 18 則 (15.51%) 的違法者是勞方。至於報紙在對不合法行為的報導上所採取的態度則絕大多數「明顯予以批評」（72 則，62.06%），另有三分之一則以「中立」方式處理 （39 則，33.62%），僅有 5 則 (4.31%) 是「明顯予以合理化」。

本部分的發現由於新聞則數太少，因此似不宜做過度的詮釋。

(二)媒介內容如何刻板印象化勞工運動議題

本研究發現，報紙在報導勞工運動新聞時的確有「衝突化」的趨勢，這點與西德的研究發現相同 (Kepplinger, 1975)。至於國外研究發現之「個人化」報導趨勢，在本研究中未能得到充分的支持。因此，本研究之假設一：「媒介報導勞工運動時，有『衝突化』和『個人化』的傾向」僅得到部分之支持。但若就報紙的經營型態來區分，則實證資料顯示民營報紙在「個人化」勞工運動時，比黨營及軍營報紙更會以「衝突化」及「個人化」的手法來報導。

(三)議題生命週期及其呈現方式

本研究將勞工運動議題之發展分為：第一期 （初期）（1983 年 8 月至 1984 年 8 月 1 日，《勞動基準法》公布以前）、第二期 （1984 年 8 月 2 日至 1987 年 7 月 15 日，《勞動基準法》公布以後至解嚴以前）、第三期 （1987 年 7 月 16 日至 1989 年 5 月 31 日，解嚴以後至遠化事件落幕）、第四期（近期）（1989 年 6 月 1 日至 1989 年 12 月 31 日）。

本研究發現，不論就報導則數或報導篇幅而言（加權以後），都以第三期和第四期為高峰，顯示了我國報紙對勞工運動相關議題的報導熱度很高。

至於議題在不同生命週期中的呈現方式，我們可以從實證資料中看出一個極明顯的趨勢：報紙對勞工運動議題的報導，初期會以中立的新聞方式出現；愈到後期，滲入的價值愈多，愈會以特寫、社論、專論和短評的方式出現。這個發現，相當符合魯曼對議題生命週期及其呈現方式的論述 (Luhman, 1971)。

因此，本研究之假設二「勞工運動議題在其生命週期中，初期會以中立方式出現，愈到後期，滲入的價值愈多。同時，媒體對勞工運動議題的報導量，亦會隨其議題生命週期由初期至近期而逐漸遞增」得到支持。本研究根據蕭新煌的社會運動分期，認為勞工運動在我國社會仍處於「集結」與「制度化」的過渡階段（蕭新煌，1988: 42），因此假設報紙對勞工運動議題至本研究分期之「近期」仍將十分重視。實證資料證實這樣的假設是合理的。

㈣不同經營型態之媒體及其對勞工運動議題之報導

本研究的實證資料顯示，就報導勞工運動議題的總面積而言，民營報不見得比黨營報多，雖然黨營的《中央日報》的確在刊載面積上多於軍營的《青年日報》。但是這種情形如以平均數來看又呈現出完全不同的面貌。在平均報導量方面，以民營的《自立晚報》居首，軍營的《青年日報》居次，第三位為黨營的《中央日報》。因此，假設三、一「對勞工運動的報導篇幅，民營多於黨營，黨營又多於軍營」的說法並未得到完全的支持。

至於各報會不會因為經營型態不同而對勞工運動議題做不同程度之處理？本研究之發現是：各報對勞工運動議題之重視程度不會因報紙經營型態而有顯著之差異；同時，各報對勞工運動議題之重視程度，亦不會因議題分期不同而有顯著的差異。可見，假設三、二「對勞工運動的重視，民營、黨營、軍營依次遞減」並未能在此次研究中獲得支持。

至於各報對勞工運動相關主角的報導，《聯合報》和《青年日報》在報導勞工運動議題時，在主角的選擇上較重視「中央行政機構」，比較忽略「勞方」意見；反之，黨營的《中央日報》和民營的《中國時報》及《自立晚報》則較重視「勞方」之報導。《聯合報》和《青年日報》的處理方式與《中央日報》、《中國時報》、《自立晚報》呈現出兩種不同的模式。至於對「資方」的報導，以《聯合報》最多（佔 10.3%），其次是《中國時報》(9.7%) 和《中央日報》(7.8%)。因此，假設三、三「對勞工運動相關主角的報導，民營較偏勞方，而黨營和軍營較偏行政單位和資本家」的說法僅部分得到支持。

同時，資料顯示，「解嚴」使得報紙對勞工運動相關主角的處理有了明顯

的改變。解嚴以前，各報較偏向於對「中央行政機構」的報導；而解嚴以後，有關「勞方」的報導明顯增加了。

㈤報紙對勞工運動相關的社會價值之報導

本研究的資料顯示，解嚴前後與勞工運動相關的「社會取向」報導，大致保持穩定狀況；至於「個人取向」的報導，則是解嚴前後起伏較大，第三期達到報導高峰，第四期以來則有漸趨減少的趨勢；「國家取向」的報導則在解嚴前最多，以後即有減少的現象。

這樣的結果與假設四、一「在社會價值取向的變遷上，解嚴以前與勞工運動相關的社會價值報導偏向於國家取向和個人取向；而解嚴以後偏向於社會取向」的陳述僅解嚴以前部分相符。我們發現在剛解嚴以後的第三期有關「個人取向」的報導仍大幅成長，至於「社會取向」的報導果然在解嚴以後的第四期，再度躍升為主導的報導取向。

若再就報紙的經營型態來劃分，則《中央日報》以「個人取向」的報導最多，其次是「社會取向」，「國家取向」最少。《中國時報》「個人取向」的報導居 5 家報紙之冠，而其「國家取向」的報導是 5 家報紙中最少的。《聯合報》在 3 種社會價值取向上的報導比例分配與《中央日報》極為類似。《青年日報》則在 3 種價值報導取向上的報導比例分配獨樹一幟，以「社會取向」報導最多，幾佔一半 (45.36%)，其有關「國家取向」之報導則為 5 報之冠，幾達篇幅的五分之一。《自立晚報》則是「個人取向」與「社會取向」各佔 41.76%。綜合以上分析，足見假設四、二「黨營及軍營報紙比民營報紙更傾向於國家及社會取向；反之，民營報紙比黨營及軍營報紙更傾向於個人取向」的陳述大致得到實證資料的支持。特別值得注意的是：民營的《聯合報》，在勞工運動報導的價值取向上與黨營的《中央日報》幾乎為同一模式，其深層意義頗值玩味。

若再就報紙經營型態與社會價值立場做進一步的分析，則《中國時報》與《自立晚報》較偏重「有利勞方」的報導（《中國時報》：64.6%，《自立晚報》：46.7%）；而《中央日報》、《青年日報》和《聯合報》「有利勞方」的報

導各約佔了報導量的三分之一。

至於「有利資方」的報導，亦以《中國時報》居首，《青年日報》居次，接著依次是《聯合報》和《中央日報》。《自立晚報》「有利資方」的報導在 5 報中是最少的。

資料同時顯示，不同時期的勞工運動相關報導，有關社會價值立場的處理固然有顯著的不同，但各時期仍以「中立」的報導最多，其次就是「有利勞方」的報導了。至於「有利資方」的報導均屬少數，且持相當穩定的百分比例。因此，假設四、三的陳述「在社會價值立場的變遷上，解嚴以前與勞工運動相關的社會價值立場報導偏向於『有利資方』；而解嚴以後偏向於『有利勞方』」並未能在本研究中獲得實證資料的支持。

至於假設四、四「黨營及軍營報紙比民營報紙更傾向於『有利資方』之報導；反之，民營報紙比黨營及軍營報紙更傾向於『有利勞方』之報導」，僅後半部得到證實，即民營的《中國時報》和《自立晚報》的確有較多「有利勞方」之報導，但民營的《聯合報》「有利勞方」的報導卻為 5 家中最少的，甚至少於軍營的《青年日報》。另外，民營的《中國時報》在「有利資方」的報導上居 5 報之冠，這也是不符合假設四、四的說法的。

㈥報紙對規範性社會價值之報導

本研究的假設五假設報紙對於規範性社會價值的報導，會因議題的不同發展階段及報紙的不同經營型態而有不同。本研究資料顯示，不論解嚴前後或不同經營型態的報紙在處理規範性社會價值時並沒有很大的差異，惟相關資料的則數太少，報導中資方明顯觸犯法律的只有 78 則，而勞方明顯觸犯法律的則更僅得 18 則，是否具有統計上的意義，頗值商榷。

二、討　論

上小節將本研究實證部分的重要發現一一呈現，本小節將針對本研究開始時擬出的研究問題逐一加以討論。

㈠媒介如何報導社會運動？媒介建構社會真實時，是否有任何規則可循？

本研究於理論建構部分曾指出，馬奎爾認為大眾傳播是「社會關係的中介」，媒介機構是從事知識的生產、複製及發行，並扮演外在客觀真實及個人親身經驗的中介角色。基本上，媒介所展現的象徵事實 (symbolic reality) 乃取材自真實世界，並對眾多素材加以選擇與處理，經常企圖簡化社會衝突事件的報導 (McQuail, 1987, 2nd ed.: 51–53)。

格拉斯哥大學媒介小組的研究也發現，社會衝突的發生事實上有階段性的發展，然而電視新聞則將焦點置於顯性階段，忽略了造成衝突的結構性原因及社會過程的演進 (Glasgow University Media Group, 1976)。

希爾希則認為，媒介選擇訊息時會受「人物」的影響（轉引自 McQuail, 1972, 2nd ed.: 163–164）。

凱普林傑的研究則發現，媒介在報導時的確有所謂「刻板印象化過程」，而「刻板印象化過程」中最常採取的就是「個人化」和「衝突結構」2 種方式 (Kepplinger, 1975)。

本研究則發現我國報紙在報導勞工運動議題時亦有「衝突化」的刻板印象化過程存在；而且，在本研究的 4 個議題生命週期中，不同時期的「衝突化」報導傾向有顯著的差異，其中以第三期（解嚴以後至遠化事件落幕）的「衝突化」傾向最嚴重，其次則是第二期。

若就各時期的「衝突化」報導而言，也是以第三期 (62.1%) 和第二期 (54.6%) 最多，均超過該時期報導的一半以上。另外，本研究亦發現，「衝突化」的勞工運動議題在各時期的分布狀況與該議題的報導在各時期的分布狀況十分雷同，這顯示了報導則數和「衝突化」傾向則數間具有相當密切的關聯性。當然，我們無法證明兩者之間的因果關係，不過有一點是可以確定的：有衝突發生時就有報導；衝突愈大，報導可能就愈多。

至於「個人化」的報導傾向，在本研究中只佔 16.8% 的比例。

　　若就不同的報紙經營型態加以分析，本研究的資料顯示，民營報（《中國時報》、《聯合報》、《自立晚報》）明顯有「衝突化」的傾向（《中國時報》：有衝突 78.5%，無衝突 21.5%；《聯合報》：72.9%, 27.1%；《自立晚報》：62.7%, 37.3%）；黨營報（《中央日報》：有衝突 47.2%，無衝突 52.8%）較少有「衝突化」傾向，而軍營報的「衝突化」傾向最低（《青年日報》：有衝突 16.5%，無衝突 83.5%）。報紙經營型態和有無「衝突化」傾向的報導間達統計上極顯著的差異。足見民營報在報導勞工運動議題時，較會以「衝突化」的報導來刻板印象化整個議題；而黨營和軍營報紙，這種現象較不明顯。同時，民營報紙在報導勞工運動相關問題時，也較有「個人化」的刻板印象化過程；報紙的經營型態和報紙的「個人化」報導傾向間的確有關聯，且兩者達到統計上的顯著程度。

　　以上資料似乎再次說明了新聞是高度選擇的產品。在選擇的過程中，有許多因素都會影響新聞報導的最後風貌。本研究探討眾多因素當中的 2 個：新聞價值及媒介經營型態。

　　在每日發生的事件中，唯有那些具有「新聞價值」的，才會被記者報導出來。而新聞價值的取決，一方面固然取決於守門的記者編輯的專業觀點，另一方面也來自於組織的規範；兩者的交互作用，影響了最後呈現在閱聽大眾面前的新聞報導的風貌，塑造了閱聽大眾對外在世界的「腦中圖像」。這整個「新聞生產」的過程中，至少有以下幾點值得注意：

　　1.事件必須透過媒體的報導才為人所知；一件未經媒體報導的事件，閱聽大眾很少知道它的存在，因此幾乎等於不存在。

　　2.媒體在報導事件時，通常有簡化及刻板印象化的過程。

　　3.媒體在刻板印象化事件時，通常會受「新聞價值」及「媒介組織」（經營型態）的影響。

　　透過以上的討論，我們至少可以有以下幾點認識：

　　1.新聞報導與新聞事件之間是無法劃上等號的。換言之，媒介所建構的真實與社會真實之間永遠是有差距的。

　　2.新聞報導是高度選擇性的。

3.媒介刻板印象化新聞事件的過程是媒介效果的主要來源之一。

　　由此看來，馬奎爾的結論極具說服力。媒介將取自真實世界的事件在「新聞價值」及「媒介組織」的引導下予以複製、發行及生產，並扮演外在客觀真實及個人親身經驗的中介角色。因此，媒介既是鏡子（被動反映），也是馬達（主動選擇模塑），而似乎馬達的角色要更多一些。

㈡一個議題在其生命週期中，會以什麼方式出現？

　　就報紙刊載勞工運動相關議題的則數與刊載的篇幅而言（加權後），分別以第三期（解嚴以後至遠化事件落幕）和第四期居首，第二期排名第三，第一期居末。報導則數和篇幅（加權前）在解嚴和遠化事件期間達到了高峰。

　　本研究依蕭新煌對我國勞工運動的分期，認為勞工運動在我國社會仍處於「集結」與「制度化」的過渡時期，所以本研究假設報紙對勞工運動議題的報導至近期仍將十分重視，實證資料亦頗能支持研究者的論點。另就勞委會公布的資料看來，本研究期間的 1984 年至 1989 年間，每年勞資糾紛的件數均有增加（1984 年：907 件；1985 年：1443 件；1986 年：1485 件；1987 年：1609 件；1988 年：1314 件；1989 年：1943 件）。理論上講，有衝突事件應該就較有可能有報導，因此報紙對勞工運動議題的報導從第一期到第四期的遞增現象，或可視為媒體（在量方面）反映現實的一種表現。

　　本研究的資料同時顯示，報紙對勞工運動的報導，初期會以中立的新聞方式出現；愈到後期，滲入的價值愈多，愈會以特寫、社論、專論和短評的方式出現。這個發現，相當符合魯曼對議題生命週期及其呈現方式的論述 (Luhman, 1971)。魯曼在討論民意形成的過程時曾經區分「議題」和「對議題的意見」。他指出，「議題」的提出是民意形成過程中的第一步，主要目的在引起大眾對該議題的注意。因此，在民意形成的過程中，一個中立議題的提出永遠是在一些具有價值判斷色彩的、對議題的意見之前。這樣的理論性假設在本研究中獲得了支持。

㈢媒介經營型態不同，是否會影響其報導？

本研究以單子變異數分析計算各報對勞工運動議題之重視程度與議題分期及報紙經營型態間是否有顯著之差異，結果顯示各報對勞工運動議題之重視程度並不因議題分期不同而有顯著之差異，各報對勞工運動之重視程度也不因報紙經營型態而有顯著差異。

但是，報紙的經營型態不同，的確會影響其刻板印象化的過程，前面已有詳實討論，此處不再贅述。另外，不同經營型態的報紙在處理勞工運動相關主角時有極明顯之不同，例如：《聯合報》和《青年日報》在報導勞工運動議題時，在主角的選擇上較重視「中央行政機構」，比較忽略「勞方」意見；反之，黨營的《中央日報》和民營的《中國時報》及《自立晚報》較重視「勞方」之報導。

資料顯示，報紙的經營型態，對其會採取何種社會價值取向來報導勞工運動之議題亦有影響，例如：《聯合報》在 3 種社會價值取向上的報導比例分配與《中央日報》極為類似；而《青年日報》則在 3 種社會價值取向上的報導比例分配獨樹一幟，以「社會取向」報導最多，而有關「國家取向」之報導則為 5 報之冠。

以上資料顯示，《聯合報》在報導勞工運動議題時，對於主角的選擇與《青年日報》極為類似，均以「中央行政機構」為重，較忽略「勞方」意見，而在報導的價值取向上又與黨營的《中央日報》幾乎為同一模式。因此，一家報紙的意識型態與所採取的報導方式，似乎無法以民營、黨營、軍營這種表面的分類來加以有效分析，而必須進一步探究其組織之政治、經濟結構，方能洞悉其深層意義。

鄭瑞城以消息來源途徑分析近用媒介權時指出，可以操縱模式 (manipulative model) 或市場模式 (market model) (Cohen and Young, 1981: 13–14) 之假說得出兩種截然不同的詮釋；他認為，臺灣的大眾傳播媒介結構現狀以操縱模式來解釋似更為貼切（鄭瑞城，1990: 17）。操縱模式將大眾傳播媒介視為製造及傳輸霸權意識的主要工具之一 (Gitlin, 1980: 253)，媒介為了

有效地控制大眾，自會「構築過濾系統，減弱或汰除不利統治階級利益，有損霸權意識和政治體系合法性的消息來源人物及其所帶來的符碼」（鄭瑞城，1990: 17）。從這樣的觀點出發，則《聯合報》與《青年日報》率先以「中央行政機構」為其引述之「主角」，似乎是凸顯了其與黨政軍政治核心勢力間的唇齒依附關係。

㈣解嚴前後與勞工運動相關的社會價值報導有何不同？

本研究在理論建構部分曾指出，徐正光在分析臺灣勞工運動的基本性格和趨勢時，曾將 1961 年定為臺灣產業結構快速轉化的時期。此時期勞動者的抗爭行動屬零星的、個人經濟性的短暫訴求；直至近兩、三年來，勞工運動的目標才不再限於短暫的經濟訴求（如個別勞工福利的改善等），而是長時間持續性帶動變革的行動。其影響層面不再限於單一企業單位，而是對整個社會、政治、經濟體制產生結構性的衝擊（徐正光，1988: 8–13）。換言之，徐正光的論點似乎可以引發出以下的假設：早期的勞工運動多半為「個人取向」的價值導向，偏重於爭取個別勞工福利的改善；直至近期，才逐漸有偏向於結構性的「社會取向」價值導向出現。

至於國內的相關實證研究則發現「時間與社會價值取向有關。愈早期的社論愈強調集體取向的社會價值，愈晚期愈強調個人取向的社會價值」（謝錦芳，1990: 210）。

本研究發現解嚴前後的勞工運動報導，在以下幾點上的確有明顯差異：

1.在相關主角的報導上，解嚴以前（第一期和第二期）的主角偏重於「中央行政機構」；至於對「勞方」的報導，則由第一期的 24%，增加為第二期的 25.3%，第三期更明顯增加為 41.5%，至第四期又略為減低至 33%（詳見表 24）。

2.解嚴前後，與勞工運動相關的「社會取向」之報導，大致保持穩定狀況；至於「個人取向」的價值報導，則是解嚴前後起伏較大，第三期達到報導高峰，第四期以來則有漸趨減少的趨勢；至於「國家取向」的報導則在解嚴前最多，解嚴以後即有減少的現象。而「社會取向」的報導在解嚴後的第

四期，成為主導的報導取向。

可見我國報紙在報導勞工運動的相關議題時，解嚴以前偏向於「國家取向」和「個人取向」；解嚴以後的第三期有關「個人取向」的報導仍大幅成長；至於「社會取向」的報導則在解嚴以後的第四期拔得頭籌，成為主導的報導取向。這樣的結果，大致反映了上述徐正光對臺灣勞工運動的觀察。因此，某種程度上，報紙在報導勞工運動相關議題時是「反映」了社會價值變遷，選擇了「鏡子」的功能。

從媒介不同的經營型態來檢視其報導勞工運動時的價值取向則可發現：

《中央日報》以「個人取向」的報導最多（佔 47.13%），其次是「社會取向」的報導 (40.23%)，「國家取向」的報導最少 (12.64%)。《中國時報》在5 家報紙中，「個人取向」所佔的比例最高 (56.33%)，其次是「社會取向」(39.24%)，而「國家取向」的報導則是 5 家報紙中最少的 (4.43%)。《聯合報》在 3 種社會價值取向上的報導比例分配與《中央日報》極為類似（「個人取向」：《中央日報》(47.13%)，《聯合報》(47.62%)；「社會取向」：《中央日報》(40.23%)，《聯合報》(39.88%)；「國家取向」：《中央日報》(12.64%)，《聯合報》(12.50%)）（詳見表 4–22）。《青年日報》在 3 種社會價值取向上的報導比例分配獨樹一幟，以「社會取向」報導最多 (45.36%)，其有關「國家取向」之報導則為 5 報之冠，佔 19.58%，幾達五分之一。《自立晚報》則是「個人取向」與「社會取向」報導各佔 41.76%，「國家取向」報導佔 16.48%。

足見，軍營的《青年日報》最重視「國家取向」的報導 (19.58%)，民營的《中國時報》最不重視「國家取向」的報導 (4.43%)。而民營的《中國時報》最重視「個人取向」的報導 (56.33%)。值得注意的是：民營的《聯合報》和黨營的《中央日報》在勞工運動報導的價值取向上幾乎為同一模式，其所反映的深層意義值得深思。

再就與勞工運動相關的社會價值立場報導而言，各時期均以「中立」報導最多，其次是「有利勞方」的報導；至於「有利資方」的報導，在議題生命週期中的各時期均屬少數，且保持穩定的百分比例（詳見表 27）。

再就不同型態的報紙經營型態來看，民營的《中國時報》和《自立晚報》

較偏重於「有利勞方」的報導（《中國時報》：64.6%，《自立晚報》：46.7%）；而《中央日報》、《青年日報》和《聯合報》「有利勞方」的報導各約佔了報導量的三分之一 （《中央日報》：38.5%，《青年日報》：36.3%，《聯合報》：31.6%）。至於「有利資方」的報導，亦以《中國時報》居首，佔 12.5%。

　　上述資料顯示：民營的《中國時報》和《自立晚報》有較多的「有利勞方」的報導，但同為民營的《聯合報》「有利勞方」的報導卻為 5 報中最少的 ， 甚至少過軍營的 《青年日報》（《聯合報》： 31.6% ，《青年日報》：36.3%）。這樣的結果，再次支持了研究者前述的說法：一家報紙所代表的意識型態，應由其政治、經濟結構上分析，不能只看表象的經營型態。

㈤在規範性社會價值的變遷上，解嚴前後媒體的處理方式有何不同？

　　本研究在這個部分蒐集到的資料由於則數太少，例如：資方明顯觸犯法律的報導只有 78 則，而勞方明顯觸犯法律的則只有 18 則，因此本部分的假設無法得到有效驗證，十分可惜。

　　研究者認為，這部分的理論探討對於了解媒介如何「生產」新聞，及「生產過程」中受哪些因素影響極具意義（相關討論見本研究第二節、第二小節㈡），應於後續研究中繼續探討。

㈥媒介究竟是鏡子還是馬達？媒介真實與社會真實間的關聯性如何？（「文化」與「社會結構」間的關係如何？）

　　本研究以臺灣 5 家報紙如何報導勞工運動議題為例，探究媒介內容與社會價值變遷間的關係，同時進一步探討瑞典傳播學者羅森袞所提出的類型：1.媒介是馬達的「唯心模式」；2.媒介是鏡子的「唯物模式」；3.媒介既是鏡子又是馬達的「互賴模式」；4.媒介既非鏡子亦非馬達的「自主模式」。

　　前述實證資料的描述及討論中，研究者已指出媒介在某些狀況下的確有如鏡子般反映了某部分的社會真實，例如：媒介報導量隨著議題生命週期的演遞而有起伏，又如報紙在報導勞工運動相關議題的價值取向上，由初期「個

人取向」、「國家取向」，轉為近期的「個人取向」、「社會取向」，亦大致符合了勞工運動在我國的發展趨勢。但本研究亦發現了媒介在報導社會真實時，依據「新聞價值」及「經營型態」來「刻板印象化」、「模塑」閱聽人腦中圖像的過程，的確也凸顯了媒介在價值變遷過程中所扮演的馬達角色。若再從操縱模式切入解釋，則大眾傳播媒介為了有效控制大眾，賦予統治精英階級合理性及合法性，自會構築過濾系統，選擇有利於霸權意識與政治體系合法性的消息來源，例如：以「中央行政機構」為報導主角。如此看來，大眾傳播媒介的馬達功能似乎是更強過反映社會真實的鏡子功能，至於這樣的陳述是否即為定論，自然有賴更多本土實證資料的支持。

參考書目

一、中文部分

王幼玲 (1988)。〈國民黨輔選工會代表觸礁〉,《自立早報》,1988 年 1 月 25 日。轉引自徐正光 (1988)。〈從異化到自主:臺灣勞工運動的基本性格和趨勢〉,臺灣新興社會運動研討會論文,頁 19,註 25。

王振寰 (1986)。〈工會運動的階級性〉,《自立早報》,1990 年 3 月 4 日,19 版。

李祖琛 (1987)。〈大眾傳播與社會運動〉,《中國論壇》,263 期,頁 19-21。

吳淑俊 (1989)。《報紙「消費者保護新聞」報導之研究》。臺北:輔仁大學大眾傳播研究所碩士論文。

林大鈞 (1975)。《我國工會立法之研究》。臺北:中國文化大學勞工研究所碩士論文,頁 1, 194-196。

官鴻志 (1988)。〈工人掌握政權,公司掌握治權〉,《自立晚報》,1988 年 1 月 25 日。轉引自徐正光 (1988)。〈從異化到自主:臺灣勞工運動的基本性格和趨勢〉,臺灣新興社會運動研討會論文,頁 19,註 29。

徐正光 (1988)。〈從異化到自主:臺灣勞工運動的基本性格和趨勢〉。臺灣新興社會運動研討會論文。

翁秀琪 (1989)。〈從兩個實證研究看大眾傳播媒介如何建構社會真實〉,《新聞學研究》,41 期,頁 125-135。

馬康莊譯,R. Hyman 原著 (1988)。〈當前我國勞資關係與工黨現階段的走向 (代譯序)〉,《勞工運動》,頁 11-23。

陳昆良 (1985)。《我國勞動基準法立法精神及有關問題之剖析》。臺北:中國文化大學勞工研究所碩士論文,頁 39-67。

陳秀鳳 (1990)。《我國主要報紙政治衝突事件報導初探——中央日報、中國時報、自立晚報有關民主進步黨街頭運動報導的內容分析》。臺北:輔仁大學大眾傳播研究所碩士論文。

陳國鈞 (1986)。《我國勞動基準法》。轉引自中華民國勞資關係協進會 (1986 年 12 月 20 日)。《我國勞工新課題》,頁 84- 87。

陳繼盛 (1984)。〈我國現行勞資爭議處理制度之基本問題〉,《中國時報》,1984 年 12 月 25 日。

張茂桂 (1989)。《社會運動與政治轉化》。臺北:國家政策研究資料中心,智庫叢書 007。

張茂桂、林東泰 (1989)。〈民意調查的政治與社會建構〉,《民意》,136 期,頁 117-142。

張曉春 (1987)。〈解嚴、罷工與社會發展〉,《中國時報》,1987 年 7 月 21 日。

張曉春 (1988a)。〈打開制法黑箱、尊重勞工權利〉,《自立晚報》,1988 年 11 月 25 日。

張曉春 (1988b)。〈工會自主宣言——應勞工要求撰寫此寓言,刻在連署中〉,《中國時報》,1988 年 4 月 30 日。

張曉春 (1988c)。〈評勞資議處理法〉,《自立早報》,1988 年 6 月 27 日。

游其昌 (1987)。《報紙對社會衝突報導之研究——以杜邦事件為例》。臺北:輔仁大學大眾傳播研究所碩士論文。

黃越欽 (1987)。〈從「工黨」看臺灣意識型態的發展〉,《中國時報》,1987 年 8 月 11 日。轉引自徐正光 (1988)。〈從異化到自主:臺灣勞工運動的基本性格和趨勢〉,臺灣新興社會運動研討會論文,頁 19,註 28。

楊孝濚 (1988)。〈內容分析〉。轉引自楊國樞等人 (編)。《社會及行為科學研究法》,下冊。臺北:東華,頁 809-833。

熊傳慧 (1985)。《報紙報導環境問題的內容分析:1960-1982》。臺北:國立政治大學新聞研究所碩士論文。

蔡文輝 (1983,修訂初版)。《社會變遷》。臺北:三民,頁 30-33。

鄭村祺 (1988)。〈勞工自主意識已隱然浮現〉,《中國時報》,1988 年 1 月 8 日。轉引自徐正光 (1988)。〈從異化到自主:臺灣勞工運動的基本性格和趨勢〉,臺灣新興社會運動研討會論文,頁 19,註 25。

鄭陸霖 (1987)。〈臺灣工運發展的結構困境〉,《中國論壇》,279 期,頁 33-37。

鄭瑞城 (1990)。〈從消息來源途徑詮釋近用媒介權：臺灣的驗證〉。比較法學會宣讀論文。

劉志鵬 (1989)。〈驗收勞資爭議處理法〉,《自立晚報》,1989 年 8 月 1 日。《青年日報》(1989,2 月 2 日,二版)。「經濟部昨指臺達勞資雙方違反非常時期農礦工商管理條例惟涉刑罰判決者應由司法機關決定」。

謝錦芳 (1990)。《我國主要報紙社論之社會價值趨勢分析——中央日報、中國時報、自立早報、經濟日報有關勞工問題的社論初探 (1969～1988)》。臺北：輔仁大學大眾傳播研究所碩士論文。

羅慧娟 (1985)。《大眾傳播媒介在消費者運動中扮演角色之研究——以報紙報導餿水油事件為例》。臺北：中國文化大學新聞研究所碩士論文。

蘇蘅 (1986)。〈媒介報導衝突事件的角色分析——以報紙報導核能四廠興建的爭議為例〉,《新聞學研究》,36 期,頁 251–285。

Mauss, Armard L. (1975). "Social Problems as Social Movements". Philadelphia: J. B. Lippincott Co.,此處轉引自蕭新煌 (1989)。〈臺灣新興社會運動的分析架構〉。文見徐正光、宋文里合編 (1989)。《臺灣新興社會運動》。臺北：巨流,頁 21–46。

二、外文部分

Adoni, H. and S. Mane (1984). "Media and the Social Construction of Reality. Toward an Integration of Theory and Research", in *Communication Research*, 11: 323–340.

Bauer, R. A. (ed.) (1966). *Social Indicators*. Cambridge MA.: MIT Press,此處轉引自 K. E. Rosengren (1981a), op. cit.

Carlsson, G. et al. (1979). "Mass Media Content: Political Opinions and Social Change, the Case of Sweden 1967–1974", in K. E. Rosengren (ed.), *Scandinavian Studies in Content Analysis*. Beverly Hills, CA.: Sage.

Cohen, B. C. (1963). *The Press and Foreign Policy*. Princeton N. J.: Princeton University Press.

Cohen, S. and J. Young (eds.) (1981). *The Manufacture of News — Social Problems, Deviance and Mass Media*. Beverly Hills, Cal.: Sage,此處轉引自鄭瑞城 (1990),頁 16。

Davis, F. J. (1952). "Crime News in Colorado Newspapers", in *American Journal of Sociology*, 57: 325–330.

Donohew, L. (1967). "Newspaper Gatekeepers and Forces in the News Channel", in *Public Opinion Quarterly*, 31 (1): 61–68.

Eisenstein, E. (1978). *The Printing Press as an Agent of Change* (2 vols). N. Y.: Cambridge University Press,轉引自 D. McQuail (1987), op. cit., p. 61.

Febvre, L. and Martin, H. G. (1984). *The Coming of Book*. London: Verso Edition,轉引自 D. McQuail (1987), op. cit., p. 61.

Funkhouser, G. R. (1973). "The Issues of the 60's: An Exploratory Study in the Dynamics of Public Opinion", in *Public Opinion Quarterly*, 37: 62–75.

Gerbner, G. and L. Gross (1976). "Living with Television: The Violence Profile", in *Journal of Communication*, 26: 173–199.

Gerbner, G. and G. Marvanyi (1977). "The Many Worlds of the World's Press", in *Journal of Communication*, 27 (1): 52–66.

Gerbner, G. et al. (1980a). "Aging with Television: Images on Television Drama and Conceptions of Social Reality", in *Journal of Communication Research*, 30 (1): 37–49.

Gerbner, G. et al. (1980b). "The Mainstreaming of America: Violence Profile No. 11", in *Journal of Communication*, 30: 10–27.

Gerbner, G. et al. (1982). "Charting the Mainstream: Television's Contribution to Political Orientations", in *Journal of Communication*, 32 (2): 100–127.

Gerbner, G. et al. (1984). "Political Correlates of Television Viewing", in *Public Opinion Quarterly*, 48: 283–330.

Gitlin, T. (1980). *The Whole World Is Watching*. Berkeley, CA.: University of California Press，此處轉引自鄭瑞城 (1990)，頁 17。

Gitlin, T. (1984). "Making Protest Movements Newsworthy", in D. A. Graber (ed.) (1984), *Media Power in Politics*, p. 244. Washington D. C.: Congressional Quarterly Inc.

Glasgow University Media Group (1976). *Bad News*. London: Routledge and Kegan Paul.

Goldenberg, E. (1984). "Prerequisities for Access to the Press", in D. A. Graber (ed.) (1984), *Media Power in Politics*, pp. 232–234. Washington D. C.: Congressional Quarterly Inc.

Gouldner, A. (1976). *The Dialectic of Ideology and Technology*. London: Pion，轉引自 D. McQuail (1987), op. cit., p. 61.

Hirsch, P. M. (1977). "Occupational, Organizational and Institutional Models in Mass Communication", in P. M. Hirsch et al. (eds.), *Strategies for Communication Research*. Beverly Hills, CA. and London: Sage.

Holsti, Ole R. (1969). *Content Analysis for the Social Science and Humanities*, pp. 95–100. Reading, MA.: Addison-Wesley.

Hubbard, J. C. et al. (1975). "Mass Media Influences on Public Conceptions of Social Problems", in *Social Problems*, 23: 22–34.

Inglis, R. A. (1938). "An Objective Approach to the Relationship between Fiction and Society", in *American Sociological Review*, 3: 526–533.

Innis, H. (1951). *The Bias of Communication*. Toronto: University of Toronto Press，轉引自 D. McQuail (1987), op. cit., p. 61.

Kepplinger, H. M. (1975). *Realkultur und Medienkultur*. Freiburg and Munich.

Kepplinger, H. M. and H. Roth (1978). "Kommunikation in der Olkrise des winters 1973–74. Ein Paradigma fur Wirkurgsstudien", in *Publizistik*, 23: 337–356.

Kepplinger, H. M. and M. Hachenberg (1980). "Die fordernde Mindeheit —Eine Studie zum soziale Wardel duch abweichendes Verhalten am Beispiel der Kriegsdienstverweigerung", in *Kölner Zeitschrift für Soziologie und Sozialpsychologie*, Sonderdruck aus Heft 3/1980.

Kluckhohn, C. et al. (1951). "Value-Orientations in the Theory of Action: An Exploration in Definition and Classification", in T. Parsons and E. Shils (eds.), *Toward a General Theory of Action*, pp. 388–433. Cambridge, MA.: Harvard University Press.

Luhmann, N. (1971). "Öffentliche Meinung", in *Derselbe: Anfsätze zur Soziologie von Politik und Verwaltung*, pp. 9–34. Köln and Opladen.

McCombs, M. E. and D. Shaw (1972). "The Agenda-Setting Function of Mass Media", in *Public Opinion Quarterly*, 36: 177–187.

McCombs, M. E. (1977). "Agenda-Setting Function of Mass Media", in *Public Relations Review*, 3: 89–95.

McCombs, M. E. (1981a). "The Agenda-Setting Approach", in D. Nimmo and K. R. Sanders (eds.), *The Handbook of Political Communication*, pp. 121–140. Beverly Hills, CA. and London.

McCombs, M. E. (1981b). "Setting the Agenda for Agenda-Setting Research", in G. C. Wilhoit and H. de Book (eds.), *Mass Communication Review Yearbook*, 2, pp. 209–211. Beverly Hills, CA.

McLuhan, M. (1962). *The Gutenberg Galaxy*. Toronto: Toronto University Press. 轉引自 D. McQuail (1987), op. cit., p. 61.

McQuail, D. (1983). *Mass Communication Theory. An Introduction*, pp. 37–92. London: Sage.

McQuail, D. (1987). *Mass Communication Theory. An Introduction*, 2nd ed. Sage.

Middleton, R. (1960). "Fertility Values in American Magazine Fiction", in *Public Opinion Quarterly*, 24: 139–142.

Noelle-Neumann, E. (1973). "Return to the Concept of Powerful Mass Media", in *Studies of Broadcasting*, 9: 67–112.

Noelle-Neumann, E. (1973b). "Kumulation, Konsonauz und Öffentlichkeitseffekt. Ein neuer Ansaty zur Analyse der Wirking der Massenmedien", in *Publizistik*, 18: 26–55.

Noelle-Neumann, E. (1974). "The Spiral of Silence: A Theory of Public Opinion", in *Journal of Communication*, 24: 43–51.

Noelle-Neumann, E. (1977a). *Öffentlichkeit als Bedrohung*. Freiburg and Munich.

Noelle-Neumann, E. (1977b). "Turbulences in the Climate of Opinion. Methodological Application of the Spiral of Silence Theory", in *P. O. Q.*, 41: 113–151.

Noelle-Neumann, E. (1984). *The Spiral of Silence: Public Opinion－Our Social Skin*. Chicago.

Peterson, R. A. (1976). "The Production of Culture", in *American Behavioral Scientist*, 19: 669–684，轉引自 K. E. Rosengren (1981a), op. cit.

Rescher, N. (1969). "What is Value Change? A Framework for Research", in K. Baier, and N. Rescher (eds.), *Values and the Future*. N. Y.: Free Press.

Rosengren, K. E. (1981a). "Mass Communications as Cultural Indicators Sweden, 1945–1975", in *Communication Review Yearbook*, 2, pp. 717–737.

Rosengren, K. E. (1981b). "Mass Media and Social Change: Some Current Approaches", in E. Katz and T. Szecsko (eds.), *Mass Media and Social Change*, pp. 247–263. Beverly Hills, CA. and London: Sage.

Rosengren, K. E. (1981c). *Advances in Content Analysis*. Beverly Hills, CA. and London: Sage.

Sorokin, P. (1937–1941). *Social and Cultural Dynamics*, 1–4. London: Allen and Unwin. N.Y.: American Book Company，轉引自 K. E. Rosengren (1981a), op. cit.

Tuchman, G. (1978). *Making News*, pp. 133–155. N. Y.: Free Press.

Zapf, W. (1975). "Systems of Social Indicators: Current Approaches and Problems", in *International Social Science Journal*, 27: 479–498，轉引自 K. E. Rosengren (1981a), op. cit.

附錄一

樣本登錄簿

電腦欄位	類目名稱	類目操作指引
C3～C5	一、一般資料 ㈠新聞編號 ㈡標題	
C1～C2	㈢登錄員編號	・例如：5 號登錄員：0/5
C7～C12	㈣刊載日期	・第一、二格填年分，第三、四格填月分，第五、六格填日期 　例如：西元 1984 年 3 月 6 日：8/4/0/3/0/6
C14	二、中介變項 ㈠時間分期	・勞工運動發展之分期： 　1.第一期：1983.8.1～1984.8.1 　2.第二期：1984.8.2～1987.7.15 　3.第三期：1987.7.16～1989.5.31 　4.第四期：1989.6.1～1989.12.31 　請依本則新聞刊載之日期，選擇所屬之時期
C16	三、獨立變項 ㈠報別	・登錄刊載本則新聞之報紙： 　1.《中央日報》 　2.《中國時報》 　3.《聯合報》 　4.《青年日報》 　5.《自立晚報》
C18～C19	四、依變項 ㈠版次	・根據本則新聞所在之版次登錄 　例如：1/1 版或 0/3 版
C20	㈡是否為頭條	・頭條新聞乃指位於版面最上方或最右方的第一條純新聞，其標題為本版最醒目者 　1.是 　2.否
C21	・頭條新聞配分	・是：1 分 　否：0 分
C22	㈢位置	・以報紙長與寬約 1/2 為基準，分為右上、左上、右下、左下。本則新聞面積一半以上所在之處，即為其於版面上的位置

		1.右上 2.左上 3.右下 4.左下
C23	・位置配分	・新聞標題第一個字位於下區者：0 分 新聞標題第一個字位於上區者：1 分
C24～C26	㈣報導篇幅	・報導篇幅包含新聞標題、新聞內容、新聞圖片，測量方法以公分為單位，長×寬＝面積，面積經四捨五入後填入本欄 標題如有加框，則連框一起測量。固定專題名稱，例如：「社論」、「謔謔集」等，也算標題，亦須測量。一個標題之下，無論包含幾則新聞，皆一併計算，例如：$5×10=50cm^2$：0/5/0
C28	㈤報導方式	・指訊息內容在報紙上的表達型態，本研究按一般新聞學的分類方式，分為： 1.新聞：新聞故事前冠有「本報訊」或「臺北訊」等新聞來源者，即新聞寫作中所指的「純粹新聞」 2.特寫：新聞故事中，以事實做基礎，擴大而深入描述報導，使讀者獲得較完整或特殊印象者。通常指報社記者署名之文章，包含特稿、專訪 3.社論：係指代表各報的言論，即明顯註明「社論」者 4.專欄：由學者、專家、行政人員或記者等署名，針對某一問題予以分析、解釋者。它可藉由學理的依據，建立專欄的權威；進一步可針對同一問題發表個人的看法或主張 5.短評：凡文字具有固定版面型式或名稱，經常分析、解釋不同問題，含有議論、批評之意見屬之。通常字數約在千字左右，例如：《聯合報》的「黑白集」、《中央日報》的「謔謔集」均是 6.其他：凡不屬於以上各類的內容均予歸入。包括讀者投書
C29		・純新聞分為： 1.純敘述 2.夾議夾敘 請選擇一種予以登錄
C30		・訊息內容的照片搭配： 1.有照片 2.無照片

		3.以漫畫搭配
C32	㈥是否有衝突性	・「衝突性」意指報導中的議題本身具有爭議性，或報導之事件中有衝突活動發生： 　1.是 　2.否 舉例請見附錄 A 之舉例⑴
C34	㈦是否個人化	・是否特別凸顯某一個人在整個事件中所扮演之角色： 　1.是 　2.否 舉例請見附錄 A 之舉例⑵
C36	㈧主題類目 　　甲、主題	・勞工運動新聞中的一般勞工問題或 《勞動基準法》相關問題： 　1.一般勞工問題：以一般勞工問題為報導主題 　2.《勞動基準法》相關問題：以《勞動基準法》為報導主題
C38～C49	・《勞動基準法》相關事項 （可重複coding）	・主題是《勞動基準法》相關問題者，請登錄所涉及的《勞動基準法》相關事項： 　1.總則 　2.勞動契約 　3.工資 　4.工作時間、休息、休假 　5.童工、女工 　6.退休時間 　7.職業災害補償 　8.技術生 　9.工作規則 　10.監督檢查 　11.罰則 　12.附則 有關上述各事項涵蓋的範圍，請見附錄 B
C51	乙、議　題	・勞工運動新聞中論及的議題： 　1.勞工政策：凡針對勞工問題而論及政府的行政策略者屬之 　2.勞工法令 ： 凡論及勞工法律或行政命令 ， 如《勞動基準法》、《勞資爭議處理法》 等屬之（《工會法》請選第 5 項） 　　相關的勞工法令，請見附錄 C 與 D 　3.勞保：凡論及勞工保險事項者屬之 　4.勞資爭議處理：凡探討勞方資方間的糾紛與爭執協議的處理者屬之

		5. 《工會法》或工會問題：凡論及《工會法》或有關工會的各項問題，如工會組織等問題屬之 6. 勞工運動或勞動團體：凡針對勞工運動的問題，如罷工、違反《集會遊行法》或針對勞工團體而引發的探討者屬之 7. 其他
C53～C61	・爭議原因（可重複coding）	・該報導若為勞資爭議，則其原因為： 1. 1988 年 12 月 31 日以前之報導，請依此表coding： 　⑴因故解僱：凡資方藉故解除勞方職務而引發爭議者屬之 　⑵無故遣散：凡資方沒有適當理由而遣散勞方引發爭議者屬之 　⑶要求調整工資：凡勞方要求資方調整工作薪資而引起爭議者屬之 　⑷積欠工資：凡因資方未按時給付工資而引發勞資爭議者屬之 　⑸減低工資：凡因資方減低勞方工作薪資而引發爭議者屬之 　⑹要求賠償：凡資方未顧及勞方的權利事項，例如：未發或已發但不足額之資遣費、退休金、未替勞方投保或資方採用的勞動條件未符法令規定，使勞方蒙受損失進而要求資方賠償而引發爭議者屬之 　⑺傷害賠償：凡勞方因工作之緣故發生傷害，進而要求資方賠償而引發爭議者屬之 　⑻業務爭執：凡勞資雙方因為職業與事務上的糾紛，包括調動工作、留職停薪、遷廠、請假期間、裁員不公、年資疑義等事項者屬之 　⑼其他：凡不屬於上面各項的爭議原因，包括勞資相處不和諧、勞工非因公死亡之撫卹等原因者屬之
C63～C73		2. 1989 年 1 月 1 日以後之報導，請依此表coding： 　⑴契約爭議：指勞資雙方因訂定或終止勞動契約，以及資遣費之發給等所生之爭議 　⑵工資爭議：指勞資雙方因工資內容、工資調整及積欠工資等所生之爭議 　⑶工時爭議：指勞資雙方因正常工作時間、延長工時及假日等所生之爭議 　⑷退休爭議：指勞資雙方因退休之規定及給付之適當與否等所生之爭議

C75～C76	㈤主角類目	⑸福利爭議：指勞資雙方因年終獎金、分紅、入股、職工福利金及其他福利措施等所生之爭議
		⑹勞保爭議：指勞資雙方因投保手續、投保薪資及保險給付等所生之爭議
		⑺管理爭議：指勞資雙方因工作規則之內容，如獎懲、考核、職務調動及其他因管理而產生之爭議
		⑻職災爭議：指勞資雙方因職業災害之認定與補償或承攬、再承攬補償責任及其他賠償等所生之爭議
		⑼安全衛生爭議：指勞資雙方因安全衛生設備、物料、環境、規定等不當所生之爭議
		⑽工會爭議：指勞資雙方因組織工會、工會運作等所生之爭議
		⑾其他
C75～C76	㈨主角類目	‧指在傳播內容中，明確指出身分，且以該人士或機構為全文中心者：
		1.中央級行政機構：例如行政院勞委會
		2.地方級行政機構：例如縣市政府
		3.中央級司法機構：例如司法院、法務部
		4.地方級司法機構：例如地方法院、地檢處
		5.中央級民意機構：例如立法院、監察院
		6.地方級民意機構：例如省議會、市議會
		7.學者專家
		8.技術官僚：例如某政府官員
		9.增額民意代表
		10.資深民意代表
		11.民間勞工團體：例如勞支會、勞工人權會
		12.受害民眾
		13.資方
		14.勞方（包含工會）
		15.其他
C78	㈩外力團體 甲、外力團體	‧意指勞資雙方以外之團體或個人 ‧有無引述或評介： 1.有 2.無
C7～C22	乙、對象（可重複 coding）	‧外力團體為何： 1.官方 2.民意機構 3.民意代表 4.司法機構

		5.勞委會 6.國民黨 7.民進黨 8.工黨 9.勞動黨 10.勞工法律支援會 11.婦女新知會 12.文化勞研所 13.勞工人權會 14.學者專家 15.警察 16.其他
C24～C38	㈡社會價值取向	‧勞工運動報導中之社會價值取向： 1.個人取向：以個人為價值利益的承受者，較重視個人尊嚴、個人權益的維護 　個人取向主要包括： 　⑴個人福利：個人的生命權利、追求幸福的權利。針對勞工而言，包括生存權（以工作安全為主）、工作權（以工資、工時為主）和福利權（以勞保、職工福利為主） 　　例如：參見附錄Ａ之類目舉例⑶ 　⑵個人尊嚴：從人道精神出發，強調人人皆有被尊重的權利。在此則強調勞工神聖、勞工地位應受尊重 　　例如：參見附錄Ａ之類目舉例⑷ 　⑶自我實現：強調個人應充分發揮潛力，追求自我成長和發展 　　例如：參見附錄Ａ之類目舉例⑸ 　⑷知能品德：包括個人的知識（聰明才智、教育程度）、體能（體力、耐力）、意志（勤奮、勇敢、主動、積極、創新）等特質。 　　例如：參見附錄Ａ之類目舉例⑹ 　⑸個人自由：人人有決定自己生活方式的權利。依憲法所賦予的個人基本自由，包括良知、信仰自由、表意自由、居住遷徙自由、集會結社自由等。針對勞工而言，勞工享有勞動三權：結社權（組織、參與工會的權利）、集體交涉權（以集體談判方式與僱主交涉，締結團體協約）、集體爭議權（以集體力量來解決勞資之間權利義務的爭執） 　　例如：參見附錄Ａ之類目舉例⑺ 2.社會取向：以社會為價值利益的承受者，較重

視社會的和諧與責任

社會取向主要包括：

(1)社會公平：社會資源的公平分配，包括機會均等，利益均享和法律地位平等

例如：參見附錄Ａ之類目舉例(8)

(2)社會福利：政府訂定社會安全政策，實施失業保險、勞工保險、退休保險、就業服務、勞工教育等措施，以保障勞工的生活福祉

例如：參見附錄Ａ之類目舉例(9)

(3)社會秩序：社會上、政治上、經濟上的安定與正常運作

例如：參見附錄Ａ之類目舉例(10)

(4)社會和諧：主要針對勞資關係之和諧而言，強調勞資一體，才能共存共榮

例如：參見附錄Ａ之類目舉例(11)

(5)社會自由：此為開放社會或多元社會的特徵，社會成員可自由討論、理性批評，尤其容許對政府施政措施加以討論批評

例如：參見附錄Ａ之類目舉例(12)

(6)社會責任：企業或勞工在追求經濟目標或自身利益的同時，也必須顧及一般社會大眾的權益

例如：參見附錄Ａ之類目舉例(13)

3. 國家取向：以國家為價值利益的承受者，較重視國家整體的發展與維護

(1)愛國主義：對國家的擁護與忠誠，一切以國家利益為最大考慮，強調國家的獨立自主、強盛繁榮與尊嚴

例如：參見附錄Ａ之類目舉例(14)

(2)民主政治：一種政治制度、生活方式，同時也是一套有關政治權力分配的價值體系，強調自主性（如工會自主）、參與（工人參與工會、政黨）、理性與法治

例如：參見附錄Ａ之類目舉例(15)

(3)經濟發展：包括生產量的增長和生活品質的提升

例如：參見附錄Ａ之類目舉例(16)

(4)反共：主張對抗共產主義，打倒共匪

例如：參見附錄Ａ之類目舉例(17)

C44　　　　㈡社會價值立場　　• 勞工運動報導中之社會價值立場：

1. 有利資方：凡新聞報導的立場對資方有利，或明顯傾向資方，為資方爭取利益者屬之

		2.有利勞方：凡新聞報導的立場對勞方有利、或明顯傾向勞方，為勞方說話者屬之 3.中立：凡新聞報導的立場不特別偏向資方或偏向勞方者屬之。通常純敘述的新聞報導其立場為中立 4.無法判斷 5.其他
C46	(二)社會價值具體呈現方式	・報紙報導勞工運動新聞的角度為何： 1.陳述事實：以事實為基礎的報導者屬之 2.責成行政機關：凡要求行政機關負起責任，提出解決的方針者屬之 3.責成資方：凡要求資方負起責任以解決問題者屬之 4.督促立法修法廢法：凡呼籲法律的制定、修改或廢除者屬之 5.勞工意識培養：凡論及勞工培養個人對福利、自主、尊嚴、智識、品德、自我實現等意識關切的內容屬之 6.批評勞方：凡社會價值呈現的方式為批評勞方的不是者屬之 7.其他
C48	(三)規範性社會價值 甲、法律	・有無援引法律： 1.有 2.無
C49		・援引之法律有無衝突： 1.有 2.無
C50	乙、不合法行為	・勞工運動新聞報導中有無不合法之行為： 1.有 2.無 3.無法判斷
C51		・報導中之違法者： 1.資方 2.勞方 3.其他
C52		・對不合法行為之報導態度： 1.明顯予以合理化：把明顯不合法律的行為，找各種理由或藉口予以合理化者屬之 2.明顯予以批評：對不合法律的行為明顯予以批評者屬之 3.中立呈現：對不合法律的行為報導，只是陳述

C53	㈤整體印象	事實，不表示任何意見者屬之 ・讀完本則新聞報導後的整體印象： 　1.有利資方：新聞報導明顯或暗示性地為資方爭 　　取利益者屬之 　2.有利勞方：新聞報導明顯或暗示性地為勞方爭 　　取利益者屬之 　3.中立：新聞報導只是陳述事實，不特別站在資 　　方或勞方的立場者屬之 　4.其他

附錄 A：類目舉例

⑴衝突性

　十全美及安強鞋廠女工陳情與警方發生衝突，兩員工遭警棍擊中送醫，數名工

　運人士被逮。

　（《自立早報》，1989.11.30）

⑵個人化

　避免勞動者淪於被宰割命運，客家子弟羅美文表現令人耳目一新。

　（《自立早報》，1989.1.5）

⑶個人福利

　法院於判決理由中指出：員工退休辦法關係員工退休金權益至鉅⋯⋯勞方自應

　有參與權及爭議權⋯⋯。

　（《中國時報》，1987.8.1）

⑷個人尊嚴

　企業家要有工業倫理觀念，企業家視勞工為生產伙伴，不是只能說話會吃飯的

　活機器；要尊重他們作為人而應有的權利。

　（《中國時報》，1985.1.1）

⑸自我實現

　公營事業優先實施勞動者企業參與制度，保障勞動者參與事業單位決策與營運

　的權利。

　（《中國時報》，1989.5.1）

(6)知能品德

「勞動力是經濟發展中一項非常重要的因素」，李總統說：「我國勞工對整體經濟的發展，一直扮演著很重要的角色。」

（《中國時報》，1990.5.2）

(7)個人自由

陳文鏘宣布成立連線是求工會自主化的宗旨……黃越欽致辭，他強調當前臺灣工運的特點是勞工向公營及大型私營企業的官僚體制挑戰……。

（《中國時報》，1988.5.8）

(8)社會公平

臺灣地區的勞工，既往三、四十年為臺灣經濟發展，創造奇蹟盡了力，但卻不能對等享受權利……實質既不公平又不合理……。

（《聯合報》，1987.11.3）

(9)社會福利

各國負責勞保單位，無不在不增加保險費的原則下，擴大勞保範圍，提高給付標準，放寬給付條件及增加給付項目，為被保險人提供更多的生活保障和醫療服務而努力。

（《自立晚報》，1987.3.5）

(10)社會秩序

臺勤公司年終獎金糾紛一日上午調解未成，下午臺北市勞工局即宣布直接交付仲裁……這項爭議……關係臺北松山機場能否在春節正常營運……臺北市勞工局應扮演更積極角色，使這些事件得以落幕。

（《中國時報》，1989.2.2）

(11)社會和諧

覆巢之下無完卵！臺幣升值工運抬頭，工廠叫苦連天，勞資雙方應建共識，才能度過難關。

（《自立晚報》，1989.2.2）

(12)社會自由

勞委會擬訂「十四項重要建設工程人力需求因應措施方案」，同意引進外籍勞工

後，被學者評為「自失立場」，也被其他部會指為「閉門造法」……。

（《自立晚報》，1989.10.26）

⒀社會責任

……企業家的良心和政府的能力。若企業家能稍微犧牲個人利益，照顧勞工生活和做好公害防治；而政府也能加強社會安全制度……則不見得必然造成經濟萎縮。

（《中國時報》，1989.2.2）

⒁愛國主義

長期以來國內反對運動亦經常援引外人相助，挾洋自重以介入國內政治運動，對於這類行為……在民主國家亦頗為戒懼。

（《聯合報》，1989.3.20）

⒂民主政治

各地勞工所以雲湧而起，紛紛籌組工會，一則由於他們已了解應有的法定結社權，依法可以組織工會；二則他們也確認並且體驗到，勞工惟有團結組成工會，才能確保應享有的法定各項權利。

（《自立晚報》，1988.4.13）

⒃經濟發展

經濟欲求發展，除了資本、企業精神與技術水準等因素外，仍有賴勞力把這些因素轉化成產品，所以勞力仍是現代生產過程中的關鍵因素。

（《中國時報》，1985.8.1）

⒄反共

一年多以前香港梁某應邀來臺傳授工人如何罷工，以及如何策動工運，警備總部曾予以約談後讓其返港……少數政治欲望特強，別有企圖的陰謀分子，即已策畫「南工北學」，來搞垮臺灣經濟，搞亂臺灣社會，從貧窮混亂中掀起所謂「島內革命」，以期掌握政權。

（《青年日報》，1989.2.2）

附錄 B：勞動基準法

全文分十二章、八十六條。

㈠第一章　總則（1～8 條）

    a.規定勞動條件最低標準 ……………………………………………………………… 1

    b.解釋用辭、勞工、雇主、工資、平均工資、事業單位、勞動契約 ………… 2

    c.適用範圍⑴–⑻種 …………………………………………………………………… 3

㈡第二章　勞動契約（9～20 條）

    a.定期及不定期契約：臨時、短期、季節、特定性工作與有繼續性工作 ⋯⋯ 9

    b.契約屆滿與年資計算 ………………………………………………………………… 10

    c.雇主須經預告及勞雇雙方得不須預告終止契約各種情況 ………………… 11–16

    d.未預告應付預告期間工資 ………………………………………………………… 16

    e.資遣費計算 ……………………………………………………………………………… 17

    f.終止時需發服務證明書 …………………………………………………………… 19

㈢第三章　工資（21～29 條）

    a.基本工資由行政院核定 …………………………………………………………… 21

    b.延長工時工資給付規定 …………………………………………………………… 24

    c.同工同酬、雇主不得預扣、按期給付 ……………………………………… 25–27

    d.優先受清償之權、繳納定額積欠工資墊償基金作為備用 ………………… 28

㈣第四章　工作時間、休息、休假（30～43 條）

    a.工時每日 8 小時，每週 48 小時，可彈性分配 ……………………………… 30

    b.因特殊情形加工時，男 1 日 3 小時，1 月 46 小時；女 1 日 2 小時，1 月 24 小時。經中央核定之特殊行業，每日 4 小時，每月 46 小時（男），32 小時（女） ……………………………………………………………………………………… 32

    c.工作 4 小時，至少 30 分鐘休息 ……………………………………………… 35

    d.7 日至少 1 日休假 ………………………………………………………………… 36

    e.中央規定放假均應休假 …………………………………………………………… 37

    f.工作滿一定期間（同一機構）每年給予特別休假 ………………………… 38

g.休假工資照付；假日工作加倍工資 ……………………………………… 39

h.因天災、意外，有必要繼續工作，工資應加倍，並事後補假 ………… 40

i.雇主不得強制勞工（因健康）工作 …………………………………… 42

㈤第五章　童工、女工（44～52 條）

a.童工最低 15 歲 ……………………………………………………… 44

b.童工每日工作不超過 8 小時，例假不工作 ………………………… 47

c.童工不得於午後 8 時至翌晨 6 時工作 ……………………………… 48

d.女工不可在午後 10 時至翌晨 6 時工作，但有七種情形經主管機關核准者仍

可例外（妊娠哺乳除外）…………………………………………… 49

e.女工分娩前後應停止工作，給予產假 8 星期；妊娠 3 個月以上流產者應停

止工作，給予產假 4 星期 …………………………………………… 50

f.女工妊娠如有輕易工作得申請改調，雇主不得拒絕，不得減少工資 ……… 51

g.子女未滿 1 歲由女工哺乳，應給每日 2 次，每次 30 分鐘哺乳時間 ……… 52

㈥第六章　退休（53～58 條）

a.自請退休及強制退休 ………………………………………………… 53–54

b.退休金基數計算原則 ………………………………………………… 55

c.勞工退休準備金 ……………………………………………………… 56

d.同一工作單位內調職年資不受影響 ………………………………… 57

㈦第七章　職業災害補償（59～63 條）

a.補償原則 ……………………………………………………………… 59

b.承攬人之責任 ………………………………………………………… 62

㈧第八章　技術生（64～69 條）

a.未滿 15 歲之人不得任技術生 ……………………………………… 64

b.招收時須簽訂書面訓練契約 ………………………………………… 65

c.雇主不得收取訓練費 ………………………………………………… 66

d.訓練期滿雇主得留用並應與同等工作之勞工同等待遇 …………… 67

e.技術生人數不超過勞工人數四分之一 ……………………………… 68

f.法定工作時間內福利均同 …………………………………………… 69

(九)第九章　工作規則（70～71 條）

　　僱用勞工在 30 人以上者，應就工作時間等 12 事項訂立工作規則 ·············· 70

(十)第十章　監督與檢查（72～74 條）

　　a.中央主管機關以下設檢查機構 ··············· 72

　　b.檢查員執勤時應出示證件，各事業單位不得拒絕 ··············· 73

　　c.發現違法情形得向主管機構申訴，雇主不得因前項申訴而予處分 ·········· 74

(土)第十一章　罰則（75～82 條）

　　8 條規定中共分 6 類，違反者處以徒刑、拘役、罰金或罰鍰：

　　a.強制工作 ··············· 75

　　b.介入他人勞動契約抽取不法利益 ··············· 76

　　c.違反童工、女工、技術生特別保護 ··············· 77

　　d.違反一般權益 ··············· 78

　　e.違反行政管理 ··············· 79

　　f.拒絕檢查 ··············· 80

(圭)第十二章　附則（83～86 條）

　　a.勞資會議 ··············· 83

　　b.公務員兼勞工身分者時法令之適用 ··············· 84

　　c.施行細則由中央主管機關擬定 ··············· 85

此法架構引用陳國鈞 (1986)，頁 84–87。

附錄 C：勞動法規目錄

壹、勞資關係

　　一、工會法

　　二、工會法施行細則

　　三、全國性工會理、監事缺額補選辦法

　　四、團體協約法

　　五、勞資爭議處理法

　　六、勞資會議實施辦法

七、勞資爭議仲裁委員遴聘辦法

八、大量解僱勞工時禁止事業單位董事長及實際負責人出國處理辦法

九、大量解僱勞工訴訟及必要生活費用補助辦法

十、大量解僱勞工保護法

貳、勞動條件

一、勞動基準法

二、勞動基準法施行細則

三、基本工資審議辦法

四、勞工退休準備金提撥及管理辦法

五、積欠工資墊償基金提繳及墊償管理辦法

六、勞工請假規則

七、工廠法

八、工廠法施行細則

九、勞工退休基金收支保管及運用辦法

十、勞動契約法

十一、事業單位僱用女性勞工夜間工作場所必要之安全衛生設施標準

十二、性別工作平等法

十三、性別工作平等法施行細則

十四、性別工作平等申訴審議處理辦法

十五、性別工作平等訴訟法律扶助辦法

十六、育嬰留職停薪實施辦法

十七、工作場所性騷擾防治措施申訴及懲戒辦法訂定準則

十八、勞工退休金條例

十九、勞工退休金條例施行細則

二十、勞工退休金條例年金保險實施辦法

二一、勞工退休金條例退休基金管理運用及盈虧分配辦法

二二、事業單位勞工退休準備金監督委員會組織準則

叁、勞工福利

一、職工福利金條例

二、職工福利金條例施行細則

三、勞工教育實施辦法

四、托兒設施措施設置標準及經費補助辦法

五、勞工志願服務獎勵辦法

六、特殊境遇家庭創業貸款補助辦法

七、家庭暴力被害人創業貸款補助辦法

八、民間參與勞工福利設施接管營運辦法

九、勞工主管機關所屬勞工住宿場所經營管理辦法

十、就業保險失業者創業協助辦法

肆、勞工保險

一、勞工保險條例

二、勞工保險條例施行細則

三、勞工保險職業災害保險實績費率實施辦法

四、勞工保險基金管理及運用辦法

五、勞工保險被保險人轉投軍人保險公教人員保險年資保留辦法

六、勞工保險被保險人因執行職務而致傷病審查準則

七、被裁減資遣被保險人繼續參加勞工保險及保險給付辦法

八、勞工保險爭議事項審議辦法

九、勞工保險預防職業病健康檢查辦法

十、勞工保險塵肺症審定準則

十一、勞工保險被保險人退保後罹患職業病者請領職業災害保險失能給付辦法

十二、職業醫學科專科醫師及地區教學醫院以上之醫院專科醫師開具職業病門診單辦法

十三、失業被保險人及其眷屬全民健康保險保險費補助辦法

十四、勞工保險未繳還之保險給付及貸款本息扣減辦法

十五、就業保險法

十六、就業保險法施行細則

十七、勞工保險失能給付標準

十八、莫拉克颱風受災勞工保險與就業保險被保險人保險費支應及傷病給付
辦法

十九、就業保險促進就業實施辦法

二十、就業保險延長失業給付實施辦法

伍、勞工安全衛生

一、勞工安全衛生法

二、勞工安全衛生法施行細則

三、礦場勞工衛生設施標準

四、勞工作業環境空氣中有害物容許濃度標準

五、林場安全衛生設施規則

六、碼頭裝卸安全衛生設施標準

七、高溫作業勞工作息時間標準

八、勞工安全衛生設施規則

九、勞工安全衛生教育訓練規則

十、鍋爐及壓力容器安全規則

十一、精密作業勞工視機能保護設施標準

十二、起重升降機具安全規則

十三、營造安全衛生設施標準

十四、特定化學物質危害預防標準

十五、重體力勞動作業勞工保護措施標準

十六、有機溶劑中毒預防規則

十七、鉛中毒預防規則

十八、四烷基鉛中毒預防規則

十九、缺氧症預防規則

二十、粉塵危害預防標準

二一、勞工健康保護規則

二二、工業安全衛生標示設置準則

二三、工業用機器人危害預防標準

二四、異常氣壓危害預防標準

二五、勞工安全衛生組織管理及自動檢查辦法

二六、高架作業勞工保護措施標準

二七、高壓氣體勞工安全規則

二八、船舶清艙解體勞工安全規則

二九、童工女工禁止從事危險性或有害性工作認定標準

三十、勞工作業環境測定實施辦法

三一、機械器具安全防護標準

三二、輔導事業單位及有關團體促進勞工安全衛生獎助辦法

三三、危險物及有害物通識規則

三四、機械器具型式檢定實施辦法

三五、危險性機械及設備安全檢查規則

三六、辦理勞工體格及健康檢查指定醫療機構辦法

三七、職業災害勞工保護法

三八、職業災害勞工醫療期間退保繼續參加勞工保險辦法

三九、職業災害勞工補助及核發辦法

四十、職業災害勞工保護法施行細則

四一、職業災害預防補助辦法

四二、移動式起重機安全檢查構造標準

四三、固定式起重機安全檢查構造標準

四四、吊籠安全檢查構造標準

四五、既有危險性機械及設備安全檢查規則

四六、危險物與有害物標示及通識規則

四七、壓力容器安全檢查構造標準

陸、勞工檢查

一、勞動檢查法

二、勞動檢查法施行細則

三、勞動檢查員執行職務迴避辦法

四、勞動檢查員遴用及專業訓練辦法

五、勞動檢查法第二十八條所定勞工有立即發生危險之虞認定標準

六、升降機安全檢查構造標準

七、危險性機械或設備代行檢查機構管理規則

八、危險性工作場所審查暨檢查辦法

九、危險性機械及設備檢查費收費標準

柒、職業訓練

一、職業訓練法

二、職業訓練法施行細則

三、職業訓練師甄審遴聘辦法

四、技術士技能檢定及發證辦法

五、職業訓練師與學校教師年資相互採計及待遇比照辦法

六、職業訓練基金設置管理運用辦法

七、職業訓練機構設立及管理辦法

八、事業機構支付職業訓練費用審核辦法

九、職業訓練師培訓辦法

十、辦理進修訓練補助辦法

十一、事業單位優先僱用經其大量解僱失業勞工獎勵辦法

十二、技術士技能檢定作業及試場規則

十三、原住民待工期間職前訓練經費補助辦法

十四、取得華僑身分香港澳門居民工作許可審查收費標準

十五、雇主聘僱本國籍照顧服務員補助辦法

十六、技術士技能檢定規費收費標準

十七、職業災害勞工職業重建補助辦法

十八、身心障礙者職務再設計實施方式及補助準則

十九、身心障礙者庇護工場設立管理及補助準則

二十、身心障礙者創業輔導服務實施方式及補助準則

二一、庇護工場身心障礙者職業災害補償費用補助辦法

二二、身心障礙者職業訓練機構設立管理及補助準則

二三、身心障礙者職業重建服務專業人員遴用及培訓準則

二四、視覺功能障礙者從事按摩或理療按摩資格認定及管理辦法

捌、就業服務

一、就業服務法

二、私立就業服務機構許可及管理辦法

三、就業服務法施行細則

四、就業安定基金收支保管及運用辦法

五、取得華僑身分香港澳門居民聘僱及管理辦法

六、進用身心障礙者工作績優機關（構）獎勵辦法

七、身心障礙者職業輔導評量實施方式及補助準則

八、公立就業服務機構設置準則

九、外國人受聘僱從事就業服務法第四十六條第一項第八款至第十一款規定工作之轉換雇主或工作程序準則

十、就業保險之職業訓練及訓練經費管理運用辦法

十一、就業促進津貼實施辦法

十二、雇主聘僱外國人許可及管理辦法

十三、私立就業服務機構收費項目及金額標準

十四、外國人從事就業服務法第四十六條第一項第八款至第十一款工作資格及審查標準

十五、就業服務法申請案件審查費及證照費收費標準

十六、外國人從事就業服務法第四十六條第一項第一款至第六款工作資格及審查標準

十七、私立就業服務機構電腦處理個人資料管理辦法

十八、推動國民就業績優評選及獎勵辦法

十九、身心障礙者就業基金撥交就業安定基金提撥及分配辦法

二十、身心障礙者就業服務機構設立管理及補助準則

二一、人口販運被害人工作許可及管理辦法

二二、莫拉克颱風災後重建僱用災區失業者獎勵辦法

二三、莫拉克颱風災後重建臨時工作津貼實施辦法

玖、其他相關法規

一、非常時期人民團體組織法

二、人民團體選舉罷免辦法

三、臺灣省工廠工人退休規則

四、勞工退休基金收支保管運用辦法

五、勞動契約法

六、中央法規標準法

七、訴願法

八、行政訴訟法

九、行政院暨所屬各級行政機關訴願審議委員會審議規則

附錄 D：勞動基準法暨附屬法規

一、勞動基準法

二、勞動基準法施行細則

三、勞工退休金條例

四、勞工退休金條例施行細則

五、勞工退休金條例年金保險實施辦法

六、基本工資審議辦法

七、積欠工資墊償基金提繳及墊償管理辦法

八、行政院勞工委員會積欠工資墊償基金管理委員會組織規程

九、勞工請假規則

十、勞工退休準備金提撥及管理辦法

十一、勞工退休基金收支保管及運用辦法

十二、勞工退休基金監理委員會組織規程

十三、事業單位勞工退休準備金監督委員會組織準則

十四、工作規則審核要點

十五、直轄市勞動檢查機構組織準則

十六、違反勞動基準法罰鍰案件處理要點

十七、勞資會議實施辦法

十八、勞工退休金條例退休基金管理運用及盈虧分配辦法

十九、勞工退休基金監理會組織法

二十、勞工退休基金監理會處務規程

附錄二

樣本登錄表

一、一般資料

（一）新聞編號：............ / .... / ....　　　　　　　　　(C3–C5)

（二）標題：..

　　　..

　　　..

（三）登錄員編號：............ / ....　　　　　　　　　(C1–C2)

（四）刊載日期：............ / .... / .... / .... / ....　　　(C7–C12)

二、中介變項

（一）時間分期：　　　　　　　　　　　　　　　　　(C14)

（　）1.第一期：1983 年 8 月 1 日至 1984 年 8 月 1 日《勞動基準法》公布以前

　　　2.第二期：1984 年 8 月 2 日至 1987 年 7 月 15 日（《勞動基準法》公布以後至解嚴以前）

　　　3.第三期：1987 年 7 月 16 日至 1989 年 5 月 31 日（解嚴以後至遠化事件落幕）

　　　4.第四期：1989 年 6 月 1 日至 1989 年 12 月 31 日

三、獨立變項

（一）報別：　　　　　　　　　　　　　　　　　(C16)

（　）1.《中央日報》　2.《中國時報》　3.《聯合報》　4.《青年日報》

　　　5.《自立晚報》

四、依變項

（一）版次：............ / ....　　　　　　　　　(C18–C19)

（二）是否為頭條：　　　　　　　　　　　　　　　　(C20)

（　）1.是　2.否

頭條新聞配分（是：1分，否：0分）：⋯⋯⋯⋯分　　　　　　　　（C21）

㈢位置：　　　　　　　　　　　　　　　　　　　　　　　　　　（C22）

（　）1.右上　2.左上　3.右下　4.左下

位置配分（新聞標題第一個字在上區者：1分，新聞標題第一個字在下區者：

0分）：⋯⋯⋯⋯分　　　　　　　　　　　　　　　　　　　　　（C23）

㈣報導篇幅：⋯⋯⋯⋯／⋯⋯⋯⋯／⋯⋯⋯⋯平方公分（含標題圖片）（C24–C26）

四捨五入

㈤報導方式：

甲、（　）1.新聞　2.特寫　3.社論　4.專欄　5.短評　6.其他　　（C28）

上面選1者，請coding下面之純新聞相關事項

純新聞：（　）1.純敘述　2.夾議夾敘　　　　　　　　　　　　（C29）

乙、照片搭配：

（　）1.有照片　2.無照片　3.以漫畫搭配　　　　　　　　　　（C30）

㈥是否有衝突性：

（　）1.是　2.否　　　　　　　　　　　　　　　　　　　　　（C32）

㈦是否個人化：

（　）1.是　2.否　　　　　　　　　　　　　　　　　　　　　（C34）

㈧主題類目：

甲、勞工運動新聞中的一般勞工問題或《勞動基準法》相關問題：　（C36）

（　）1.一般勞工問題（以一般勞工問題為報導主題）

2.《勞動基準法》相關問題（以《勞動基準法》為報導主題）

上面選2者，請coding下面之《勞動基準法》相關事項

《勞動基準法》相關事項（可重複coding）：　　　　　　　（C38–C49）

（　）1.總則　　　　　　　（　）5.童工、女工　（　）9.工作規則

（　）2.勞動契約　　　　　（　）6.退休時間　　（　）10.監督檢查

（　）3.工資　　　　　　　（　）7.職業災害補償（　）11.罰則

（　）4.工作時間、休息、休假（　）8.技術生　　（　）12.附則

乙、勞工運動議題： (C51)

（ ） 1.勞工政策　　　　　　5.《工會法》或工會問題

2.勞工法令　　　　　　6.勞工運動或勞工團體

3.勞保　　　　　　　　7.其他（請明列）：.....................................

4.勞資爭議處理

上面選 4 者，請 coding 下面之爭議原因

爭議原因（可重複 coding）：

*1988 年 12 月 31 日以前之報導，請依此表 coding： (C53–C61)

（ ） 1.因故解僱　　（ ） 4.積欠工資　　（ ） 7.傷害賠償

（ ） 2.無故遣散　　（ ） 5.減低工資　　（ ） 8.業務爭執

（ ） 3.要求調整工資　（ ） 6.要求賠償　　（ ） 9.其他

*1989 年 1 月 1 日以後之報導，請依此表 coding： (C63–C73)

（ ） 1.契約爭議　　（ ） 5.福利爭議　　（ ） 9.安全衛生爭議

（ ） 2.工資爭議　　（ ） 6.勞保爭議　　（ ） 10.工會爭議

（ ） 3.工時爭議　　（ ） 7.管理爭議　　（ ） 11.其他

（ ） 4.退休爭議　　（ ） 8.職災爭議

㈨主角類目： (C75–C76)

（ ） 1.中央級行政機構（例如：行政院勞委會）

2.地方級行政機構（例如：縣市政府）

3.中央級司法機構（例如：司法院，法務部）

4.地方級司法機構（例如：地方法院，地檢處）

5.中央級民意機構（例如：立法院，監察院）

6.地方級民意機構（例如：省議會，市議會）

7.學者專家

8.技術官僚（例如：某政府官員）

9.增額民意代表

10.資深民意代表

11.民間勞工團體（例如：勞支會，勞工人權會）

12.受害民眾

13.資方

14.勞方（包含工會）

15.其他

㈩外力團體：

甲、有無引述或評介：(C78)

（ ） 1.有 2.無

乙、對象（可重複 coding）：(C7–C22)

（ ） 1.官方	（ ） 7.民進黨	（ ） 13.勞工人權會
（ ） 2.民意機構	（ ） 8.工黨	（ ） 14.學者專家
（ ） 3.民意代表	（ ） 9.勞動黨	（ ） 15.警察
（ ） 4.司法機構	（ ） 10.勞工法律支援會	（ ） 16.其他
（ ） 5.勞委會	（ ） 11.婦女新知會	
（ ） 6.國民黨	（ ） 12.文化勞研所	

㈪勞工運動報導中之社會價值取向（可重複 coding）：(C24–C38)

個人取向：	社會取向：	國家取向：
（ ） 1.個人福利	（ ） 6.社會公平	（ ） 12.愛國主義
（ ） 2.個人尊嚴	（ ） 7.社會福利	（ ） 13.民主政治
（ ） 3.自我實現	（ ） 8.社會秩序	（ ） 14.經濟發展
（ ） 4.知能品德	（ ） 9.社會和諧	（ ） 15.反共
（ ） 5.個人自由	（ ） 10.社會自由	
	（ ） 11.社會責任	

**上述 3 類取向中，被勾選之項目最多者為（可重複 coding）：(C40–C42)

（ ） 1.個人取向　（ ） 2.社會取向　（ ） 3.國家取向

㈫勞工運動報導中之社會價值立場：(C44)

（ ） 1.有利資方　4.無法判斷

2.有利勞方　5.其他（例如：明顯批評資方但對勞方又不見得有利）

3.中立

㈤社會價值具體呈現方式：　　　　　　　　　　　　　　　　　(C46)

（　）　1.陳述事實　　　　　　　　　5.勞工意識培養

　　　　2.責成行政機關（如：勞委會）　6.批評勞方

　　　　3.責成資方　　　　　　　　　7.其他

　　　　4.督促立法修法廢法

㈥規範性社會價值：　　　　　　　　　　　　　　　　　　　　(C48)

甲、有無援引法律：

（　）　1.有（請寫下）：...

　　　　　　　　　　　...

　　　　2.無

　#上面選 1 者，請 coding 援引之法律有無衝突 #

　援引之法律有無衝突：　　　　　　　　　　　　　　　　　(C49)

（　）　1.有（請簡單說明）：...

　　　　　　　　　　　　　...

　　　　2.無

乙、本則報導中有無不合法之行為：　　　　　　　　　　　　(C50)

（　）　1.有　　2.無　　3.無法判斷

　#上面選 1 者，請 coding 下面之 A 與 B #

　A.報導中之違法者：　　　　　　　　　　　　　　　　　　(C51)

（　）　1.資方　　2.勞方　　3.其他

　B.對不合法行為之報導態度：　　　　　　　　　　　　　　(C52)

（　）　1.明顯予以合理化　　3.中立呈現

　　　　2.明顯予以批評

㈦讀完本則報導後之整體印象：　　　　　　　　　　　　　　(C53)

（　）　1.有利資方　　3.中立

　　　　2.有利勞方　　4.其他（例如：明顯批評資方但對勞方又不見得有利）

附錄三

臺灣勞工運動大事紀

1984 年

7.31：內政部通過《勞動基準法》施行細則部分條文

8.5：美 RCA 公司裁減女工引發勞資爭議

8.7：《勞動基準法》實施 6 個月內暫不罰，內政部表示依法無據不予採納

8.10：RCA 員工協調成功

8.11：《中國時報》闢「勞資頻道」專欄

8.23：《勞動基準法》施行細則定案

9.7：大榮製鋼公司勞資糾紛

9.18：新聞業如何適用《勞動基準法》，經溝通初步獲得多項結論

10.4：《勞工退休準備提撥辦法》擬定

10.15：《積欠工資墊償提繳辦法》擬定

11.3：《勞動基準法》附屬法規完成作業

11.6：來來機械公司員工勞保以多報少，公司違法被判賠償

11.16：復興煤礦勞資糾紛

11.18：針對雇主片面減薪違約，《工會法》、《勞動契約法》內政部研擬修正

11.24：《勞動基準法》適用行將檢討擴大

11.27：退休金採分段給付，全國總工會不贊成

12.7：行政院審查《勞動基準法施行細則》，原則決定將採取分段適用

12.8：《勞動基準法》退休金決定採分段給付

12.9：環保局女隊員受制《勞動基準法》、夜間無法上工

12.16：內政部擬制定《勞工教育法》

12.21：《勞動基準法施行細則》全部初審通過

12.22：貫徹《勞動基準法》推展，省擬定配合措施

12.30：省市公車公會要求員工要上班 10 小時──《勞動基準法》特例

1985 年

2.7：環亞飯店勞資糾紛

2.8：環亞飯店勞資糾紛協調

2.12：國塑陷於停工勞資爭議

2.23：《勞動基準法》8 月實施，省決採 6 項配合施行

2.27：《勞動基準法施行細則》公布，2 月 28 日起生效

6.5：中華陶瓷公司董事長任克重反對《勞動基準法》

6.5：任克重與謝深山討論

6.6：經濟部長李達海、內政部強調《勞動基準法》不受該案而影響

7.22：《勞資糾紛爭議處理法》修正部分，內政部考慮由行政罰替代刑事罰

7.28：楊鐵裁員勞資糾紛

7.30：景氣低迷歸咎《勞動基準法》，內政部長認為此說不公平

8.4：臺電核三廠約聘雇員資遣糾紛

8.17：美商大洲公司勞資糾紛

9.10：新光向法院提民事訴訟、控告資方獲勝

9.13：任克重被員工控訴違反《勞動基準法》

9.22：環保局請求市政府令其隊員適用《勞動基準法》

11.13：永隆員工抗議欠薪脫產

12.6：研商修正《工會法》

12.23：中船裁員糾紛，基隆廠達成協議

1986 年

1.12：行政院決定發生勞資糾紛無法協調時，應依《動員戡亂時期勞資糾紛處理辦法》，交各該縣市勞資評斷委員會評斷

1.12：和信興公司欠薪未發，導致勞資爭議

1.14：中和東立鋼鐵公司倒閉，負責人遭北縣首開先例依違反《國家總動員法》提出公訴

1.21：和信興勞資糾紛落幕

　3.20：核三廠勞資爭議，協調仍未成功

　4.22：經濟部所屬事業產業工會代表強烈要求經濟部速退還勞工退休金自
　　　　提儲金

　4.29：美國貿易代表團所屬勞工問題代表與全國總工會溝通勞工權益問題

　5.20：核三廠及協和火力電廠遣散契約員工前往臺電靜坐抗議及向總工會
　　　　提出陳情

　7.2：計程車司機抗議車行剝削

　7.7：省、市計程車同業公會反撲

　7.28：交通部向行政院請示處理計程車問題

　8.3：長隆運輸工會幹部遭解僱

　11.4：《國家安全法》專案小組決議，戒嚴令禁止之罷工、遊行、請願、
　　　　罷市等行為，《國家安全法》不另規定，而以其他有關法規處理

12.11：內政部全力推動工會與雇主訂定團體協約

12.24：蔣經國指示儘速研究在中央設立勞工局

1987 年

　1.3：行政院促儘速廢止《工廠法》

　1.7：臺中加工區船井電子勞資爭議，裕隆勞資爭議

1.23：新玻勞資爭議

2.13：內政部決定將工會理事長由會員直接選舉

2.18：總工會決議在 3 個月內召開總工會全國臨時代表大會

2.24：勞工局確定將直隸行政院

　3.9：勞保局推動轉診

3.20：省總工會反對擴大勞保轉診

　4.8：勞工署 7 月 1 日成立

4.11：內政部推動各事業單位辦理勞資會議及員工申訴制度

4.30：學者專家立委簽署〈勞動人權宣言〉

　5.6：臺金臺鋁員工勞資爭議

5.11：執政黨推動各產業籌組工會

5.20：總工會促國營事業實施《勞動基準法》

7.12：湯蘭瑞適任勞委會副主委風波

7.15：鄭水枝內定主委

美杯葛我方經濟利益因不重勞工權益

7.18：修改《工會法》研議

7.31：計程車司機成立職業工會達成協議

8.1：行政院勞工委員會成立

計程車工會適法問題爆發

8.3：中視公司總經理及周遊因違反《勞動基準法》移送法辦

國父紀念館女員工抗議懷孕離職

8.7：基隆輪理貨職業工會罷工，因協議（5～7 天）破裂，勞委會逕付仲

裁，罷工不合法

8.12：國民黨現階段勞工政策綱領是落實《勞動基準法》

8.18：臺鋁員工繼續抗爭

國父紀念館及信用合作社辭退年屆 30 歲及懷孕、已婚女性員工，爆

發抗議，婦女新知聲援

8.19：因新莊世界電工股份有限公司積欠薪資案例爆發，勞委會建立處理

重大勞資爭議速報系統

8.22：臺鋁員工與經濟部達成協議

8.25：省社會處發布勞工調查

8.27：執政黨通過現階段勞工政策綱要

9.6：基隆理貨工會召開緊急大會爭取 20% 加薪，社會局長認為已超出最

低基本工資，此舉違法

9.23：勞委會研議失業保險

10.8：勞委會公布普查結果：

公營事業：

(1)未訂工作規則

(2)勞資合議未舉行

(3)未報備加班

　　　　　　　(4)加班超時

　　　　　　　(5)未提撥員工退休準備金

　　　　　　　(6)加班、工時無彈性、休假安排不切實際

　　　　　　　(7)高雄、基隆港務局工時超常，加班費未依標準計算

　　　　　　　(8)臺電核一廠未給加班費

　　　　　　　(9)不理會《勞動基準法》三十二、三十三條規定

　10.21：勞委會研修《工會法》

　　　　　開放一區域一工會之限制

　　　　　加強工會主權

　　　　　理監事直選

　　　　　行政教師可組工會

　10.24：勞委會研修退休金數標準

　10.26：立法院審議《勞工保險條例》附加眷屬保險

　10.27：高雄市宏駿漁業公司所屬宏國二號漁船罷工，港警所以《總動員法》

　　　　　起訴，勞委會認為只是變更勞動契約

　10.31：中鋼公司工會發動員工要求入股

　11.1：工黨成立

　11.4：馬偕醫院籌組第一個醫院工會

　11.6：嘉義客運司機罷工

　11.11：勞委會決定建立就業許可制度，規定外人來臺工作條件

　11.16：勞委會同意公營事業員工入股分紅

　11.22：大魯閣化纖勞資糾紛

　11.27：工黨要求修改《工會法》

　　　　　勞委會決定罷工程序增列預告時間

　11.28：准工會經營金融事業

　12.3：大同公司違反《勞動基準法》移送法辦

　　　　　勞委會突擊檢查不合法事項：

⑴童工、女工之保護

⑵工資工時之給付

⑶勞工退休準備金之提撥

⑷職工福利金

12.5：勞委會將「中華民國行職業標準分類」納入擬議各行自組工會

12.13：勞委會擬《就業服務法》草案不得因班別而有就業歧視

12.18：勞委會擬以就業場所為工會組織單位

　　　運通公司水泥裝卸工准適用正式員工及退休金

12.19：勞委會研修《工會法》

1988 年

1.1：通用器材公司不肯簽團體契約

1.2：勞委會成立勞保醫療監督小組

1.6：自發性勞工組織崛起

　　　勞委會公布 12 月起檢查結果：

　　　⑴大同、臺鐵雇用童工超時，女工夜間工作不合法

　　　⑵大同未給休假、加班費

　　　⑶英達、三陽、大同未依規定參加勞保，以多報少

　　　顏坤泉壓倒性當選南亞理事，卻遭王永慶開除

1.7：勞委會擬將工會籌組及入會改為自由制

1.25：石油工會工黨獲勝（康義益）

1.30：醞釀全國性勞工聯盟

　　　年終獎金勞動條件爭議開始

2.14：桃客事件：抗議基本工資、退休金、加班費不合法計算

3.24：勞委會擬工時主權下放交由地方主管核准

4.5：臺中潭子加工出口區美商臺灣電子電腦公司資遣糾紛

4.30：張曉春發表〈工會自主宣言〉

5.1：臺鐵罷工，全國自主工聯成立

5.24：大同林挺生調職工會幹部風波

中纖公司高雄廠調職風波

6.18：臺汽臺鐵欲罷駛抗議工作環境未改善

《勞資爭議處理辦法》通過修正

7 月：石油工會進行抗議：

(1)分紅制

(2)人事一元化

(3)考績無限制

(4)分類評價不可有

7.29～28：苗客罷工要求調薪、改善勞動條件

8.6：臺北市公車怠駛

9.4：勞委會擬定《勞動基準法》修正草案條文：

(1)工資工時：工資總額百分比計算

(2)退休：60 歲可自請

(3)工時：彈性由團體契約協商

(4)勞動契約試用 40 天為限，傳染病及曠工 10 日可終止

勞動黨展開建黨工作

工黨設地方黨部

9.8：工會法送審事件

宜客勞資達成協議，補發 380 萬工資

9.10：勞委會擬將企業單位內借用生產工具及工作場之承攬工納入《勞動

基準法》

10.2：勞委會放寬正常及最高工時

公用事業可停止國定紀念日休假

平均工資以正常工資為準

擬以最低工資代替基本工資

10.13：新營客運召開會員大會變相罷工

10.14：給付工資 420 萬新營客運恢復開車

10.25：美商海陸運輸公司高雄辦事處集體罷工休假，抗議薪資結構不合理

10.26：勞工法庭成立乏人問津

11.24：經濟部擬《勞動基準法》修正案：

　　　　⑴賦予雇主調動勞工工作權限

　　　　⑵工時休假彈性

　　　　⑶訂定退職制度

　　　　⑷以失業保險代替資遣費

12.13：工黨成立行動委員會爭取年終獎金制定於團體協約內

12.29：爆發新光紡織士林廠惡性關廠

　　　　康平雀巢公司不經通告資遣員工

　　　　新莊正泰化學公司虧損倒閉

1989 年

　　1.4：執政黨中常會討論年終獎金制度化

　　1.5：全總工會委託中華經濟研究院馬凱、吳惠林研究年終獎金報告公布

1.6～10：臺汽和臺鐵產業工會及聯誼會聯合 23 個省營事業工會幹部商討罷工事件

　　1.8：高雄、新化、宜蘭、桃園、臺北各臺塑分廠員工 2,000 人集聚臺塑大樓爭取福利及員工年終獎金及分紅入股制度

　1.12：勞委會舉行勞資爭議實務及年終獎金問題研習會

　1.18：省府因應措施防臺鐵臺汽集體休假

　　　　勞委會通過《勞動基準法》修正草案，月底送行政院，共修 32 條包括工資、工作年資定義、彈性工時、國定假日加班費為一倍半

　1.20：公營銀行（6 家）籌組工會爭取 4 與 6 月年終獎金及補假 1 天

　1.21：桃客研商曾茂興被資遣對策

　1.27：豐客自救聯誼會展開罷駛，抗議薪資未調整及資遣工會幹部

　1.28：罷駛風波經協調後漸緩

　1.29：經濟部考慮用《非常時期農礦工商管理條例》凍結罷工權

　　　　豐客資方態度強硬，司機陸續返回崗位

　1.30：豐客自救聯誼會堵車行動與警方對峙

臺達化工罷工持續資方無限期停工

1.31：鐵路局高雄站檢車段抗議超補加班費及延長工時一事，使工作停擺，北上車受阻

豐客大甲站加入罷駛

2.1：臺鐵、臺勤、桃勤、岡山、復興空廚、高雄、彰化、豐原、屏東客運糾紛未決，將在春節集體休假。豐客臺中、東勢站罷駛中，其餘恢復正常行駛，臺中縣長陳庚金下令給開車司機受傷或殉職慰問金。福特六和勞資談判破裂開始早休。臺北市環保局聯誼會抗議不准組產業工會，怠工不再加班（2月3、4、5日）

2.2：豐客串連工運及民進黨人士

臺北地院判決中興紡織不能以未填加班申請單而不給加班費，環保局更改命令直接授權給各區隊長執行自由出車時間，以防止定點集結怠工

2.3：基隆港東岸碼頭工人抗議年終獎金未分紅

豐客糾紛漸平，解僱員工討費行動未獲迴響，北市清潔工怠工平息

2.5：年終獎金爭議落幕，鐵公路勞資妥協

機場因工會談判達成，多友免稅商店折衷收場

2.15：勞委會將修正《勞資爭議法》及《工會法》以規範公營事業罷工

2.21：屏東客運勞資糾紛落幕

2.24：桃園曾茂興、苗栗張俊明、豐客24人、高客18人至勞委會抗議

2.25：趙守博繼任勞委會主委

司法院司法實務研究會，針對勞資爭議作以下重要決議：雇主非經終止勞動契約勞工享有工資給付請求權。罹患AIDS無傳染之虞不可解僱

自主工聯舉辦研習營

計程車司機籌組工會成立

2.27：豐客30名解僱及辭職員工向豐客公司董事長討債並赴臺中縣政府申請調薪

退輔會桃園工廠資遣員工抗議，要求加班費

3.9：特殊行業欲籌組工會

3.17：勞委會擬定處理原則，認定臺達工會不得要求分享出售臺苯股票溢
　　　價 34 億部分
　　　驅逐馬赫俊神父

3.25：勞委會稱 ICRT 兩記者遭停職可向主管機關申訴

3.26：石油工會決籌組勞工銀行

3.29：勞動黨開成立大會

4.6：聲援馬赫俊展開多項工作、活動

4.12：中央研究院發表「臺灣工會的工資效果」研究報告：工會會員月薪
　　　雖高於非會員，但生產力遠超過沒有工會會員廠商，因此工運不致
　　　影響臺灣未來經濟發展

4.15：1991 年開辦勞工眷屬保險，勞委會趙守博表示同意

4.17：臺北地院判決圓山飯店不得革職籌組產業工會的幹部，並發還解僱
　　　前每月工資

4.19：勞委會考慮全盤修正《勞工保險條例》

4.21：臺汽工會、高雄工黨申請五一遊行
　　　火車司機聯誼會連署將在五一當天舉行會員大會
　　　林福榮被調職記過扣薪向臺北市勞工局調解申請

4.26：趙守博表示目前國內有 15,000 名外籍勞工
　　　謝深山、王義雄聲援林福榮

4.27：五一公路運輸危機解除
　　　臺汽收回 2 名工會幹部記過處分，臺汽工會宣布取消五一勞工節千
　　　人遊行
　　　臺鐵極力安撫指示儘速發放延長工時工資，僵局仍未突破

4.29：鐵路局態度強硬，拒撤林福榮處分

4.30：鐵路局及駕駛人互相較勁

5.1：火車照常行駛

聯誼會幹部意見分歧，因此決議不罷駛

5.2：鐵路局交人事評議會決議林福榮懲處案

5.7：自主工聯、勞動黨、工黨與全省 50 幾個自主工會組成反對壓迫工運行動委員會，擬發動示威遊行

5.8：遠化開始罷工，抗議徐正焜被調職

5.9：警察籌組聯誼會被禁

5.11：解僱羅美文、曾國煤事件激化

5.14：違法取得罷工權

5.15：採取圍堵手段

5.16：遠化事件流血衝突

5.17：警察退出廠區

5.21：聲援人馬大會師

5.23：反罷工及包商介入

5.24：展開簽名復工運動

5.25：宣言落幕，七成員工入廠上班

5.26：放棄後續抗爭

5.27：遠紡至臺大徵才大喝倒采

6.3：公賣局工會準備於 6.15 上街頭抗議，主要訴求有：

　　(1)調整薪資

　　(2)改善升等

　　(3)工作獎金

　　(4)工人請假

　　(5)追補週六下午加班費

　　勞動黨研商選舉對策——盧思岳、王津平、許晴富參選

6.26：執政黨工人團體立委選舉，令公營事業工會開始拉票

6.27：張俊宏促組在野黨聯盟，工黨、勞動黨皆表歡迎

7.5：自主工聯、石油、臺汽工會頻傳內鬨

7.9：臺電員工聯誼會追索欠款加班費

7.13：圓山飯店工會欲簽訂團體協約，聘劉志鵬任經濟顧問，勞工局展開協商

7.19：石油工會康義益命令蘇芳章及王文祥歸建，被人稱工會領導人勾結資方迫害自己人第一遭

　　　桃園功學社資遣案起風波、工會靜坐抗議

7.22：銀行工會上街頭抗議第一銀行工會幹部被調職

7.27：工黨秘書長請辭

8.2：臺灣工會聯盟提出政見主張

8.6：工黨決定參選名單，內部紛爭開始

8.19：葛雨琴未獲提名，郵政工會擬脫隊

8.27：鐵路工會「擁謝」及「反謝」案互相較勁

9.6：省選委會統計今年工人團體數，有選舉權之勞工較 1986 年增加 50%

9.11：勞動倫理基金會、勞動人權會舉辦員工應如何選舉座談會

9.13：莎拉颱風來襲，勞委會盼資方付勞工加班費

9.29：高雄縣政府勒令國產實業建設公司復工，依據《勞資爭議處理法》實施，起因超補加班費談不攏

10.3：遠化工會改選雙方較勁

10.18：《危害治安防治條例》草案曝光

10.24：15 個環保勞工團體發表聯合聲明：社會運動目的在實現公平正義

10.25：行政院通過勞委會擬議開設專案進口外籍勞工，以支持 14 項建設人手之不足

11.12：反對公營事業開放民營行動委員會大遊行

　　　勞委會裁示依意願決定勞工轉診，另以價制量解決醫療資源經費

11.26：工黨、勞動黨選舉冷熱有別

　　　蘇芳章控告基隆餐飲工會擅自變更會員選舉權

12.8：工黨面臨蛻變瓶頸

12.9：執政黨勞工立委得票率 53%，勞工政策敲警鐘

12.12：行政院審查《勞動基準法》修正草案，將服務業納入規範，引起其

他部會反對

12.13：勞委會重申 1991 年辦勞保眷屬保險

12.14：高雄加工出口區十全美、安強公司員工因負責人積欠工資潛逃向勞委會陳情，發生流血衝突

12.22：十全美、安強公司員工向國民黨中央黨部陳情

12.23：勞委會、衛生署爭議勞保給付標準甲表

12.24：經建會建議增列爭議行為的限定及禁止規定，嚴禁第三者介入並限定使用之地域範圍

大眾運輸、保健、大傳公營事業可由授權機關交付調解仲裁

12.26：民進黨擬定 79.5.1 成立勞工黨部

12.27：謝深山砲轟經建會、經濟部罔顧從業員工利益，在公營轉民營過程中，專案小組裡無勞委會

12.31：30 餘工會團體與吳勇雄卯上，互相對峙

新聞採訪與寫作

張裕亮／主編　　張家琪、杜聖聰／著

本書的目標在於成為採訪寫作的操作準則，內容橫跨平面媒體與電子媒體，以豐富的範例、淺顯易懂的文字說明新聞採寫的實際操作。有志修習者可先熟讀書中舉隅，再實際臨摹、反覆採寫，必定能學有所成。

電視新聞實務

彭文正、廖士翔／著

本書提供一個全方位的電視新聞實務概說，從世界與臺灣電視發展史之淺談開始，分述採訪、寫作、攝影、錄音、剪接、編輯、企劃、攝影棚作業的基本功，介紹文字記者、攝影記者、主播、編輯、製作人等職位的工作內容，分析收視率的影響，並以新聞倫理之論述做結。本書期望在嶄新的數位時代，作為新聞傳播科系新生的最佳入門書。

國家圖書館出版品預行編目資料

大眾傳播理論與實證／翁秀琪著.－－四版三刷.－－
臺北市：三民，2024
　　面；　公分

　　ISBN 978-957-14-6723-8　（平裝）
　　1. 大眾傳播

541.831　　　　　　　　　　　　　　108016432

大眾傳播理論與實證

作　　者	翁秀琪
創 辦 人	劉振強
發 行 人	劉仲傑
出 版 者	三民書局股份有限公司 (成立於 1953 年)

三民網路書店
https://www.sanmin.com.tw

地　　址	臺北市復興北路 386 號　（復北門市）　(02)2500-6600
	臺北市重慶南路一段 61 號 (重南門市)　(02)2361-7511
出版日期	初版一刷 1992 年 3 月
	⋮
	四版一刷 2020 年 1 月
	四版三刷 2024 年 10 月
書籍編號	S890670
I S B N	978-957-14-6723-8